WERNER KOLLATH – FORSCHER, ARZT UND KÜNSTLER

Werner Kollath bei der Brotprüfung während eines Fernsehvortrages
über „Vollkorn und Vollkornbrot"
Südwestfunk Baden-Baden, Februar 1958
Foto C. A. Castagne – Presse Bildberichter,
Haueneberstein bei Baden-Baden

Werner Kollath

FORSCHER,
ARZT UND KÜNSTLER

Biographie und Werk des Ernährungsforschers
mit 86 Abbildungen und 8 Farbtafeln

von Elisabeth Kollath

J. F. Lehmanns Verlag München

Die Vorsatzblätter zeigen:
I: Toledo, Stadtansicht, Aquarell in Sepiaton (26. 9. 1956)
II: Orvieto, Stadtmauer, in Sepiaton, Federzeichnung und Aquarell (29. 9. 1941)
Schutzumschlag:
Aussicht von der Casa Rusticanella in Porza

Das Motto auf der gegenüberliegenden Seite entstammt
der musikalischen Legende „Palestrina" von Hans Pfitzner.

© J. F. Lehmanns Verlag München 1973
Alle Rechte vorbehalten
Gesamtherstellung: Graphische Werkstätten Kösel, Kempten/Allg.
Papier von Papierfabrik Scheufelen, Oberlenningen
Gestaltung und Layout: Volker Schwartz
Printed in Germany

ISBN 3-469-00458-7

. . . und meine Harfe
hing ich in die Weiden . . .

Inhalt

* Zitat nach Erich Kästner

November

…und der November trägt den Trauerflor

Behutsam nimmt der Tod das Schreibgerät aus seinen Händen. Es ist der Abend des 19. November 1970. Nun ist es ganz still geworden. Das nimmermüde Klappern der Schreibmaschine ist für immer verstummt. Der Strom der unerschöpflich fließenden Gedanken ist im Jenseits gemündet. Uns bleibt jetzt nur noch, was schon Wort geworden ist. Die Hände, die begnadeten Hände, liegen gefaltet auf der Brust. Das Herz ist plötzlich stehen geblieben, ein Herz, das so heftig darum gerungen hat, den Auftrag, den das Leben ihm gestellt hat, auszuführen.

Mit dem letzten Satz, den Werner KOLLATH an diesem 19. November, am Ende seines Lebens, schreibt, gibt er warnend diesen Auftrag an die zurückbleibende Welt weiter, auf daß sie dort fortfahre, wo er geendet hat:

> «Allerdings wird die Gegenwart sich davor hüten müssen, durch ihre sogenannte Zivilisation die Existenz des Lebendigen selbst unmöglich zu machen. Das Geschick des Menschen wird also davon abhängen, daß er die Lebensvorgänge in der Natur nicht unterbindet, wie es heute bereits drohend in der Zukunft erscheint.»

Hiermit wird sein Hauptanliegen ausgesagt:
Die Sorge um die Erhaltung des Lebendigen. Dem Dienst am Lebendigen war sein Leben und seine Arbeit geweiht.

November

Der November ist schon seit je Werner KOLLATHs Schicksalsmonat gewesen. Sein sonst der Lebensfreude zugewandtes Wesen wird jetzt von Melancholie erfüllt. Die bunte Welt wird grau, das Leben mühsam. Krankheit und Depression gewinnen die Oberhand. Die Seele trauert mit dem alternden Jahr. Die Finsternisse überschatten noch die Segnungen der Weihnachtszeit und erst mit dem ansteigenden neuen Jahr steigen auch die positiven Kräfte wieder empor, das Leben mit Glanz und Freude erfüllend, den Geist beflügelnd und die Schöpferkraft befruchtend.

Im November – und besonders ist es der 11. November – gibt es Ereignisse, die von wesentlicher Bedeutung für sein Leben sind. Mehr als einmal markiert dieser Tag wichtige Lebensabschnitte.

Am 11. November 1918 endet der erste Weltkrieg. Werner KOLLATH hat den ganzen Krieg von Beginn an mitgemacht, nach 4½ Jahren kehrt der junge Feldhilfsarzt mit einem Pferdewagen in wochenlanger Fahrt von der Westfront in Frankreich in die besiegte Heimat zurück. Ein neuer Lebensabschnitt beginnt: Das Medizinstudium kann wieder aufgenommen werden.

Am 11. November 1946 bringt ein wohlmeinender Bekannter in Rostock die alarmierende Nachricht, „daß Professor KOLLATH auf der Liste der nach Rußland zu deportierenden Wissenschaftler stehe", und der Plan zur Flucht nach dem Westen wird gefaßt.

Am 6. November 1970 wird Werner KOLLATHs Bruder Erich, mit dem ihn bis weit in die Jahre des ersten Weltkrieges hinein ein gemeinsames Leben verbunden hatte, in Wiesbaden begraben, zwei Wochen vor dem eigenen Todestag, dem 19. November.

Am 27. November 1970 wird, drei Tage nach der Kremation in Lugano, die Urne mit der Asche Werner KOLLATHs auf dem Friedhof in Porza beigesetzt. An diesem Tage strahlte die Sonne mit sommerlichem Glanz und der Blick vom hochgelegenen Friedhof Porzas auf die gesegnete Landschaft von Lugano, auf die weiß verschneiten Gipfel der Berge, auf den tiefblauen unendlichen Himmel, milderte den Schmerz dieses unerbittlichen Abschieds.

1 · Werner Kollath
an seinem Schreibtisch mit
Frau Elisabeth,
Porza, 17. November 1970
Foto Anita v. Büren, Melano

Vor Sonnenuntergang

Am 11. November 1970 wird das Manuskript zu dem Buch „Leben, Wachstum und Gesundheit" vollendet und kann druckfertig an den Verlag gehen.

In erstaunlicher Arbeitskraft war – nach einem Anfang Oktober erfolgten Besuch beim Karl F. Haug-Verlag in Heidelberg – das schon abgelieferte Manuskript noch einmal zurückgenommen und überarbeitet worden, um einige neue Erkenntnisse hinzuzufügen. Wer ahnte wohl, daß es das letzte Buch sein würde? Ein großes kulturgeschichtliches Werk und eine Selbstbiographie waren noch in Arbeit, und ein Hellseher hatte einst tröstlich gesagt, daß Werner KOLLATH erst sterben würde, wenn er seine Arbeit vollendet habe.

Zwei Schreibmaschinenseiten, betitelt: „Der Sinn des Buches" werden am
19. November, kurz vor dem Tode geschrieben. Sie sind dem Buch „Leben,
Wachstum und Gesundheit" vorangesetzt worden. Diese zwei Seiten zeugen
von dem klaren Fluß der Gedanken, sie sind ohne Entwurf, ohne Verbesserungen, ohne Stocken heruntergeschrieben, wie nach einem Diktat, dem Diktat
eines Unsichtbaren. Der letzte Absatz mit der Mahnung an die Nachwelt wurde
oben zitiert.

Wieviel ungebrochene Lebenskraft, wieviel geistiges Feuer noch in Werner KOL-
LATH wirken konnte, wird zwei Tage vor seinem Tode offenbar.

Anläßlich eines Tee-Empfanges am 17. 11. 1970 in seinem Hause fasziniert
KOLLATH die ihm unbekannten Gäste mit einer hinreißenden Schilderung seines
Lebens. Ohne zu ermüden gibt er den interessierten Zuhörern eine Darstellung
seines Werdeganges, zeigt ihnen einen Querschnitt seiner künstlerischen Arbeiten
und seines wissenschaftlichen Werkes. Noch einmal wird der ganze Zauber seiner Persönlichkeit wirksam.

In einem Dutzend Farbfotos sind die Ereignisse dieses Nachmittags festgehalten.

Daß sich mit diesen Fotos zwei Tage später ein im August 1947 ausgesprochener Wunsch Werner KOLLATHs tragisch erfüllen sollte, ahnte keiner von den
Anwesenden. Ahnte Werner KOLLATH das bevorstehende Ende?

Was sonst mag diesen Mann dazu bewogen haben, seinen Gästen aus seinem
Gedichtband „Die Fahrt ins Leben" das Gedicht „Die Steckenpferde" vorlesen
zu lassen?

Das Gedicht, das mit seinen neun Strophen die ganze den Freuden des Lebens
voll zugewandte Persönlichkeit Werner KOLLATHs umfaßt (s. S. 288), schließt:

> «Ein Wunsch soll mir erfüllt noch werden:
> bevor die Menschen mich begraben,
> möcht ich von allen meinen Pferden
> und auch von mir ein Foto haben.»

Geliebtes Leben

2 · An Fräulein Klara Zesch, Grünberg in Schlesien

Kinderjahre in Gollnow 1892–1905

In Gollnow, der kleinen pommerschen Stadt an der Ihna, dem Städtchen der Bürger, Ackerbauern, Honoratioren und Originale, 30 km von der Hauptstadt Stettin entfernt, wächst, am 11. Juni 1892 geboren, das Kind auf.

Der Vater, praktischer Arzt, Sohn eines Apothekers aus Greifenberg i. Pommern, ausgebildet in Leipzig und am Eppendorfer Krankenhaus in Hamburg, hatte, um heiraten zu können, auf die Habilitierung verzichtet und sich 1890, 28jährig, in Gollnow niedergelassen. Gollnow, die Heimatstadt seiner Mutter Mathilde BENITZ, zählte damals etwa 9000 Einwohner und sicherte dem jungen Arzt zusammen mit der Landpraxis auskömmliche, aber anstrengende Arbeit.

3 · Die Eltern – Dr. med Georg Kollath
mit seiner jungen Frau Marie, geb. Riedel.
Gollnow 1892 – Geburtsjahr von Werner
Kollath

Durch ihn wird die Berufswahl des Sohnes bestimmt, und wohl auch viel in seinem Charakter, z. B. die Hartnäckigkeit der Pommern, ihre Geradheit und Unbestechlichkeit, die Sauberkeit in allen menschlichen Beziehungen, die enorme Arbeitsbereitschaft und Arbeitsfähigkeit. Vom Vater stammen die für einen Arzt und seine Patienten gleich wichtigen Eigenschaften: Güte und Hilfsbereitschaft und die für einen Forscher unbedingt notwendigen Tugenden:

Geduld und Ausdauer, Basis jeden Experimentierens. Dem Vater verdankt der Sohn einen seiner wesentlichsten Züge: Humanität.

Die nicht erlernbare Fähigkeit mit der Wünschelrute umzugehen empfängt KOLLATH auch von seinem Vater.

Die Großmutter mütterlicherseits, Clara RIEDEL geb. HENSEL, vererbt dem Enkel ihre großen geistigen Gaben. Sie ist die bedeutendste Persönlichkeit unter den Vorfahren, eine Frau von ungewöhnlicher Begabung: Schriftstellerin, Philosophin, künstlerisch tätig, eine der ersten preußischen Lehrerinnen, Gründerin der ersten privaten Höheren Töchterschule in Bromberg.

Die Familie besitzt ihre geistvollen Aufzeichnungen aus der Jugendzeit und einen in heute unvorstellbarer Kalligraphie abgefaßten, historisch ungemein interessanten Briefwechsel mit dem Studenten Friedrich Wilhelm RIEDEL, dessen Braut sie damals noch war, über die Märzunruhen von 1848 in Berlin.

*4 · Die Großmutter – Clara Riedel –
65 Jahre alt, 1887 –
Foto Paul Krabo, Frankfurt a. O.*

Am 11. September 1911 steht auf einer Autoreise von Gollnow nach Dresden der neunzehnjährige Enkel in Frankfurt a. O. zum ersten und wohl auch einzigen Male am Grabe dieser Großmutter. In seinem damals verfaßten Reisebericht heißt es:

«Dort liegt sie, ohne die ich nicht wäre, die mir vorschwebt als reine Natur, als Vorbild des Lebens.

Was mußt Du für ein Mensch gewesen sein.

Hilf und beschütze!»

Am 18. November 1822 war diese Mutter seiner Mutter geboren worden. Am 19. November 1970, 148 Jahre später, stirbt der Enkel.

Werner KOLLATHs Mutter, Marie, geb. RIEDEL, am 6. 6. 1862 in Frankfurt a. O. geboren, auch sie voller Genialität und Künstlertum, bringt dem Kind den göttlichen Funken musischen Seins. Die gleiche Beweglichkeit des Geistes zeichnet Mutter und Sohn aus. Sie ist eine begabte Malerin, von deren Können noch viele Bilder in der Familie zeugen. Sie ist eine erstaunliche Klavierspielerin, die man nie üben hört, die aber Mozart, Beethoven, Schubert und Schumann vom Blatt spielt und die jeden Abend bereit ist, mit ihrem Mann – Cello – und später mit den Söhnen – Violine und Bratsche – Kammermusik zu spielen.

Sie ist eine glänzende Repräsentantin des „Doktorhauses", ihre Küche ist berühmt, ihr handgeschriebenes Kochbuch setzt Meisterköche in Erstaunen. Sie
vererbt dem Sohn den köstlichen Humor, aber auch eine gesunde Portion Gel-
tungsbedürfnis, die Freude an der Anerkennung und – die Freude an einer guten
Tafel.

Diese kluge, immer bewegliche, lebendige Frau mit den leuchtenden blauen
Augen, „die Frau mit dem Goethekopf", erahnt oder weiß wohl um das Geheimnis der Erziehung, des Gewährenlassens, wobei sich das Schöpferische im Kinde,
das sich frühzeitig regt, entwickeln kann, die bildende Kraft nicht gebrochen
wird durch das Reglement der Erziehung.

Aber im festgefügten Elternhaus ist auch für Ordnung gesorgt. Entscheidend
ist das Beispiel der Eltern, Achtung und Ehrfurcht einflößend. Das Kind mit
dem „pommerschen Dickschädel" muß oft in der Ecke stehen und der originelle
Geist macht den „Musterschüler" unmöglich. Diesen repräsentiert der um 11
Monate ältere Bruder Erich. Er ist der chronische Primus. Aus einer falschen
Erwägung der Eltern heraus geht er mit dem jüngeren Bruder in die gleiche
Schulklasse, was natürlich für den Älteren nachteilig ist. Die Komplexe, die aus
diesem Fehler entstehen, bleiben auf Lebzeiten in seinem Charakter. Aber auch

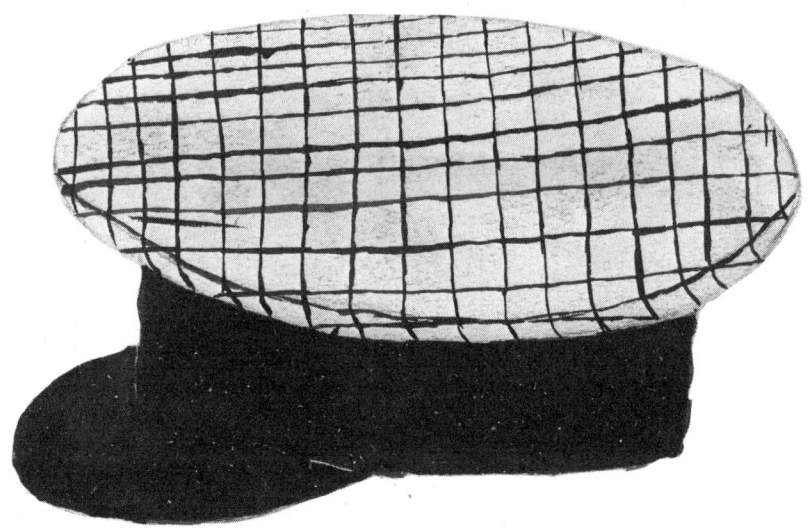

5 · Meine Mütze – Aus dem Skizzenbuch Nr. I von 1900–1903
Bleistift, Feder und Tusche – Gollnow 1900
Zeichnung des 8jährigen, dem van Gogh bestimmt noch unbekannt war.

6 · Der Ausrufer – Aus dem Skizzenbuch Nr. 20
Federzeichnung mit schwarzer und roter Tusche, 9. 1. 1913

aus ihm blitzt mutig die scharfe Klinge des Humors, wenn er auf die Frage seines Lehrers: „Kollath, warum lachst Du?" antwortet: „Ich lache nicht, ich
mache nur ein freundliches Gesicht."

Eine 1900 geborene Schwester Ilse rundet das Trio lieblich ab. Die glückliche
Zeit des Spielens, das Herumstreifen in den Wäldern und Wiesen Gollnows, die
Abenteuer am Flusse Ihna, an Seen und Teichen, das natürliche Leben im Garten, den fast jeder Bürger etwas entfernt vom Wohnhaus gelegen besitzt, Obst
und Gemüse anbauend, all das prägt mit das Glück dieses Kinderparadieses.

«Wir hatten eine schöne Kindheit, wie sie wohl nur eine Kleinstadt bieten kann. Den ganzen Sommer verbrachten wir vom frühen Morgen an in unserem Garten. Hier wurde zu Mittag gegessen, auf dem Rasen wurde geschlafen, im Sande wurde gespielt, Turngeräte, eine Kegelbahn usw. waren vorhanden. Viele Feste wurden dort des Abends bei Lampions gefeiert.»

Mit vier Jahren macht das Kind seine erste Zeichnung, mit sechs Jahren bekommt es – um sein offenbares Talent zu üben – die Zeichenschule von VAN DYCK, das erste bewußt erlebte Geschenk seiner Mutter, und es bekommt auch seine erste Kamera. Vom 7. Jahr ab wird musiziert. Klavier mißlingt, aber über die Geige kommt Werner zur Bratsche, bei der er bleibt. Kammermusik wird Teil des Lebens. Mit zwölf Jahren erhält der Sohn sein erstes Mikroskop. So sind in diesen ersten entscheidenden Kinderjahren die Grundlagen für die Zukunft gelegt: Zeichnen, Fotografieren, Musizieren und Experimentieren.

Die Rolle des Elternhauses, insbesondere die Rolle der Mutter, erweist sich hier als bestimmend für ein ganzes langes Leben. Der Glanz, der auf diesen Kinderjahren liegt, kann nicht verblassen.

Mit 50 Jahren, am 27. Oktober 1942, sieht Werner KOLLATH die Stadt Gollnow für einen Tag wieder.
In seiner Erzählung: „Ein Besuch in der Heimatstadt" schreibt er:

«Die Häuser unserer Heimat sind mit goldenen Ziegeln gedeckt, sie haben goldene Kanten und die Straßen haben silbernes Pflaster. Die Bäume waren grüner als jetzt, die Berge höher und der Himmel blauer.
Die Tage waren auch heller, sonniger
und die Nächte stiller, friedlicher.
Die Menschen unserer Jugend waren besser,
sie hatten dich gern, pflegten dich und schenkten
dir oft von ihrem stets vorhandenen Überfluß.»

In dieser Erzählung geht Werner KOLLATH, die kleine Stadt durchstreifend, noch einmal alle Stationen seines Kinderlandes durch, und zum Schluß heißt es:

«Frage dich, was dir dieser Tag gegeben hat?
hat er dir Überraschungen gebracht?
Hast du deine Jugend neu sehen gelernt,
Deine Eltern in neuem Licht gesehen?
Oder bist du dir etwa selbst begegnet?

Ich glaube, das Wichtigste ist doch wohl etwas anderes.
Du hast in überzeugender Weise gesehen, daß die
Kindheit die wichtigste Zeit deines Lebens ist.
Daß der Deutsche recht hat, wenn er stets an seiner
Kindheit hängt und daß man als Wichtigstes
den jungen Menschen eines zu geben hat,
eine Kindheit, die ihre Heimat vergoldet.»

7 · Jahrmarkt in Gollnow
Federzeichnung, aquarelliert – 18. 9. 1912

Das Leben aus dem Koffer

1905–1933

Jetzt beginnt das ungesunde und ungemütliche fast 30 Jahre lang währende „Leben aus dem Koffer", das erst in Breslau im Jahre 1933 mit der Einrichtung einer eigenen kleinen Wohnung sein Ende findet.

Schulzeit in Stettin, Marienstiftsgymnasium 1905–1911

Da die Gollnower „Höhere Knabenschule", „in der alles alt, baufällig und dunkel war, wo aber Freiheit herrschte" nur bis Obertertia reicht, muß Werner KOLLATH im 13. Lebensjahr das Elternhaus verlassen, um das Marienstiftsgymnasium in Stettin zu besuchen und muß gemeinsam mit seinem Bruder Erich zu „den Tanten" nach dem 30 km entfernten Stettin übersiedeln.

Diese „Tanten", vier unverheiratete Schwestern des Vaters im Alter von 47 bis 52 Jahren, nehmen die beiden Neffen in Kost und Logis. Für viel gutes Geld, – pro Kopf 120 Goldmark monatlich – kochen sie aus Sparsamkeit das Mittagessen in der Kochkiste. Der Dreizehnjährige kann damals noch nicht über „vitaminarme Kost" belehren und nach einem Jahr Stettin muß der Zahnarzt dreizehn kariöse Zähne behandeln. Trotz aller Liebedienerei beschatten die geizigen Tanten gleich Raben die Kindheit.

«So gemütlich dieses Biedermeier-Dasein in den alten Räumen und Möbeln auch oft war, es war eben doch kein Zuhause. Das ist durch nichts zu ersetzen.»

Am Marienstiftsgymnasium, einer Schule mit 300jähriger Tradition, bestand eine Stiftung, die es Schülern, die später Ärzte oder Naturwissenschaftler werden wollten, ermöglichte, freiwillig an einem besonderen naturwissenschaftlichen Unterricht teilzunehmen, der in großartiger Form durch Oberlehrer MÜLLER erteilt wurde.

«Dieser Oberlehrer MÜLLER wurde für mich Schicksal. In vier Jahren lernten wir in zwei Nachmittagsstunden die ganze Biologie, einschließlich der Vererbungslehre, Sexuologie und Entwicklungsgeschichte. Dieser Unterricht war wirklich einzigartig in jener Zeit und hat meine ganze Denkrichtung entscheidend beeinflußt.»

und an anderer Stelle:

«... eine den späteren Lebenslauf bestimmende Unterrichtung in einer Ganzheitsbetrachtung der Naturwissenschaft, eine sorgfältige Vorbereitung für die Universität und viele Teilnehmer sind dem Oberlehrer Müller wohl zeitlebens dankbar gewesen und haben ihn in bester Erinnerung behalten.»

Aber es ging nicht immer so ernsthaft auf dieser Schule zu. In einem kleinen schwarzen Wachstuchbüchlein sammelte das Brüderpaar emsig die „Stilblüten" von Lehrern und Schülern. Diese erheiternde Sammlung wird 1962, 50 Jahre später, als kleines Buch herausgegeben unter dem Titel:

SCHULERINNERUNGEN

8 · Prof. Grassmann, genannt Zass, Mathematiklehrer
am Marienstiftsgymnasium in Stettin
Federzeichnung 1910

Das Titelblatt stellt in prachtvoller Zeichnung den Mathematiklehrer Prof. GRASSMANN, gen. ZASS, dar und das Buch enthält vier weitere köstliche in der Schulzeit entstandene Karikaturen der Lehrer von Werner KULLATH.

Das Motto ist ein Ausspruch des Altphilologen (des Lehrers in Griechisch) Prof. SCHMOLLING, genannt „Der göttliche Sauhirt":

„Ja, immer den Lehrer ärgern und sich freuen und lachen über seine törichten Scherze."

SCHMOLLING:
„Und die armen Getöteten winden sich in ihren Schmerzen."

Schüler:
„Es blendet so!"
Prof. GRASSMANN genannt ZASS:
„Dann sehen Sie mich an, dann werden Sie nicht geblendet."

LOEWE:
„Das Tote Meer birgt weder Fische noch Vögel."

IFLAND:
„Aus dem Peipussee kommt der gleichnamige Fluß – die Narwa."

Aufsatzthema:
Sonnenlicht und Mondenschein zwei Freunde des Menschen. Ein Schüler macht folgende Einteilung:
„Ihr Einfluß zeigt sich
   a) auf unsere Vorfahren
   b) auf die Dichter
   c) auf uns selbst."

Die Blütensammlung schließt
Höhere Knabenschule, Gollnow (um 1900)
Lehrer: „Bilde das Imperfektum von ,Der Mensch denkt und Gott lenkt'."
Gustav ÜCKERMANN: „Der Mensch dachte und Gott lachte."

In der Einleitung zu diesem Büchlein, in der sich KOLLATH an die Marienstiftler, an seinen Bruder Erich und seinen lieben alten Schulfreund Fritz BERNDT wendet, heißt es:
«Weißt Du noch, wißt Ihr noch, was es alles zu lachen gab als wir viel, viel jünger waren? Entsinnt Ihr Euch noch der Lehrer, ihrer goldenen Worte, unserer Frechheit und unserer Untaten, sowie unseres gläubigen Vertrauens, daß wir das alles, was wir da lernen sollten, später einmal brauchen würden? Und was habt Ihr wirklich davon gebraucht?
Viel wichtiger sind eigentlich diejenigen Dinge geworden, die nicht gelehrt wurden, sondern die nebenbei geschahen. Das Unabsichtliche, das Witzige, das Zufällige blieben stärker in der Erinnerung. Wer kann noch eine mathematische Gleichung entwickeln? Oder etwa den Horaz richtig skandieren? Wer weiß noch, wie oft das Wort ‹Kai› auf jeder Seite im Homer vorkommt? Oder hat jemand von Euch noch einmal Klopstock gelesen? Ich hoffe es nicht. Indes, die Schulaufsätze sind doch wesentlich geworden. In der Tat, jener Aufsatz über ‹Sonnenlicht und Mondenschein, zwei Freunde

Otto Ernst hält Vortrag.

9 · Otto Ernst, der Dichter von „Appelschnut" hält Vortrag
im Preußenhof, Stettin
Feder mit Tusche – 13. 11. 1910

des Menschen›, wurde daran mitschuld, daß ich später Lichtbiologe
wurde.
Viel lieber als an die Mathematik und die Religionsstunde bei SCHIBE,
denke ich an den Naturkundeunterricht bei Oberlehrer MÜLLER. Er und
Prof. SCHULZ erhielten keinen Beinamen. Das ist wichtig, sie boten keinen
Anhaltspunkt irgendeiner Schwäche. Und wenn diese Schwäche auch nur
eine große Warze an der linken Backe war, wie bei ‹Pickelbu›. Oh ja,
MÜLLER war schuld, daß wir beide, Du, alter Freund, und ich später Ärzte
wurden. Seine Bitte, einmal eine seltene Schmetterlingsart mit meinen un-
vollkommenen Mitteln zu fotografieren und seine boshafte Bemerkung, ich
hätte ein schönes Stilleben aufgenommen mit dem Rätsel, wo ist der Schmet-
terling, haben mich tief getroffen. Irgendwo in meiner Seele stand dieser
Tadel, als ich später Mikrofotograf wurde, Pate.
Ach ja, ich war der Faulste von uns dreien. Sicher warst Du, liebes Brüder-
lein, der Fleißigste. Du warst auch der Artigste. Ich war sicher der Unartig-
ste. Und meine Zeichnungen zu den Bierzeitungen brachten mir den Haß
einiger Lehrer ein.

Dem einen Lehrer, der am pedantischsten war, machte ich in der Bierzei-
tung den Vorschlag, er solle seinen Namen ändern in P. DANTE. Das gab
eine häßliche Auseinandersetzung. Einmal, ach, nur ein einziges Mal, wollte
man mir eine Prämie geben. Und dieser Lehrer verhinderte es, indem er
erklärte, ich sei ein Faulpelz. Traurig sagte es mir der Naturkundelehrer
MÜLLER, ob das wirklich stimme. Auch der Zeichenlehrer war traurig.
Damals wußten wir kaum etwas davon, daß wir im Marienstiftsgymnasium
in einem Bauwerk des größten deutschen Baumeisters des Klassizismus,
Karl Friedrich SCHINKEL, unterrichtet wurden. Erst später hatten wir ein
Empfinden für die Schönheit des einfachen Baues. Die großen Hallen und
Gänge wurden durchtobt, und der freie Schulplatz erlaubte Ausflüge wäh-
rend der Pausen.
Wie habe ich oft die Mitschüler beneidet! Fast jeder wußte, was er werden
wollte. Mir war das fast nie klar. Gewiß, Mediziner stand an erster Stelle,
schon, weil mein Vater Arzt war. Aber viel, viel lieber wäre ich Maler geworden. Und gereist sollte werden, immer gereist. Und nebenbei Natur-
kunde getrieben, so ungefähr wie Ernst HAECKEL, dessen ‹Kunstformen der
Natur› ich von einem wohlhabenden Mitschüler auslieh und bewunderte.
Meine Gelder reichten nur für Reclambücher, bis ich einmal Nachhilfe-
stunde gab. Da war ich reich, besaß bald 100 Mark. – Mit ihnen gründete
ich meine Bibliothek und meine Malutensilien wurden gekauft.»

Im August 1911 wird die Reifeprüfung abgelegt mit dem Prädikat: genügend.

Autoreise 1911

Fahrt von Gollnow zur Hygieneausstellung nach Dresden

Im Herbst 1911 unternimmt die wagemutige Familie KOLLATH eine damals
aufsehenerregende Autofahrt zur I. Internationalen Hygiene-Ausstellung. Am
Steuerrad eines dreirädrigen, offenen, luftigen Gefährts, einer Cyklonette, sitzt
der Vater, der Herr Sanitätsrat KOLLATH. Mitreisende: Die Mutter und die
Söhne Erich und Werner.

*10 · Die Cyklonette, Familie Kollath auf der Fahrt von Gollnow
nach Dresden zur I. Internat. Hygieneausstellung
September 1911*

Aus den täglichen Reiseaufzeichnungen des 19jährigen Werner KOLLATH:

Küstrin, 10. 9. 1911

«Also Ihr wollt wirklich das Wagnis und die Tour nach Dresden unternehmen mit Eurem kleinen Auto?» – (einer Cyklonette) – s. Abb. «Allerdings» sagte man daraufhin trocken.

Das Unwahrscheinliche ist Ereignis geworden. Wenn ich auch noch nicht in Dresden bin, so haben wir doch schon 140 Kilometer bis Küstrin gefressen, die uns hoffentlich recht gut bekommen werden. Ein wenig Aufregung noch beim Einpacken und Einschränken des Zeichenmaterials, dann ging die Sache gegen 11 Uhr anno domini 1911 mese September am 10. Tage in Szene. Zuerst geht es dir gut, mein Sohn, denn diese Gegend kennst du schon. 4 Personen: 90, 73, 68, 67 Kilo, Gepäck 21 Kilo, geht es in 15 Minuten nach Speck. Dahinter ging das Abenteuerleben los.

Surr, lief das Autochen. Dörfer, Seen, Felder – alles flog dahin und davon. Massow kommt in Sicht, Massow ist da, Massow ist vorbei. Da liegt Stargard vor uns. Ein schönes Städtebild. Zwei schöne Kirchen, vor allem die Marienkirche. Interessante alte Tore, eine Eigenart der Pommerschen Städte. Das Pyritzer Tor und das Naugarder Tor.

Auch von Stargard nach Pyritz ging es famos. Die erste Pause zum Mittagessen. Die Wartezeit wurde meinerseits zum Zeichnen verwendet.
Weiter: Zuerst fein. Eben freute man sich, da, ein Krach – der rechte Hinterreifen war geplatzt. Gott sei Dank war das Chausseewärterhaus in der Nähe. Da hieß es das Rad abnehmen, den Reifen ab und aufziehen. Das lehrreiche Geschäft wurde wider Erwarten bald erledigt. Dann ging es ohne Verhinderung weiter. In Soldin Kaffee getrunken. Keine Zeit, keine Zeit, rief man. Es ging wieder los und der bis jetzt schönste Teil der Fahrt begann. Schnurgerade Chausseen führten uns nach Neudamm mit mächtiger Geschwindigkeit. Dann wieder kriecht die Chaussee schlangengleich über unendliche Felder und Hügel. Man lernt die intimsten Reize der Landschaft kennen, z. B. die Benutzung des Chausseegrabens als... Eine Kuhherde vor dem Auto ist ein köstliches Hindernis.

Frankfurt a. O., den 11. 9. 1911

Dann kamen wir nach Frankfurt, einer der Hauptstationen der Reise. Wie eigenartig berührte die Einkehr in die Heimatstadt meiner Mutter.
Wir begeben uns zum ‹Prinzen von Preußen›, Logis 3 Mark. Nach Säuberung Mittag gegessen, alles bis zum letzten Krümchen.
Dann kam der traurige Teil des Aufenthaltes, der Besuch der Gräber: Großmutter Clara RIEDEL, ihr Bruder Max HENSEL und, durch kleinen Raum getrennt, die Eltern beider.
Vielleicht das einzige und letzte Mal stand ich so an den Gräbern, standen wir alle zusammen dort (s. S. 17). Das Leben reißt uns zurück. Erinnerung bleibt leise, leise, für stille Stunden.

Grünberg, den 12. 9. 1911

Zunächst muß ich noch den gestrigen Tag behandeln. Bemerkenswert in Frankfurt sind vor allem die Marienkirche und das Rathaus. Altersgrau ragt der eine Turm der Kirche empor. Der zweite ist umgestürzt. Prachtvolle Gotik des frühen 13. Jahrhunderts; aus etwas späterer Zeit das Rathaus mit schöner Giebelfassade.
Gestern mehrfach etwas erlebt, was mir schon manchmal zugestoßen ist. Es kommt vor, daß man an irgendwelchen Orten vorbeigeht, ohne daß sie einem gefallen. Aber plötzlich – liege es woran es will, an besserer Stimmung, Beleuchtung oder sonst woran – erscheint einem an ihrer Stelle ihr Ideal als Bild. Anspruchslose Motive gewinnen intime oder großartige Reize. Die Bewegungen eines Menschen, die Augenstellung usw. – Augenblicke, wie schön seid ihr! Wie gerne möchte ich sie anderen zeigen, wie wenig kann ich es.

Ein neuer Tag bringt uns hinweg aus Frankfurt. Dekorative Bäume geben uns das Geleit bis weit hinter die Stadt, Waldespracht umgibt uns wieder, Dörfer und Felder durcheilen wir, erklimmen starke Höhen, genießen köstliche Blicke auf Niederschlesien und kommen nach Grünberg.

Grünberg, 13. 11. 1911

Gestern noch die Stadt angesehen. Altertümliches fast gar nicht. Die meisten Häuser stammen aus der schrecklichen Zeit der letzten Jahrzehnte.
Ziemlich spät aufgestanden. Bombenhitze! Dann Besuch bei Herrn PRÜFER.
Mächtige Ähnlichkeit mit Fritz VON UHDE.
Vielleicht zeichne ich ihn heute noch.
Während der Mittagspause zeichnete ich eine Gasse. Bei dieser Gasse und Herrn PRÜFER beobachtete ich die Erscheinung, die ich gestern beschrieb.
Das Bild, nicht das Modell stand vor mir. Ob es mir gelingen wird?
Abends: Es ist gelungen. Als PRÜFER nachmittags zum Kaffee da war, bat ich ihn, mir ein paar Augenblicke zu sitzen. Es geschah und in 10 Minuten war es fertig.
Abends in Brieges Sektgarten. Köstlich gemütlich, schmeckte prächtig. Wer den Grüneberger Sekt schilt, bekommt es mit mir zu tun.

Hoyerswerda, den 14. 9. 1911

In Grünberg morgens ziemlich früh aufgestanden und um 1/2 9 Uhr auf nach Dresden über Sommerfeld, Forst, Spremberg, Hoyerswerda. Zuerst ganz schön. In Sommerfeld riß, als wir halten wollten, die Fußbremse. 1/2 Stunde Aufenthalt. Auf der Fahrt nach Hoyerswerda platzte der linke Hinterreifen und wieder riß die Fußbremse. 1 1/2 Stunden Zeitverlust. Dann sehr gut gefahren bis Hoyerswerda, wo wir zur Nacht bleiben wollten. Hier sitzen wir im ‹Goldenen Anker› und ich schreibe oder vielmehr, ich habe geschrieben.

Dresden, den 15. 9. 1911

Ja, ja, so gehts. Gerade als wir das Hotel verlassen hatten, riß noch einmal die Fußbremse. Das gab 2 1/2 Stunden Aufenthalt. Ich zeichnete noch den Markt, dann ging es endlich los. Der Schlosser mit allen Angehörigen sehr nett. Die Fahrt herrlich. Wundervolle Tannenwaldungen und Fernblicke. In Harmsdorf bis Königswald, gerade eine Meile vor Dresden, platzte ärgerlicherweise unser Schmerzenskind, der rechte Hinterreifen. Nun sitzen wir im Kurhaus von Klotzsche, einem Luftkurort, und müssen warten, bis wir weiter können. Abends: Es ist gelungen, prächtig lief das Tierchen.
Dresden ist göttlich. Am Tage war der Himmel grau bedeckt. Plötzlich

brach – im Untergehen – die Sonne durch. Golden überstrahlte sie die feuchte Luft und wundervoll zart hoben sich die Dresdner Gebäude ab von dem strahlenden Grunde. In der Elbe spiegelte sich alles wider.

Dresden, den 16. 9. 1911

Also die Internationale Hygiene-Ausstellung besuchten wir heute. Unendlich ist das Vorhandene – endlich die Aufnahmefähigkeit. Das Gelände herrlich. Machtvoll erhebt sich als erstes die Halle ‹Der Mensch›. Den ersten Teil verstand ich noch ein wenig, manches hatte ich bei Oberlehrer MÜLLER gelernt. Nur einiges Wenige kann ich nennen als etwas, das mir besonders auffiel. Die Zerlegung des Skeletts und des Schädels in farbige Einzelknochen. Die Blutmengen, die das Herz in einer halben Stunde befördert. Den Blutkreislauf. Die Lebensmittel, die ein Mann in einem Jahr verzehrt. Biologie erregt mein Interesse, vielleicht auch Krebs und die Krankheiten, in denen es etwas zu tun gibt, deren Erforschung so viel, unendlich viel Segen bringen würde.
Abends kamen wir bedauerlicherweise nicht zu Boccaccio von Franz von SUPPÉ. Dafür gingen wir ins Belvedere, wo ich jetzt köstliche Musik höre.

Dresden, 17. 9. 1911

Es war der hervorragendste Tag der Reise: Der Besuch in der Gemäldegalerie. (Mein Vater hatte mir rechtzeitig den großen Katalog der Galerie geschenkt, so daß ich über alles orientiert war.)»

Es folgt eine ausführliche Schilderung des Gesehenen, die von einer erstaunlichen Urteilskraft zeugt. „Leider nur drei Stunden auf" klagt er.

Dresden, 18. 9. 1911

«21. Hochzeitstag. Papa und Erich mit Auto weg zum Reparieren. Mama und ich Galerie Arnold besichtigt (Eintritt 1 Mark.) Trefflich schön: KLINGER, THOMA, STUCK, LIEBERMANN. Nachmittags wieder Hygiene-Ausstellung: Ansiedelung und Wohnung, Nahrungsmittel. Abends Theater: ‹Die Entführung aus dem Serail›. Entzückende, allerliebste MOZARTmusik.

Dresden, 19. 9. 1911

Papa ging in die Hygiene-Ausstellung. Wir in die Plastikensammlung. Die Abgüsse zahlreich, unzählig. Am besten gefielen mir die Werke MICHELANGELOS. Von den Originalen zu bemerken: KLINGER, RODIN. Dann nochmals 1½ Stunden in die Galerie. Kaspar David FRIEDRICH ist der Vorläufer der Moderne. Nachher noch die Modernen genossen und die Eindrücke von neulich aufgefrischt. Mit einem Wort, es war ein großer Genuß.

Berlin, 20. 9. 1911

Abreise aus Dresden. Anfangs regnerisch, dann prachtvolles Wetter. Zunächst starke Steigung bis Boxdorf, dann köstlich. Moritzburg, wundervolle Lage. Vor Elsterwerda ging von einem Schlauch der Flicken los. Abmontieren, aufmontieren, 1 1/2 Stunden Aufenthalt. Von Jüterbog nach Luckenwalde schrecklichen Angedenkens, entsetzliches Pflaster. Furchtbar verbaut. In Trebbin Lampen angezündet (1/2 Stunde) und ins Dunkle hineingefahren. Nicht sehr angenehm, aber interessant. Ein Bulle störte die Chaussee. Dann kam Berlin, durch Berlin hindurch zum Quartier.

Bernau 21. 9. 1911

In Berlin spät aufgestanden, dann nach Frühstück ins Kaiser-Friedrich-Museum. Alle Wetter großartig! Jan VAN EYCK: Genter Altar. Albrecht DÜRER: Hieronymus Holzschuher, Jacob Muffel, seine Frau. HOLBEIN: Georg Giesze. RUBENS, REMBRANDT, RUYSDAEL. Die späteren Meister sind meist keine. Und dann die Italiener: TIZIAN, TINTORETTO, LEONARDO, BOTTICELLI, RAFFAEL.

Nach langem Warten in Gesundbrunnen kommen wir endlich weg. Berlin ist ein verflixtes Nest, kein Mensch weiß etwas von den nächsten Ortschaften. Direkt verwirrt waren wir. Pflaster noch schlechter als miserabel. Nach 2 1/2 Stunden ganze 23 km bis Bernau zurückgelegt. Dunkel war es geworden. Logis im „Schwarzen Adler". Altes Kloster, daher Stern- und Kreuzgewölbedecke. Morgen hoffentlich nach Hause.

Gollnow 23. 9. 1911

Am 22. fand die Heimreise statt. Über Kloster Chorin. Ich habe noch nicht solche Gotik gesehen. Die Maße der Fenster, die Verzierungen, die Bögen, alles herrlich. Leider wurde die Ruine renoviert. Man kennt ja die Erfolge. Die Chaussee bis Eberswalde miserabel, Dann fuhren wir durch Angermünde, Schwedt mit schönem Schloß nach Garz, von dort in mächtiger Fahrt über Stettin nach Gollnow.

Damit hatte die schönste Reise, die ich bis jetzt wohl gemacht habe, ihr Ende.

Leider hatten wir am letzten Tage fortwährend Regen, so daß es naß und kalt war. Aber das kümmerte uns nicht viel. Und schön war's doch!»

Studentenjahre 1911–1914

Der Neunzehnjährige weist eine so starke zeichnerische Begabung auf, daß es nicht Wunder nimmt, daß er Maler werden will. Jedoch der Vater entscheidet, daß der Sohn erst nach dem Staatsexamen wählen könne und erst etwas Richtiges lernen solle.

> «So wurde ich Student der Medizin, es kamen Krieg und Inflation und ich blieb Arzt.»

Die studentischen Wanderjahre führen gemeinsam mit dem Bruder Erich, der sich für die juristische Laufbahn entschieden hat, zuerst zum Wintersemester 1911/12 nach Leipzig, von dort zum Sommersemester nach Freiburg i. Br. (1912). „Große herrliche Sommerszeit! Es war dies eines der bemerkenswertesten Semester."

Welch südlicher Reichtum: Das Münster, das Augustinermuseum, der Schwarzwald, Colmar mit Matthias GRÜNEWALD, Straßburg; über Konstanz in die Schweiz, nach Rothenburg ob der Tauber und Nürnberg.

Das Wintersemester 1912/13 in Berlin ist „mit seinen Kulturschätzen beinahe zu viel für uns." Schließlich geht es nach Kiel 1913/14, wo man sich behaglich mit dem Bruder Erich, der am Referendar arbeitet, auf Dauer einrichtet und drei Semester verbringt. Das Physikum wird „leicht und schmerzlos" bestanden und damit wird aus dem Naturwissenschaftler ein Kliniker, ein Kandidat der Medizin.

Überall nimmt man mit, was Stadt und Umgebung an bildender Kunst, Architektur, musikalischen Genüssen, Theater, Vorträgen und Landschaft zu bieten haben.

> «Früh habe ich es mir angewöhnt, alles Sehenswerte in einer mir bis dahin unbekannten Stadt in den ersten Wochen anzusehen, später hat man keine Zeit mehr.»

In Kiel macht Werner KOLLATH die Bekanntschaft mit dem Augenarzt Dr. Max LINDE, der ein Studienfreund des Vaters ist und der eine bedeutende Edvard MUNCH-Sammlung besitzt, außerdem noch Gemälde von Edouard MANET, Edgar DEGAS und andere und „Das eherne Zeitalter" von RODIN.

Von Kiel ziehen beide Brüder – mit durch Sparsamkeit zurückgelegtem Geld – ohne Pässe nach Dänemark und Schweden. Sie fahren nach Helgoland, nach Bremen und Worpswede. Zeichenkunst und Bildung gedeihen.

A · *Kartoffel-Marionetten*
Gollnow, Tempera – 29. 4. 1914
Die künstlerisch begabte Mutter von Werner Kollath hat aus
Kartoffeln dieses aparte Komödianten-Ensemble geschaffen
und der Sohn hat es porträtiert.

B · Fahrt von S. Gimignano
Bleistiftzeichnung mit Aquarell – 7. 4. 1925
I. Italienreise 21. 3.–12. 4. 1925
Text Seite 58

Der Erste Weltkrieg

1. August 1914–11. November 1918
Soldatenleben

Es waren die schönen Tage der Kieler Woche mit der Anwesenheit des Deutschen Kaisers, mit Flottenparade der deutschen Kriegsschiffe, mit dem Besuch der englischen Kriegsflotte und mit der großen Segelregatta.

In dieses friedliche Studentenleben fällt am 29. Juni 1914 der Schuß von Sarajewo; der österreichische Thronfolger ist ermordet worden. Wird es zum Kriege kommen? Erst wochenlange Stille, dann aber folgen die Kriegserklärungen, eine nach der anderen.

Vorzeitig brechen beide Brüder das Semester ab, um nach Hause zu reisen und sich als Kriegsfreiwillige zu melden. Die großen Koffer werden aufgegeben, aber sie kommen nie an, sie werden gestohlen. Das war der erste Kriegsverlust.

Der junge cand. med. hat erst *ein* klinisches Semester und muß darum ein halbes Jahr Waffendienst leisten, ehe er Unterarzt werden kann. Er wird Kanonier bei der Feldartillerie Nr. 38 in Stettin.

Mit dem Bruder kommt er nach zwei Wochen Ausbildung an die Westfront nach Belgien. Bei Wytschaete haben beide ihren ersten großen Angriff. Die Verwundeten können nicht versorgt werden, es fehlt nicht nur an Sanitätern, sondern auch an ärztlichem Material.

Entschlossen, trotzdem zu helfen, bittet der Kanonier KOLLATH seinen Zugführer, von der Batterie fortgehen zu dürfen, um die Verwundeten zu versorgen und richtet sich in einem Bauernhaus sein erstes Lazarett ein. 15 Verwundete von der eigenen Truppe, dazu kommen noch Verwundete von der Nachbarbatterie.

Er hilft, soweit er kann, zwei Verwundete sterben in seinen Armen. Verzweifelt sieht sich der junge Kandidat der Medizin vor die unlösbare Aufgabe gestellt, ohne ausreichendes Wissen, ohne ausreichende Hilfsmittel den Verwundeten zu helfen. Aber er lernt es, zu trösten. Im Kriegstagebuch schreibt er:

> «Seitdem weiß ich, daß Arzt sein nicht nur im Erwerben von Kenntnissen beruht, sondern daß man auch durch anderes, vorzugsweise durch anderes, wirkt.»

Am Abend kommen dann die Krankenwagen und der Kanonier geht zurück zu seiner Batterie.

> «Ich war bis dahin ein junger Mediziner gewesen, jetzt war ich plötzlich Arzt geworden.»

11 · *Russische Gefangene – I. Weltkrieg,*
aus dem Kriegstagebuch – Federzeichnung – 1918

Im November 1914 geht es an die Ostfront.

«Es genügte uns vollkommen, daß wir eines Tages – Gott stehe uns bei –
in Ostrowo waren und daß wir – der Herr schenke uns Insektenpulver –
in Kalisch ausgeladen wurden.»

Nach vielem Hin und Her in Rußland und in Ostpreußen, das nach dem
Einfall der Russen furchtbar verwüstet ist, wird KOLLATH, verlaust wie alle
dort, vom Fleckfieber befallen. Der Herr scheint sein Gebet nach ausreichend
Insektenpulver nicht erhört zu haben.

Nach der Entlassung aus dem Lazarett ist das erste halbe Kriegsjahr um, und
nun beginnt die Arbeit als Unterarzt: Geschlechtskrankenabteilung, Geistes-
krankenabteilung, Krankentransport-Abteilung, Fleckfieberlazarett. Bei Fleckfieber ist man nach der ersten Krankheit immun.

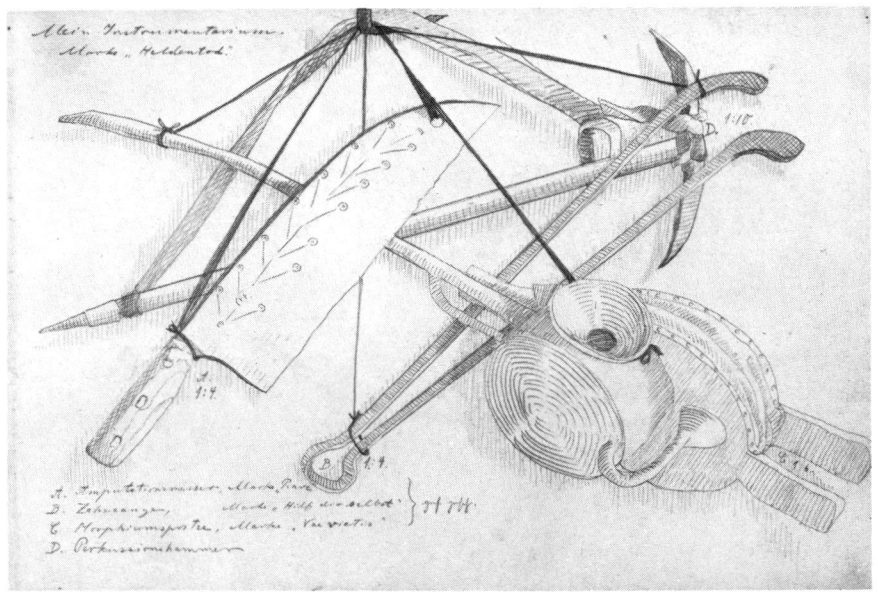

12 · *Mein Instrumentarium – „Marke Heldentod"*
A. *Amputationsmesser, Marke „Piave"*
B. *Zahnzange, Marke „Hilf Dir selbst"*
C. *Morphiumspritze, Marke „Vae victis"*   } *ges. gesch.*
D. *Perkussionshammer*
Kriegsskizzenbuch, Bleistift, 1917

Im Sommer 1917 kommt KOLLATH zurück zur kämpfenden Truppe, zum Jäger-Bataillon Fürst Bismarck (Pomm.) Nr. 2, zuerst nach Osten, zur Offensive nach Riga.

Im Herbst 1917 geht es hinunter nach Italien, durchs Isonzo-Tal zu den Offensiven bei Flitsch und Tolmino am Isonzo. Dann über Belluno zu den blutigen Endkämpfen am Monte Tomba am Gardasee.

Es war die erste Berührung mit Italien. KOLLATH genießt trotz der Strapazen und Schrecken des Krieges mit Zeichenstift, Augen und – Gaumen. Die italienische Schönheit nimmt ihn gefangen und er schwört sich: das wird später eingehend bereist und durchwandert. Und als es zurück geht, heißt es:

«Seit dieser Zeit war mir Italien noch mehr das Land der Wünsche.»

Der erste Tag in Italien

«Es war 1917. Riga war eingenommen und nach kurzer Pause wurden wir nach dem italienischen Kriegsschauplatz verschoben. Dank der ungemeinen Fürsorge der österreichischen Bahn kamen wir einen Tag zu spät zu der Offensive. Die Front war durchbrochen; im Becken von Flitsch zogen Zehntausende von deutschen Truppen nach Westen und ungezählte Gefangene nach Osten.

Am nächsten Tag überschritten wir am Nitzky-Voh die Grenze. Eine heiße, schwüle Sommernacht im Anfang November veranlaßte uns, im Freien zu übernachten. Um 3 Uhr morgens aber brach aus allen Fenstern des Himmels ein Regen los, der die Haut unterwühlte und durch die dicksten Gummimäntel und Stahlhelme drang. Nichts war vor ihm sicher. Die Wege wurden fortgerissen, die Felsen wurden zu Wasserfällen, die Tannen schüttelten sich, wir aber schwammen bergauf. Das Wasser stieg in den Kleidern bis an den Hals. Das überlaufende Naß sammelte sich von oben in den Stiefeln. Die Berge verbargen sich im grauen Nebel.

Stundenlang schwammen wir bis auf die Paßhöhe. Mit Gott und der Welt zerfallen. Und oben sanken wir erschöpft nieder.

Im Dunklen verlor ich meine einzige Habe, die Satteltaschen. Selbst ohne Zahnbürste war ich. Aber mein Bursche hatte eine neue in seiner Hosentasche.

So wehrte sich das Land gegen uns. Wir aber zogen die Stiefel aus, gossen den Inhalt auf die Straße und zogen weiter bergab nach dem Fella-Tal. Der Regen hatte aufgehört. Die Wolken vertrieb ein scharfer Westwind, wir zogen weiter.

Des Abends aber trockneten wir unsere Garderobe am offenen Feuer und kleideten uns während dieser Zeit in weiße Schürzen, die man uns gegeben hatte. Grüne Zweige, wie Odysseus vor Nausikaa, konnten wir nicht abreißen. Dazu tranken wir eine Flasche Muskateller.

Seitdem liebe ich Italien.»

25 Jahre später schreibt Werner KOLLATH in seinem Buch Italia Eterna im 7. Kapitel „Rosen und Mandelblüten" am 24. 10. 1941

«Suche ich in meinen Erinnerungen, welcher Moment mir die beneidenswert selige Schönheit Italiens zum ersten Mal offenbart hat, dann ist es folgender:

Im Jahre 1917 zog ich mit der Deutschen Jägerdivision durch die Po-Ebene, südlich des Hanges der Alpen. Viele alte Städte, Türme, Schlösser hatten

wir gesehen. Da gelangten wir in einen kleinen Ort. Vor die Straße schob
sich eine hohe Mauer, auf der ein steinernes Geländer einen Garten mit
dunkelgrünem Laub abschloß. Vom Geländer hernieder aber hingen in langen Ranken gelbe Rosen auf dem graurötlichen Stein – im November!»

Noch einmal muß KOLLATH im April 1918 zur Frühjahrsoffensive an die
Westfront. Im Juli befällt ihn die Spanische Grippe, ein Lungenspitzenkatarrh
entwickelt sich. Zurück in die Heimat ins Lazarett nach Wilhelmshöhe bei Kas-
sel. Kurz vor Beendigung des Krieges wird er entlassen und wieder an die Westfront geschickt, nach Verdun. Aber schon verhandelt man über den Waffen-
stillstand.
Am 9. November bricht in Deutschland die Revolution aus.

Am 11. November 1918 um 11 Uhr 30 ist der Krieg zuende.

«Dieser Krieg hat eine unheilbare Lostrennung von der Jugend für mich,
wie für alle gebracht. Man lasse sich nicht täuschen, Jahre dieses Erlebens,
in denen man jung und unerfahren hinausgeworfen ist aus seiner Bahn, in
denen man eine einseitige Erfahrung bekommt und teilweise alt wird,
sonst aber jung bleibt, diese Jahre lassen sich nicht abstreifen. Und viele
Jahre habe ich gebraucht, um mich wieder zu finden und aus dem Gelern-
ten meine Folgerungen zu ziehen.»

Im ersten Jahr des Krieges schreibt KOLLATH in sein Kriegstagebuch:
«Krieg ist nicht Recht und Wunsch nach Freiheit, Krieg ist Wut und
Rache, wenn er gelingen soll. Und wird er mit Wohltun und Mitleiden
geführt, mit Glacéhandschuhen das Gewehr abgefeuert, dann ist er verloren und mit ihm das Volk.»

Marburg – Studium und Assistentenzeit

13 · Marburg/Lahn
Radierung, Diamant – 1921

Januar 1919 – November 1922

In dieser malerischen mittelalterlichen Universitätsstadt in herrlicher Berglandschaft an der Lahn gelegen, mit einer großen alten Kultur, mit geistvollen,
weltoffenen Menschen, gewinnt das Leben nach 4 ¹/₂ Jahren Kriegsdienst seine
Farbigkeit zurück.

«Marburg war ein Phänomen an Lebendigkeit. Viel kam zusammen, um
mir diese Jahre zu den schönsten meines Lebens zu machen. Verdurstet
durch den Krieg sog man das Leben auf wie ein Schwamm. Gesünder als
vor dem Kriege, von unermüdlichem Tätigkeitsdrang erfüllt, besuchte ich
die Kollegs, nutzte jede freie Stunde. Des Abends saß ich in meinem Zimmer, radierte oder schnitt Holz, diktierte der Nachtschwester gleichzeitig
die Krankengeschichten des Tages, wenn ich deren Abfassung nicht dazu
benutzte, selbst Schreibmaschine zu lernen. Viele Nachtstunden benutzte
ich zum Zeichnen und Malen. Es gab keine Müdigkeit. Zwei Nächte fast
ohne Schlaf machten mir nichts aus. Der Doppelberuf erfrischte nur.»

Der 27jährige Medizinstudent arbeitet hart für sein *Staatsexamen, das er
am 16. Februar 1920 mit „sehr gut" besteht.* Aber für das Leben bleibt immer
genügend Raum. Es wird mit Gleichgesinnten diskutiert. Freundschaften fürs
Leben werden geschlossen und im späteren Leben haben „die Marburger" nie
versagt. Nächte werden auf den Terrassen des hochgelegenen Schlosses auf dem
Schloßberg verschwärmt. Es wird viel musiziert. Das rege Kunstleben mit
Richard Hamann beflügelt das Können.

14 · Werner Kollath an seiner Druckpresse
Assistentenzeit in Marburg/Lahn – 1922

Mit dem Verkauf der grafischen Arbeiten finanziert KOLLATH das eigene Leben, kann sich vieles leisten. Er kauft sich Material für seine Zeichnungen, Platten für die Radierungen und Holzschnitte und eine Kupferpresse, die er auf dem Boden des Instituts aufstellen darf. Nachts werden die Probeabzüge gemacht. Ein kräftiger Mokka ist der Schlaftrunk.

Mit ebenbürtigen Partnern durchstreift Werner KOLLATH die liebliche hessische Landschaft. Er ist jung und das Leben ist etwas Wunderbares, Herrliches, das man in seinem ganzen Reichtum zu erfassen sucht. Man ist frei und glücklich.

Zum 9. November 1919, dem ersten Jahrestag der Revolution in Deutschland, wird in der ELWERT'schen Kunsthandlung in Marburg eine Ausstellung veranstaltet, an der auch der Medizinstudent KOLLATH beteiligt ist. Das macht auf ihn aufmerksam und es erfolgt die Aufnahme in den glänzenden, anspruchsvollen Kreis der Universitätsprofessoren. KOLLATHS geistige Entwicklung wird maßgeblich geprägt und beeinflußt den Entschluß, die Universitätslaufbahn zu ergreifen. *Am 16. März 1920 erhält er die Approbation als Arzt. Im Juli 1920 macht er die Doktorprüfung.* Er glaubt berechtigte Hoffnung zu haben, sich in Marburg zu habilitieren, aber es kam anders.

Auf die Frage nach den Möglichkeiten seiner Habilitation war für ihn die Antwort seines Chefs, Prof. STERZ, sehr enttäuschend:

„Doppelbegabungen gibt es nicht. Sie sind ein guter Maler, also können Sie kein guter Wissenschaftler werden."

KOLLATHS Reaktion war die Kündigung.

Als KOLLATH in den ersten Novembertagen 1922 – wieder ist es der November – Marburg nach eineinhalbjähriger Assistentenzeit an der Psychiatrischen und Nervenklinik verläßt, endet eine große, glückliche, erfüllte Zeit, die sich in gleicher Vollkommenheit nie mehr wiederholen wird.

«So ging meine Zeit in Marburg zuende, die menschlich beglückendste Zeit, die ich dieser schönen Stadt, die mir eine wirkliche Heimat geworden war, verdanke. Marburg war für mich mein eigentlicher Geburtsort geworden.»

Und traurig klingt es beim Gang durch Gollnow 20 Jahre später in der Erzählung „Ein Besuch in der Heimatstadt"

«Geh wieder fort, in die Fremde, die deine neue Heimat wurde. Hast Du denn wirklich eine neue Heimat gefunden? Ein Heim ja, eine Heimat, nein!»

15 · Am Steinweg – Marburg/Lahn
Radierung – 24. 9. 1920

Dem Lahntal

Gegrüßet seist du mir, du weites Tal!
Ich danke dir und deinem stillen Fluß
und liebe dich, wie schon beim ersten Mal
als ich dich sah, weil ich dich lieben muß.

Du warst mir Schicksal, Heimat und ein Gruß
und brachtest Freude mir und tiefe Qual.
Ich wanderte durch dich mit frommem Fuß,
sah Marburgs Dom im frühen Morgenstrahl.

Der Berge feinen Hängen folgte ich
mit meinem Stift und streichelte die Straßen,
beschwörend Bild um Bild mit zartem Strich
und ging des Nachts durch monderhellte Gassen.
Ich seh dich wieder, wieder lieb ich dich
und kann von dieser Liebe niemals lassen.

Aus „Die Fahrt ins Leben" (11. 8. 47)   W. K.

17 · Spiegelslust, Bäuerinnen aus der Schwalm
Bleistift – 28. 5. 1919

40 Jahre nach der Marburger Zeit schreibt Werner KOLLATH in sein Tagebuch:
Porza, 8. Juni 1962
«In Lindau bei der 12. Nobelpreisträger-Tagung hatte ich diesmal eine längere Besprechung mit Adolf BUTENANDT, wodurch eine abgerissene Verbindung wiederhergestellt werden konnte. Er bat um eine meiner alten Radierungen aus Marburg. Damit war wieder einmal der Weg zur Quelle meines Daseins eröffnet, denn alles, was ich später in meinem Leben leisten konnte oder wo ich Hilfe durch andere erfuhr, ist irgendwie mit Marburg verbunden. Es waren Jahre unerschöpflichen Werdens und Schaffens.»

◄ *16 · Wäscherinnen*
Holzschnitt auf Japan, Handabzug, Marburg – 1921

Ich übernahm den Vertrieb der Original=Radierungen

von

Werner Kollath—Marburg

(Bestellung nach Nummern genügt)

Nr. 1—11 Marburg.

1. Marburg am Abend	250.—	
2. „ Ges.=Ansicht (Klein)	150.—	
3. „ mit der Schäferbuche	150.—	
4. „ Rotergraben	150.—	
5. „ Blick v. Ortenberg	250.—	
6. „ Blick v. Weißenstein	250.—	
7. „ Blick auf Elisabethkirche von Wehrda aus	125.—	
8. „ Blick auf Universität	125.—	
9. Türme der Elisabethkirche bei Nacht	200.—	
10. Blick vom Frauenberg	300.—	
11. Seitenwand der Elisabethkirche	250.—	

In Vorbereitung:
Das Marburger Schloß,
Durchblick auf Elisabethkirche.

12. Mondaufgang	400.—
13. Marterl bei Amöneburg	200.—
14. Tannenwald	180.—
15. Wartburg	300.—
16. Haus in Alzey	200.—
17. Nebelstimmung	250.—
18. Winterlandschaft	250.—
19. Dämmerung	250.—
20. Wald und Felsen	300.—
21. Buchenwald	275.—
22. Baumstudie	275.—

23. Spiegelung	350.—
24. Kiefern	300.—
25. Vorfrühling	300.—
26. Brunnenhof in Bad Nauheim	300.—
27. Heideweg bei Nacht	350.—
28. Birnbaum	300.—
29. Welle	300.—
30. Diele im Bachhaus, Eisenach	250.—
31. Wachholder	350.—
32. Weiden am Wasser bei Nacht	300.—
33. Rosenstrauß, groß	400.—
34. Maréchal Niel	300.—
35. Nelke	250.—
36. Schwertlilien	450.—
37. Hessischer Bauer	300.—
38. Feueranbeter	350.—
39. Bergpredigt	350.—
40. Zwei Mönche	vergriffen
41. Apassionata	300.—
42. Interieur	350.—
43. Im Kloster Kreuzberg	300.—
44. Auf dem Kreuzberg	300.—
45. Milseburg	300.—
46. Quintett	200.—
47. Kaninchen	200.—
48. Bücherwurm	300.—
49. Los des Schönen	vergriffen
50. Spiel des Zufalls	300.—
51.—60. Zur Biene Maja, 8 Blatt je	180.—

Preisangabe in Mark nach September=Stand 1922, Zuschläge vorbehalten.
Von vielen Blättern sind nur noch wenige Stück verfügbar.

Großer Holzschnitt, Elisabethkirche M. 600.— Großer Holzschnitt, Marburg M. 300.—

N. G. Elwert'sche Kunsthandlung, G. Braun, Marburg.

von Münchow'sche Universitäts=Druckerei Otto Kindt Wwe., Gießen.

18 · Verkaufsliste der Original-Radierungen von Werner Kollath
N. G. Elwert'sche Kunsthandlung, G. Braun, Marburg – September 1922

Intermezzo

Berlin und Breslau

Kreisarztexamen und Lehrjahre

19 · Am Zeughaus, Unter den Linden, Berlin
Radierung, Diamant – 1923

Das „Leben aus dem Koffer" geht weiter. Das geliebte Leben hat nun seinen
Glanz verloren; die Träume sind ausgeträumt. Heiratspläne, die in Marburg
geschmiedet worden waren, sind zerronnen. Die beginnende Inflation zerstört
alles. Drohend wird jetzt die ganze trostlose Lage eines besiegten Volkes sichtbar. Man sucht, sich vor der Unsicherheit des Daseins in gesicherte „Posten" zu
retten. Der „beamtete" Arzt, wie es z. B. der Kreisarzt ist, scheint ein erstrebenswertes Ziel zu sein. Und resignierend verzichtet der Dreißigjährige, trotz
seines Hanges zur Forschung, auf eine weitere Universitätslaufbahn, und geht
Anfang November 1922 nach Berlin, um sich an der *Sozial-hygienischen Aka-*
demie auf das *Kreisarztexamen* vorzubereiten. In dreimonatigen Kursen werden
Gerichtsmedizin, Hygiene und Bakteriologie, Pathologische Anatomie mit Sek-
tions- und diagnostischen Übungen gehört.

Drei schriftliche Prüfungsarbeiten müssen ausgearbeitet werden: Über Bade-
wesen, versicherungsgerichtliche Bedeutung der multiplen Sklerose und Erstat-
tung eines gerichtlichen Gutachtens. Die dazu notwendigen Literaturstudien
macht KOLLATH an der Deutschen Bücherei in Leipzig. Dort kann er sich einen

kleinen eigenen abschließbaren Raum mieten und ungestört arbeiten; da das Kreisarztexamen als schwer bekannt ist, muß er das mit allem Ernst tun.

Seit Werner KOLLATH im Herbst 1922 seine Assistentenstelle an der Psychiatrischen Klinik in Marburg gekündigt hatte, war er ohne neue Anstellung geblieben. Vakante Stellen gab es so gut wie gar nicht. Es muß aber Geld verdient werden, um leben zu können, denn das Leben ist nicht leichter geworden. So folgt KOLLATH aus seiner Arbeit für das Kreisarztexamen heraus bereitwillig der Aufforderung Geh. Rat PFEIFFERS, vertretungsweise an das *Hygienische Institut der Universität Breslau* als *außerplanmäßiger Assistent* zunächst für drei Monate zu gehen. Am 1. Juni 1923 tritt er seine Stelle an, die ihm auch dazu dienen soll, seine geringen Kenntnisse in Hygiene und Bakteriologie zu verbessern, um mit Sicherheit die bevorstehende schwere Kreisarztprüfung zu bestehen. Von sechs Prüflingen fallen später drei durch.

> «Von Bakteriologie hatte ich kaum den Schimmer einer Ahnung, weil der Unterricht in Marburg zu langweilig gewesen war, ebenso der in Hygiene. Einzig die Plaut-Vinzentsche Angina hatte ich behalten und das beeindruckte selbst die beherrschende Laborantin, Fräulein SCHULZ. Sie behandelte mich wie ein Kind, das man spielen läßt, später wie ein wißbegieriges. Und ihr verdanke ich manchen Trick und manche Erzählung.
> Zunächst setzte man mich an die Diphtheriestation, von der ich auch nichts verstand. Ich mußte von vorn anfangen. Ich nahm mir das dreibändige Handbuch von UHLENHUT über mikrobiologische Methoden vor und las es von Anfang bis Ende durch. Nun hatte ich einen ersten Überblick und wußte, wo ich mich orientieren konnte. Aus der Apparatesammlung probierte ich alles aus, was es gab. Daneben arbeitete ich für das Kreisarztexamen, denn daß ich Kreisarzt werden wollte, war mir klar. Die persönlichen Verhältnisse im Institut ermutigten nicht gerade zu einer wissenschaftlichen Laufbahn.»

Nach Ablieferung der schriftlichen Arbeiten (29. Juli 1923) wird KOLLATH zur *mündlichen Prüfung* zugelassen. Am 5. März 1923 waren bereits Prüfungsgebühren in Höhe von 1740,– Mark gezahlt worden. Am 27. September 1923 wird seitens des Preußischen Ministers für Volkswohlfahrt eine Prüfungsgebühr von 8520,– Mark nachgefordert, und am 30. November 1923 erfolgt vom Präsidenten des Landesgesundheitsrates die Festsetzung des Prüfungstermins auf den 13., 14. und 15. Dezember 1923. *Vor* der Prüfung sind im Büro des Landesgesundheitsrates Gebühren im Grundbetrage von 68 Rentenmark zu entrichten und an den Protokollführer sind 3 Rentenmark Grundbetrag zu zahlen. Die Umstellung auf Rentenmark ist gerade im Anfang, die Inflation noch nicht beendet. Die amtlichen Forderungen sind alles unerfüllbare Ansinnen. Der junge

Assistent ist ohne Mittel. Die Inflation frißt – wie die Revolution – ihre Kinder. Das Geld ist Götze geworden, aber das goldene Kalb ist aus Papier.

Jetzt helfen, wie all die schweren Nachkriegsjahre hindurch, die künstlerischen Arbeiten aus der verzweifelten Situation. Die Breslauer Fakultät kauft dem jungen Assistenten – es ist Gott sei Dank der Weihnachtsmonat – soviel von seinen Zeichnungen und Radierungen ab, daß er außer den Gebühren für die Prüfung auch die Reisekosten nach Berlin und zurück an seinen Arbeitsplatz in Breslau aufbringen kann. *Am 15. Dezember 1923 wird in Berlin die Kreisarztprüfung mit „gut" bestanden.*

An diesem Tage schreibt der Minister für Volkswohlfahrt an KOLLATH:
„Beifolgend lasse ich Ihnen das Befähigungszeugnis zur Verwaltung einer Kreisarztstelle zugehen, das ich für Sie auf Grund der bestandenen Prüfung habe ausfertigen lassen.

Der Betrag des gesetzlichen Stempels mit 1,5 Billionen Mark und eine Verwaltungsgebühr mit 1 744 500 000 000 Mark ist durch Nachnahme erhoben."

Aber alle Arbeit und Kosten waren vergebens, denn auf die am 23. 12. 1923 eingereichte Bewerbung antwortet der Preußische Minister für Volkswohlfahrt, Berlin, 31. 1. 24

„Mit Rücksicht auf den auch in Preußen durchzuführenden Beamtenabbau und die hierzu bereits ergangenen Sperrvorschriften für die Annahme neuer Stellenanwärter besteht für die nächste Zeit keine Möglichkeit zu Ihrer Einberufung in den Medizinalbeamtendienst.
Gebühr dieser Mitteilung: 3 M 60 Pf"

Durch diese Aussichtslosigkeit zerschlagen sich die immer noch gehegten Heiratsabsichten endgültig. KOLLATH kehrt wieder nach Breslau zurück, um dort zu bleiben.
«Wirtschaftlich ging es mir, wie den meisten, miserabel. In den schlimmsten Zeiten der Inflation lebte ich von Hafersuppe und trockenem Brot.
Die Zeiten waren ja so furchtbar, daß man sie nie vergessen sollte. Ich besinne mich noch, daß ich ein möbliertes Zimmer aufgeben mußte, weil ich als Mietzins statt einem Pfund Butter monatlich plötzlich den Wucherpreis von zwei Pfund zahlen sollte. Dann kam die Rentenmark. Bis dahin hatte ich mein Gehalt immer postnumerando und entwertet bekommen, so daß ich nur mit Mühe durchkommen konnte. Eine gewisse Erleichterung trat durch die stabile Währung ein, aber es dauerte doch sehr lange, bis ich mich etwas freier bewegen konnte.

Die Arbeit, der ich mich verschrieben hatte, half mir über die Tiefen des Lebens hinweg.

Es war schwer für mich, festen Fuß im Institut zu fassen. PFEIFFER war für jeden, der nicht durch seine Arbeit sein Interesse gewonnen hatte, fast unnahbar. Erst als er sah, daß ich nicht abließ, gelang eine Annäherung. Ich sollte Mikrofotos von Bakterien machen, aber es gelang nicht, es wurden graue verschleierte Platten. Und nun wünschte PFEIFFER seine Aufnahmen selbst zu machen. Er forderte mich auf, ihm zu helfen, was mehr als gern geschah. Ich bereitete alles vor, er machte einige Bewegungen an der Apparatur, das Bild erschien auf der Mattscheibe, er verdeckte es mit einem Pappdeckel zwischen Mikroskop und Bogenlampe, lüftete den Pappdeckel einen Moment und wir bekamen ein klares, scharfes Mikrofotogramm seiner neuen Erreger.
Nachdem sich dieser Vorgang etwa 4 Wochen wortlos abgespielt hatte, bat ich ihn, eine Aufnahme machen zu dürfen. Das Resultat war miserabel. Lächelnd führte er mich an die optische Bank, stellte sie ein, drehte an dem Kondensor, eine Bewegung, die ich nie beachtet hatte, und plötzlich war alles da. Und dann sagte er: ‹Sehen Sie, so macht man es!› Er überließ mich nun mir selbst, aber durch diese Wochen verdanke ich ihm unendlich viel. So wurde ich zum Mikrofotografen und alle meine späteren Arbeiten fußen auf der mikrofotografischen Technik.»

Obwohl es nur ein Zufall war, daß Werner KOLLATH an das *Hygienische Institut der Universität Breslau* gekommen war, so wurde doch seine künftige Arbeitsrichtung schicksalsmäßig durch seine Tätigkeit bei Geh.Rat Prof. Dr. Richard PFEIFFER bestimmt. PFEIFFER, ehemaliger Mitarbeiter von Robert KOCH, hatte etwa 1925 den Influenzabazillus (IB) entdeckt (Baz. PFEIFFER). Es lag nahe, daß KOLLATH sich mit dem Arbeitsgebiet seines Chefs zu befassen hatte und so kam er 1923 durch PFEIFFERS Züchtung des IB über die Beschäftigung mit den Nährbodenbedürfnissen und dem Vitaminbedarf dieses Bazillus in die beginnende *Vitaminforschung*. Doch darüber später mehr. Auf den ersten freien Schritt folgten die anderen zwangsläufig. Aus drei Monaten wurde ein Jahr, aus einem Jahr wurden drei Jahre, und schließlich sollten 12 Jahre vergehen, bis die Breslauer Zeit ihr Ende fand.

«Und so wurde ich von einem nicht beendeten Psychiater und Kreisarztanwärter zu einem angehenden Hygieniker.»

Schlesisches Himmelreich

Man nehme: 250 g Backobst (fleischige Birnen, kreisrunde Apfelringe, saftige
Pflaumen, einige Hagebutten) 400 g mageren Räucherspeck
Salz, Zucker, Zimt, 1 Prise Piment, 1 Prise getr. Pilze, dunkel
eingebranntes Mehl.

Backobst am Vorabend einweichen, am nächsten Tage Räucherspeck in Wasser
fast garkochen, das Backobst hinzufügen, beides garen. Mit dem Mehl eine
braune Grundsoße machen, mit dem Kochwasser ablöschen, mit den Gewürzen
abschmecken, alles zusammenfügen und sanft durchziehen lassen.
Dazu schlesische Kartoffelklöße.   Guten Appetit!

Das schlesische Himmelreich ist ein Gericht, das in seiner kontrastreichen Zusammenstellung wohl einzigartig ist. Vielleicht ist es nicht jedermanns Sache,
aber der Breslauer ißt es ein oder zweimal im Jahr gern. Wenn er es zuhause
nicht bekommt, geht er auf eine Oderinsel, das Bürgerwerder, wo in einer kleinen Gastwirtschaft das Gericht unverfälscht zubereitet wird. Dazu trinkt er
dann Breslauer Korn.

Es ist Übertreibung, wenn man es als das Lieblingsgericht der Schlesier bezeichnet, aber es enthält jene Polarität, die charakteristisch für den Schlesier
ist: Herbheit und Strenge gepaart mit Süße und Milde; Ernst zur Arbeit gepaart
mit Lebensfreude, Schwermut mit sinnlicher Fülle; Hingabe gepaart mit Zu-
rückhaltung und Verschlossenheit.

Schlesien ist das Land der Zauberer, Mystiker, Dichter und Propheten, das
Land des RÜBEZAHL, des Gerhart HAUPTMANN und seines Bruders Karl, des
Schuhmachers Jacob BÖHME (1575–1624 Görlitz), des Dichters Martin OPITZ
(1597–1639), des „Cherubinischen Wandersmannes" Angelus SILESIUS, der in
Wirklichkeit Johannes SCHEFFLER heißt, der 1661 konvertiert und in seinem
Suchen nach dem Sinn des Lebens uns Heutigen noch viel zu sagen weiß.

> „Nichts ist ihm selber
> Der Regen fällt nicht ihm, die Sonne scheint nicht ihr,
> Du auch bist anderen geschaffen und nicht dir."

Klingt nicht aus diesem Satz des Angelus SILESIUS das gleiche wie aus Werner
KOLLATHS Bekenntnis:

> «Je älter ich werde, desto mehr gewinne ich die Überzeugung, daß ich
> nicht meinetwegen da bin, sondern auf Grund eines Auftrags lebe und daß
> ich diesen Auftrag bis zum letzten Atemzug erfüllen muß.»

Für den Neuangekommenen ist Schlesien ein weißer Fleck auf der Karte seines bisherigen Weltbildes. Im Augenhintergrund haften immer noch die hellen, heiteren Bilder des lieblichen Marburg mit seinen freundlichen Erlebnissen. Sie wollen nicht verdrängt werden.

«Schlesien war mir bis dahin völlig unbekannt gewesen und ich muß gestehen, daß ich die falschen Vorstellungen des Westens über den deutschen Osten damals teilte. Höchst überrascht war ich, als ich die große deutsche Kulturarbeit dort kennen lernte.»

Langsam verwandelt sich der anfangs Uninteressierte in einen Entdecker des Neulandes, doch es wird wenig Zeit dafür bewilligt. Hart arbeiten, lernen, sich beweisen ist jetzt die Parole.

Aber auf die Dauer kann sich der junge kunstbegeisterte Mensch dem Zauber von Stadt und Land nicht entziehen, langsam entdeckt er ihre Kostbarkeiten, die er zeichnend, radierend, fotografierend sich zu eigen macht.

Und wieder füllen sich in diesen 12 Jahren die Mappen und Kästen mit Fotos und graphischen Arbeiten; und wie in Marburg stehen sie an Qualität und Menge kaum hinter der großen Produktion jener Zeit zurück.

Was gibt es nicht alles in dieser Stadt, deren Schutzpatron Johannes der Täufer ist:

Das Rathaus, das eines der schönsten gotischen Rathäuser Deutschlands ist, mitten im Hauptplatz, im Ring, mit seinen alten Giebelhäusern gelegen.

Der Neumarkt mit dem Neptunsbrunnen, auf dem Neptun mit seinem Dreizack steht – vom Volke „der Gabeljürge" genannt – der einmal im Jahr auf das überquellende Angebot Bunzlauer Steinzeugwaren, den „Tippelmarkt", herabsieht. Dieser Markt, der den Künstlern besonders willkommen ist zum Einkauf schöner, einfacher Tongefäße.

Da ist die Altstadt mit ihren winkligen Gassen, die früher von den Wasserstraßen der Ohle – einem Nebenfluß der Oder – durchzogen wurden: Die Fleischbänke, die Kätzelohle, die malerische Weißgerberohle, Schauplatz von Gustav FREYTAGS „Soll und Haben", wo jetzt „die Sünde wohnt", und wo es einem gruselt, wenn man hindurch geht, ebenso wie im „Siehdichfür", den im Dunkeln zu durchqueren ebenso bedrohlich ist, wie sein Name.

Dann das an der Oder lang hingestreckte Universitätsgebäude aus dem ersten

20 · *Weißgerberohle, Breslau*
Radierung – 1924

Drittel des 18. Jahrhunderts mit seiner im Überschwange des Hochbarock schwelgenden Aula Leopoldina und der im gleichen Stil verschwenderisch ausgestatteten angrenzenden Matthiaskirche.

Aus der Moderne die bewundernswerte, großartige Konstruktion der Jahrhunderthalle, deren riesiger Kuppelraum der größte der Erde ist, erbaut von Stadtbaurat Max BERG, dem pommerschen Landsmann aus Stettin.

Und vor allem die Kircheninseln: Die Sandinsel mit der Sandkirche und ihrem berühmten Gewölbe im südlichen Seitenschiff und als erlesenes Glanzstück die Dominsel mit dem gotischen zweitürmigen Dom, mit der Kreuzkirche und ihrer eleganten, grün patinierten Turmnadel, dem Diözesanmuseum und dem „Klösseltor", das den Rest eines Pinienzapfens auf seiner Bedachung trägt, in dem aber der Volksmund die Darstellung seines Leibgerichtes sehen will – und dabei sind oder wären wir wieder beim „schlesischen Himmelreich" gelandet.

21 · Sandkirche, südliches Seitenschiff   Breslau – Kohlezeichnung

Aus einem Breslauer Tagebuch

Breslau, den 18. 6. 24

«8 Tage nach Beginn meines 33. Lebensjahres beginne ich ein Tagebuch, das ist an sich schon komisch, und ich weiß genau, daß dies Buch seinen Namen nur in einem ganz beschränkten Sinne zu Recht führen wird. Ich denke gar nicht daran, hier zu viel von trüben und traurigen Dingen oder von tristen Gedanken zu erzählen. Die behält man sowieso im Gedächtnis. Aber das wenige Heitere, die geringen Sonnenstrahlen mögen hier ihren Platz finden. Und wenn – ich betone das ‹wenn› – ich alt werden sollte und dann einmal hineinschaue in dieses Buch, dann will ich mich noch wärmen an dem, was ich einst – jetzt – dachte und erlebte.

30. 6. 1924

Ich habe in den letzten Tagen ziemlich erheblich gearbeitet und werde morgen die Ehre haben, meinem hochverehrten Chef, Richard Pfeiffer meine wissenschaftliche Arbeit zur geneigten Durchsicht zu überreichen. Hoffentlich wirft er mich nicht damit hinaus, denn es hängt doch allerhand davon für mich ab.

Wer weiß, ob es nicht möglich ist, daß ich meine Pläne, zunächst die wissenschaftlichen, doch noch einmal ausführe?»

Es handelt sich um die erste große Arbeit über
Vitaminähnliche Substanzen in ihrer Wirkung
auf das Wachstum der Influenzabazillen. 1. Mitteilung. (s. S. 62)

6. 7. 1924

«Inzwischen ist allerhand geschehen, manches, dessen Folgen noch nicht abzusehen sind und wie immer bin ich gespannt auf die Zukunft. Eigentlich sträube ich mich dagegen, meine Gedanken aufzuschreiben. Bisher habe ich es meist so gehalten, daß ich alles gesprächsweise fallen lasse. Es macht mir Freude, ein Feuerwerk abzubrennen und dann nachher wieder zu schweigen.

Heute habe ich einmal einen ruhigen Tag hinter mir und ich empfinde zum ersten Mal seit jenem Tag vor zwei Monaten das wohltuende Gefühl der Einsamkeit. Wie viel ungestörter ist man doch. Man braucht nicht zu reden, kann sich dauernd beschäftigen und gehört einmal ganz sich selbst. Das ist mir so abhanden gekommen, daß ich mich jetzt erst wieder so langsam kennen lernen muß.

Ich glaube, wenn ich jetzt einmal auf ein Jahr, ohne pekuniäre Sorgen, malen dürfte, dann würde etwas aus mir werden. Aber noch darf ich nicht. Vorläufig hat mich der Ehrgeiz des Wissenschaftlers gepackt und hält mich in seinen Klauen. Als ob ohne mich diese Dinge nicht erforscht würden. Man macht sich innerlich über seinen eigenen Eifer lustig. Indes, wenn man nicht Gelegenheit hat, zu genießen, genießen in vollen Zügen, dann soll man arbeiten. Sic esto!

Übrigens darf ich zu der vorhergehenden Eintragung noch vermelden, daß mein Chef PFEIFFER meine Arbeit unbeanstandet angenommen hat und sehr nett war. Wenigstens etwas. Sobald sie gedruckt ist, werde ich vielleicht darüber berichten.

8. 8. 1924

Tagebuch wäre doch sicher ein falscher Ausdruck für dieses Opus. Denn wie man sieht, es sind vier Wochen vergangen und alles, was ich getan habe, ist nicht verzeichnet. Es war ziemlich viel, und der Erfolg ist denn auch, daß ich seit einigen Tagen krank bin und mich auch heute noch ziemlich schwächlich und abgearbeitet fühle.

Warum ist mein Körper so schwach, daß ich nur ganz wenig von dem, was ich schaffen möchte, ihm abringen kann? Doch warum frage ich so? Ich weiß ja genau, daß es auf alles dies keine Antworten gibt und daß nichts anderes übrig bleibt, als aus sich herauszuschöpfen, was sich nur herausholen läßt.

Warum kann ich von allen diesen Dingen nicht lassen, von Malerei, Musik, Medizin?

Aber morgen wird doch wieder gearbeitet!

Ein Wort über die positiven Ergebnisse der letzten Wochen: 1) eine wissenschaftliche Arbeit beendet und abgeschickt. 2) eine zweite Experimentalarbeit mit LEICHTENTRITT zu $^3/_4$ beendet. 3) Zwei neue angefangen 4) Aussicht, hier fest angestellt zu werden, bzw. nach Freiburg oder München zu kommen.

Und nun frage ich mich: Warum das alles jetzt, was mich vor einem halben Jahr beglückt hätte? Warum jetzt Sicherheit, jetzt Erfolg?»

Gesundheitlich geht es Werner KOLLATH schlecht. Er klagt über Untergewicht. Eine nicht eindeutig diagnostizierte Erkrankung der Lunge befällt ihn und anschließend erfolgt eine erstaunliche unerklärliche Gewichtszunahme, die dem Leptosomen, der er in Wirklichkeit ist und bleibt, das Aussehen eines Pyknikers gibt.

REISESEHNSUCHT

«Wie du siehst, Werner, sind wieder vier Wochen verflossen und erst jetzt, sogar verspätet, kommst du zu deiner monatlichen Reinigung. So kann man meine Bucheintragungen doch fast nennen. Inzwischen dürfte vermutlich viel passiert sein. Und das stimmt auch.

Als Wichtigstes wäre zu nennen, daß ich mich endlich entschlossen habe, Bratschenunterricht zu nehmen. Es scheint mir diese Beschäftigung gut zu bekommen. Freilich, es wird harte Arbeit kosten, es darin wirklich zu etwas zu bringen.

Als Zweites, daß ich jetzt nach drei Wochen zahlreicher mißlungener Versuche mikrofotografieren kann.

Als Drittes, daß ich vor vier Wochen in Neiße war, von Gerhard STRECKE, dem Komponisten, eingeladen, um dort schlesisches Himmelreich zu essen und daß ich in diesem überraschenden ‹schlesischen Rom› 8 große Steinzeichnungen machte. Es war wie ein überlaufendes Wehr.

Als Viertes, daß meine Arbeiten gut vorangehen und daß ich bester Hoffnung bin, doch noch etwas Brauchbares aus meinen Versuchen herauszubekommen.

Als Fünftes, das sonst alles beim alten ist und daß ich reichlich müde und erschöpft bin.

Ferner wäre vielleicht noch zu erwähnen, daß ich sehr, sehr gerne cirka 700 Mark hätte, damit ich auf 14 Tage nach Rom fahren könnte. Ich weiß, daß dies natürlich ein ganz blödsinniger Gedanke ist, aber ich kann mir nun einmal nicht helfen. Mir ist, als müßte ich hin, könnte hier nicht länger bleiben, ohne zu vergehen. Als ob ich nur in Rom mich selbst finden könnte. Mich reizen nicht die großen Kunstwerke, sondern einzig und allein die Stadt als solche, die Ruinen, vielleicht das Ewige, Zeitlose, was dort liegt.

Aber es sind Träume, schöne Träume und sie werden sich nicht verwirklichen.

Morgen gibt es wieder einen Arbeitstag. Heute ist Sonntag und ich besitze nur noch 55 Pfennige. Also der geborene Arbeitstag, nicht wahr? Denn was könnte ich wohl mit 55 Pfennigen anfangen? – Nach Rom fahren! Da muß man doch lachen.

Na, denn wollen wir mal erst wieder ins sogenannte Bett gehen. Gute Nacht, mon cher!

Einer der letzten Abende in meiner Wohnung, in der ich schon annähernd ein Jahr sitze. Das ist für meine Verhältnisse enorm. Ich muß aus Teuerungsgründen umziehen, es bleibt von meinem Gehalt zu wenig übrig bei der neuen Mietpreiserhöhung.

Inzwischen, das heißt seit der letzten Eintragung, habe ich meine zweite Arbeit geschrieben und abgegeben. Ein Urteil über die Annahme habe ich noch nicht. Wenn die Arbeit von meinem Chef angenommen wird, will ich einige Tage Pause machen und nach der Grafschaft Glatz fahren, um beim Zeichnen einen Ausgleich zu finden. Mir ist etwas frische Luft nötig, damit ich bis Weihnachten und dann bis zum Frühjahr durchhalte. Denn es gibt viel, sehr viel Arbeit.»

Die oben erwähnte Arbeit ist die *zweite Mitteilung* mit dem gleichen Obertitel wie die vom 30. Juni 1924 genannte. Untertitel s. S. 63.

«Einerseits muß die Arbeit mit LEICHTENTRITT beendet werden, (s. S. 63) was noch viel Zeit kosten wird.

Dann beginnen einige neue Experimentalarbeiten:

Blutabbau durch Bakterien; zur Frage der Pathogenität der Bakterien; Kapselbildung bei Bakterien durch Vitamine; Konstitution der Vitamine (in Gemeinschaft mit HESSE) und im Hintergrunde liegt der Gedanke an die Tuberkulosebekämpfung durch ein spezifisches Serum.

Nebenher gehen noch kleinere Arbeiten über einzelne Bazillen.

Künstlerisch ruht fast alles. Eine intensive Arbeit ist mir da zur Zeit nicht möglich, weil ich durch meine wissenschaftliche Tätigkeit zu sehr in Anspruch genommen bin. Auch zum Bratschespielen komme ich wenig, doch scheine ich Fortschritte zu machen.

Jetzt Gute Nacht. Ich bin zu müde.

DER FLIEGENDE MAULWURF

16. 11. 1924

Heute einmal ein ‹geruhsamer› Sonntag. das heißt, er war immerhin reichlich mit Arbeit erfüllt.

Gestern Abend zum erstenmal seit etwa einem halben Jahr anständig Quartett gespielt. Heute vormittag mikrofotografiert; darauf zum erstenmal seit Jahren wieder ein Ölportrait versucht (Frau LEICHTENTRITT).

Es ist so selten, daß ich einige Minuten Zeit zur Besinnung und Einkehr habe, daß ich bald gar nicht mehr weiß, wie es innen aussieht.

Insgesamt gehe ich aufs Habilitieren aus. Ob ich das Habilitieren nur als einen vorübergehenden Zustand betrachten werde, als einen gewissen Schluß, der mir erlaubt, mich nachher in Ruhe Neuerem zu widmen, wer weiß das? Nicht wir, sondern das Geschick macht uns zu dem, was wir werden.

Mit einem Vergleich könnte man das sehr gut ausdrücken:

Setze ein Tier an irgend einer Stelle aus und es wird sich seinen Fähigkeiten entsprechend durchhelfen. Der Maulwurf gräbt sich ein, der Vogel fliegt, der Fisch schwimmt. Dabei erfüllt jedes Wesen den ihm eigenen Lebenszweck. Einzig die Art, wie es seine Aufgabe erfüllt, ist von Bedeutung. Es ließe sich darüber ein ganz nettes Fabelchen schreiben, wobei der Mensch im allgemeinen am schlechtesten abschnitte.

Der Mensch will immer irgend etwas, was oft garnicht zu ihm paßt, will z. B. *als Maulwurf fliegen* und wird unglücklich, weil er es nicht kann. Tiere sind glücklicher. Sie tun, was sie müssen.

DIE HOSE

1. 12. 1924

Den heutigen Tag beschließe ich mit einem Glas Wein. Also zunächst einmal Prosit! Und dann laßt uns die Welt durch das Loch in unserem Hosenboden betrachten, das neulich noch darinnen war. Die Hose war braun. Der Schneider hat sie grün gestopft. Es lebe der Maikäfer! Bei Abend und im Licht der elektrischen Morgenlampe hatte ich nichts von dem Farbenunterschied gemerkt. Als ich das Unglück aber bei Tageslicht sah, wurde mir grün und blau vor Augen, sodaß noch eine dritte Farbe das Bild komplementierte.

Den Schneider stellte ich natürlich wütend zur Rede. Er hatte die Stirn mir zu sagen, daß er geglaubt habe, der Herr Doktor werde diese alte Hose wohl nur noch zu Hause habe auftragen wollen, denn ... und er beschrieb mir ihre inneren und äußeren Mängel mit dem hartherzigen Auge des Kritikers. In diesem Augenblicke hätte ich ihn kalten Sinnes umbringen können. Aber das tat ich lieber nicht, denn erstens wurde die Hose dadurch nicht besser und zweitens hätte ich sie dann nicht mehr lange tragen dürfen. Es wäre aus ihr noch ein corpus delicti geworden und sie wäre in die Zeitung gekommen. Na, und die Folgen wären nicht auszudenken.

Stattdessen ging ich hin und opferte meine Weste. Ich werde also künftig auf ihr sitzen, auf meinem Brustgehäuse sitzen!

So, dies wäre das Kapitel von der Hose. Aber wie dem auch sei, ich habe trotzdem intensiv gearbeitet und heute viel geschafft. Abends ist mir wieder ein Griff beim Bratschespielen aufgegangen.

29. 1. 1925
Vor meinem Fenster sehe ich auf einen Nebenarm der Oder. Der Fluß fließt, wenn es neblig ist, dunkelgrau und bleiern dahin und auf ihm treiben weiße Eisschollen hinab. Sie stoßen sich die Kanten ab und wenn sie schön rund geworden sind, haben sie es besser; finden sie einen Widerstand, drehen sie sich nur etwas und gleiten vorbei – immer weiter, flußabwärts. Und dann versinken Fluß und Eisschollen im Nebel. Sinnbild des Lebens! Die Ufer sind hoch, und die Bahn ist gegeben. Wozu sich wehren? Gute Nacht, geliebter Leser!»

Erste Erfüllung der Reisesehnsucht

Breslau, 20. 3. 1925
«Morgen früh 5 Uhr 45 will ich nach Italien fahren!
Die Auspizien sind ungünstig: Kälte, Schnee, Halsschmerzen, Schnupfen und dergleichen.
Möge kommen, was will! Ich muß nach unten. Es geht nicht anders.
Wo es hingehen wird, weiß ich nicht. Ober- oder Süditalien oder gar Rom?»

Der noch vor einem halben Jahr so aussichtslos scheinende Wunsch, nach Italien reisen zu können, verwirklicht sich. Das Honorar für ein Gutachten gibt die Möglichkeit dazu. Die Reise führt zwar nicht nach Rom, aber immerhin ist das mittelalterliche herrliche Siena der südlichste Punkt. Gemeinsam mit den Geschwistern Erich und Ilse werden drei Wochen lang die schönsten Städte Oberitaliens und der Toskana studiert: *Gardasee, Verona*, 3 Tage *Venedig, Ferrara, Bologna, Pistóia*. Hauptpunkt der Reise ist mit 7 Tagen Aufenthalt das anmutige *Florenz*. In *Siena* muß Werner KOLLATH nachmittags mit Fieber im Bett bleiben, aber abends lockt die schöne Stadt zum Aufstehen.

«7. 4. Über *Poggibonsi* mit unmöglichem Gefährt – einer wackligen Pferdekutsche – nach *San Gimignano* mit seinen Adelstürmen. Vielleicht die malerischste Stadt.
Ich suchte, meiner Schulausbildung getreu, alles, was Antike oder Renaissance war. Das Mittelalter ließ ich liegen, ‹mit Abneigung›, wie GOETHE die Kirche des Franziskus in Assisi.»

22 · *San Giorgio Maggiore – Venedig*
Roulette 1 – 10 – 1925
1. Italienreise 21. 3. 1925–12. 4. 1925

Pisa, Rapallo, Genua, Mailand, dort Besichtigung des Abendmahls von LEO-
NARDO da Vinci.

Eine ungewöhnlich reiche zeichnerische Ausbeute kündet von diesem ersten
großen Italienerlebnis. Aber im Tagebuch sind nur die einzelnen Stationen der
Reise aufgeführt. Die Eindrücke waren wohl zu gewaltig, um sie zu schildern
und die vorhandene Zeit wurde zum Zeichnen benutzt. Auf eine Ruhewoche
bei den Eltern in Eisenach folgen 10 Tage Krankheit, dann setzt die Arbeit wieder in größtem Umfange ein.

Nun schweigt das Tagebuch für 8 Jahre.

Der Weg zum Forscher

Breslau 1923–1935

KOLLATH hatte in Marburg außer seiner Doktorarbeit *nur eine einzige wissenschaftliche Arbeit* geschrieben, die das PURKINJE'sche *Phänomen* zum Thema hatte. Ein Vortrag, den er darüber halten sollte, war nicht gerade ein Erfolg. Und so war die damalige Ablehnung von Prof. STERTZ bezüglich der Habilitation verständlich.

> «Obwohl ich keinen Grund hatte, stolz auf diese Arbeit zu sein, war sie doch später einer der Gründe, die mich zur *Lichtbiologie* brachten.»

Das PURKINJE'sche Phänomen tritt ein bei allgemeiner Helligkeitsherabsetzung der Farben und gleichzeitiger Dunkeladaptation des Auges. Es besteht in einer starken Verdunkelung der roten und violetten, in einer weit schwächeren Verdunkelung, d. h. relativen Aufhellung der blauen und grünen Farben.

Durch diese Marburger Arbeit entsteht eine erste Verbindung zur Breslauer Universität. Es ist nicht bekannt, inwieweit das KOLLATH je bewußt geworden ist.

J. E. PURKINJE aus Prag war in der ersten Hälfte des 19. Jahrhunderts als Physiologe an der Universität Breslau tätig. Ihm verdankt sie die Gründung des ersten Physiologischen Institutes Europas. Er führte das Experiment und das Mikroskop in den Physiologie-Unterricht ein und half entscheidend die Universität Breslau zu prägen.

Das Vitaminproblem 1923

Sofort nach seinem Kreisarztexamen begann Werner KOLLATH auf Wunsch seines Chefs, Prof. PFEIFFER, Fragen der Influenzazüchtung zu untersuchen.

Damals, 1923, gelangten die ersten Vitaminarbeiten nach Deutschland. Die amerikanischen Forscher THJÖTTA und AVERY hatten die Lehre PFEIFFERS, daß die Influenzabazillen (IB) „hämophil" seien – also Blutzusatz bei ihren Nährböden brauchten – widerlegt. Sie hatten die Nährbodentechnik von PFEIFFER auf die Vitaminforschung übertragen und die angeblich „hämophilen" Influenzabazillen auf pflanzlichen Nährböden gezüchtet. Zum Wachstum des IB muß der Nährboden zwei akzessorische Faktoren enthalten, von denen die Forscher THJÖTTA und AVERY den einen als *vitaminähnlichen V-Faktor* bezeichneten, den anderen als *X-Faktor* – ein seinem Wesen nach *hitzestabilen Faktor.* Beide Faktoren konnten anstelle von Blut auch aus pflanzlichen Geweben zur Züchtung des IB verwendet werden.

Die Nährbodenbedürfnisse des IB gaben auch die Möglichkeit, die „Spurenstoffe", die für Tier und Mensch unentbehrlich sind, kennen zu lernen. Bei diesen Mikroorganismen kann man beinahe alle „Spurenstoffe" und ihren Bedarf an Nährstoffen studieren.

Der IB erwies sich durch seine Wachstums- und Nährbodenbedürfnisse als ein ideales „Modell-Versuchsobjekt" zur Erforschung biochemischer Fragen und bot damit eine einmalige Gelegenheit, das bisher verborgene anaerobe primitive Geschehen zu studieren.

Es ergab sich für KOLLATH ein umfangreiches Forschungsprogramm. Angeregt durch die Arbeiten von THJÖTTA und AVERY begann er den angeblichen Vitaminbedarf dieser IB anstelle der Blutnährböden zu untersuchen. Die rein bakteriologische Technik reichte nicht aus, und so begann KOLLATH *bereits 1923 mit Tierversuchen,* darunter Rattenversuche.

«War ich bis dahin ein Anhänger der Geselligkeit gewesen, so begann ich, mich mehr und mehr in das Laboratorium zurückzuziehen.

Nachts, wenn die anderen schliefen, oder nachmittags saß ich in der ausgezeichneten Bibliothek, die PFEIFFER mit großer Sorgfalt vermehrte und las und las. Dort fand ich z. B. Kasimir FUNKS ‹Die Vitamine› von 1910 oder 1911 – also aus meiner Studentenzeit! Kein Lehrer an der Universität hatte uns von diesen Arbeiten etwas erzählt.

Ich lernte, daß jede wissenschaftliche Neuerung mindestens 30 Jahre benötigt, bevor sie gelehrt wird, weil stets eine ältere Generation vorher ausgestorben sein mußte.»

Das Buch von Kasimir FUNK gab KOLLATH weitere Anregungen für seine Arbeiten. Während die Vitaminforscher im allgemeinen von der Krankheitsforschung ausgingen und in der chemischen Identifizierung der Vitamine die wesentliche Lösung des Vitaminproblems sahen, war KOLLATHs Arbeit von Anfang an auf das *biochemische Wirken unbekannter Faktoren* ausgerichtet.

«Die V- und X-Faktoren erwiesen sich als überall verbreitet, selbst in Bakterien. Ich nahm deshalb an, daß sie eine allgemeine biologische Bedeutung im Zellstoffwechsel haben müßten. *So wurde mir das Vitaminproblem sofort ein allgemeines biologisches Problem.* Denn eines war klar: Diese Stoffe waren nicht dazu da, damit Influenzabazillen wuchsen, sondern mußten in Pflanzen, Bakterien und Tieren besondere physiologische Aufgaben zu erfüllen haben. Diese zu suchen, machte ich mir zur Aufgabe. Diese Betrachtungsform brachte mich von Anfang an in eine Außenseiterstellung in der üblichen Vitamin- und Ernährungsforschung.

Aerobiose und Anaerobiose

Bei einer Nachprüfung meiner Versuche in *Pécs* fanden VON FÉNYVESSY und KOPP die ungemein wichtige Tatsache, daß bei anaerober Züchtung der X-Faktor nicht mehr notwendig war, sondern daß der V-Faktor allein ausreichte. Nur bei aerober Züchtung waren beide notwendig. Damit erwies sich der V-Faktor als ein Faktor, der in den anaeroben Stoffwechsel, also in die Gärung, eingeschaltet sein mußte, während sich die Schwermetallkatalyse für die Atmung als notwendig erwiesen hatte. Der lebenswichtigere war also der heute noch unterschätzte V-Faktor; der X-Faktor diente der Anpassung an den Sauerstoff. Aus diesen Befunden entwickelten sich später meine Anschauungen über die *Polarität der Zelle* sowie über die *Entwicklung des Stoffwechsels.*»
Zitat aus KOLLATH: Zur Einheit der Heilkunde (s. S. 119).

Die Veröffentlichung der neuen Forschungsergebnisse erfolgte in den Jahren 1924/1926. Aus den Titeln läßt sich Art und Umfang der Arbeit erkennen. Es sind 6 Arbeiten, die im Zentralblatt für Bakteriologie erscheinen. Die ersten drei Mitteilungen haben den Obertitel:

VITAMINÄHNLICHE SUBSTANZEN IN IHRER WIRKUNG
AUF DAS WACHSTUM DER INFLUENZABAZILLEN

1. Mitteilung
Herstellung eines festen, vitaminhaltigen Nährbodens und Verhalten der vitaminartigen Substanzen in diesem.
Z. f. B. I. Orig. 93 (1924), 506–519, Arb. Verz. 4 *

---

* Arb.Verz. = Werner KOLLATH, wissenschaftl. Arbeiten. Herausgeber Dr. med. Herbert WARNING, s. S. 301. Verlag Schwabe & Co., Bad Homburg v. d. H.

2. Mitteilung
Die Wachstumsbeeinflussung der Influenzabazillen durch fremde Bakterien und ihre Zusammenhänge mit der Biologie des Influenzabazillus.
Z. f. B. 95 (1925), 158–180, Arb. Verz. 5

3. Mitteilung
Die Rolle des sog. X-Faktors für die Biologie des Influenzabazillus.
Z. f. B. 95 (1925) 279–287, Arb. Verz. 6

KOLLATH u. LEICHTENTRITT
Über eine den V-Faktor schädigende Serumsubstanz im Blut avitaminotischer Tiere, gemessen an den biologischen Veränderungen des Influenzabazillus.
Z f. B. 97 (1925), 65–80, Arb. Verz. 9

JAENSCH und KOLLATH
Untersuchungen über die Virulenz des Influenzabazillus im Glaskörper.
Z. f. B. 97 (1925), 48, Arb. Verz. 10

KOLLATH und LEICHTENTRITT
Über die fragliche Bildung von Vitaminen durch Bakterien.
Z. f. B. 97 (1926), 119–125, Arb. Verz. 11

So geriet KOLLATH bereits 1923 als einer der ersten deutschen Bakteriologen *in die Vitaminforschung.*

Die gesamte spätere Laufbahn und der wissenschaftliche Weg haben hier ihren Anfang genommen.

Habilitation 1926

Aus einem Brief an die Eltern.

Breslau, 27. 11. 1925
«... Augenblicklich treten alle Dinge in den Hintergrund, da ich mit größter Intensität arbeite, um möglichst bald zu einem einigermaßen abschließenden Überblick gelangen zu können. Die Arbeit nimmt solche Dimensionen an, daß daraus evtl. zwei Habilitationsarbeiten gemacht werden können.

Wenn mir die Sachen glücken, dann kann ich für meine Zukunft ganz be-
ruhigt sein. Jetzt habe ich mir noch eine physikalisch-chemische Methode
in der Technischen Hochschule beibringen lassen, so daß ich mit einem
ziemlichen Rüstzeug an alle Versuche herangehen kann.

Bisher weiß noch niemand im Institut, was ich mache. Ich bin äußerst gespannt, ob sich die weiteren Versuche ähnlich benehmen werden wie die
ersten. Kann kaum etwas anderes denken.»

An der in dem Brief genannten Habilitationsschrift:

Vitaminsubstanz oder Vitaminwirkung?

hat KOLLATH zweieinhalb Jahre gearbeitet.

«In diesen zweieinhalb Jahren gab es für mich keinen Sonn- und Feiertag,
kaum Urlaub. Die Versuchstiere mußten versorgt werden. Einer anderen
Hand durften sie erst überlassen werden, wenn die Resultate klar waren.
Tag und Nacht saß ich im Labor. Mein ganzes Interesse galt nur meinen
Versuchen. Die künstlerische Tätigkeit war beiseite gelegt.»

Mit dieser Arbeit wurde der Versuch gemacht, die neueren Ergebnisse der
Vitaminforschung auf die bakterienwachstumsfördernden Stoffe anzuwenden.
Vor allem wurde der Einfluß des ultravioletten Lichts auf diese Stoffe studiert,
das als übergeordnetes Prinzip über das Vitaminproblem zu setzen ist.

Vitaminsubstanz oder Vitaminwirkung?

*Eine Studie über Zusammenhänge zwischen Mineral und Sauerstoff-Stoff-
wechsel, Phosphatiden und ultraviolettem Licht, geprüft an den Wachs-
tumsbedingungen des Influenzabazillus (Bazillus Pfeiffer)*

*Der Hohen Medizinischen Fakultät der Schlesischen Friedrich Wilhelm-
Universität zu Breslau behufs seiner Habilitation als Privatdozent für Bak-
teriologie u. Hygiene vorgelegt von Dr. Werner* KOLLATH, *Assistent am
Hygienischen Institut.*
Z. f. B. 100 (1926) 97–145, Arb. Verz. 13

«In diesen Versuchen fand ich, daß der X-Faktor nicht nur aus Eisen,
sondern auch aus Mangan gebildet werden konnte, d. h. chemisch verschiedene Substanzen konnten die gleiche Wirkung auf Grund bestimmter

C · Menton – französische Riviera
Gouache – 8. 8. 1929

D · Pont St. Bénézet und Palais des Papes – Avignon
Gouache – 28. 7. 1929

Eigenschaften haben. Daraufhin nannte ich meine Habilitationsarbeit ‹*Vitaminsubstanz oder Vitamin-Wirkung?*› Heute wissen wir, daß tatsächlich mehrere verschiedene, wenn auch verwandte Stoffe die gleiche Vitaminwirkung auszuüben vermögen. Das erste Beispiel dürfte ich beim X-Faktor gefunden haben; es handelt sich nach der heutigen Nomenklatur um ein sauerstoffübertragendes ‹Atmungsferment›. (WARBURG.)

Man muß berücksichtigen, daß diese Anschauungen im Jahre 1926 völlig aus dem Rahmen der damaligen Vitaminvorstellungen fielen, um zu verstehen, daß sie, wie viele andere der folgenden Versuche, heute so gut wie vergessen sind. *Für mich wurden sie Grundlage aller weiteren Arbeiten.*»

Am 31. Juli 1926 konnte KOLLATH seine Antrittsvorlesung als Privatdozent vor der Medizinischen Fakultät der Universität Breslau halten. Der Titel lautete:

Lichtbedarf und Lichtanpassung der Organismen

Drei Jahre lang bis zur Emeritierung Prof. PFEIFFERS fand KOLLATH günstige Arbeitsbedingungen.

«Obwohl ich mit diesen Versuchen weit von dem eigentlichen Aufgabengebiet entfernt wurde, das PFEIFFER mir gestellt hatte, unterstützte er diese Erweiterungen doch in großzügigster Weise. Er ließ mir volle Freiheit bei meinen Versuchen, Institutsmittel und Arbeitszeit wurden gewährt. Dieses dauerte allerdings nur bis zu seiner Entpflichtung 1926. Ich verdanke ihm auch meine Habilitation, die er bei seinem Ausscheiden aus dem Amt seinem Nachfolger Prof. Kurt PRAUSNITZ, zur Pflicht machte. So schulde ich Richard PFEIFFER größten Dank und darf mich wohl als seinen letzten persönlichen Schüler bezeichnen. Auch in den folgenden Jahren war unser Verhältnis das beste und seine immerwache Kritik und Klarheit machte Gespräche über Teilergebnisse immer wieder fruchtbar. Entgegen der Voreingenommenheit anderer war seine Unbefangenheit den ungelösten Problemen gegenüber immer wieder erlösend.»

Physikalische Arbeiten – Lichtbiologie

«Seit Jahrzehnten ist die deutsche Hygiene dem Lichtproblem aus dem Wege gegangen. Man untersuchte zwar die technisch und wirtschaftlich wichtige Frage der *Helligkeit* in Schul- und Arbeitsräumen, aber die allgemein lebenswichtige Rolle des sichtbaren und unsichtbaren Lichtes blieb seitens der Hygiene fast unbeachtet. Das ist sonderbar, weil in der praktischen Heilkunde die ‹Strahlentherapie› einen immer größeren Umfang angenommen hat. Um mich einzuarbeiten, las ich die 1927 bestehenden 24 Bände der Strahlentherapie sämtlich durch, das Wesentlichste notierend. Damit begann eigentlich mein wissenschaftliches Studium. Glückliche Umstände in Breslau, die Nähe der Technischen Hochschule und die Bekanntschaft mit Rudolf SUHRMANN, Assistent bei Prof. SIMON im Physikalischen Institut der TH, führten zu einer besonders erfreulichen Zusammenarbeit, zu der später Prof. Bruno LEICHTENTRITT von der Kinderklinik kam.

Das *Gesetz der Strahlenabsorption* mußte zur Grundlage gemacht werden; denn nur solche Strahlen können zur Wirkung gelangen, die absorbiert werden. Auf den Vorschlag SUHRMANNs wurde seine lichtelektrische Rubidiumzelle, die er gerade fertig gestellt hatte, benutzt, zur Messung der Lichtabsorption bis ins ultraviolette Gebiet für Blut, Serum und Plasma bei gesunden und kranken, insbesondere avitaminotischen Tieren. Aus diesen erstmaligen Messungen ergaben sich lichtbiologische Studien.

Freilich, die sachlichen Schwierigkeiten waren groß. Unsere beiderseitigen Chefs SIMON und PRAUSNITZ verboten uns diese Zusammenarbeit. Da wir aber von dem Sinn unserer Arbeit überzeugt waren, arbeiteten wir 1½ Jahre lang jeden Sonnabend und Sonntag. Das kleine Turmzimmerchen in dem wir gedrängt zusammensaßen, verhinderte eine frühzeitige Entdeckung.
Wegen der Empfindlichkeit der Meßinstrumente war es nur möglich nachts zu arbeiten solange die elektrische Bahn nicht fuhr.
Nach eineinhalb Jahren konnten wir die fertigen Absorptionskurven vorlegen. Beide Chefs waren sehr stolz über die erste Publikation, gegen die nichts einzuwenden war.
Jahrelang war ich Lichtbiologe. War ich schon mit der Vitaminforschung von der geraden Linie des deutschen Bakteriologen abgewichen, so wurde ich durch die Lichtbiologie geradezu ein Ketzer.»

(Zitat aus KOLLATH: Zur Einheit d. Heilkunde [s. S. 118 f].)

In den Jahren 1927–1931 wurden 15 Arbeiten über
Lichtbiologie

teils gemeinsam mit SUHRMANN und LEICHTENTRITT veröffentlicht und Vorträge
über diese Themen gehalten (s. S. XX)

Von 1927–1929 erschienen *vier Mitteilungen* dieser drei Forscher mit dem
Obertitel:

Quantitative Messungen im sichtbaren und ultravioletten Absorptionsspektrum des Blutes und seiner Bestandteile

1. Mitteilung
Absorption des Blutes und seiner Bestandteile
Biochem. Z. 184 (1927), 216–230, Arb. Verz. 15

2. Mitteilung
Plasma und Serum
Med. Klin. 23 (1927 Arb. Verz. 16
Strahl. Ther. 27 (1928), 572–586, Arb. Verz. 21

3. Mitteilung
Vergleichende Messungen an den Blutkörperchen und dem Plasma verschiedener Tiere.
Strahl. Ther. 30 (1928), 145–156, Arb. Verz. 22

4. Mitteilung
Xerophthalmie und Rachitis
Strahl. Ther. 32 (1929), 389–402, Arb. Verz 28

Die große Vortragstätigkeit beginnt

Der Durchbruch aus der Enge der Institutswelt ist vollzogen. Werner KOLLATH
wird von der europäischen Wissenschaft aufgenommen und anerkannt. Die
Lichtforschungsversuche erweisen sich in vieler Hinsicht als bedeutungsvoll.

1927 nimmt KOLLATH in Hamburg an der

Gründung der Deutschen Gesellschaft für Lichtforschung

teil. Dort trägt er die Ergebnisse seiner mit Suhrmann gemachten Arbeiten
vor.

Ultraspektrometrie des Blutes, eine Methode für die Vitaminforschung.
Strahl. Ther. 28 (1928), 117–119, Arb. Verz. 20

Auf Grund der Anerkennung in Fachkreisen erhalten die beiden Forscher
die wirtschaftliche Unterstützung der

Notgemeinschaft der Deutschen Wissenschaft,

die sie unabhängig von den Etats ihrer Institute macht. Sie werden selbständig. Die Zeiten der großen finanziellen Nöte sind vorbei. Die Vortragsreisen
führen über die Grenzen Deutschlands hinaus und ermöglichen es, auch Kultur
und Schönheit europäischer Länder kennen zu lernen.

1927 Teilnahme am Mikrobiologen-Kongreß in Wien
Vortrag: *Experimentelle Untersuchungen zur Bakterienhämolyse*
Z. f. B. 104 (1927), 252 Arb. Verz. 18

Anschließend

Kongreß für Kinderheilkunde in Budapest

Vortrag der Gemeinschaftsarbeit mit Leichtentritt u. Suhrmann:
Die quantitative spektroskopische Untersuchung des Blutes *

Kollath lernt auf dieser Reise Jugoslawien kennen mit Rab, Trogir und
Spalato. Er sieht ein schönes unberührtes Land, das noch nicht für den Frem-
denverkehr zurecht gemacht ist.

> «14 unsagbar glückliche Tage verlebte ich in der weißen Stadt am Meer,
> in Rab: Aus dem tiefblauen Meer steigen weiße Stadtmauern, weiße ro-
> manische Türme überragen sie und lassen den blauen Himmel noch blauer
> erscheinen. Damals gab es noch kein elektrisches Licht, kein Trinkwasser,
> keine Fremdenindustrie, aber Frieden, Sonne, wundervolle gebackene Fi-
> sche, Weintrauben, Feigen, türkischen Kaffee und Wein. Im salzreichen
> Meer schwamm es sich leicht und mühelos.»

Vom 22.–27. Juli 1929 findet in Paris der

I. Internationale Kongreß für Strahlenforschung

statt, an dem Kollath als Mitglied der Deutschen Delegation teilnimmt. Sein
Vortrag lautet:

Gewebsatmung und strahlende Energie
Über eine Methode, an vitalgefärbten überlebenden Zellen antagonistische Wir-

---

* Monatsschrift f. Kinderheilk. 38 (1927), 5–9 Arb.Verz. 17

23 · Römische Arena – Nîmes/Provence
Bleistift – 30. 7. 1929
1. Frankreich-Reise

kungen kurz- und langwelliger Strahlen auf die Oxydations-Reduktions-Potentiale zu demonstrieren.

Strahl.Ther. 35. (1930), 444–488, Arb.Verz. 36

Der Vortrag erscheint in erweiterter Form in der *Zeitschrift der Deutschen Röntgengesellschaft u. d. Ges. f. Lichtforschung.*

Diese Vortragsreise nach Paris wird zu einer Reise durch die Provence, Côte d'Azur – Grasse, Studien im Tuberkuloseheim – St. Tropez, Menton, St. Moritz ausgedehnt.

Der Vortrag in Paris hatte das Interesse von Dr. med. BERNHARD gefunden. Er lud KOLLATH zu einem Besuch in seinem Heim in St. Moritz ein, das mit den berühmten Gemälden von Giovanni SEGANTINI geschmückt war. BERNHARD forderte KOLLATH auf, Assistent bei ihm und später sein Nachfolger zu werden, aber KOLLATH wollte nicht mehr in einen Klinikbetrieb zurückkehren, er wollte der Wissenschaft treu bleiben.

In Davos stattete KOLLATH noch dem Physiker und Lichtforscher Carl DORNO einen Besuch ab und besichtigte das von DORNO gegründete Physikalisch-Meteorologische Observatorium.

Im gleichen Jahr, 1929, beteiligt sich KOLLATH in Hamburg an der

90. Versammlung der Deutschen Naturforscher und Ärzte in der Sektion „Lichtforschung"

mit dem Vortrag:

Probleme und Ergebnisse der Lichtbiologie.

Strahl.Ther. 31 (1929), 226–237, Arb.Verz. 31

Dabei vertieft sich die schon 1927 gemachte Bekanntschaft mit dem dortigen Physiker Prof. F. DANNMEYER, die sich später zu einer freundschaftlichen Zusammenarbeit entwickeln sollte.

Es folgt ein Vortrag in Schweden, in der alten Universitätsstadt Lund (Prof. THUNBERG und Prof. LEHMANN) über

DIE BEDEUTUNG DER REDOXPOTENTIALE

1930 findet in Budapest die *X. Tagung der Ges. f. Verdauungs- und Stoffwechselkrankheiten* statt, bei der KOLLATH über

VERÄNDERUNG DES KNOCHENWACHSTUMS BEI FEHLEN WASSERLÖSLICHER VITAMINE *(Rattenskorbut)*
Thieme/Leipzig (Okt. 1930), Arb.Verz. 35
vorträgt.

24 · Municipio – Ferrara
Bleistift – 10. 11. 1930
Oberitalienische Reise

Von Budapest aus spricht KOLLATH in Agram, aufgefordert von dem Photo-chemiker PLOTNIKOW

Über die lichtbiologischen Forschungen

und schließt eine Reise nach *Oberitalien* an:

Triest – Venedig – Ravenna – San Marino – Bologna – Ferrara.

1932 reist KOLLATH ein zweites Mal nach Schweden. Diesmal nach Stock-holm, um durch Aufforderung des dortigen Biochemikers Prof. Dr. Hans von EULER *Über Rattenskorbut* zu sprechen.

Bei diesem Aufenthalt wird er zur *Nobelpreisfeier* für den englischen Dichter John GALSWORTHY eingeladen. Die schwedischen Kollegen nehmen ihn in ihre „Skorbutbruderschaft" auf (s. S. 261).

Kollegen

Die internationale Vortragstätigkeit erweitert den Kreis der Kollegen, mit denen KOLLATH befreundet ist, um interessante Persönlichkeiten. Aber beschränken wir uns auf Breslau. Dort ist besonders Dr. CHOTZEN zu erwähnen, Psychiater, Primärarzt der Städtischen Krankenanstalten.

«Er war für mich vielleicht der wichtigste Freund, ein wunderbarer Zuhörer, verständnisvoll, kritisch. Wesentlich älter als ich, wußte er mich zu besänftigen, wenn ich in die Luft gehen wollte, hörte und war verschwiegen, ein echter Psychiater.

Wir abonnierten gemeinsam eine Loge in der Breslauer Oper, und so kam ich in den Genuß all der erstklassigen Aufführungen dieses berühmten Umschlagplatzes der großen Sänger. Hinterher saßen wir im Europäischen

25 · Streichquartett – Breslau
Original-Lithographie 1 – 10 – 1924

26 · Kartenspieler – Breslau
Radierung – 1923

Hof und verdauten das Gesehene und Gehörte. Stets, wenn ich anrief, war
CHOTZEN bereit, und wir tranken manche Flasche Wein in den gemütlichen
Lokalen Breslaus.

Wir spielten gern und oft Quartett – Mozart – Beethoven – Schubert.
Außer CHOTZEN beteiligten sich Dr. LUBLIN von der Inneren Klinik und
der Jurist Freiherr v. STILLFRIED.»

Die Zusammenarbeit mit dem Physiker Rudolf SUHRMANN und dem Kinderarzt Bruno LEICHTENTRITT ist bereits genannt.

Viel geistvolle Anregung bekam KOLLATH durch den Anatom Prof. MATTHIAS,
dessen ungewöhnliches Gedächtnis verblüffend war. Er wußte Literaturstellen
nicht nur mit Seitenzahlen, sondern auch mit „Linksoben usw." anzugeben.

Von wesentlicher Bedeutung für die Entwicklung KOLLATHS war die Zusammenarbeit mit Prof. Hermann EULER, Ordinarius an der Universitätszahnklinik
in Breslau und Präsident der Deutschen Gesellschaft für Zahn-, Mund- und Kieferheilkunde.

EULER führte die histologischen Untersuchungen der Zähne und des Zahn-
halteapparates der KOLLATHschen Versuchstiere durch, insbesondere bei Rachitis und Aplasien.

Dieser über 3ojährigen gemeinsamen Arbeit mit dem hervorragenden Gelehrten verdankt KOLLATH sehr viel. Als EULER später nach Köln und KOLLATH
nach Rostock ging, wurde die Zusammenarbeit fortgesetzt. In seiner gewissen-
haften, unbestechlichen Arbeitsweise, durch sein trotz aller Strenge wohlwollen-
des Wesen war EULER ein großer Helfer für KOLLATH in der Festigung seiner
Arbeitshypothese, *wonach Knochen und Zähne die besten Indikatoren für eine
ausreichende Ernährung bilden.*

Wachstum und Zellersatz

Eine der wesentlichsten Arbeiten der Breslauer Jahre waren die Tierversuchsreihen, die zur Veröffentlichung über das große Thema

> *Das Wachstumsproblem und die Frage des Zellersatzes
> in der Vitaminforschung*

führten.

In den Jahren 1932–1933 waren *die ersten neun Mitteilungen* erschienen.

In Rostock wurden die Versuche fortgesetzt und in den Jahren 1938–1942 konnten *weitere neun Mitteilungen* erscheinen. Diese 18 Mitteilungen sind zu Anfang
des Kapitels „Mesotrophie" (s. S. 244 ff) ausführlich zitiert.
    Die *12. und 18. Mitteilung* der großen Folge wurden 1938 und 1942 gemein-
sam mit Prof. Hermann EULER veröffentlicht.

ROMFAHRT

Die Sehnsucht, Rom zu sehen, die den Zweiunddreißigjährigen so heftig befallen
hatte (s. S. 55), wird nach sieben Jahren des Erwartens endlich erfüllt. Im
September 1931 ergibt sich die Möglichkeit zu einer vierwöchigen Auto-Ur-
laubsreise mit befreundeten Kollegen durch Italien, deren Ziel Rom ist.
    Um einen Überblick über das kaum zu bewältigende Volumen Roms zu be-
kommen, müssen einige Rundfahrten zu Hilfe genommen werden, was dem persönlichen Erlebnis des eigenen Entdeckens hinderlich ist, ja, es eigentlich unmöglich macht. Eine leichte Enttäuschung ist nicht zu unterdrücken. Wesentlichen

27 · *Piazza Vittorio Emanuele – Udine*
Schwarze Kreide – 1931
Auf der Fahrt nach Rom

Anteil daran trägt das „Marzipandenkmal" des Vittorio Emanuele II, das 1885 begonnene und 1911 beendete Nationaldenkmal. Unübersehbar, in erhöhter Lage, an schönster Stelle des alten Rom gelegen, läßt es mit seinen Massen weißen Marmors und seinen goldstrotzenden Statuen peinliche Schlüsse auf das Aussehen des antiken Rom zu.

Schließlich versöhnt der Zauber der alten Stadt, des Forum Romanum, des Pantheon, der Engelsburg, der Spanischen Treppe, der alten Kirchen mit ihren frühen Mosaiken. Aber das Erlebnis der Fahrt an sich durch Friaul, durch die Toscana, durch Umbrien mit den kleinen kostbaren alten Städten ist größer als diese erste Begegnung mit Rom. Und so wird für den Reisenden aus dem „ewigen Rom"

„DAS EWIGE ITALIEN"

Rom wird Werner KOLLATH nicht zum Schicksal, wie es einst der Sehnsüchtige geträumt, wohl aber die Reise selbst, denn er lernt dabei die Frau kennen, die knapp vier Jahre später seine Lebensgefährtin werden wird.

Die sieben bösen Jahre

Auf die so fruchtbare Zeit unter Prof. PFEIFFER war nach dessen Emeritierung im Jahre 1926 eine wesentlich unfreundlichere gefolgt. PFEIFFERS Nachfolger Prof. Kurt PRAUSNITZ und sein Oberarzt Herbert LUBINSKI taten bis zu ihrem Weggang 1933 alles, was KOLLATH die Forschungsarbeiten erschweren konnte. Man verweigerte, was immer zu verweigern möglich war: Arbeitsplatz, finanzielle Hilfe aus dem Etat, Arbeitsmaterial, sogar Zellstoff und Objektträger durften nicht ausgehändigt werden. Es war für den Mann, der schon so viel Anerkennung gefunden hatte, eine sehr deprimierende Lage.

So waren die Mittel der *Notgemeinschaft der Deutschen Wissenschaft* eine große Hilfe, die KOLLATH auch dazu dienten, seine Vitaminversuche aufzubauen.

Prof. Dr. med. E. R. JAENSCH, Leiter der Augenabteilung der Städtischen Krankenanstalten Essen, mit dem Werner KOLLATH schon in Marburg und dann später in Breslau zusammengearbeitet hatte, war wegen der Berufung KOLLATHS nach Rostock von seinem Kollegen Prof. COMBERG, Dekan der Rostocker medizinischen Fakultät, um eine Auskunft über die Persönlichkeit KOLLATHs gebeten worden.

In seinem Antwortschreiben an den Dekan kennzeichnet JAENSCH die Situation, in der sich KOLLATH befand, treffend:

„KOLLATH *hat in Breslau nach dem Ausscheiden Prof.* PFEIFFERS *nicht nur keine Anregungen für seine Arbeiten gefunden, sondern sie gegen den Willen seines langjährigen Chefs* PRAUSNITZ *trotz der oft recht kleinlichen und mißgünstigen Gegenmaßnahmen zum Ziele geführt. Es ist selbstverständlich, daß ihn diese Gegenwirkung wie die Nichtanerkennung und das gewollte Totschweigen seiner Forschung durch* PRAUSNITZ *gekränkt und erbittert hat; trotzdem ist er mit einer eisernen und bewundernswerten Zähigkeit seinen Weg gegangen. Es befriedigte ihn, daß viele fleißige und strebsame Studenten an ihm hingen, daß sie ihn um Doktorarbeiten baten, obwohl in Breslau die hohen Anforderungen, die er an die Zeit und die Arbeitskraft seiner Mitarbeiter stellte, sehr gut bekannt waren. Weder durch diese Schwierigkeiten, noch durch ungerechte Behandlung, die ihn ebenso wie mich in der verspäteten Verleihung der Amtsbezeichnung des ao Prof. traf, hat er sich vom Wege abbringen lassen oder ist sich in irgendeiner Form untreu geworden. Ich möchte meinen Eindruck von Herrn* KOLLATH *dahin zusammenfassen, daß ich ihn für einen durch und durch anständigen Menschen, für einen treuen Freund, auf den auch in schwierigen Lebenslagen Verlaß ist, für einen ausgezeichneten und zuverlässigen Arbeiter, vor allem aber für einen ganz ungewöhnlich und vielseitig begabten Menschen halte.“*

Nach wiederholter Verzögerung durch den Chef PRAUSNITZ war endlich am 4. Juli 1932 die *Ernennung zum nicht beamteten außerordentlichen Professor* erfolgt.

Das „Leben aus dem Koffer“ und in „möblierten Zimmern“ geht nun zu Ende. Fast dreißig Jahre – ein Menschenleben lang – hat es gedauert. Eine moderne zweieinhalb Zimmer-Wohnung wird eingerichtet und am 2. Mai 1933 bezogen. Jetzt gehört „dem Herrn Professor“ ein eigenes kleines Reich, in dem er erholsamer, geselliger und glücklicher leben kann. Als echter Sohn seiner Mutter betätigt er sich erfolgreich in seiner Küche, um seine Gäste mit originellen, äußerst wohlschmeckenden Gerichten zu überraschen.

Die Zeit der Fragebogenseuche ist angebrochen. Am 7. April 1933 ist der erste Fragebogen auszufüllen, muß die erste Aussage über arische Abstammung der Vorfahren gemacht werden. Die neue, gefahrbringende Zeit zieht herauf.

Werner KOLLATH schreibt in sein Breslauer Tagebuch

den 5. 8. 1933

«Tägliches Registrieren ist anscheinend nicht meine Stärke; es sind immerhin 8 Jahre seit der letzten Eintragung her. Und dazwischen ist mancherlei geschehen.

In den Jahren, die hinter mir liegen, sind große Reisen und eine große Arbeit der Inhalt gewesen. Letztere ist vor 14 Tagen beendet. Zum ersten Mal komme ich wieder zu mir.

Die Arbeit war Biologie und Ernährung. Ich kann sie mit dem guten Gewissen aus der Hand legen, daß sie jetzt noch nicht verstanden wird, daß sie frühestens in 10 Jahren auferstehen wird.»

Diese Arbeit war ein Sammelreferat, eine umfangreiche Arbeit von 53 Druckseiten:

BIOLOGIE DER VITAMINE UND HORMONE

Eine Studie über die Unterschiede von
Vitaminforschung und Krankheitsforschung
Weichardts Ergebn. d. Hyg. Bakt. Immun.forsch. u. Exp.Ther.
14 (1933), 382–435, Arb.Verz. 61

Breslau 5. 8. 1933

«Das, was täglich um einen passiert, die Umwälzung sämtlicher Werte, ist keine Kleinigkeit. Man wird aus der rein theoretischen Arbeit zwangsmäßig in die Praxis geworfen.

Es ist um mich einsam geworden. Die besten Bekannten und Kollegen verschwinden auf Grund des neuen Regimes.»

Stellvertretender Direktor und die Berufung

Auch PRAUSNITZ und LUBINSKI ziehen sich zurück. Für Werner KOLLATH verändert sich die äußere Lebenslage mit einem Schlage. Im Herbst 1933, drei Tage vor Semesterbeginn, wird er unerwartet

stellvertretender Direktor des Hygienischen Instituts Breslau.

Niemals vorher hatte er das Hauptkolleg gelesen; einmal nur war ein Ernährungskolleg zustande gekommen. Ihm blieb keine Zeit, sich mit älteren Vorschlägen zur Systematisierung der Hygiene zu befassen, und so baute er sich sein *eigenes System der Hygiene* auf. Aus eigener Erfahrung wußte er, daß die Studenten das übliche, sie langweilende Hygienekolleg als das für ihre spätere Tätigkeit nutzloseste empfanden. Es wurde ein Kolleg, wie es die Studenten noch nie gehört hatten, das sie begeisterte und dem sie mit Spannung folgten.

Am 1. 11. 1933 war die Ernennung erfolgt. Auf Grund seiner apolitischen Einstellung kann KOLLATH nicht mit der Berufung zum Ordinarius rechnen. Ein Jahr und einen Monat lang hat er seinen Direktor-Posten inne. Diesen bekommt am 1. 12. 1934 BLUMENBERG, ein „alter Kämpfer", und KOLLATH wird nun sein Oberassistent. BLUMENBERG kann sich neben der Persönlichkeit KOLLATHs nicht durchsetzen. So sorgt er dafür, daß KOLLATH nach vier Monaten eine *Berufung an die Universität* ROSTOCK bekommt.

Das Ergebnis der 12 Jahre Breslau

Einer Zusammenfassung der Forschungen in der Breslauer Zeit soll die Devise Werner KOLLATHS, wie er sie in dem kleinen Buch „Aus- und Einfälle" ausgesprochen hat, vorangesetzt werden:

«Am Kampf um das Wissen ist eigentlich
das Schönste die Mühe, es zu erwerben.»

KOLLATH hat schon zu Beginn nach Problemen gegriffen, die weit über die eingefahrenen Geleise hinausgehen. Aus seinen Experimentalarbeiten entwickelt sich logisch das große Forschungsprogramm:

Vitaminarbeiten. Biologie der Vitamine ausgehend vom Studium der Influenzabazillen

Die physikalischen Lichtforschungarbeiten. Lichtelektrische Messungen der Lichtabsorption des Blutes, Serums u. Plasmas.

Die Vitalfärbungsversuche mit alkalischem Methylenblau an Zellen gesunder und kranker Tiere führten zur Lehre

von der Polarität der Zelle und zu dem Begriff der

Reduktions- und Oxydationsvorgänge im lebenden Organismus und zu dem

durch Redox-Systeme gesteuerten Abbaustoffwechsel, dem der Aufbaustoff-
wechsel gegenübersteht.

– Es kann nichts abgebaut werden, was nicht vorher aufgebaut worden ist. –

Das Gebiet von Wachstum und Zellersatz als Eigenschaft der lebenden Zelle
führt schließlich zum

Vollwert der Nahrung und ihrer Bedeutung für die Gesundheit und damit zur
Aufstellung des Mesotrophie-Begriffes *

Wenn Marburg die glücklichste Zeit dieses Lebens gewesen ist, dann war Breslau die fruchtbarste.

In diesen 12 Jahren wurden die gesamten Grundlagen für die zukünftige Forschungsarbeit geschaffen. Sie waren der Humus, auf dem alles Weitere gedeihen
konnte. Hier erarbeitete sich Werner KOLLATH seinen Rang und Ruf als Wissenschaftler.

Die Persönlichkeit Richard PFEIFFERS hatte an dieser Entwicklung wesentlichen Anteil, einmal durch das Beispiel, dann durch die Kritik und schließlich
durch die wohlwollende Förderung.

Die Vorteile der drei Jahre unter ihm konnten durch die Nachteile der sieben
folgenden Jahre nicht beeinträchtigt werden.

Anfangs hatten wir den Lehrer KOLLATHS als ablehnenden, kritischen, über-
legenen Geist kennengelernt, zu dem der Anfänger KOLLATH nur mühsam Zutritt bekommt.

Während eines Jahrzehnts wächst der Lernende unter den Augen des Lehren-
den zu einer Forscherpersönlichkeit von Format heran, dem nun das ganze
Wohlwollen des Lehrers gehört.

Das Gutachten, das Prof. PFEIFFER über seinen ehemaligen Schüler abgab und
das im folgenden wiedergegeben ist, war wohl die schönste Anerkennung, die
Werner KOLLATH zuteil geworden ist.

Gutachten von Geh. Rat Prof. Dr. Richard Pfeiffer

Hygienisches Institut der Universität. Breslau, den 8. Sept. 1934.

„Herr Professor KOLLATH gehört seit dem 1. Juni 1923 dem Hygienischen Insti-
tut der Universität Breslau an. Er habilitierte sich hier am 31. Juli 1926 und
erhielt im Jahre 1932 den Professortitel. Auf meine Veranlassung begann er

---

* Siehe Kapitel Mesotrophie S. 255 ff

*seine Untersuchungen mit dem Studium der Lebensbedingungen des Influenza-
bazillus anknüpfend an vorhergehende Arbeiten, wonach 2 Faktoren für das
Wachstum dieser Bakterienart notwendig sind, nämlich eine eisenhaltige Substanz und eine zweite von Vitamincharakter. In außerordentlich sorgfältigen
gemeinsam mit* SUHRMANN *durchgeführten Versuchen gelang ihm der Nachweis,
daß die für das Wachstum der Influenzabazillen notwendigen Substanzen wesentlich den Stoffwechsel der Influenzabazillen und zwar die Oxydo-Reduk-
tionsprozesse beherrschen. Diese Untersuchungen wurden dann der Ausgangspunkt für die seit Jahren mit größtem Fleiß und hoher Kritik durchgeführten
Untersuchungen, halfen die ganze Lehre von den Vitaminen und deren Wirkungen im Körper ganz wesentlich erweitern und sind berufen, uns Teileinblicke in
die hier in der lebenden Substanz sich abspielenden überaus komplizierten Vorgänge zu ermöglichen.*

*Diese Arbeiten haben nicht allein in Kreisen deutscher Forscher, sondern auch
im Auslande mit Recht größte Beachtung gefunden, so daß Kollath als einer der
Hauptvertreter der modernen Vitaminforschung genannt zu werden verdient.
Es wäre außerordentlich wünschenswert, dem bedeutenden Forscher die Möglichkeit zu gewähren, seine Arbeiten in weitestem Umfange fortführen zu können. Nicht allein die Vitaminlehre, sondern ganz allgemein unsere Vorstellungen
über die im Körper sich vollziehenden Lebensbedingungen der Zellen dürften
auf dem von Kollath eingeschlagenen Wege eine wesentlich weitere Klärung,
die auch unzweifelhaft zu wichtigen praktischen Konsequenzen führen dürfte,
erfahren.*

Auch auf anderen Gebieten der Bakteriologie und der Immunität hat KOLLATH
*eine Reihe von wichtigen Arbeiten veröffentlicht, die den Beweis liefern, daß
er sich nicht ganz einseitig auf dem Gebiete der Vitaminlehre bewegt hat, obwohl er hier, wie schon hervorgehoben, zu grundlegenden Entdeckungen gelangt
ist.*

Ich füge hinzu, daß Prof. KOLLATH *seit beinah Jahresfrist vertretungsweise als
Direktor des hiesigen Hygienischen Instituts fungiert hat und in dieser Stellung
nach jeder Richtung hin sich bewährt hat, vor allen Dingen zeigte er sich auch
als guter und bei den Studenten beliebter Lehrer.*

Geh. Rat Prof. Dr. R. Pfeiffer."

Der erste Buchauftrag

«Es mag wohl Anfang 1934 gewesen sein, daß ich einen sehr höflichen und wertvollen Brief von dem Verleger Heinrich HIRZEL aus Leipzig erhielt, in dem dieser mich bat, für seinen Verlag ein

LEHRBUCH DER HYGIENE

zu schreiben. Während der kurzen Zeit meiner Vorlesungen in Breslau hatte ich ein System der Hygiene entwickelt, das diesem Plan sehr entgegen kam, und ich nahm an. So kam ich in die sonderbare Lage, im Anfang meiner akademischen Lehrtätigkeit ein Lehrbuch zu schreiben, während dies doch den Abschluß langjähriger Erfahrung zu bilden pflegt.

Da ich durch die Ankunft BLUMENBERGS entlastet war, beschloß ich, den ersten Entwurf im Riesengebirge zu schreiben und ging nach Hain. Gleichzeitig wollte ich wieder einmal den Versuch machen, Skilaufen zu lernen. Aber am zweiten Tag erreichte mich die Nachricht aus Berlin vom Kultusministerium, wonach ich zwecks Verhandlungen über einen *Ruf an die Rostocker Universität* nach Berlin kommen solle. Weder Skilauf noch Lehrbuch wurden etwas, lediglich eine Anzahl schöner Photos.

Und dann Ade, schönere Vergangenheit, zu einer ersehnten Zukunft: selbständig zu sein, forschen zu können, Mitarbeiter zu gewinnen – kurz die Träume jedes ehrlichen Privatdozenten zu erfüllen.

BLUMENBERG hatte erreicht, was ich mit aller Arbeit nicht geschafft hatte. Hätte ich geahnt, in welches Wespennest ich berufen war, dann wäre ich lieber als Laborant in Breslau geblieben. Aber das Schicksal läßt sich nicht aufhalten.»

Am 1. April 1935 folgt Werner KOLLATH dem *Ruf an die Universität Rostock.* Die jahrelange Wanderzeit findet ein Ende. Die wirtschaftliche Unsicherheit ist zum ersten Mal beseitigt, das Ziel ist erreicht. Jetzt ist er

Ordinarius für Hygiene und Bakteriologie, Direktor des Hygiene-Instituts der Universität Rostock und des Mecklenburgischen Landesgesundheitsamtes.

Nun kann er – 43 Jahre alt – heiraten und ein eigenes Heim gründen. Seine Wegbegleiterin wird die in Breslau am 27. Oktober 1899 geborene Elisabeth ROSSDEUTSCHER.

Gemeinsamkeit

Rostock I

> Wenn ich mit Menschen – und
> mit Engelszungen redete
> und hätte der Liebe nicht,
> so wäre ich ein tönend Erz
> oder eine klingende Schelle
> und wenn ich weissagen könnte und wüßte
> alle Geheimnisse und alle Erkenntnis und
> hätte allen Glauben also,
> daß ich Berge versetzte
> und hätte der Liebe nicht,
> so wäre ich nichts.

So lautet der Leitspruch, mit dem Pfarrer HAUCK am 4. Mai 1935 in der Kaiser-Wilhelm-Gedächtniskirche in Berlin den neuen Bund segnet.

Die „Hochzeitsreise" führt von Berlin im Bummelzug nach Warnemünde. Sie muß in Raten aufgeteilt werden, da die eben angetretene Stelle an der Universität Rostock kein längeres Fernbleiben vom Amt erlaubt.

«Infolge Wohnungsmangel in Rostock hatte ich Unterkommen im 11 Kilometer entfernten Seebad Warnemünde gesucht und eine sehr hübsche, kleine möblierte Zweizimmerwohnung gefunden, die für die erste Zeit meiner Ehe sehr geeignet war. Sie lag am Leuchtturm, unmittelbar am Strand, und wenn ich aus Rostock nach Hause kam, konnte ich noch in der Ostsee baden.»

Das Leben am Strand ersetzt in diesem ersten Rostocker Sommer größere Reisen völlig. Auf kleinen Fahrten und Wochenendausflügen lernten wir die noch unbekannten nördlichen Gebiete kennen: die mittelalterlichen Hansestädte, die Mecklenburgische Seenplatte und die Ostseegebiete mit dem geheimnisvollen Darß, der sagenreichen Insel Rügen, Gerhart HAUPTMANNs Insel Hiddensee.

28 · *Heiligen-Geist-Kapelle, Altersheim – Lübeck*
Die älteste Sozialeinrichtung für alte Menschen in Deutschland
Rötelzeichnung – 20. 6. 1937

«Wir hatten uns in die Norddeutsche Backsteingotik verliebt, in die
die alten Kirchen von Rostock, Wismar, Lübeck, Stralsund und in die vielen kleineren Kirchen und schönen alten Städte mit ihren Stadttoren, von
denen besonders Neubrandenburg mit seinen archaischen Engelsfiguren
großen Eindruck auf uns machte. In den kleinen Städten und in den Dörfern saß auf luftiger Höhe in wagenradgroßem Nest auf Turm, Tor oder
Schornstein Adebar, der Storch mit seiner Familie.

Besonders schön war das nahe Rostock gelegene Bad Doberan mit seiner
prachtvollen gotischen Zisterzienserkirche, in der es köstliche Sprüche zu
lesen gab:

29 · *Glasierte Kacheln – Zisterzienserkirche*
Bad Doberan – 1935

Hie ruht Ålke Ålke Pott
bewahr mi leiwe Herre Gott
als ick di wult bewahren,
wenn ick wär leiwe Herre Gott
un du wärst Ålke Ålke Pott.

Wir planten eine Veröffentlichung auf Grund eigener Fotos. Doch blieb
dies ein Traum. Nur die Negative sind noch erhalten.»

Die Arbeit am Auftrag für das Hygiene-Lehrbuch erlaubt keinen Aufschub, und so wird der neuen Gemeinsamkeit gleich von Beginn an die Richtung zugewiesen, der sie auf die Dauer treu bleiben muß.

Nach dem Umzug im August 1935 von Warnemünde in eine schöne große Wohnung in Rostock wird ein Mansardenzimmer, „die Kombüse", der Schauplatz der Niederschrift des Hygiene-Buches.

Der erste Teil umfaßt die naturwissenschaftlichen Grundlagen der Hygiene – Von der Entstehung und Erhaltung des Lebens –. Er behandelt in drei Kapiteln die Grenzgebiete zwischen – Biologie und Physik, – Biologie und Chemie, – Medizin und Biologie – und drei Kapitel sind den Aufgaben der Ernährung gewidmet (s. S. 94 ff u. Abb. 34–36).

Dieser erste Teil wird, sobald er beendet ist, wieder umgeschrieben, 2mal, 5mal wird immer wieder von neuem begonnen und schließlich werden es 10mal, bis er die endgültige Form bekommt. Es ist ein ungeheuerlicher Schöpfungsprozeß. Staunend und nicht ohne Schauder wird die junge Frau Zeuge solcher Geburtswehen. Wie kann man dabei helfen? Das Interesse an der völlig fremden Materie wächst, und langsam entwickelt sich eine Zusammenarbeit, die mit den Jahren immer fruchtbarer wird. Als endlich die Schrecken des Sachregisters geschafft sind, ist aus der Novizin zwar nur eine Pseudo-Medizinerin, aber doch etwas Brauchbares geworden.

Das „letzte Kapitel"

Knut HAMSUN schrieb es! Es ist nicht erfreulich.
Es ist in vielen Dingen abscheulich.
Aber wenn das letzte Kapitel des eigenen Buches steigt,
jedwede Widerrede und alles Bedenken schweigt.

So haben wir denn 1 Jahr miteinander gesessen.
Wir haben zwischendurch zu Mittag und Abend gegessen.
Wir waren selten im Freien in frischer Luft,
meist in verräuchertem Zigarrenduft.

Erst schuftete ich allein mit verbissenem Wollen,
daraus wurde ein immer stärkeres Sollen.
Dann begann sie mir beim Schaffen zu helfen.
Ich war nicht mehr angewiesen auf ‹him-selfen›.

Nun ist es geschafft, die letzten Manuskripte
gehen zur Post – und der D-Zug fährt durch die Nacht,
hat durch das Dunkel die Schriften gebracht,
bringt die Fahnen zur Korrektur ins Haus.
Und sie beseitigt Fehler und merzt sie aus;
dann kommt schließlich die letzte Korrektur:
Was war das nur? War das was war, wirklich ein Jahr?
War es eine kleine Ewigkeit,
die nach weiterr Verlängerung schreit?

Nein, es war eine glückliche Arbeitszeit,
nun ist es geschafft, jetzt ist es so weit.

28. 11. 1936 18 Uhr 20 W. K.

«Das Buch war das Ergebnis eines Arbeitsjahres, richtiger der Nächte eines
Jahres. Ohne die unermüdliche Mitarbeit meiner Frau wäre es unmöglich
gewesen. Und es war eine besondere Freude und einer der schönsten Augenblicke in unserem Leben, als uns das erste Exemplar am Heiligen Abend
1936 vom Verleger zugeschickt wurde, in unseren Weihnachtsurlaub in
Mittelberg im Kleinen Walsertal.»

Die Lokalverhältnisse in Rostock und auch das allgemeine wissenschaftliche
Niveau verhelfen wenig zu Bindungen an die Kollegen. Wer versteht wohl diesen Mann? In Breslau fanden sich noch solche Mitgehende und Verstehende,
aber in den politischen Umwälzungen hatte Werner KOLLATH diese Arbeitskol-
legen und Kritiker verloren und auch der Ortswechsel hatte die Verbindungen
zerstört. Es werden sich in Zukunft keine ähnlichen Vertrauensverhältnisse
mehr bilden.

So muß die Frau ihm den Kameraden, den Kollegen ersetzen, ohne den ein
Schaffender nicht sein kann. Aber für eine Frau, die nach so vielerlei Richtun-
gen ihre mehr oder minder schweren Pflichten zu erfüllen hat, ist es eine fast zu
große Aufgabe. Ob sie bestanden worden ist? Wer kann das wohl ermessen?

Sie ist nicht vom Fach, ihre Welt ist die Kunstgeschichte. Medizin ist ihr nicht
auf den Leib geschrieben, im Gegenteil. In den wenigen Krankheitsfällen steht
kaum ein Arzt an ihrem Bett und schon als Kind hat sie gelernt, sich in Packun-
gen und Wickeln ohne Medikamente gesund zu schwitzen. Kaltes Wasser, frische
Luft, die Natur und die Bergwelt sind ihre Lebenselemente – aber auch die
Kunst und die Musik. So bringt sie in das medizinische Denken Impulse, die den
großen schon vorhandenen Gedanken – und Ideenaufbau zu komplettieren vermögen. Geben und Nehmen hält sich die Waage.

30 · Klostergarten in Monreale bei Palermo
Bleistift – 7. 3. 1937
1. Sizilienreise

In der Praxis des Reisens bewähren sich beide aufs Beste. Die gleiche Neugier, der gleiche Rhythmus, die gleiche Ausdauer, die gleiche Kraft im Aufnehmen beseelt beide und so fehlt den gemeinsamen Kunstreisen nur wenig an Vollkommenheit.

Im Gymansium ganz in humanistischem Sinne erzogen waren Werner KOLLATHS Vorstellungen über Kunst völlig von der Antike und Renaissance beherrscht. Nun wird ihm jene geheimnisvolle Loslösung von der Antike offenbart, die sich in religiöser Dämonie in der frühchristlichen Kunst und in der Kunst des frühen Mittelalters vollzieht. Er lernt den großen Zauber der romanischen Kunst, der Kunst der Langobarden und Normannen in Italien kennen. Nicht alles, aber doch vieles ist Neuland.

Bei den großen Studienfahrten, die nun unternommen werden, vertiefen sich die beiderseitigen Kenntnisse. Die Semesterferien erlauben Reisen von 5–6 Wochen, 1 mal, oft sogar 2 mal im Jahr, meistens kombiniert mit Vortragsreisen, Immer wieder lockt Italien: Apulien, Sizilien, die Costa Amalfitana, die Inseln Capri

31 · Tempel des Neptun – Paestum
Aquarell – 24. 3. 1938

und Ischia. In Paestum wird der Wunschtraum von 1924, die griechischen Tempel zu malen, erfüllt.

An Jugoslawiens schöner Küste führt der Weg über Rab, Ragusa, Spalato, bis hinunter an die albanische Grenze nach Budva und Staribar.

Die Island-Reise

Die erste gemeinsame große Fahrt 1936 hatte nach Island geführt, vom 11. Juli bis 5. August. Das Unternehmen war dem Hamburger Physiker Prof. F. DANN-MEYER zu danken, mit dem KOLLATH zusammenarbeitete und bei dem er ein Wochenende verbracht hatte.

Am Sonntag abend kam er von dort zurück mit der Nachricht: *„Nächsten Samstag fahren wir nach Island!"*

Nun, das war ein bißchen plötzlich bei dem wenigen, was man über die hoch im Nordatlantik schwimmende Insel Thule wußte. Zwar hatte man von den größeren oder kleineren Isländischen Tiefs gehört, aber das reichte nicht aus, um eine solche Expedition richtig auszustatten.

In dem Brief einer Mitarbeiterin vom 17. 7. 36 heißt es:

„Ich denke jetzt gerade an den Freitag vor einer Woche, den letzten Tag in der Stephanstraße vor der Abreise nach Island. Ich glaube es war für Sie beide ein schlimmer Tag. Der Herr Professor so kaputt, so erledigt und eine kleine Frau Professor wie ein tapferer Soldat in der Entscheidungsschlacht, mit ganz weit geöffneten dunklen Augen und einem immer kleiner werdenden Gesichtchen."

Die Reise war mit allen Freuden und Leiden der Seefahrer gesegnet. Allerdings konnte selbst Windstärke 9 im Nordatlantik die Seefestigkeit – die gar nicht sehr fest war – nicht erschüttern. Durch vorsichtiges Verhalten blieb man von der mit Recht gefürchteten Seekrankheit verschont; aber es empfahl sich doch, nicht an „Schloß Gripsholm" von Kurt Tucholsky und an die Tasse warmen Maschinenöls zu denken. Das Schiff „Godafoss", nach dem prachtvollen Wasserfall Godafoss – *Götterfall* – genannt, war ein isländischer Frachtdampfer von nur 1500 t, angesichts der Wogen des Nordatlantik sehr wenig.

Der Reiseweg führt von Hamburg über Hull (England), mit einer Besichtigung der herrlichen alten Stadt York und ihrer gewaltigen gotischen Kathedrale, nach der Hauptstadt Islands Reykjavik, am Faxafjord.

Daß Island das Land der Sagas und der Edda ist, wird einem erst wieder bewußt, wenn man Reykjavik mit seinen vielen Wellblechbauten wieder verläßt, um in das Land zu fahren. Karge baumlose Lavasteppe empfängt einen, mit blaßgrünem Moos, Flechten und violettem Thymian bewachsen.

Holprige Autowege führen zum mächtigen *Gullfoss,* dem Goldfall, einem Wasserfall, der tosend und schäumend in zwei Kaskaden ca. 100 m herabstürzt. Nicht weit davon die Sensation Islands: *Der große Geysir,* dessen Explosion gewaltig ist, einen Wasserstrahl von 40 m Höhe und 3 m Dicke bildend, die Außentemperatur beträgt über 80°C. Die vielen heißen Gewässer Islands liefern gratis Heizung und Warmwasserversorgung für die Häuser, z. B. von Reykjavik.

Schön ist der *Thingvalla-Vatn,* der größte See Islands. Unweit liegt *Thingvellir,* die alte Thingstätte, wo im Jahre 930 die erste Gerichtssitzung stattfand. In der *Allmännerschlucht,* einer 10 km langen grau-schwarzen Basaltfelsenschlucht, fanden in der Zeit der Sommersonnenwende, wo es in Island nicht dunkel wird, festliche Volkszusammenkünfte statt, bei der Rat und Gericht gehalten wurde.

Um nach Akureyri, der an der Nordküste am malerischen Eyjafjord – Inselfjord – gelegenen zweitgrößten Stadt Islands zu gelangen, braucht man mit dem

32 · Thingvellir, die Allmännerschlucht – Island
Federzeichnung mit Bleistift getönt – 1936

Auto zwei Tage. Der 550 km lange Weg führt über zwei Wasserscheiden. Die erste, die „*Zweitagsheidi*" ist eine trostlose, einsame, wasserlose Hochebene, durch die man zu Pferde zwei Tage braucht, ohne eine Siedlung zu finden, ohne Spur des Lebens, ohne Grün. Vorher durchfährt man ein 3000 qkm großes Lavawüstenfeld, nicht weniger öde, wie die „*Zweitagsheidi*", das die Lavaströme des Vulkans Baula gebildet haben, in das man mühsam eine Art Straße gebrochen hat.

Die Übernachtung in Blönduos, einer reizvollen kleinen Fischerstadt am breiten Hunafjord der Nordküste, ist eine notwendige Erholung. Von Blönduos folgt das Auto, wie oft, einem Reitweg. Eine gebaute Straße gibt es nicht. Der Weg steigt auf die Höhe der zweiten Wasserscheide, *der Oexnadalsheidi*. Es ist eine halsbrecherische Fahrt hoch über wilden Schluchten, an gefährlichen Steilhängen entlang. Enge Tobel, von Wasserläufen überflutet, müssen überquert werden. Die *Oexnadalsheidi* ist nach dieser lebensbedrohenden Fahrt eine freundlichere Welt, immer noch urweltlich genug. Jedoch am Nachmittag erreichen wir auf guter Straße, unversehrt, Akureyri.

Nach einem Abstecher zum gewaltigen *Godafoss,* dem *Götterfall,* und zum *Myvatn,* dem *Mückensee* mit seiner Kraterlandschaft übernachten wir in einem Bauernhaus, wo wir ausgezeichnet aufgenommen werden und in den zartesten weichen Eiderdaunenbetten von der harten Fahrt des ereignisreichen Tages ausruhen können.

Von Akureyri treten wir die Rückfahrt mit unserem Schiff, das inzwischen hierher gefahren war, an. Dicht unter dem nördlichen Polarkreis, in Siglufjördur, der Stadt der Heringe und stinkenden Fischmehlfabriken, wird Station gemacht. „Es riecht nach Geld", sagen die Isländer stolz, während wir vor Gestank kaum zu atmen wagen. Von hieraus wird Island finanziert. Es ist eine „Goldgräberstadt" von konsequenter Häßlichkeit. Jeder Bau trägt den Stempel größter Eile und Billigkeit. Unverputzter Beton ist Trumpf.

Am nächsten Morgen gingen wir, um der Stadt zu entfliehen, in die Berge. Unmittelbar hinter der Stadt steigt das Gebirge steil an und wir gelangten bald in bedeutende Höhen.

Von einem Grat aus sahen wir nach Norden das Eismeer, tief und klein unter uns die qualmende, arme Stadt. Wir aßen unseren Proviant und genossen die wunderbare Sonne, indem wir zwischen 3 und 5 Uhr nachmittags unter dem nördlichen Polarkreis ein Licht- und Sonnenbad dicht am Schnee in den grünen Wiesen nahmen. Herrliche weiße Islandponys weideten in voller Freiheit ruhig in unserer Nähe. Man hörte nur das Blöken der Schafherden. Niemand lebte weit und breit. Hier waren wir ganz allein. Erst als gewaltige Schatten das Tal bedeckten, entschlossen wir uns, zu den Menschen der Arbeit hinabzusteigen.

Bei regnerischem Wetter passierten wir das Nordkap. Über Isafjördur kehrten wir nach Reykjavik zurück und von dort in direkter Fahrt nach Hamburg.

Über diese interessante Reise schrieb Werner KOLLATH noch im gleichen Jahr eine hygienische Studie

ISLAND UND SEINE PROBLEME,

die 1937 i. d. Veröffentl. a. d. Gebiet d. Volksgesundheitsdienstes XLVIII. Band, 2. Heft, bei Richard Schötz, Berlin, erschien.

Das Buch, mit einem Inhalt von 122 Druckseiten, behandelt im ersten Teil die Umwelt des Isländers in klimatischer, ernährungswirtschaftlicher und politischer Hinsicht, während ein zweiter Teil die Reisebeschreibung enthält.

Die Niederschrift wurde sogleich nach Beendigung des Hygiene-Lehrbuches vorgenommen und lag 1937 als zweites Buch von Werner KOLLATH vor.

Wie sich auch die äußeren Verhältnisse dieses Zusammenlebens in den kommenden Jahrzehnten wandeln mögen, im Prinzip wird es sich stets gleich bleiben,

33 · Werner Kollath beim Aquarellieren, Capri – März 1938
Foto Elisabeth Kollath

so abwechslungsreich es ist: die wissenschaftliche Arbeit ist die Dominante, von deren oft unbarmherziger Strenge man sich auf den Reisen erholt.

Keine Reise dient dem sogenannten Vergnügen. Man will Neues sehen, will lernen, will das Gesehene verarbeiten, in das schon Bekannte einordnen, will bereits Geliebtes wiedersehen. So wird alles zum *wahren* Vergnügen.

Das Gepäck für den persönlichen Bedarf ist klein, dafür Mal- und Fotomaterial umfangreich, ebenso die Bibliothek: *Baedeker* und *Gregorovius* seien gepriesen und bedankt! „Er" malt, zeichnet und fotografiert, „Sie" macht die Notizen im Bordbuch. „Er" kehrt von keiner Reise zurück, ohne die nächste geplant zu haben.

Es gibt in diesem Zusammenleben keine Stunde der Langeweile. Stets ist das Leben von den jeweils anfallenden Ansprüchen erfüllt, seien sie auf dem Gebiet der Wissenschaft, der Kunst, der Musik, der Freundschaft oder der Geselligkeit. Aber es bleibt auch genügend Zeit zum Lesen, es bleiben genügend Stunden der Muße, des Nachdenkens und des Gesprächs.

Im Jahre 1960, in Porza sopra Lugano wohnend, schreibt Werner KOLLATH

> *Erinnerungen an mein Leben an deutschen Universitäten*
> *als Assistent und als Ordinarius.*

dort heißt es:

«Unser Zusammenleben wurde allerdings alles andere als ein ruhiges, gemütliches Dasein, denn die Umwelt machte das nicht möglich. Eine bessere Frau hätte ich aber nicht finden können, und ich kann mir nicht gut vorstellen, wie eine andere, weniger kluge und gewandte Frau den vielfältigen Aufgaben, die meiner harrten, besser gewachsen gewesen wäre.

Sie half, wo es aussichtsreich war, sie warnte, wo es bedenklich war, und eigentlich hat sie in allen Fragen stets recht behalten. Wenn ich deshalb später gesagt habe, es sei das Zeichen eines klugen Mannes, eine klügere Frau zu heiraten, so beruht diese Feststellung auf der eigenen Erfahrung.

Daß unser Leben allerdings so turbulent werden würde, haben wir beide nicht geahnt. Nun sind über 25 Jahre verflossen, die ‹Silberne› liegt hinter uns und noch immer ist keine Langeweile und keine Öde eingetreten. Ich hoffe, daß meine Frau ebenso denkt und den Entschluß auch heute noch bejaht: *Ich heirate dich wieder!*»

Grundlagen, Methoden und Ziele der Hygiene

Eine Einführung für Mediziner und Naturwissenschaftler, Volkswirtschaftler und Techniker

Ehe wir uns der unschönen Realität Rostocks zuwenden, wollen wir uns mit dem ersten großen Buch Werner KOLLATHs beschäftigen, das mit einem Umfang von 508 Seiten Anfang 1937 im *Verlage S. Hirzel / Leipzig* erschienen war.

GRUNDLAGEN
METHODEN UND ZIELE
DER HYGIENE

EINE EINFÜHRUNG FÜR MEDIZINER UND NATUR-
WISSENSCHAFTLER, VOLKSWIRTSCHAFTLER
UND TECHNIKER

VON

PROF. DR. WERNER KOLLATH
DIREKTOR DES HYGIENISCHEN INSTITUTES DER
UNIVERSITÄT ROSTOCK U. DES MECKLENBURGISCHEN
LANDESGESUNDHEITSAMTES

Mit 39 Abbildungen

1 9 3 7

VERLAG VON S. HIRZEL IN LEIPZIG

Inhaltsverzeichnis.

Vorwort.

I. Teil.

Naturwissenschaftliche Grundlagen der Hygiene.

(Von Entstehung und Erhaltung des Lebens.)

Mit diesem Werk, in dem die reichen experimentellen Erkenntnisse der Breslauer Zeit ihren Niederschlag gefunden hatten, kam KOLLATH mit einem Mal an die Spitze der Fachliteratur und erlangte Berühmtheit. Als neues Buch einer neuen Zeit wurde es von der Fachwelt mit Erstaunen und ob der selbständigen Denkweise mit Bewunderung aufgenommen.

Dem ersten Teil – des aus fünf Teilen bestehenden Buches – über dessen dramatische Entstehung oben berichtet wurde (s. S. 86), kommt die größte Bedeutung zu. Vielleicht ist dieser erste Teil überhaupt die größte geistige Leistung KOLLATHS. Er schafft etwas, was es damals noch nicht gab. Ein Faksimile-Druck gibt das Inhaltsverzeichnis dieses Teils wieder, aus dem man das völlig Neue der Konzeption erkennen kann. Wenn man Fachleuten glauben darf, dann ist dieser erste Teil heute – fast 40 Jahre nach der Niederschrift – immer noch mehr als aktuell; er ist in die Zukunft weisend, ja kann erst heute richtig verstanden werden.

Zu Beginn stellt KOLLATH sein „System der Hygiene" auf als einen Arbeitsplan für unsere Generation und die kommenden Generationen.

Das zweite Kapitel „Von dem Grenzgebiet zwischen Biologie und Physik" beschließt er:

«Es wurde in diesem Kapitel versucht, die moderne Physik für die Medizin verständlich zu machen. Wir besitzen zwar eine klinische Chemie, doch haben wir noch keine ‹klinische Physik›. Darauf ist zurückzuführen, daß sich die Physik und die Benutzung physikalischer Methoden seitens der Mediziner einer gewissen Unbeliebtheit erfreut, seitens der Physiker selbst aber äußerst skeptisch angesehen wird. Diese Trennung muß überwunden werden, damit neue Fortschritte entstehen. Sonst droht die Gefahr, daß der Physiker mit seinem Wissen für die Biologie verloren geht oder die schlimmere, daß der Mediziner die Bedeutung der Physik überschätzt.»

Im dritten Kapitel: „Vom Grenzgebiet zwischen Biologie und Chemie", „(Umfang, Richtung und Ursachen energetischen Geschehens.)" gibt KOLLATH zu Beginn eine Definition der „Redox-Potentiale".

«... Andererseits aber ist es auch gelungen, das Gebiet Reduktions-Oxydationsvorgänge mit dem Atom und Molekülaufbau insofern in Zusammenhang zu bringen, als die bei diesen auftretende ‹Wärmetönung› gleichzeitig mit Spannungen einhergeht, die in der Übertragung oder Abspaltung von isolierten Elektronen ihren Ausdruck finden, oder von solchen Atomen, die die ‹Träger› der Elektronen oder ihre Empfänger sind. Wir nennen diese Beteiligung der Spannungen bei den Reduktions-Oxydationsprozessen das Gebiet der ‹Redox-Potentiale›.»

Zum Schluß des Kapitels schreibt KOLLATH: Im Hinblick auf die Eigentümlichkeiten des Lebens im Verhältnis zum Unbelebt-Anorganischen:

«Es sei hier bereits darauf hingewiesen, daß ebenso wie die Zahl der Elemente und die Menge der Strahlungen auch der verfügbare Raum des Lebens ein Minimum ist: man kann sagen, daß das Leben, wenn wir das Wasser unberücksichtigt lassen, auf die Oberfläche der festen Erde beschränkt ist, und daß diese höchstens bis $^1/_2$ m Tiefe für das Leben notwendig geworden ist. Im unschätzbar großen Weltall nimmt das Leben also einen minimalen Raum ein, arbeitet mit wenigen Stoffen und mit ganz wenigen Strahlungsenergien. Im Vergleich zu den so viel gewaltigeren Prozessen, die sonst in der Natur vor sich gehen, werden wir deshalb JEANS zustimmen müssen, daß wir alle der Gesamtnatur gegenüber als ‹lebende Wesen ganz nebensächlich sind› und daß ‹das Leben ein gänzlich unbedeutendes Nebenprodukt› des Weltgeschehens ist.

Dieser, materiell betrachtet, richtigen Tatsache widerspricht aber unser subjektives Empfinden, das unser Leben als ernst und wichtig betrachten läßt; und weiter die erstaunliche Kraft, mit der das Leben entgegen sämtlichen ihm entgegenstehenden Kräften der Natur eine Beständigkeit aufweist, die zur Erhaltung der Arten unbedingt notwendig ist. In dieser Unterschiedlichkeit zwischen der Bedeutungslosigkeit, die eine rein materielle Betrachtungsweise unserem Leben zuzuschreiben scheint, und der Kraft, die das Leben in seiner Gesamtheit dieser Betrachtungsweise entgegensetzt, liegt die Ursache für die Verschiedenartigkeit, mit der die Menschen das Leben und ihre Existenz anzuschauen pflegen.

Rein naturwissenschaftlich betrachtend, können wir einen materialistischen Standpunkt einnehmen; er führt letzten Endes zu Negativismus. Da wir aber zweifellos selbständig und ‹lebend› der Natur gegenüberstehen, können wir uns auch ihr gegenüber auf unsere Eigengesetzlichkeit berufen und nach Wissen und Können, nach Temperament und Charakter, nach Volk und Individuum zu anderen Auslegungen gelangen. Ich möchte glauben, daß die geringe Menge der zum Leben notwendigen Faktoren auf eines der größten Wunder hinzudeuten scheint, wenn man die unerschöpfliche Mannigfaltigkeit betrachtet, die mit diesen geringen Mitteln hervorgerufen ist.»

Zum Schluß des vierten Kapitels „Aus dem Grenzgebiet zwischen Medizin und Biologie" dringt KOLLATH zu dem Grundgesetz des Lebendigen vor,

dem *Spannungszustand allen Lebens.*

«Als wesentlichste Eigenschaft des Lebens erscheint die dauernde Span-

nung, unter der es bis zum Tode steht. Demnach werden wir alles tun müssen, um die Erhaltung dieser Spannung zu unterstützen und
um einer Ruhe und Bequemlichkeit entgegenzuwirken.
Wir sind wohl auch berechtigt, das Leben und seine Spannung als eine Bereitschaft zum Kampf um seine Existenz anzusehen.

Materiell betrachtend gelangten wir zu einer schlechten Prognose für das Leben. Irgendwann wird es wohl allerdings sicher mit der Erde zugrunde gehen. Aber zweifellos zeigt das Leben eine Fähigkeit zu einer Entwicklung, die es zu immer höheren Leistungen gebracht hat. In seiner, noch chemisch-energetisch aufzufassenden Organisation liegt die eine Kraftquelle. Die andere, wesentlichere, naturwissenschaftlich kaum berücksichtigte liegt aber in der Entwicklung des menschlichen Gehirns und der Fähigkeit zu geistiger Arbeit. Es erscheint wirklich als charakteristisch, daß die vergangene das Materielle betonende Zeit nicht in der Lage gewesen ist, die Probleme der geistigen Arbeit zu erfassen und naturwissenschaftlich zu formulieren. Aber diese geistige Leistung ist letzten Endes doch das, was den Menschen über das Tier heraushebt.
Überführt man die geistige Arbeit in die Technik, so können wir die bestehenden Mängel erkennen: wir können die Technik zur materiellen Bereicherung benutzen, wir können sie aber auch dazu benutzen, der Gesundheit zu dienen. Und mir scheint, daß die Aufgabe der Wissenschaft hier liegt: Beizutragen, durch eine auf geistiger Arbeit beruhende Technik das Leben auf einer höheren Basis gesund zu erhalten, obwohl bisher eine Entfremdung von der Natur durch Technik und Zivilisation stattgefunden hat.»

Abschließend sei noch ein Satz aus der 1942 erschienenen „Einheit der Heilkunde" (s. S. 118) zitiert:

«Ob eigene Befunde einen dauernden Wert haben, ergibt sich erst aus der Geschichte: Ob sie für die nächste Generation ein ebenso festes Fundament darstellen, wie die Leistung der alten Generationen für unser Denken.
Nur so, wenn man in die Zukunft wirkt, kann man das Glück haben, ein Teil jenes großen Stromes zu werden, der das Wissen der Menschheit mit sich in die Zukunft trägt.»

Das Buch wurde von der Reichsstelle zur Förderung deutschen Schrifttums bei einer *Tagung der Nordischen Gesellschaft* unter den *Hundert besten Büchern des Jahres 1936/37* ausgestellt. Dort lag es neben der „Funktionellen Pathologie" Prof. Dr. med. Gustav v. BERGMANNs, dem ehemaligen Lehrer von KOLLATH in Marburg.

Es gab aber nicht nur Anerkennung, sondern auch Gegnerschaft, die durch den dritten Teil des Buches, der die Ernährung behandelt, hervorgerufen wurde, denn jetzt war die Nahrungsindustrie auf diesen Mann aufmerksam geworden, der ihre Kreise zu stören in der Lage war. Als erste meldete sich die Zucker- und Schokoladenindustrie und verlangte unter Drohungen die Zurücknahme des ganzen Werkes oder zumindest Deckblätter für die Seiten, durch die sie sich angegriffen fühlte. KOLLATH reagierte ablehnend, und hier ist der Beginn des Kampfes gegen den „Schädling-KOLLATH" zu setzen, der nicht mehr enden wird.

Die Konservenindustrie trat etwas später auf den Plan und schließlich bezog auch die pharmazeutische Industrie ihre feindselige Stellung.

Das revolutionär Neue, das das Buch Werner KOLLATHs enthält, geht aus den nachfolgenden Besprechungen hervor.

Der bekannte Vitaminforscher Prof. Dr. Wilhelm STEPP,
Ordinarius für Innere Medizin an der Universität München

Münch. med. Wschr. 20 (1937) 787.
„Derjenige, dem Arztsein die Verpflichtung bedeutet, immer tiefer in die Geheimnisse der Natur einzudringen, immer neu an der Vertiefung seiner naturwissenschaftlichen Kenntnisse zu arbeiten, wird mit großer Freude die ausgewählten Kapitel aus der allgemeinen Biologie lesen, in die der Verf. uns in einer so angenehmen Form einführt. Man empfindet bei jeder Zeile, mit welcher Liebe er sich mit all den hier zur Sprache kommenden Fragen schon lange beschäftigt haben muß.
Physik, Chemie, physikalische Chemie in ihren besonderen Beziehungen zum Zellstoffwechsel, die zum größten Teil erst in den letzten Jahren unter ganz neuen Gesichtspunkten betrachtet wurden, bilden die Grundlagen der Darstellung.
Die ‚Entstehung und Erhaltung des Lebens' wird damit der Ausgangspunkt für eine Betrachtung alles dessen, womit die Hygiene sich beschäftigt, und was sie sich als Ziel gesetzt hat.
So ist etwas ganz Neues entstanden, ein Werk, das man nicht in kurzer Zeit durchblättert, um dann festzustellen, daß es einige neue Anregungen bietet: – nein – wer nur ein wenig in ihm geblättert hat, wird nicht anders können, als das Buch gewissenhaft Seite für Seite zu lesen, und er wird voll Dankbarkeit feststellen, daß er auf Schritt und Tritt neue Anregungen empfängt, die weit über das Gebiet der Hygiene hinausgehen. Besonders

hervorgehoben zu werden verdienen die Ausführungen über die Redox-prozesse. *Auf diesem Gebiet haben gerade die Untersuchungen der letzten Jahre neue, man möchte fast sagen umstürzende Erkenntnisse gebracht. Man wird nicht zu viel behaupten, wenn man die Anschauung verficht, daß* Redoxprozesse mit den Wirkungen der Vitamine untrennbar *verbunden sind.*

Auf ein Kapitel soll noch verwiesen werden. Es ist dies die Darstellung der Ernährung. *Es gibt wohl zur Zeit keine Abhandlung über diesen Gegenstand, die dergestalt, sich loslösend von der seit Jahrhunderten überlieferten Denkweise, ihre eigenen Wege geht."*

Prof. Max WINKEL

Zeitschrift für Volksernährung – 1937 Heft 5, S. 75.

„Dieses Buch zeigt uns augenfällig den Wandel der Zeit in Hinsicht auf die Hygiene der Ernährung. Während man in früheren Zeiten erstaunt und unwillig feststellen mußte, daß die Hand- und Lehrbücher der Hygiene nur höchst nebensächlich die Ernährungsfrage abhandelten, während früher die Ernährungslehre an den Hyienischen Instituten überhaupt nicht gelehrt wurde, findet man sie hier zum ersten Male in den Vordergrund und Mittelpunkt der gesamten Hygiene gestellt.

Der Titel des Buches gibt manche Aufklärung über die Eigenart dieser hervorragenden Arbeit. KOLLATH *ist nicht Mediziner allein, sondern auch Physiker, und als solcher ergründet er die Gesetze der Nahrungsenergien, stößt vieles um, setzt aber dafür Neues an die Stelle.*

Wie weit der Autor seine Grenzen steckte, geht aus einigen Stichworten des Inhalts hervor:

Atomphysik, Bildung der Weltkörper, Quantentheorie,
Redoxprozesse, Messung der Potentiale, Periodizität,
Gesetz von der Reihenfolge der Vitamine,
Geschichte der Ernährung
70 Prozent des Buches behandeln die Ernährung.

Das Buch wird bei näherem Eingehen für den Naturforscher zu einem ‚Liebhaberbuch'. Es wird viel Freunde und Kritiker finden, es ist in man-cher Hinsicht ein revolutionäres Buch, es ist ein Buch der Zukunft."

Auszüge aus einer Besprechung von Dr. med. Max BIRCHER-BENNER

Der Wendepunkt. Zürich. Nr. 4, März 1937

> *„Das Ziel der* KOLLATH*schen Hygiene ist ‚die Erhaltung der Physiologie‘,
> d. h. die Erhaltung der vollen Gesundheit. Auch die Gesundheit hat ihre
> Ursachen und Bedingungen, die in der Eigengesetzlichkeit des Lebens im
> menschlichen Organismus und in seinen Beziehungen zur unbelebten und
> belebten Umwelt gesucht und erkannt sein wollen. Davon handelt in erster
> Linie* KOLLATHS *Buch. Was den Ursachen und Bedingungen der Gesundheit
> Abbruch tut, das wird zur Ursache des Gesundheitsverlustes und der Er-
> krankung. In diesem Sinne wird die Hygiene zur Lehre von der vorbeugen-
> den Medizin.*
>
> *In allen fünf Teilen des Werkes dominiert die begabte Arztpersönlichkeit
> dieses Autors. Das subjektiv Persönliche, das über dem ganzen Inhalt
> schwebt, wird hier zum Vorzug und zur Auszeichnung des ganzen Werkes.
> Die Klinik wird gut tun, diesem Inhalt ihre vollste Aufmerksamkeit zuzu-
> wenden, denn nicht nur Vorbeugung, sondern auch wertvollste Wegweisung
> für die Therapie, d. h. für die Heilbehandlung der Kranken ist darin zu
> finden; und zwar Wegweisung für wirksame Heilmaßnahmen, die man
> heute noch sowohl in Krankenhäusern wie in der Praxis nur ausnahmsweise
> vorfindet.*
>
> *Eine meisterhafte Behandlung des Ernährungsproblems krönt dieses Buch.
> Das war zu erwarten, denn* KOLLATH *konnte dabei von seinen eigenen,
> hervorragenden und entscheidenden Forschungen über Vitamin- und Nah-
> rungswirkungen ausgehen.“*

Der Hygieniker Prof. Dr. med. GUNDEL, Gelsenkirchen

schreibt in der Deutschen medizinischen Wochenschrift 1937, Nr. 17, S. 689.

> *„In der Neuartigkeit der Anlage dieser Einführung in die Hygiene liegt
> der besondere Reiz des Buches. Die Grenzgebiete zwischen Biologie und
> Physik, Chemie sowie Medizin werden zunächst in einer Form dargestellt,
> die jedem kritischen und naturwissenschaftlich ausgebildeten Leser Bewun-
> derung abringt. Dieser I. Teil mit den naturwissenschaftlichen Grundla-
> gen der Hygiene verdient unsere besondere Beachtung.“*

Prof. DOERR, Basel

Klin. Wschr. 32 (1937)
> „... *Doch hat sich der Verfasser nicht mit einer oberflächlichen Umformung begnügt, sondern den neuartigen und mutigen Versuch unternommen, die mosaikartige Zusammensetzung der Hygiene aus den thematisch und methodologisch heterogensten Teilgebieten, welche sich aus dem unbegrenzten Aufgabenkreis dieser Zweckwissenschaft automatisch ergibt, didaktisch zu überwinden, und zwar durch die Einordnung in einen einheitlichen, als ,System der Hygiene' bezeichneten Rahmen ...*“

Naturärztliche Rundschau 1938, S. 87

1938, S. 87
> „*Ein ausgezeichnetes Lehrbuch im Sinne der neuen Deutschen Heilkunde.*“

Prof. Dr. med. Hermann EULER, Breslau

Dtsch. Zahnärztl. Wschr. 24 (1938)
> „KOLLATH *ist bei seinen ausgedehnten Vitaminversuchen eigene Wege gegangen und ebenso sehen wir ihn auch jetzt bei seinem neuesten Werk ... wieder eigene Wege gehen.*“

Werner KOLLATH widmete dieses Buch *dem Andenken seines Vaters,* der am 10. 3. 1933 in Eisenach, wohin er seine Gollnower Praxis verlegt hatte, verstorben war.

Das BERTELSMANN-Lexikon von 1955 nennt als einziges Lehrbuch der Hygiene, KOLLATHS *„Grundlagen Methoden und Ziele der Hygiene“.*

Die Last der Hochschulwürden

Rostock II 1. April 1935 – 3. März 1947

Die Rostocker Zeit könnte man in zwei Hälften teilen: in eine positive und in eine negative. Zur positiven Seite gehört, daß jetzt alle Vorteile der Stellung eines Ordinarius genossen werden können, daß frei geforscht und gearbeitet werden kann, daß ein eigenes System der Hygiene modern, völlig neu und interessant für die Studenten im Kolleg aufgebaut werden kann, daß bei der Abfassung der Bücher und Arbeiten alle Hilfskräfte des Instituts eingesetzt werden können.

Die negative Seite ist schwer belastet mit den ungewöhnlichen Zuständen, die KOLLATH bei seinem Amtsantritt zwangsläufig von seinem Vorgänger übernehmen muß.

Im Kultusministerium in Berlin hatte KOLLATH durch den Ministerialrat JANTZEN erfahren, daß er sich nicht auf lange Zeit in Rostock einzurichten brauche, da man ihn für das Ordinariat in Berlin vorgesehen habe. Daraus wurde nichts, denn JANTZEN fiel in Ungnade, und der Nachfolger faßte andere Entschlüsse. Aber diese Mitteilung hatte zur Folge, daß KOLLATH die unerfreulichen Verhältnisse in der medizinischen Fakultät Rostock nicht so ernst nahm, wie sie in Wirklichkeit waren. Der Gedanke, daß er doch bald die Berufung an einen besseren Platz bekommen würde, unterstützte sein sehr selbständiges Auftreten in Rostock. Jedoch ist es gut, daß nichts aus dieser Berufung nach Berlin geworden ist, denn die Anonymität seines politischen Lebens hätte KOLLATH an diesem bedeutendsten Lehrstuhl seines Fachgebietes aufgeben müssen.

Es würde zu weit führen, die Maßnahmen zu schildern, die KOLLATH ergreifen mußte, um einigermaßen normale Verhältnisse zu schaffen. Das gravierendste Geschehen ist „der Fall Poppe" der an Deutschen Universitäten nicht seinesgleichen hat und der inzwischen schon in ihre Geschichte eingegangen ist.

Der Fall POPPE

Prof. Dr. med. vet. et phil. Kurt POPPE ist ab 1. 4. 1924 *Direktor* des *Landestierseuchenamtes* in Schwerin. Dieses Amt wird, ebenso wie das *Mecklenburgische Landesgesundheitsamt*, Mitte der zwanziger Jahre nach Rostock verlegt. Beide Ämter gehören nicht zur Universität. Aus unerfindlichen Gründen wird POPPE zum Mitglied der medizinischen Fakultät ernannt. 1930 wird er Dekan, 1932 sogar Rektor.

Mit solchen Machtpositionen ausgerüstet gelingt es POPPE, über seinen eigentlichen Lehrauftrag hinaus, der lautet – *vierstündig über das Gebiet der Tierpathologie und Tierhygiene* zu sprechen – nun auch *bakteriologische Kurse für Mediziner und Zahnmediziner* zu halten.

Schon 1932 beginnt der Kampf darum, ob die von dem Tierarzt POPPE ausgestellten *Praktikantenscheine* für die medizinischen Staatsexamina der Studenten *Gültigkeit haben* können. Rechtlich gesehen haben sie keine Gültigkeit und damit wären alle Staatsexamen der Studenten, die an den POPPEschen bakteriologischen Kursen teilgenommen haben, ungültig!

POPPE weiß das selbst sehr genau, denn während seiner Dekanatszeit 1930 hatte er sich ein Doppel des Dekanatssiegels anfertigen lassen. Mit diesem Pseudosiegel, das im Durchmesser zwei Millimeter kleiner war als das legale Dekanatssiegel, ließ er die Praktikantenscheine seiner medizinischen Kursteilnehmer stempeln, um zu vertuschen, daß die Kurse am *Tierhygienischen Institut* absolviert worden waren.

POPPE versucht immer wieder seinem Hang zur medizinischen Fakultät Geltung zu verschaffen. So wird z. B. im Vorlesungsverzeichnis der Tierarzt POPPE unter *Hygiene und Bakteriologie* mit seinen Kursen vier mal vor dem Fachordinarius KOLLATH genannt, angeblich weil POPPE der Ältere war! Eine unmögliche Zumutung.

Es ist ein schweres Erbe, das KOLLATH hier angetreten hat und er sieht ein, „daß hier ein Kampf um Leben und Tod ausgefochten werden muß". Die Fakultät, eine mit unangreifbarer Machtfülle ausgestattete Organisation steht – wenn sie in sich einig ist – geschlossen hinter ihrem Stammtischfreund POPPE und gegen den Eindringling und Störenfried KOLLATH.

Schließlich gelingt es KOLLATH, die Fakultät zu bezwingen. Laut dem Deutschen Beamtengesetz hat jeder Beamte das Recht, sich unmittelbar an die höchste Dienststelle zu wenden, unter Umgehung aller Dienstzwischenstellen, wenn es sich um eine Angelegenheit von allgemeiner Bedeutung und Gefahr handelt.

KOLLATH stellt das Material mit den Beweisen für die falschen Urkunden zusammen und wendet sich am 30. 11. 1937 in einem *privaten Dienstbrief an das Reichsinnenministerium nach Berlin,* dem allein das Staatsexamen untersteht.

Ein ganzes Jahr vergeht.
Am *11. November 1938* – wieder ist es der 11. November – erfolgt der schrift-
liche Bescheid des *Reichsministers des Innern*, Berlin, zu dem vorbezeichneten
Bericht:

> „*Der Bericht des mecklenburgischen Staatsministeriums, Abteilung Unter-
> richt, vom 16. Juni 1938 – 1 U. 2880 und die diesem Bericht beigefügte
> Stellungnahme der Medizinischen Fakultät in Rostock haben die in meinem
> Schreiben vom 15. Januar 1938 geäußerten Bedenken nicht zerstreut. Ich
> muß daran festhalten, daß die Bakteriologie im Sinne der ärztlichen und
> zahnärztlichen Prüfungsvorschriften zum Lehrfach Hygiene gehört und da-
> her auch vom Ordinarius für Hygiene oder einem von ihm beauftragten
> Dozenten, jedenfalls* von einem Humanmediziner zu lehren ist, *weil sie so am
> besten in ihrer Bedeutung für die vorbeugende und die heilende Medizin ge-
> würdigt und vorgetragen werden kann. Ich halte es zudem nicht für zweck-
> mäßig, daß in einer kleinen Universität wie Rostock zwei Kurse für Bak-
> teriologie nebeneinander abgehalten werden und auf diese Weise dem
> Hygienischen Institut ein sehr erheblicher Teil der ihm gehörenden Stu-
> dierenden entzogen und das Institut dadurch in seinem Ansehen und wohl
> auch in seinen Einnahmen an Kursgebühren geschwächt wird.*
>
> *Gegenüber den Ausführungen der Medizinischen Fakultät in Rostock
> über die Gültigkeit der von Prof. Dr.* POPPE *ausgestellten Bescheinigungen
> über die Teilnahme am bakteriologischen Kursus muß ich ernst betonen, daß
> die Entscheidung darüber, ob und welche Nachweise über die Teilnahme
> an Vorlesungen, Kliniken und Übungen als ausreichend für die Zulassung
> zur ärztlichen Prüfung anzusehen sind, nicht Sache der Fakultäten ist, son-
> dern mir, bzw. den die Bestallung als Arzt erteilenden obersten Landesbe-
> hörden zusteht. Wenn die von Prof. Dr.* POPPE *ausgestellten Kursbeschei-
> nigungen außerhalb von Mecklenburg bisher nicht beanstandet worden
> sind, so ist das offenbar im wesentlichen darauf zurückzuführen, daß die
> Zeugnisse nicht genau nach dem vorgeschriebenen Muster ausgestellt wor-
> den sind, (Muster 4 zu 26 der Bestallungsordnung für Ärzte, nach dem das
> Institut, an dem der Kursus abgehalten worden ist, anzugeben ist) und
> außerdem darauf, daß Prof. Dr.* POPPE *den Dekanatsstempel der Medizini-
> schen Fakultät benutzt hat. Auf diese Weise mußte bei den die Gültigkeit
> der vorgelegten Zeugnisse nachprüfenden obersten Landesbehörden der Ein-
> druck erweckt werden, die sich zur Prüfung meldenden Kandidaten hätten
> an einem Universitätsinstitut für* Humanmedizin den bakteriologischen
> Kursus absolviert.
>
> *Wenn in Rostock von einem Veterinärmediziner bakteriologische Kurse
> für Humanmediziner abgehalten werden, so will ich mit Rücksicht auf die*

dort vorliegenden besonderen Verhältnisse meine Bedenken dagegen zu-
rückstellen; ich kann mich aber nicht *damit einverstanden erklären, daß*
diese Kurse als ausreichend für die Zulassung zur ärztlichen Prüfung anerkannt werden.

Ich schließe mich der Stellungnahme des Herrn Reichsminister des In-
nern vollinhaltlich an und ersuche, zu veranlassen, daß auch an der Univer-
sität Rostock der Pflichtkurs *in Bakteriologie allein von dem Ordinarius*
oder einem von ihm beauftragten Dozenten abgehalten wird.

Im Auftrage gez. BACH"

Dieses Schreiben vom 11. 11. 38 trägt den Vermerk:

„In Abschrift an Herrn Kollegen KOLLATH
Seestadt Rostock, den 5. Januar 1939
Der Rektor der Universität.
RUICKOLDT"

Die besiegte Fakultät brauchte *fünfzig Tage,* bis sie den am 17. 11. 1938 einge-
gangenen ministeriellen Bescheid schließlich KOLLATH zur Kenntnis brachte.
Es war ein Pyrrhussieg. Machthaber verzeihen es nicht, wenn man ihre Macht
gebrochen hat. Sie werden sich rächen, sobald die Gelegenheit da ist.

Daß unter diesen Umständen irgendwelche angenehmen persönlichen Beziehungen innerhalb der Fakultät gedeihen konnten, war unmöglich. Aber es gab
vielerlei Entschädigung.

Rostocks freundliche Seiten

Es läßt sich gut leben in der schönen gemütlichen Kleinstadt, in deren Altstadt
„zwischen den sieben Toren" die Fenster der schmalen Giebelhäuser gewölbte
Butzenscheiben haben, durch die man nicht hinein, wohl aber heraussehen
kann. Die alten Häuser haben noch keine Kaufmannsläden. An der Außenfront
der unteren Fenster sind Spiegel, sogenannte „Spione", angebracht, mit deren
Hilfe man von innen alles beobachten kann, was draußen geschieht. Hinter den
Fenstern sitzen die Hüterinnen der Moral und registrieren ungesehen alle Ereignisse der Straße.

37 · Giebelhäuser der Altstadt und Marienkirche, Rostock
Federzeichnung – 1944

In der Altstadt befindet sich die *Carl* HINSTORFFS *Buchdruckerei*, deren Besitzer der Verleger Peter E. ERICHSON ist, genannt Peter E. Er ist eine der originellsten und gewaltigsten Persönlichkeiten der Stadt. Ein universeller Mann, Freimaurer, unangefochten sowohl bei den Nazis, als auch später bei den Kommunisten, ein vielfältiger Zauberer, der seine Fäden nach allen Seiten zu spinnen weiß und der über jede Beziehung verfügt. Zu ihm kann Werner KOLLATH jederzeit kommen, wenn es ihn nach der Unterhaltung mit einem gescheiten Menschen verlangt oder wenn er sein Herz erleichtern möchte, z. B. über die Zustände in der Fakultät. Er wird sich immer verstanden fühlen und wird stets nicht nur gestärkt, getröstet und gut beraten von diesem großen Manne gehen, sondern auch aufgeheitert und aufgeladen mit neuen Energien.

Durch die Tätigkeit als Direktor des Landesgesundheitsamtes entsteht ein gutes Verhältnis zur Stadtverwaltung. Ein gern geübter Dienst sind in der Spargelzeit die Inspektionsfahrten auf der Warnow mit dem komfortablen Motorboot der Medizinalbeamten. Ziel ist das kleine, für die Qualität seines Spargels berühmte Städtchen Schwaan. Bei diesen Fahrten entsteht die schöne Freundschaft zu dem Musikgenie, dem Kreismedizinalrat Dr. Walter BUSCHMANN, dem Pianisten und Komponisten herrlicher Lieder. Er vertonte auch einige Gedichte von Werner KOLLATH. Bald erfüllt Musik wieder das Leben.

Schon von Breslau aus war KOLLATH mehrfach in Rostock gewesen, da er die Beratung der chemischen Fabrik Friedrich WITTE übernommen hatte. Er hatte ein Verfahren ausgearbeitet, um ihr unentbehrliches WITTE-Pepton zu standardisieren.

«Auf Grund der um 1880 herrschenden Lehre von der Verdauungsphysiologie hatte man geglaubt, man könne bei Verdauungsstörungen den Patienten dadurch helfen, daß man das Eiweiß mit Pepsin vorverdaue. Das so gewonnene Produkt schmeckte aber so bitter, daß es ungenießbar war. Gerade in jener Zeit entstand aber ein Bedarf nach Rohmaterialien für Bakteriennährböden und für diese erwies sich das ‹Pepton› von ADAMKIEWICZ, dem Experimentator, als ausgezeichnet und bekam Weltgeltung, zugleich mit der produzierenden Firma Friedrich WITTE.

Die Firma besaß ein altes Patrizierhaus in der Langenstraße, in dessen rückwärtigen Gebäuden und Höfen die Fabrik eingerichtet war. Das Vorderhaus war um 1750 gebaut und hatte im ersten Geschoß einen großen, schönen, weißen Saal, geschmückt mit Stuckarbeiten italienischer Herkunft. Hier wurden Konzerte und Vorträge vor geladenen Gästen gegeben.»

Bei einem Kammermusikabend beteiligte sich Werner KOLLATH als Bratschist in Anton DWORAKS „Amerikanischem“ Streichquartett F-Dur op. 96.

Dem Haus WITTE, mit dem uns eine Freundschaft fürs Leben verband, verdanken wir einen unserer treuesten Anhänger, den exzellenten COPIN-Spieler Albrecht UHL, genannt Onkel Puma, der unerschöpflich improvisieren konnte.

Elly NEY

In Rostock begann auch die Freundschaft mit der großen Pianistin Elly NEY. Nach einem Abendkonzert im Stadttheater, wo sie das Klavierkonzert von Johannes BRAHMS Nr. 2 in B-Dur gespielt hatte, kam sie mit ihren Begleitern zu uns ins Haus. Wir hatten unsere Musikfreunde dazu gebeten. Ein vegetarisches Festmahl vereinte diesen großen harmonischen Kreis. Nach lebhaften Gesprächen begann Elly NEY zu spielen. Sie spielte bis lange in die Nacht hinein. Unvergessen wird der Schlußsatz aus der Sonate op. 111 von Ludwig VAN BEETHOVEN, das Adagio mit Variationen, bleiben, mit dem sie ihr Spiel beendete.

Der schöne Flügel lag nach der Vernichtung unseres Hauses 1944 als große Harfe im Keller. Alles Brennbare an ihm war gemeinsam mit dem Haus verbrannt.

Der einzige Fakultätskollege, mit dem Werner KOLLATH in ein freundschaftliches Verhältnis kam, war der Direktor der Medizinischen Universitätsklinik, Prof. Dr. Viktor SCHILLING, Autor des umfassenden Werkes „Das Blutbild", ein hervorragender Wissenschaftler und als solcher bei der Fakultät unbeliebt. Er war ein universell gebildeter Mann und ein äußerst anregender Gesellschafter, ein im Hause KOLLATH gern gesehener Gast.

Die Studenten verehrten KOLLATH, der ihnen unvergeßliche Eindrücke im Unterricht vermittelte. Die große Rednerbegabung steigerte noch das hohe Niveau seiner Kollegs, die er frei hielt.

Eines Tages hatten die Studenten im Treppenhaus über der abgetretenen Stiege des unter Denkmalschutz stehenden Gebäudes, in dem sich der Hörsaal befand, in riesengroßen schwarzen Lettern an die grauweiße Wand gemalt:

HYGIENE GEHT NEUE WEGE AUF ALTEN TREPPEN

Viele Studenten kamen nach Rostock, „um die Kollegs von Prof. KOLLATH zu hören". Das neue System der Hygiene begeisterte die jungen Menschen.

Bei einem *Fortbildungskurs für Ärzte,* der in Rostock abgehalten wurde, war KOLLATH der begehrteste Vortragende. Die Ärzte, aus allen Teilen Deutschlands kommend, baten um eine Einladung im Privathaus, um die Zubereitung der von KOLLATH gepriesenen Rohkost kennen zu lernen. Die meisten Ärzte wußten nur, daß man Radieschen, Gurke und ein Salatblatt roh genießen kann.

Die vielen Vorträge, die im In- und Ausland gehalten wurden, steigerten KOLLATHS Ruf als Wissenschaftler, ebenso die zahlreichen wissenschaftlichen Arbeiten, die aus seinem Institut herausgingen.

Eine der wesentlichsten Persönlichkeiten, mit denen Werner KOLLATH in diesen Jahren zusammentraf, war der Züricher Arzt BIRCHER-BENNER.

Bircher-Benner

Die erste Begegnung mit Dr. Max BIRCHER-BENNER kam 1936 anläßlich der
*73. Tagung der Deutschen Gesellschaft für Zahn-, Mund- und Kieferheilkunde,
22. – 25. 9. in Dresden* zustande. Es war ein denkwürdiges Zusammentreffen der
drei Forscher und Ärzte: Ragnar BERG, BIRCHER-BENNER und Werner KOLLATH,
die am gleichen Vormittag je einen Vortrag zu halten hatten. Dieser Vormittag
war das Ereignis der Tagung, nicht nur für die Teilnehmer, sondern auch für die
drei Vortragenden, die nicht nur Gelegenheit hatten, sich persönlich, sondern
auch im Vortrag ein Konzentrat der Lehre des anderen kennen zu lernen.

Das Thema KOLLATHs lautete:

> *Über die Korrelation der Mineralien, Vitamine und Hormone.*
> D. Zahn-, Mund- u. Kieferheilk. 3/12 (1936) 789–795, Arb.Verz. 77

Durch die Arbeiten KOLLATHs über die Strahlenwirkungen, über die Redox-
Potentiale in den Zellen und ihre Beziehungen zum 2. Hauptsatz der Energielehre war schon vorher eine mehrjährige Korrespondenz mit BIRCHER-BENNER
entstanden, der mit Freuden die gleiche Denkrichtung bei seinem Kollegen
KOLLATH festgestellt hatte.

BIRCHER-BENNER schreibt in seinem 1938 erschienenen letzten Buch:

Vom Werden des neuen Arztes

> *„Endlich im Dezember 1935, erlebte ich die Freude, daß der erste europä-
> ische Forscher, m. E. der bedeutendste Hygieniker Deutschlands in der
> Gegenwart, Prof. Dr. Werner KOLLATH meine Anwendung des zweiten
> Hauptsatzes nicht nur verstand, sondern auch bestätigte. Ich war nun,
> trotz der Ärztegesellschaft Zürich, wieder ‚wissenschaftlich' geworden."*

1900 hatte die Züricher Ärzteschaft behauptet, „BIRCHER-BENNER habe die
Grenzen der Wissenschaft verlassen" und hatte sich völlig ablehnend eingestellt.

Werner KOLLATH hatte sich schon in seinem Buch „Grundlagen, Methoden
und Ziele der Hygiene" ausführlich mit dem 1. und 2. Hauptsatz der Energielehre beschäftigt.

Der *erste Hauptsatz der Thermodynamik*, den Julius Robert MAYER 1842
aufgestellt hatte, lautete,

> *„daß alle im Weltall vorhandene Energie sich in der Summe stets gleich
> bleibe."*

38 · *Dr. med. Max Bircher-Benner – Zürich*
Original-Lithographie – 1938

Die Formulierung des *zweiten Hauptsatzes der Energielehre* nach Georg HELM 1887 war folgende:

„*Jede Energieform hat das Bestreben, von Stellen höherer Intensität zu Stellen niederer Intensität niederzugehen. Sie heißt ausgelöst, wenn sie diesem Bestreben folgen kann.*"

Beide Forscher, BIRCHER-BENNER und KOLLATH waren unabhängig voneinander zu dem gleichen Ergebnis gekommen:
Daß die Anwendung des ersten Hauptsatzes der Energielehre (Thermodynamik) seitens der medizinischen Wissenschaft bei der Ernährung

zur Kalorienlehre, also zur Quantität

geführt hatte,
daß aber entsprechend dem zweiten Hauptsatz der Energielehre

die Qualität der Nahrung

den Nährwert und die Nahrungswirkung in der Zelle bestimme.
Der erste Hauptsatz hat *statistischen Wert,*
der zweite Hauptsatz bezeichnet *ein biologisches Geschehen,* dessen Ordnung nicht gestört oder zerstört werden darf.
Nur eine Nahrung, die durch Kochen nicht zerstört war, konnte ihre Funktionen im Zellinnern erfüllen.

BIRCHER-BENNER stellte die Ordnungsgesetze seiner

Ordnungstherapie auf, deren 1. Gesetz
Das Organisationsgesetz der Nahrungsenergie

war und erklärte damit die Wirkungen seiner Rohkostnahrung.

Werner KOLLATH schuf seine

Ordnung der Nahrung, mit der Unterteilung in
Lebensmittel = Lebende Nahrung
Nahrungsmittel = Tote Nahrung

und prägte schon 1937 in seinem bereits genannten Hygiene-Lehrbuch aus diesen Erkenntnissen heraus den Satz:

Laßt das Natürliche so natürlich wie möglich.

Die Arbeit des einen förderte die Arbeit des anderen.

KOLLATH konnte später die Erkenntnisse erweitern durch seine eingehenden Versuche über die Wirkungen der Rohkostnahrung am Menschen. Die Arbeit ergab, daß man auch noch außer der Wirkung der zugeführten Nahrung,

die Mitreaktion des sich Ernährenden

zur Erklärung der Nahrungswirkungen einsetzen müsse.

Es wurde darüber eine Arbeit veröffentlicht:

Von Nahrungswirkungen vor der Resorption durch den Darm
Ein Beitrag zu der Frage: „Gekocht oder roh?"
Klin. Wschr. 18 Nr. 16 (1939), 557–563, Arb.Verz. 97

Aus diesen Versuchen ging hervor, daß die sogenannte „Verdauungsleukozytose" – die Vermehrung der Leukozyten (weißen Blutkörperchen), wie sie bei der Aufnahme gekochter Kost als eine Reiz- und Abwehrwirkung des Organismus eintritt –, *bei Rohkost nicht stattfindet.* Auch wenn als erster Gang der Mahlzeit Rohkost gegessen wurde und anschließend Kochkost, blieb diese Reizwirkung aus. Damit erklärte sich die Rohkost als Schonkost.

Das Konzept dieser Arbeit, die eine weitere Bestätigung der BIRCHERschen Lehre darstellte, schickte Werner KOLLATH an BIRCHER.

Diese Arbeit, die ihn am Krankenbett erreichte, verschönte dem Kranken – wie Frau BIRCHER-BENNER schrieb – die letzten Stunden seines Lebens. Einige Tage später, am 24. Januar 1939 erlag er – 72jährig – einem Herzleiden.

KOLLATH wußte, wie viel er diesem großen Menschen, Forscher und Arzt zu verdanken habe.

«Zweimal war ich Gast in seiner Klinik am Zürichberg, und er wurde mir ein älterer Freund. Seine drei Arbeitsräume mit Tausenden von Büchern, sein unermüdlicher Fleiß, sein Flügel, seine Musik sind mir ebenso lebhaft in Erinnerung, wie unsere Gespräche bei abendlichen Spaziergängen.

Sein Leben entsprach seiner Lehre. Mit seiner ganzen Familie lebte er seinen Patienten das Beispiel vor. Der seelische Einfluß, den er damit ausübte, unterstützte seine ärztlichen Maßnahmen. Sein Wissen über Psychotherapie war die zweite Grundlage seines Wirkens.

Von ihm ging ein Zauber aus, den man unwillkürlich mit dem Wirken eines Sehers verbinden mußte: seine leise Stimme, sein tiefes Verstehen menschlicher Schwächen auch bei seinen Gegnern, sein feiner Humor machten die Unterhaltung mit ihm unvergeßlich. Er sprach niemals etwas Unwesentliches: die kleinste Bemerkung zeigte eigenes Urteil.

Echtes Arzttum ist mit Sehertum verbunden, reines Wissen allein macht nicht den Seelenarzt. BIRCHER-BENNER war der geborene Arzt, der in der Geschichte der Medizin unter die Großen gerechnet werden wird. Seine ruhige Überlegenheit entsprang seinem Bewußtsein, nicht vergebens gelebt und gearbeitet zu haben:

Denn der Mann schafft sich in seinem Werk seine Ewigkeit.»

Auf dem *3. Internationalen Konvent für Vitalstoff- und Ernährungsforschung* in Stuttgart am 22. September 1957 wurde Werner KOLLATH als Erstem *die Goldene Bircher-Benner-Medaille überreicht.*

In dieser Ehrung sah KOLLATH

«nicht nur einen Lohn für lange Arbeit, sondern vor allem eine Verpflichtung.

Wenn es heißt, daß der Naturwissenschaftler zwei Grundvoraussetzungen braucht: *Neugier* und *Unvoreingenommenheit,* so braucht der Lebenswissenschaftler und der Arzt darüber hinaus noch einige andere Eigenschaften, die bei BIRCHER-BENNER besonders hervortraten: *Bescheidenheit, Furchtlosigkeit vor den Menschen, Hilfsbereitschaft und Verantwortungsbewußtsein.* Diese Eigenschaften müssen zur Wissenschaft hinzukommen, um die Träger der Forschung vor jener Gefahr zu bewahren, indirekt zu Zerstörern des Lebens zu werden.»

Mit der Familie BIRCHER-BENNER und der großartigen Ärztin und Mitarbeiterin der Bircher-Klinik, „Lebendige Kraft" in Zürich, Frau Dr. med. Dagmar LIECHTI V. BRASCH, verband Werner KOLLATH zeitlebens eine aufrichtige Freundschaft.

Bei der Gedenkfeier anläßlich des 100. Geburtstages von Dr. Max BIRCHER-BENNER am 15. November 1967 in Zürich war noch einmal der große Kreis um BIRCHER-BENNER vereint, für Werner KOLLATH war es das letzte Mal.

Die Gedanken um den Faktor der *Qualität in der Nahrung* und seine Wirkung auf den Ernährungsvorgang haben Werner KOLLATH mit immer tieferen Erkenntnissen bis zuletzt beschäftigt und haben in seinen letzten drei Büchern ihren Niederschlag gefunden.

Die wissenschaftliche Arbeit in Rostock

In Rostock fand Werner KOLLATH das Hygiene-Institut nicht auf Forschungen eingestellt, wie er sie in Breslau betrieben hatte und keinesfalls so gut ausgestattet wie das großstädtische Breslauer Institut. Die entsprechenden Arbeitsmöglichkeiten mußten erst geschaffen werden, z. B. die Einrichtung für großzügige Tierversuche.

Nachdem eine eigene Generation Ratten aufgezogen worden war, konnten schließlich 1936 die großen Versuchsreihen über *Wachstum und Zellersatz,* die so aussichtsreich in Breslau begonnen hatten, wieder aufgenommen werden. Die 9 ersten Mitteilungen zu diesem Thema waren bis 1933 noch in Breslau erschienen.

Zwei Jahre nach Beginn in Rostock, 1938, lagen die ersten Ergebnisse vor. Bis 1942 wurden dann weitere 9 der insgesamt 18 Mitteilungen herausgebracht. Darüber ist im Kapitel *Mesotrophie* S. 244 ff berichtet.

Von wesentlicher Bedeutung waren die in der XV. Mitteilung veröffentlichten

Brot- und Getreideversuche,

die 1941 abgeschlossen waren. Sie führten zu der Erkenntnis, daß ungekochte Körnerspeisen den gekochten weit überlegen seien und wurden der Ausgangspunkt für das KOLLATH-Frühstück (s. S. 178 ff).

Mit *frisch geschrotetem Weizenkorn* wurden verschiedene Versuche angestellt. Bei der Verfütterung an Hunden gediehen die Tiere prächtig, was optisch schon beim schönen glänzenden Fell festzustellen war. 1943/44 wurde die Aufzucht von Kälbern begonnen. Aus den dabei gemachten Erfahrungen wurde das *Aufzucht-Futtermittel Kodruna* zusammengestellt. (s. S. 187 ff). Auch wurden Düngeversuche unternommen.

Die für die Ratten-Versuche notwendigen technischen Hilfskräfte des Institutes waren, wie KOLLATH selbst sagt, „schlechthin hervorragend". Es waren die technischen Assistentinnen Lotte GIESECKE und Emmy THIERFELDER, die aus einer bekannten Gelehrtenfamilie stammte, und der alte Oberpräparator GARBE. Auf die Mitarbeit dieser drei war absoluter Verlaß. Ihre Treue und ihr Arbeitswillen, ferner ihr Verständnis für die auszuführende Arbeit bedeutete eine wesentliche Stärkung und Hilfe.

Mit seinen Assistenten in all diesen Jahren hatte Werner KOLLATH weniger Glück. Weder waren sie geeignet eine Schule zu bilden, noch seine geistigen Nachfolger zu werden.

Eine äußerst wertvolle Helferin bei der Abfassung der Bücher war die hochbegabte Marie HALDENMEIER. Begeisterungsfähig, mitreißend und anregend war sie beim Diktat kritisch und unentbehrlich.

Viel Zeit mußte auf die Leitung und Neuorganisation der verschiedenen Ämter verwendet werden. Das Landesgesundheitsamt bestand aus drei Abteilungen: Dem Medizinaluntersuchungsamt, dem Amt für Wasseruntersuchungen und dem Lebensmitteluntersuchungsamt, die alle räumlich getrennt lagen, was ihre Verwaltung sehr erschwerte. Es gab viel zu beanstanden. Da aber KOLLATH nicht nur ein Wissenschaftler, sondern auch ein ausgezeichneter Verwaltungsbeamter, Organisator und „Bauunternehmer" war, der überall energisch eingriff, wo es an einer vernünftigen Ordnung mangelte, gelang es ihm in kürzester Zeit, die Mängel zu beseitigen. Freilich ging das nicht ohne Kämpfe ab. Aber der Erfolg lag eindeutig auf seiner Seite: Es gelang ihm, das Landesgesundheitsamt von einem Defizitbetrieb, der jährlich vom Land Mecklenburg einen Zuschuß von 17 000 M benötigte, in einen Überschußbetrieb zu verwandeln, der schon nach Verlauf eines Jahres eine Einnahme von 30 000.– M brachte.

Über die wichtige Einführung der *Dysbakterie-Behandlung* im Landesgesundheitsamt s. S. 149 ff.

Für Untersuchungen und Gutachten, die Werner KOLLATH für Industrien ausführte, berechnete er *kein Honorar,* was die Auftraggeber in Erstaunen versetzte und ihm das Attribut der absoluten Unbestechlichkeit einbrachte.

In der Kriegszeit wurde die *Flieger-Abwurfnahrung der Firma H.* BAHLSEN, Hannover, geprüft. Dadurch entstand die Beziehung zum Hause BAHLSEN, die sich nach dem Verlassen Rostocks so unendlich wertvoll erweisen sollte.

Der Zweite Weltkrieg

Zur Einheit der Heilkunde

Am 1. September 1939 beginnt dieser Krieg. Am gleichen Tage beginnt die Arbeit an dem Buch *„Zur Einheit der Heilkunde".*

> KOLLATH schreibt in der Einführung am 10. 2. 1941:
> «Das Buch wurde begonnen am 1. 9. 1939, als der erste Tag des Polenfeldzuges angebrochen war. Alte Kriegserinnerungen wirkten ein, als die bekannten Schlachtfelder genannt wurden. Diesmal war ich nicht draußen. Ein Wort Jean PAULS möge dem Buch als Geleit mitgegeben werden: ‹Alles was ich tue, wenn ich von Kriegs- und anderer Not lese, der ich nicht abhelfen kann, ist, nicht zu fluchen oder zu jammern oder untätig zu sein, sondern recht tätig: nämlich – da alles dieses Elend nur aus der Immoralität mehrerer Individuen entsprungen – recht zu verwünschen und zu vermeiden die kleinste Immoralität in mir, da jede sich in fremden Wunden endigt.›»

Das Buch, das 1942 im HIPPOKRATES-Verlag erschien, sollte auf ausdrücklichen Wunsch des Verlages nicht nur die Schilderung der eigenen wissenschaftlichen Arbeiten enthalten, sondern das Werden dieser Arbeiten sollte auf Grund des eigenen Lebens geschildert werden. So entstand ein Buch mit einer lebendigen Darstellung sowohl des persönlichen Lebens als auch der Entwicklung zum Wissenschaftler.

Das Buch erweitert die in den „Grundlagen, Methoden und Zielen der Hygiene" entwickelten Gedankengänge. Im 3. Kapitel „Lichtbiologische Forschung" schildert KOLLATH, wie er durch die „Vitalfärbung" mit alkalischem Methylenblau im Prozeß der Entfärbung zum „Strahlenantagonismus" und der Polarität der Zelle kommt.

«Die Zelle selbst zeigte in sich einen Antagonismus, eine Polarität, und der Zusammenhang mit Abbau und Aufbau war hier aufgedeckt.»

In der Zelle lagen die Fähigkeiten zur Funktion zu *Reduktion und Oxydation* vorgebildet.

Reduktion = Aufbau	Oxydation = Abbau
Unruhe	Ruhe
Spender von Energie	Empfänger von Energie
Spannung	Entspannung

Mit diesen Problemen beschäftigt sich das besonders interessante 7. Kapitel: Notwendigkeit einer „medizinischen Physik".

Die Redox-Begriffe werden erläutert. Die „Redox-Potentiale" halten den Spannungszustand des Lebens aufrecht (s. S. 99). Auf die Bedeutung und Gültigkeit des zweiten Hauptsatzes der Energielehre wird hingewiesen (s. S. 113 Kapitel Bircher-Benner).

Der Vitaminforschung und der Ernährung sind wesentliche Teile des Buches gewidmet, ebenso KOLLATHs neuem System der Hygiene.

Einiges aus dieser „*Einheit der Heilkunde*" ist in dieser Schrift auszugsweise zitiert worden: Aerobiose und Anaerobiose; Habilitation: Vitaminsubstanz und Vitaminwirkung; Lichtbiologie (s. S. 62 ff).

Aus den Besprechungen zu diesem Buch geht, ebenso wie beim Hygiene-Buch, hervor, daß KOLLATH in seiner Darstellung etwas schafft, was ohne Vorbild ist.

Frankfurter Zeitung vom April 1943
    „Eine interessante Erscheinung ist KOLLATHs *neues Buch zur Einheit der Heilkunde. Es ist eine Mischung aus Autobiographie, Autobibliographie und Bildbericht in graphisches Land. Das mag eine Mischung sein, die vielleicht nicht jedermann ohne weiteres eingehen wird, die aber so voll ist von echtester Ursprünglichkeit der ärztlichen Schau, daß sie nicht verfehlen wird, Anregung zu geben und sehr positiv zu belehren. Zweifellos ist* KOL-LATH *(der Rostocker Hygieniker) in der Begründung einer neuen Ernährung führend, seine Arbeit als Ferment im neuen Sauerteig schlechthin notwendig."*   *K. R.* VON ROQUES

Prof. K. KISSKALT, Ordinarius f. Hygiene, Universität München
Münch. med. Wschr 47 (20. 11. 1942)
    „Unter den Autobiographien von Medizinern, die wir besitzen, nimmt

das vorliegende Buch eine besondere Stellung·ein dadurch, daß Werk und Leben in einer harmonischen Verbindung geschildert werden, wie man es selten findet. Während sonst die Forschungsergebnisse meist in statistischer Form eingestreut werden, ist hier die Entwicklung der Ernährungsprobleme im Geiste des Verfassers dynamisch dargestellt. Man würde das Buch auch nicht voll verstehen, wenn man nicht die künstlerische Natur des Verfassers darin finden würde, die sowohl in Worten wie in Bildern zum Ausdruck kommt."

Prof. Dr. med. Hermann EULER, *Ordinarius a. d. Universitätszahnklinik Breslau u. Präsident d. Deutsch. Ges. f. Zahn-, Mund- u. Kieferheilkunde. Zahnärztl. Mitt. 33/34 (1942)*

"... Schließlich sei noch auf die große Bedeutung der ,Wuchsstoffe' auch für das Zahnkiefersystem hingewiesen, wie sie erstmalig von KOLLATH *herausgestellt worden ist.*

Auf welchen Wegen KOLLATH *zu diesen neuen Begriffen kam, wie sich schließlich für ihn in folgerichtiger Entwicklung eines klaren Grundgedankens, nämlich der biologischen Betrachtungsweise unter Berücksichtigung der Reaktionsmöglichkeit des Körpers und der Erbanlagen die Notwendigkeit einer völligen Neuordnung in der gesamten Heilkunde ergeben hat, das vermittelt das Buch in fesselnder Weise. Es bringt uns zugleich eine klare Auseinandersetzung mit einer ganzen Reihe fundamentaler Begriffe. So wird der ,unspezifischen Heilkunde', die sich in erster Linie auf die Natur stützt, die ,spezifische Heilkunde' gegenübergestellt, die sich vor allem auf der wissenschaftlichen Forschung und den ihr zu verdankenden künstlichen Mitteln aufbaut. Als wichtigstes Glied bei der Überbrückung der Gegensätze zwischen beiden Formen der Heilkunde betrachtet* KOLLATH *die ,medizinische Physik' ein Kapitel, in das neben dem Redoxbegriff unter anderem auch die Begriffe Ruhezustand und Spannung, der Unterschied zwischen ,unbelebt' und ,belebt', die ,Ektropie' und die ,Entropie' und vieles andere gehören ...*

Zu den Gedankengängen und Erkenntnissen, die uns der Forscher und der Hygieniker vermitteln, kommt aber in dem Buche noch eine ganz persönliche Note hinzu, indem wir nicht nur den wissenschaftlichen Werdegang, sondern auch den persönlichen den menschlichen Werdegang miterleben. Wir lesen, wie schon die Jugendzeit weitgehend unter dem Zeichen der Kunst gestanden hat und wie auch späterhin die Kunst – Malerei und Graphik – einen Teil der unerschöpflichen Arbeitskraft beansprucht, wie teilweise erst aus den Erträgnissen der angewandten Kunst die Mittel zur Er-

reichung weiterer Ziele gewonnen werden mußten, und vieles andere mehr. Einige Proben von KOLLATHs Kunst sind dem Buche beigefügt. Dieses Mit-erleben schafft von vornherein ein ganz anderes Verhältnis zwischen Autor und Leser; es rückt die zum Teil doch sehr schwierigen Probleme, die in dem Buche erörtert werden, gewissermaßen menschlich näher, läßt unmit-telbar an ihnen teilnehmen. Es ist interessant zu sehen, wie die dreifache Tätigkeit als Forscher, Hygieniker und Künstler in sich selbst befruchtend wirkt."

Briefe aus der Kriegszeit an die Mutter

Rostock, den 25. 4. 41

«... Zunächst Klima: kalt, stürmisch, wechselnd und frostig. Heute zum ersten Mal Sonne mit Sturm. Wenn es nur wärmer wäre. Es ist nur ganz ganz wenig grün an wenigen Stellen.

Arbeit: Die HUFELAND-*Arbeit* wächst sich immer mehr aus. Es wird noch viel Arbeit machen (s. S. 126).

Meine *Brotversuche* können jetzt ziemlich abgeschlossen werden. Sie haben schön zur Klarheit geführt (s. S. 178 f).

Meine beiden Bücher – *Zur Einheit der Heilkunde* und *Die Ordnung unserer Nahrung* werden noch gedruckt. Die Verleger haben die größten Schwierigkeiten der Papierknappheit wegen. Ich denke, daß die Bücher bald erscheinen können. Wann der HUFELAND gedruckt werden kann, weiß man noch nicht. Es hat aber auch Zeit.

Ach ja, wenn der Krieg nicht wäre, dann könnte man in vieler Hinsicht sehr viel ruhiger sein. Aber wie wird noch alles werden?

Kufstein, 2. 6. 41

Der Vortrag in München war ein großer Erfolg und wurde mit großer Wärme aufgenommen. Die *Proklamierung der Wuchsstoffe* erregte großes Aufsehen, ich bedauerte lebhaft, daß STEPP gerade in Ungarn war, es hätte ein interessantes Renkontre gegeben. Seine Meisterschüler (Oberarzt, Assi-stenten usw.) hatten sich zur Diskussion angemeldet, aber zur allgemeinen

Überraschung schwieg alles. Man war wohl ob des vollkommen Neuen so
überrumpelt, daß man lieber *den Angriff gegen die Vitamine und ihre
Überschätzung* in Kauf nahm. Die Gegner STEPPS in der Fakultät, die recht
zahlreich waren, sind nun auf meiner Seite.

Ich suche nach einem *Versuchsgut,* das mir die Kaiser-Wilhelm-Gesellschaft
verschaffen soll, damit ich meine *Dünger- und Fütterungsversuche* machen
kann. Die Berliner Besprechung war dem Plan gewidmet. Ich muß jetzt
noch einen großen schriftlichen Bericht erstatten.

Rostock, den 17. 6. 41

... Im übrigen war die Reise sehr erfolgreich. In Heidelberg wurde alsbald
mit dem Leiter des dortigen *Forschungsinstitutes* Richard KUHN ein Vortrag vereinbart, der nach 1 1/2 Stunden stattfand und der sehr gut ausfiel. Anschließend gemütliches Beisammensein im Hotel in großem Kreise. Lasi ist
dann immer eine prächtige Partnerin, die das Gespräch zu beleben weiß,
wenn ich abgekämpft bin. Das wiederholt sich überall, sodaß sie langsam
in den Ruf der tüchtigsten Mitarbeiterin mit Recht gerät.

Zwischen Nürnberg und München
20. 9. 41

In Berlin tagte ich von 9,30 Uhr bis 16 Uhr, pausenlos Vorträge anhörend
oder selbst redend. Es war sehr interessant, aber ich möchte nicht in Berlin
sein. Zu viele arbeiten gegeneinander. Die Sitzung hat mal wieder ergeben,
daß ich ein Revolutionär bin, der das Beständige erhalten will.»

Die Ordnung unserer Nahrung

Dieses Buch erscheint, wie die *Einheit der Heilkunde, 1942* im *Hippokrates-
Verlag,* Stuttgart.

Aus der Erkenntnis heraus, daß eine dauerhafte Ernährungslehre, wenn sie
verständlich und durchführbar sein soll, einfach sein muß, entwickelt KOLLATH
seine *Ordnung der Nahrung,* indem er ihre *natürliche Rangordnung* über die
künstliche Wertordnung setzt, d. h. *den vollwertigen Lebensmitteln, die teil-
wertigen Nahrungsmittel* gegenüber stellt.

Diesen *Weg vom Vollwert zum Teilwert* weist er mittels einer Reihe von Tabellen nach, aus denen einfach und übersichtlich die Bedeutung der Nahrung zu erkennen ist. Seine Wertordnung, die mit jeder Stufe sinkt, geht vom nichtveränderten, mechanisch veränderten und fermentativ veränderten Lebensmittel zum erhitzten, konservierten und präparierten Nahrungsmittel. Das Buch hat die klassische Einfachheit einer Fibel.

Bisher hatte man vergebens versucht, durch die Aufstellung von Kalorien-, Vitamin- und Mineraltabellen aufklärend zu wirken. Durch die Forschungsarbeiten von KOLLATH waren diese Gruppen von Nahrungsbestandteilen noch um die Begriffe: Aromastoffe, nahrungseigene Fermente und hitzestabile Wuchsstoffe erweitert worden. Sollte man nun auch noch dafür weitere Tabellen aufstellen? Die Unmöglichkeit für die Praxis konnte als erwiesen gelten und so ist es begreiflich, daß KOLLATH mit seinen klaren Begriffsbestimmungen wirklich Ordnung in unsere Nahrung gebracht hat. Seine Erkenntnis, daß die Nahrung ihren Zweck am vollkommensten in möglichst natürlichem Zustand erfüllt, mündet in den schlichten Satz, mit dem sein Name volkstümlich geworden ist:

Laßt unsere Nahrung so natürlich wie möglich!

Dieser Leitsatz ist noch eine eindeutigere Begrenzung auf die Nahrung als der 1937 im Hygiene-Buch aufgestellte, *das Natürliche so natürlich wie möglich zu lassen.*

Eine interessante Tabelle, die in 16 Teilphasen den Ernährungsvorgang als Rahmendarstellung zeigt, weist darauf hin, daß alle *Teilvorgänge zueinander in Korrelation* stehen, derart, daß der Ausfall und die Störung des einen alle anderen aus dem Gleichgewicht zu bringen vermag.

WERDE NICHT MÜDE GESUND ZU LEBEN!

lautet KOLLATHs Weckruf für uns alle.

Die *Mesotrophie* als unterste Grenze des Lebens wird kurz charakterisiert.

Dr. Herbert FRITSCHE
„Die Woche"   30. 12. 1942/Nr. 52
„*Was sind Lebensmittel?*"
„*Seit etwa drei Menschenaltern schwanken die ,Ernährungssysteme' und bekämpfen einander. Der Rostocker Hygieniker Werner* KOLLATH *will mit seinem Buch ,Die Ordnung unserer Nahrung' auf ebenso einfache wie befriedigende Weise diesen Zustand beenden, indem er seine ,Grundlagen einer dauerhaften Ernährungslehre' – wie der Untertitel lautet – nach der*

Formel ausrichtet: ‚Laßt unsere Nahrung so natürlich wie möglich!‘ Ob man nämlich Nahrungstabellen nach den Kalorien-, Mineralsalz- oder Vitaminwerten zurechtrechnet, immer kommt erfahrungsgemäß etwas anderes zu kurz. Wirklichen Vollwert gewährleistet nach KOLLATH *vor allem die ‚lebende‘, d. h. die möglichst unverarbeitete, ‚natürliche‘ Nahrung mit ihren bekannten und noch unbekannten Wirkstoffen, unter denen er neben den vieldiskutierten Vitaminen besonders auch die Wuchsstoffe, Eigenfermente und Hormone hervorhebt. Nur was diese, dem Lebendigen vorbehaltenen Stoffe, birgt, sollte nach seinem Vorschlag ‚Lebensmittel‘ heißen. Die ‚Nahrungsmittel‘, worunter* KOLLATH *‚tote Nahrung‘, die durch Verarbeitungsprozesse hindurchgegangen ist, verstanden wissen will, können nur vor Hunger schützen, die ‚Lebensmittel‘ hingegen sichern überdies den Bestand des Lebens und der Gesundheit. Die zahlreichen Kostschemata, die das Buch enthält, zeigen in leicht überblickbarer Anordnung den wahren Wert der verschiedenen Kostformen. Daß der Gelehrte und durch seine Forschungen weltberühmte Verfasser jeden seiner Sätze auf Ergebnisse der modernen Ernährungsforschung stützt, beeinträchtigt die klare, praktische, für jedermann leicht auswertbare Einfachheit seiner Vorschläge keineswegs."*

Das Buch, das aus Papiermangel nur in einer Auflage von 1200 Stück gedruckt werden konnte, kam praktisch kaum in den Handel, da es als Jahresgabe für die Mitglieder der zahnärztlichen Arbeitsgemeinschaften ausgewählt wurde. Dadurch wurden 600 Stück, die Hälfte der Auflage, gleich nach Erscheinen direkt verwendet. Die sehr erwünschte 2. Auflage konnte erst 1951 nach ca. 10 Jahren erfolgen, in erweiterter Form und neuer Fassung. Da diese Auflage bereits nach einem halben Jahr vergriffen war, kam schon 1952 die dritte Auflage heraus. Die vierte Auflage wurde im März 1955 neu geschrieben, und die fünfte, wiederum neu verfaßte und letzte Auflage, 1960. Darüber später mehr.

An meine Mutter

Rostock, den 11. Februar 1942

«Der heutige Gedenktag ist für mich ein Gedenktag erster Ordnung: ich habe heute die endgültige zusammenfassende Arbeit

meiner sämtlichen, seit 17 Jahren durchgeführten Vitaminversuche geschrieben und in Druck gegeben. Und nun kann ich aufatmen und weiß, daß nicht völlig umsonst gearbeitet worden ist, sondern daß die gesamte Wissenschaft doch ein Stück vorwärts gebracht werden konnte.

WIDMUNG!

*Den Mitgliedern der zahnärztlichen Arbeitsgemeinschaften überreiche
ich als Buchgabe der Deutschen Gesellschaft für Zahn-, Mund- und Kieferheilkunde die soeben erschienene Schrift*

KOLLATH: „Die Ordnung unserer Nahrung".

*Ich bin mir zwar bewußt, daß die Kollathschen Untersuchungen von der
Fachwissenschaft noch keineswegs allgemein anerkannt worden sind.
Andererseits sind die von mir erhobenen histologischen Befunde an den
Kiefern und Zähnen von Versuchstieren, auf die sich das neue Kollathsche
Buch wesentlich stützt, so einschneidend und zugleich so überzeugend
gewesen, daß schon aus diesem Grunde ein erhöhtes zahnärztliches Interesse an dem Buche gerechtfertigt erscheint und von unserem Spezialgebiet
aus gesehen die Richtigkeit seiner neuen Lehre sehr an Wahrscheinlichkeit
gewinnt. Dazu kommt noch, daß uns hier anscheinend ganz neue und
aussichtsreiche Wege für die Bekämpfung des Gebißverfalles eröffnet
werden, mit denen man alle wissenschaftlich interessierten Zahnärzte
besonders früh bekannt machen möchte, zumal von ihnen erwartet werden
darf, daß sie einen neuen wissenschaftlichen Gedanken als solchen zu
würdigen wissen, auch wenn er noch nicht die Endgültigkeit erlangt hat,
um ihn als unbestrittene, gesicherte Erkenntnis zur herrschenden Lehr-
meinung zu erheben. Bei der Wichtigkeit der hier angeschnittenen
Probleme erscheint es aber auch wünschenswert, daß neben die zu erwar-
tenden wissenschaftlichen Nachprüfungen noch möglichst reichlich praktische Beobachtungen treten, und hier kommt, soweit es sich um die
Gesunderhaltung des Gebisses handelt, zweifellos der Zahnarzt in besonderem Maße in Betracht.*

Breslau, im Jahre 1942.

Euler,
Präsident der
Deutschen Gesellschaft
für Zahn-, Mund- und
Kieferheilkunde.

Einige wenige neue Befunde, einige neue Begriffe, einige neue Gedanken
– das Ergebnis: neue Pläne, neue Möglichkeiten, ein unendliches Aufgabengebiet. Es ist ein eigentümliches Gefühl, diese Aufgabe vollendet zu haben,
um die ich einst Wissenschaftler wurde. Schön ist, daß ich die Zusammenfassung in Breslau vortragen kann, wo ich am 26. 2. spreche. Dort begannen die Versuche, und dort soll man nun dank der sonderbaren Verkettung
der Umstände auch das Ergebnis hören. Schade, daß PFEIFFER nicht dort
ist! Ob ich zu ihm nach Landeck fahre? Es würde mich freuen ihn noch
einmal zu sehen. Er ist über 80 Jahre alt. Es wäre wohl das letzte Mal, ihn
sehen zu können. Ich gedenke seiner so gern.»

Es handelt sich um die Arbeit:

*Neuere Ergebnisse der Ernährungsforschung: Über die Begriffe
Mesotrophie, Prärachitis und das Verhalten der Antikörper.*
Ther. d. Gegenwart, H. 7. v. 8. (1942), Arb.Verz. 128

Der Vortrag wurde in der Sitzung der *Schlesischen Gesellschaft für Vaterländi-
sche Kultur,* Breslau, 26. Februar 1942 gehalten.

Die Fortsetzung des obigen Briefes lautet:
«Jetzt beginnt eine neue Arbeit, die *zweite Auflage meines Lehrbuches der
Hygiene.* Ich rechne mit zwei Jahren. Das, was ich damit einst plante, muß
nun in die Wirklichkeit umgesetzt werden. Begründung einer neuen Hygiene. *Mehr die Rechte des Lebens beachten, als die der Technik.»*

Christoph Wilhelm Hufeland

Sein Leben und eine Auswahl aus seinen Schriften

Ausgewählt und mit einer Einleitung versehen von Werner KOLLATH
«In dem Neudruck HUFELANDscher Schriften, denen der Verfasser eine
Einführung geschichtlichen Inhalts voranstellt – mit unbekannten Briefen
und Bildern HUFELANDS, finden wir eine gekürzte Ausgabe der bekannten
‹Makrobiotik›, aber auch viele andere unbekannte Schriften. Von 400

wissenschaftlichen Arbeiten HUFELANDS hat der Verf. fast 250 bearbeitet. Neben kleineren Schriften, die für die Medizingeschichte seiner Zeit kennzeichnend sind, finden wir Schriften ärztlich-philosophischen Inhalts zu verschiedenen Fragen, die nie veralten.

Das Alterswerk ‹*Enchiridion medicum*› wird in seinen allgemeingültigen Grundzügen der allgemeinen Medizin wörtlich abgedruckt. Aus diesen Schriften geht hervor, daß HUFELAND nicht nur ein ‹Vorläufer› der Naturheilverfahren ist, sondern daß er die von ihm hoch eingeschätzte Wissenschaft seiner Zeit mit den älteren Naturheilverfahren zu einer neuen, zukunftweisenden Medizin zu verbinden vermochte.

Er steht demnach am *Anfang* der Entwicklung der wahren Heilkunde, welche die Wissenschaft zur Vervollkommung führt.

Vielleicht trägt diese Auswahl aus HUFELANDS Schriften ein wenig dazu bei, den unseligen Streit über Heilverfahren zu beenden und eine fruchtbare Zusammenarbeit zu fördern.

Wer HUFELAND versteht, wird wissen, daß er niemals ein ‹Entweder-oder› anerkennt, sondern immer nur ein ‹Sowohl-als-auch›, Natur und *Schule*. Denn beide sind nun einmal notwendig, damit die Heilkunde zur Vollkommenheit gelangen kann.

Rostock, den 12. Mai 1941»

Dieses Anliegen Werner KOLLATHS – die Vereinigung von spezifischer und unspezifischer Heilweise – das ihm stets sehr am Herzen lag, konnte durch die vorliegende Arbeit nicht gefördert werden. Das Manuskript von ca. 180 Seiten blieb ungedruckt.

Die Bleivergiftung

Durch das Trinkwasser der Wohnung in Rostock, dessen Zuleitung mittels Bleirohr erfolgte, zog sich Werner KOLLATH eine sehr unangenehme Bleivergiftung zu. Es war eine Krankheitsursache

«wie sie nur einem Hygieniker begegnen kann: etwa nach einem halben Jahr bekam ich merkwürdige Darmspasmen, eine starke Verstopfung, die immer schlimmer wurde. Bei den Untersuchungen stellte man alle Diagnosen, von Hysterie bis zum Krebs, machte zahlreiche Röntgenuntersuchungen. Nach etwa 2–3 Jahren bekam ich im Bade plötzlich eine Peronaeus-

Lähmung des rechten Beines. Nun konnte ich auf Grund meiner früheren neurologischen Tätigkeit die Diagnose selber stellen. Ich ließ das Morgenwasser der Leitung untersuchen: 5 mg Blei im Liter!

Die wiederholten Kneippkuren halfen, das Blei etwas auszuscheiden, besonders die Schwefelquellen im Kneippbad Füssen Faulenbach, das ich über Weihnachten 1939/1940 aufsuchte.

Ein Plus dieser Erkrankung, die chronisch ist, war eine Devisenbewilligung zu einer Reise nach Ischia im Herbst 1941, um in den dortigen schwefelhaltigen Thermalquellen die Ausschwemmung des Bleies zu fördern.

Die Möglichkeit, in der Kriegszeit eine solche Reise machen zu können, versöhnte beinahe mit dem unerfreulichen Anlaß.»

Diese *Ischia-Reise* brachte über die gesundheitliche Besserung hinaus noch einen großen Gewinn:

Auf Grund dieser Reise entstand 1942 das Italien-Buch

ITALIA ETERNA ODER SYMBOLUM VITAE

Das Buch ist ein Hymnus auf die einfachen Dinge Italiens, es handelt von Tauben und Kröten, Steinen und Staub, Tisch und Bett, Pferd und Esel, Brücken und Treppen, von Bäumen, Blumen und Früchten, von Verzauberung, Zauber und Wirklichkeit.

22 Kapitel, 153 handgeschriebene Seiten, 70 Zeichnungen und Aquarelle. (s. S. 36 und S. 333 und Abb. 79).

Bombenkrieg

Brief aus Berggießhübel, 2. April 1942

«Seit drei Wochen sind wir hier bei unserer III. Kneipp-Kur, und erst jetzt habe ich Zeit zu schreiben. Die Kur ist sehr zeitraubend, daß heißt – sie füllt den ganzen Tag aus – und wenn man keine Anwendungen hat und nicht spazieren geht, soll man schlafen, so daß man nicht zum Arbeiten kommt. Aber darin liegt ja der Vorteil dieser Kuren.

Seit der Nachricht von der Zerstörung Lübecks ist mein ganzes Denken davon eingenommen. Unfaßbar, daß diese schönste norddeutsche Stadt so zerstört sein soll. Soweit man hört, sollen die feindlichen Flieger von Kiel abgedrängt worden sein und haben dann vier Stunden lang ihre Bomben abgeladen: Dom und Marienkirche ausgebrannt, vieles Alte in den Straßen zerstört. Und die Sorge mehrt sich: War dies möglich, was ist dann unmög-

40 · *Zerstörter Marktplatz mit Marienkirche, Rostock*
Erinnerung an den 25. 4. 1942, den 4. Tag der Fliegerangriffe
Federzeichnung – 7. 5. 1942

lich? Dieser Sommer wird furchtbar werden und Schäden bringen, die denen des 30jährigen Krieges in Nichts nachstehen.»

Drei Wochen nach der Zerstörung Lübecks wird Rostock ein Opfer des Krieges.

Vom 22. 4.–26. 4. 1942 wird in fünf aufeinanderfolgenden schrecklichen Nächten die Altstadt mit ihren gotischen Backsteinkirchen, der bewunderte Marktplatz mit seinen schönen Giebelhäusern durch massive Bombenangriffe vernichtet. Auch der übrigen Stadt wird schwerster Schaden zugefügt, sie geht in Flammen auf. Nur die Marienkirche bleibt wie durch ein Wunder verschont.

Werner KOLLATH hält in fünf großen Lithographien den Untergang der Stadt fest.

Die qualvolle unruhige Zeit des „Auslagerns" beginnt und mit ihr wieder das verhaßte „Kofferleben". In der Vorahnung, das nichts vor der Vernichtung sicher sei, wird eine Verlagerung allen nur irgendwie entbehrlichen wertvollen Hausrates organisiert. Man richtet sich aufs Sparsamste ein, stets dankbar, noch zu den Überlebenden und Verschonten zu gehören.

Zwei Jahre nach der Zerstörung Rostocks, am 11. April 1944 wird alles noch im Hause KOLLATH befindliche ein Raub der Flammen. Wir waren 14 Tage vorher nach Berchtesgaden zu Prof. ZABEL gefahren, um in seinem Sanatorium, in Kombination mit einer Kur, einige Zeit ungestört arbeiten zu können. Hier erreicht uns der Bericht einer befreundeten Kollegenfrau:

Rostock, den 19. 4. 44

„Meine lieben guten Kollaths,
als ich das Desaster sah, das Ihr Haus betraf, war mein erster Gedanke:
Gottlob, sie waren nicht drin − sonst?!! Ich war zufällig am Mittwoch
mittag dort und sah, daß sehr sorgfältig aus dem Keller geborgen wurde
(Das Wenige!) was noch zu retten war, alles andere ist restlos hinüber. −

Wir sind noch mit dem blauen Auge davongekommen, einige Meter von
uns ein Riesentrichter und das Nachbarhaus futsch! Auch BRILLS, MOSERS,
die zwei Eckhäuser, die Lindenbergstraße ist traurige Berühmtheit. Wir
waren alle im Keller: Dodo, Dieter, Schwiegersohn und ein Examenskame-
rad. − Wir haben kein heiles Fenster, Türen aus den Angeln, Dach ohne
Ziegeln, kein Wasser, Licht, Gas, keine Kanalisation. Eine Decke sitzt
schief. Veranda um 2 Zentimeter nach vorne gerutscht. Dodo bekam da-
nach einen Fensterflügel auf den Kopf und liegt mit einer leichten Gehirn-
erschütterung. Examen unterbrochen. − Ich habe noch nie so viel geschuftet,
das will was heißen .Aber ich lebe noch und es wird *wieder − auf wie*
lange? − Eine Chaiselongue kann ich Ihnen trotzdem anbieten, wenn es
auch in allen Zimmern zieht. Die Schornsteine porös. Wenn Sie kommen,
bin ich aus dem Gröbsten heraus und stelle Ihnen meine Kräfte zur Ver-
fügung.
                                                       Ihre Hertha v. Gaza"

Nie mehr können wir nach Hause, nie mehr zurück in die Wohnung, in der wir neun Jahre glücklich waren.

Bis zum Ende des Krieges, Anfang Mai 1945, überlebt man recht und schlecht in einem gemieteten kleinen möblierten Haus am Stadtrand, das einer evakuierten kinderreichen Offiziersfamilie gehört.

Die russische Besatzungsmacht beschlagnahmte später das Haus, uns wurde die Wohnung von Prof. Kurt MAURER zugewiesen. Familie MAURER, mit der uns enge Freundschaft verband, hatte sich aus Sicherheitsgründen nach Jena abgesetzt, in das Elternhaus Prof. MAURERS. Nachdem wir schon einige Monate in der Wohnung wohnten, hörten wir zu unserer großen Trauer, daß unsere Freunde dort, ganz kurz vor Beendigung des Krieges, bei einem Bombenangriff ums Leben gekommen waren; nur die kleine Tochter Christine war am Leben geblieben.

Bunker-Hotel 1944

Nach einer Übernachtung in einem Bunkerhotel

Mir ist jetzt oft, als sei's das letzte Mal,
daß ich dies lasse oder jenes tue,
als wäre alles Planen ganz egal,
als nahte bald die allerletzte Ruhe.

Lieg ich des Nachts auf hartem Bunkerbette,
dann scheint der Sarg mir wie ein weiches Pfühl;
man klebt am Leben nicht wie eine Klette,
auch in dem Bunker ist es dumpf und kühl.

Das unterirdische Hotel ist kaum geeignet
das tiefe Tief der Stimmung zu beheben,
und was sich alles täglich sonst ereignet,
das ist nicht so, daß man sich wünscht, zu leben.

Nun sah ich schon in so viel Städten Trümmer,
daß die Gedanken gehn in eine Richtung,
und dieser Eindruck wird tagtäglich schlimmer:
das Wissen unentrinnbarer Vernichtung.

Du kannst die Trümmer manchmal fortbesorgen
und was dann bleibt ist trostlos leere Fläche
von Staub und Steinen, heute und auch morgen
vergebne Hoffnung, daß sich dieses räche.

Nein! Über diese dürren Halden des Verderbens
da kriechen Beifuß, Distel und die Nessel
und schlagen dieses letzte Bild des Sterbens
in ihre unzerstörbar zähe grüne Fessel.

W. K.

Kriegsende und Finale in Rostock

Wenn KOLLATH gehofft hatte, die unerfreulichen Verhältnisse an der Universität würden sich bei Kriegsende ändern, hatte er sich schwer getäuscht. Das Gegenteil trat ein. Nun kommt die große Stunde der Rache von seiten der Fakultät, die ihre Niederlage im „Fall Poppe" nicht vergessen hat. Die Wirren des Umsturzes müssen helfen, das unbequeme Fakultätsmitglied KOLLATH loszuwerden.

> *„Der Rektor der*
> *Universität Rostock*   *Seestadt Rostock, den 27. 10. 45*
> *Herrn*
> *Prof. Dr.* KOLLATH
> *Rostock*
> *Auf Veranlassung der Landesverwaltung habe ich das schwere Amt, Ihnen mitzuteilen, daß Sie auf Grund einer Untersuchung seitens der russischen Administration als planmäßiger ordentlicher Professor und als Institutsdirektor an unserer Universität gestrichen worden sind.*
>
>   *Der Rektor*
>   WACHHOLDER"

Wie der Physiologe WACHHOLDER es fertig gebracht hat, sein Rektorat, das er schon einige Jahre unter den Nationalsozialisten inne hatte, auch in die Zeit der Russenbesetzung hinüberzuretten, ist nie aufgeklärt worden. Jedenfalls macht er sich zum „kommissarischen Direktor des Hygiene-Instituts".

Aber so einfach scheint es doch nicht gewesen zu sein, einen tüchtigen und unentbehrlichen Mann auszubooten, denn KOLLATH, der schon seit August 1945 Seuchenkommissar war, erhält unmittelbar nach seiner Streichung als Ordinarius folgendes Telegramm, wodurch, da der Universitätsunterricht noch nicht begonnen hat, alles beim alten bleibt, zum Kummer der Fakultät. ·

> „Schwerin/Mecklenburg   30. 10. 1945 18 Uhr
> Prof. KOLLATH Seuchenkommission
> Medizinaluntersuchungsamt Rostock
> Ersuche Weiterführung der Dienstgeschäfte als Direktor des Medizinaluntersuchungsamtes u. Seuchenkommissar bis weitere Nachricht folgt. –
>   Landesverwaltung Abt. Innere Verwaltung."

Im Kriege und in der Nachkriegszeit bewährten sich die großen praktischen organisatorischen Fähigkeiten Werner KOLLATHS.

Mit dem Strom der in Mecklenburg gestrandeten Flüchtlinge aus den Ostgebieten flammte in den Flüchtlingslagern Typhus und Fleckfieber auf. KOLLATH mit seinen Erfahrungen aus dem ersten Weltkrieg war unentbehrlich und so wurde er am 9. 2. 1946 zum *Oberseuchenkommissar* ernannt.

Es kam zu einer reibungslosen und erfolgreichen Zusammenarbeit mit den örtlichen deutschen Dienststellen und der russischen Kommandantur.

Die Ereignisse dieser Tätigkeit sind in einem Tagebuch – dem einzigen das KOLLATH *täglich* geführt hat – wiedergegeben.

Im Juni 1945 war eine *Klärgasgewinnungsanlage* für die Stadt Rostock geschaffen.

«Mit Stadtrat ZACHOW, der das Referat für die Stadtwerke hatte, baute ich die städtische Kläranlage aus, um gleichzeitig Klärgas zu gewinnen, was bei dem Mangel an Benzin eine wichtige Ergänzung war. Wir konnten nach wenigen Wochen die ersten städtischen Autos mit eigenem Klärgas betreiben. Unvergeßlich ist mir die gewaltige Flamme, die im Hause des Wärters an seinem Herd emporschoß, als die Anlage fertig war.»

Gemeinsam mit Stadtrat ZACHOW wurde eine Sanierung des *Wasser- und Abwasserwerkes in Rostock* vorgenommen.

Für die *Großwasserversorgung* der Städte Bützow, Laage, Ribnitz, Rostock, Schwaan wurden Entwürfe entwickelt.

Im Kampf gegen die ausgebrochenen Epidemien wurde *Typhusimpfstoff* im Institut in Großherstellung geschaffen und *Entlausungsanstalten* zur Eindämmung des Fleckfiebers gebaut. Dazu gehörten auch die *Läuseschleusen in den Kliniken,* die KOLLATH gegen den Widerstand der Klinikdirektoren anordnete. Sie hielten das für eine Maßnahme, die gegen ihre Ehre ging, aber die Läuse, als Überträger des Fleckfiebers, hätten darauf wohl kaum Rücksicht genommen. Für die *Entlausung* wurde ein *Heißluftwagen* unter KOLLATHs Leitung konstruiert.

Zu der *Fleckfieberbekämpfung im Kreise Güstrow* wurde KOLLATH durch telegraphischen Bescheid durch die Landesverwaltung Mecklenburg-Vorpommern abkommandiert. KOLLATH konnte die Eindämmung der gefährlichen Seuche erreichen. Es wurden von ihm *Merkblätter für Fleckfieber und für Desinfektoren* verfaßt. Ferner wurden *Kurse für Desinfektoren und Krankenhauspersonal* abgehalten.

Nahe der Stadt Rostock wurden in Groß-Klein und Gelbensande *Hilfskrankenhäuser eingerichtet* und in Groß-Lüsewitz ein *Tuberkulosekrankenhaus.*

Die Arbeiten, die KOLLATH für die Stadt Rostock und das Land Mecklenburg, trotz der Schikanen, denen er auch jetzt noch seitens der Fakultät ausgesetzt ist, leistet, sind gewaltig.

Aber trotz dieser nicht zu bezweifelnden Verdienste um die Sanierung des Landes unterzeichnet der neue Präsident von Mecklenburg-Vorpommern nun auch die amtliche Entlassung KOLLATHs als Direktor des Landesgesundheitsamtes, also seiner letzten ihm noch verbliebenen Stelle.

Das Fazit der Rostocker Jahre

Hiermit endet für den Forscher – auch für die Zukunft – die Möglichkeit zu weiterer Experimentalarbeit und zur Fortführung seiner Ernährungsversuche, und es endet auch die mit so viel berechtigter Erwartung und Hoffnung vor über einem Jahrzehnt angetretene Laufbahn als Ordinarius.

Das Fazit dieser Rostocker Jahre – bis zum Verlassen der Stadt werden es 12 Jahre sein – ist, daß sie durchtränkt waren von Widerwärtigkeiten vom Anfang bis zum Ende, daß trotzdem gearbeitet wurde, als wäre alles in bester Ordnung, daß viel erreicht wurde, daß viel Anerkennung, viel Freundschaft, viel Positives diese Zeit bereicherte und daß rückschauend auch diese Jahre nicht mehr wegzudenken sind aus dem Lebenswerk von Werner KOLLATH.

Eine reiche Ernte ist zu verzeichnen:

4 Bücher wurden geschrieben:

> *Grundlagen Methoden und Ziele der Hygiene*
>
> *Island und seine Probleme*
>
> *Zur Einheit der Heilkunde*
>
> *Die Ordnung unserer Nahrung*

90 wissenschaftliche Zeitschriften-Aufsätze wurden verfaßt

40 Vorträge wurden gehalten im In- und Ausland

Der Begriff der Mesotrophie wurde aufgestellt und durch *Tierversuche* untermauert.

Die zweite Auflage des Lehrbuches der Hygiene wurde im Manuskript fertiggestellt, trotz enormer Hindernisse durch die Bombenzeit.

Christoph Wilhelm HUFELAND
Sein Leben und eine Auswahl aus seinen Schriften

liegt als Manuskript vor.

Die vielleicht größte Bedeutung dieser Rostocker Zeit kam der Lehrtätigkeit Werner KOLLATHS zu. Der Einfluß, den er damit auf die Studenten ausübte, ging weit über das übliche Maß hinaus.

Die Qualität seiner Kollegs war unvergleichlich. Es bestätigte sich in den nachfolgenden Jahrzehnten immer wieder, daß das, was KOLLATH den jungen Medizinern vermittelt hatte, sich fruchtbar ausgewirkt hat und unvergessen geblieben ist.

Daß diese Lehrtätigkeit nicht fortgesetzt werden konnte, ist für den Nachwuchs unter den Medizinern ein sehr zu bedauernder Verlust.

KOLLATH sagt zu den Vorkommnissen in Rostock:

«Man mag sich über die Vielfalt der Ärgernisse wundern, sie spielen sich aber am Rande ab.

Meine wirkliche Aufgabe sah ich in der Fortführung meiner Ernährungsversuche und in der Vollendung der zweiten Auflage des Lehrbuches der Hygiene.

Die Aufgaben, die ich mir gestellt hatte, wurden, soweit es mir möglich war, gelöst. Sie sind der wirkliche positive Gewinn meines Rostocker Ordinariats.»

Der Schlußakkord

Der 11. November 1946 sollte die entscheidende Wendung einleiten. Am gleichen Tage – vor 28 Jahren – war der erste Weltkrieg zu Ende gewesen. Dieser Tag des Jahres 1946 wird ebenso unvergessen in der Erinnerung bleiben, wie jener 1918.

Mit allen Zeichen der Aufregung erschien ein Bekannter in KOLLATHs Wohnung, um mitzuteilen, daß er von zwei Mitgliedern der KPD, die seine Wohnung auf die Möglichkeit Untermieter unterzubringen zu prüfen hatten, im Nebenzimmer folgenden Dialog gehört habe:

„Sieh mal, da liegt ein Buch von Prof. KOLLATH,
der ist ja auch schon in Rußland!"
„Nein noch nicht, aber er steht schon auf der Deportationsliste."

Der Bekannte hatte die ganze Nacht mit seiner Frau überlegt, ob er den Inhalt des Gehörten verheimlichen dürfe, hielt aber diese Mitteilung für seine Pflicht.

Damit war kein Zweifel mehr an der Gefährlichkeit der Lage, denn daß KOLLATH als Wissenschaftler für die Russen von Wichtigkeit war, hatte sich aus der langen Seuchenkampagne und der reibungslosen Zusammenarbeit mit den russischen Dienststellen ergeben.

Es war der eiskalte Winter 1946/47, der jede Aktion unmöglich machte, aber die Flucht wurde beschlossen und so weit wie möglich vorbereitet.

Der 11. Februar 1947 brachte dann die endgültige Entscheidung durch eine nächtliche Vernehmung vor der NKWD, der sowjetischen Geheimen Staatspolizei, die der deutschen Gestapo entsprach.

Diese Vernehmung verlief genau so, wie es in Büchern zu lesen ist. Es begann mit der Unterschrift folgenden Schriftsatzes:

> *„Hierdurch verpflichte ich mich, niemandem zu sagen, was ich heute abend gehört habe, wo ich gewesen bin und was man mich gefragt hat. Gleichzeitig unterwerfe ich mich den russischen Kriegsgesetzen.*
>
> *Rostock, den 11. Februar 1947*

Die stundenlange Vernehmung schloß mit der Aufforderung, Spitzeldienste zu leisten und über die politische Gesinnung der Universitätskollegen regelmäßig zu berichten.

«Ich weigerte mich, das zu tun.

Es gab nur folgende Möglichkeiten:

Dem Ansinnen zu entsprechen, doch dazu war mein Charakter nicht geeignet.

Dem Ansinnen nicht zu entsprechen, dann gab es nur Selbstmord oder Flucht.

Da das erstere mir ebensowenig entsprach, blieb nur die Flucht – aber diese so rasch wie möglich.

Cirka 10 Tage hatte man Zeit. Es war mir bekannt, daß derartige Berichte nach Moskau gingen und nach 10 Tagen die Antwort zu erwarten war, die in meinem Falle den Verhaftungsbefehl enthalten würde.

Um 19 Uhr hatte ich meine Wohnung verlassen, nachts um 2 Uhr war ich wieder zurück. Die Angst, die meine Frau in diesen Stunden ausgestanden hatte, beseitigte alle Bedenken gegen eine Flucht.»

Nun spielte sich alles mit einer fast unbegreiflichen Geschwindigkeit ab. Es

war ein verbissenes, zielbewußtes Tun. Die schon vorher bis aufs Nötigste ent-
leerte Wohnung wurde völlig ausgeräumt. Zum Schluß wurden mit Hilfe einer
Küchenwaage 80 Kilopäckchen gepackt mit lebenswichtigen Dingen und an
verschiedene Adressen nach Westdeutschland geschickt, denn wir wußten nicht,
ob wir je etwas von unserem Besitz wiedersehen würden.

Einige Tage hielten wir uns noch in Rostock versteckt bei einer großherzigen
Kollegenfrau auf, die alles riskierte, indem sie uns beherbergte.

Mit einem kleinen Rodelschlitten brachten wir unser überdimensionales Handgepäck von cirka 4 Zentnern nach und nach in der Dunkelheit zum Bahnhof
und deponierten es in der Gepäckaufbewahrung, bis sich nach einigen Tagen,
Anfang März, eine Möglichkeit zu verschwinden ergab.

Nachts um 4 Uhr bestiegen wir bei schneidender Kälte den stockfinsteren Zug,
dessen zertrümmerte Kupeefenster mit Brettern verschlagen waren, nur ein
kleiner Teil war verglast.

Wir blickten uns nicht um. Rostock blieb hinter uns mit allen seinen trüben
Erfahrungen, mit seinen alten Kirchen, seiner Backsteingotik, den zerstörten
Giebelhäusern und dem Meer, an dem wir so viele schöne und fröhliche Tage
verlebt hatten.

Alle Kinder Gottes haben Flügel

Hannover I 16. März 1947 – 27. September 1951

Die Flucht

Sie gelingt! Auf fast wunderbare Weise! Es rollt alles ab, wie ein Film, allerdings einer bei dem man das Gruseln lernen kann und es ist besser, auf eine ausführliche Schilderung des Endspurts in Rostock zu verzichten. Vergessen seien die ungeheuren Anstrengungen, die Aufregungen, die nicht zu unterdrückende Furcht, es könnte mißlingen, denn das hätte das Ende bedeutet.

Ahnungsvoll hatte Werner KOLLATH schon vor Ende des Krieges davon gesprochen, daß er sich mit einem Rucksack über die Elbe fliehen sähe, und ein riesengroßer Rucksack – der Sattler hatte nichts anderes als weinrotes Segeltuch – mußte angefertigt werden. Mit seiner Hilfe sollten die unentbehrlichsten und wertvollsten Gegenstände gerettet werden. Der Rucksack tut dies auch, nur hängt er nicht schwer auf dem Rücken des Flüchtenden, sondern er liegt über dem Sitzplatz seines Besitzers im Gepäcknetz des inter-alliierten Militärzuges, der von Berlin nach Hannover fährt. Er birgt außer dem Allernotwendigsten für den persönlichen Bedarf als wertvollsten Schatz das Manuskript für die 2. Auflage des Lehrbuches für Hygiene, weitere Manuskripte, Tagebücher, einige geliebte Bücher, die wertvolle Bratsche, zwei gotische Holzplastiken, Fotoapparate, Zeichenmaterial usw. Es geht also nicht in mühseligem, gefährlichem Fußmarsch über die Zonengrenze.

Die nächtliche Abschiedsreise am 3. März 1947 von Rostock im Bummelzug war bereits nach 35 km in Neubukow beendet. Dort hatte ein hilfreicher Freund einen Lastwagenfahrer bewogen, uns und unser umfangreiches Gepäck als „Beiladung" nach Berlin mitzunehmen.

Der Lastwagenanhänger, unter dessen Persenning wir klettern durften, war schon gestopft voll. Unsere 4 Zentner „Handgepäck" wurden hinter uns hergeworfen. Es war eine bunte Mischung von Koffern, Säcken, Kartons und Körben. Sogar ein mit einer Eisenstange und Schloß verschließbarer Reisekorb, wie ihn früher die Hausmädchen für ihre Umzüge benutzten, war dabei. In den Körben

befanden sich Lebensmittel, Gemüsekonserven in Weckgläsern, Kohlköpfe, Brote, Briketts, für die Zeit des Zwischenaufenthaltes in Berlin. Der Schulkamerad
und Freund aus Stettin, Fritz BERNDT, jetzt praktischer Arzt in Berlin-Schmar-
gendorf, hatte uns Unterkunft bis zur ungewissen Weiterfahrt zugesichert, aber
für Verpflegung und Heizmaterial hatten wir selbst zu sorgen, das konnte man
uns nicht auch noch gewähren.

Wir türmten alles hinter uns auf die schon vorhandene Ladung und so hockten
wir im Morgengrauen bei 17 Grad Kälte in unsere Pelze gewickelt höchst un-
bequem auf harten Möbelkanten der Ladung, voller Spannung, wie dieses Abenteuer wohl enden würde.

Ein angenehmer Schauder erfüllte uns bei der Vorstellung, daß wir uns nun
auf einer regelrechten Flucht befänden, sicher vor Entdeckung in unserem dunklen Versteck. Nach ca. 20 km Fahrt, beim Tanken an einer Tankstelle vor Wismar, hob sich das Stoffverdeck unseres Anhängers und eine männliche Stimme
ertönte: „Guten Morgen, Herr Professor!" Wir erstarrten vor Schreck! Also
doch entdeckt! Es war, wie sich bald herausstellte, der Assistenzarzt einer Rostocker Universitätsklinik, der nach der Hauptstadt Schwerin mitgenommen
werden wollte. Das war, da damals die Zugverbindungen meist zerstört waren,
eine übliche Beförderungsmethode geworden.

Ohne Zwischenfälle ging es nun weiter durch die russische Besatzungszone.
Wir sahen in unserer dunklen Geborgenheit nichts vom strahlend blauen Himmel, den die Kälte glasklar geputzt hatte, nichts vom mecklenburgischen Land,
das wir so oft und so gern durchreist hatten. Nach der Fahrt durch die Mark
Brandenburg landeten wir nach 250 Kilometern ohne Grenzschwierigkeiten
nachmittags um 17 Uhr im englischen Sektor von Berlin.

Der Fahrer des Lastwagens, der sich auf den winterlichen Autostraßen verspätet hatte, weigerte sich, uns – wie verabredet – nach unserem Ziel in Schmar-
gendorf zu fahren und setzte uns kurzerhand mit unserer Bagage 10 Gehminuten
vom Bahnhof Charlottenburg entfernt auf die Straße. Da standen wir nun inmitten unseres seltsamen Besitzes. Und nun begann ein Etappenlauf in Richtung
Bahnhof Charlottenburg, ähnlich wie beim Fährmann mit Wolf, Ziege und
Kohlkopf, immer hin und her, einmal die vorderen, dann wieder die rückwärtigen Gepäckstücke aus den Augen lassend, in der Mitte trafen wir uns.

Als wir schließlich erschöpft an der Gepäckaufbewahrung standen, hörten wir
durch Zufall, daß man mit Fahrkarte Gepäck nach dem Westen aufgeben
könne. Das hatten wir nicht zu hoffen gewagt. Wir ließen alles, was nicht zu
transportieren möglich war, in der Handgepäckaufbewahrung und fuhren mit
der Stadtbahn und Straßenbahn unter mehrmaligem Umsteigen nach Schmar-
gendorf, zu Fritz BERNDT, wo wir liebevolle Aufnahme fanden.

Die folgenden Tage, die endlich Tauwetter brachten, galten den Bemühungen um die Weiterfahrt. Hannover war unser Ziel, aber man mußte die Zonengrenze zwischen russischer und englischer Besatzungsmacht überschreiten, und da wir wahrscheinlich schon auf der russischen Suchliste standen, war eine Fahrt im Interzonenzuge nicht mehr möglich. So mußten wir versuchen, einen Permiß zur Benutzung des Militärzuges von der britischen Besatzungsmacht zu erhalten.

Daß das nach mancherlei Fehlschlägen doch gelang, war Kunststück und Wunder zugleich, es wäre allerdings ohne die „Wolkenhand" nicht möglich gewesen.

Am 15. März 1947 um 20 Uhr 15 konnten wir nach 10 Tagen Aufenthalt in Berlin im Militärzug nach Hannover abfahren. Unsere großen Gepäckstücke reisten im Packwagen des gleichen Zuges mit, erleichtert durch das, was inzwischen verbraucht worden war und durch das, was wir nun nicht mehr nötig haben würden.

Es war stockdunkel in unserem guten deutschen D-Zugwagen. Keiner der Mitreisenden gab einen Laut von sich. Am nächtlichen Himmel stand das Sternbild des Orion schräg in unsere Fahrtrichtung weisend.

An der Zonengrenze, in Marienborn, war langer, unheimlicher Aufenthalt. Man konnte deutlich aufgeregte Verhandlungen zwischen russischen und englischen Dienststellen vernehmen. Die Spannung steigerte sich ins Unerträgliche. Es war vorgekommen, daß einzelne der verschlossenen Waggons, in welche die Russen keinen Zutritt hatten, abgekoppelt und wieder zurückgeschickt worden waren, wenn die Russen darauf bestanden. Nach einer endlos langen Stunde setzte sich schließlich der Zug in Bewegung.

Hannover, den 17. 3. 1947

«Der große Schritt ist getan und wir sind im Westen. Die Ereignisse der beiden letzten Jahre liegen hinter uns. Wir haben sie ausgelöscht, nicht sie uns. Nun stehen wir vor dem Neuen, Unbekannten. Unser Besitz ist die geleistete Arbeit, die Lehre und unsere Aufgabe ist es, sie zu entwickeln, ihr Raum und Ausdehnung zu verschaffen.

Für diese neue Arbeit stehen wir nicht mehr allein, wie bisher. Bekannte und unbekannte Freunde bieten hilfreiche Hand. Das Haus Klaus BAHLSEN hat uns einstweilen aufgenommen und wir fühlen uns plötzlich in ein Märchenland versetzt, das von dem Gehalt warmer Menschlichkeit erfüllt ist, in eine Wirklichkeit, die deshalb als Märchen wirkt, weil sie fast nirgends mehr vorkommt.

Dieser Empfang und dieser Glaube verpflichtet und lehrt uns, daß die Kämpfe der vergangenen Jahre und Jahrzehnte notwendig waren, um in voller Abgeschlossenheit den Aufbau des ganzen Gebäudes zu vollziehen.

Plan und Grundriß sind fertig als neues Ziel. Denn ohne Ziel kann ich nicht wirken. Dank sei dem Schicksal und den Menschen, die uns hierher geführt!»

Nie sind uns Menschen so bedingungslos hilfreich entgegengekommen wie Rut und Klaus BAHLSEN. Auch später hat Werner KOLLATH jede Begegnung mit diesen Freunden als Glück empfunden, und eine tiefe Dankbarkeit für die empfangene Hilfe, die entscheidend für seine Zukunft war, hat ihn nie verlassen.

Der Start in Hannover

Das Leben scheint jetzt Eile zu haben. Ohne Umschweife geht es an die Arbeit. Befreit von den Mühsalen des Alltags und den unfreundlichen Erfahrungen der Vergangenheit wird alle Kraft positiver Tätigkeit gewidmet. Nun regiert die Gegenwart, Tag und Stunde werden fast atemberaubend genutzt.

Schon zwei Tage nach der geglückten Flucht, am 18. März 1947, wurde Werner KOLLATH in der Arbeitsgemeinschaft für Ernährungsfragen in Hannover zu einem Diskussionsvortrag über das Thema Eiweiß aufgefordert.

Am 5. Mai fand ein Vortrag vor der gleichen Arbeitsgemeinschaft statt. Die Aufforderung dazu war schon in Rostock erfolgt und half wesentlich dazu beitragen, daß der britische Colonel im Lancasterhouse in Berlin die Travelorder für den Militärzug nach Hannover bewilligte.

„Über was wollen Sie denn reden?" war seine Frage gewesen und KOLLATH hatte prompt geantwortet: „Über Einsparung von Getreide."

Das Wort „Einsparung" kam an, denn es entsprach den Absichten der Besatzungsmächte, die Lebensmittelrationen für die Bevölkerung an der untersten Norm zu halten.

Bei seinem Vortrag sprach KOLLATH zwar nicht über Einsparung, wohl aber über Getreide. Er gab eine Zusammenfassung seiner letzten Forschungsergebnisse unter dem Titel

Der Vollwert der Nahrung

Er wies auf die Notwendigkeit der Erhaltung der Wuchsstoffe in der Nahrung hin und berichtete anschließend über die beachtlichen gesundheitlichen Erfolge, die er in Rostock bei seinen Fütterungsversuchen mit frischem Getreideschrot erzielt hatte.

Der Vortrag und die dabei gemachten Vorschläge für die Praxis fanden großes Echo. Hannover sollte die erste Stadt werden, die KOLLATHs Vorschläge zu einer neuen, gesunden Getreidenahrung in größerem Umfange realisierte. Darüber später im Kapitel KOLLATH-Frühstück. (s. S. 178 ff).

Der Rektor der *Tierärztlichen Hochschule* in Hannover bemühte sich, KOLLATH einen Lehrauftrag für Nahrungshygiene zu erteilen. Aus Geldmangel mußte der Niedersächsische Landtag die Einstellung ablehnen.

Es folgen Reisen und Vorträge in großer Zahl. Man genießt die erhaltene Freiheit und nimmt die oft großen Schwierigkeiten des Reisens und Verpflegens unverdrossen in Kauf. Noch sind die Zeiten der Not nicht zu Ende. Hannover ist ein Trümmerfeld, das Zentrum ein Schutthaufen. Wer die Stadt nicht kannte, kann sich kaum vorstellen, wie sie einmal ausgesehen hat.

In den unterirdischen Gängen, die zu den Bahnsteigen des Hauptbahnhofs führen, liegen abends und nachts reihenweise schlafende erschöpfte Menschen, in dunkle graue Pferdedecken gewickelt. Überall riecht es nach Heringen, die die „Kartoffelkinder" von der Nordküste eimerweise holen, im Tausch gegen illegal organisierte niedersächsische Kartoffeln. Die Kinder fahren ohne Fahrkarte, verstecken sich unter den Sitzplätzen der Eisenbahnabteile. Klein, schwarz und schmutzig kommen sie während der Fahrt überraschend hervorgekrochen, unempfindlich gegen Mitleid, nur das erfolgreiche Ziel vor Augen.

Deutschland ist arm, aber trotz aller Verwahrlosung, die unfreiwillig ist, gibt es *keinerlei Kriminalität*. Mit Schwarzmarkthandel erhält man die Familie. Der Zweck heiligt die Mittel. Man kämpft, nachdem man überlebt hat, ums Dasein.

Ein Jahr vergeht mit wechselvollem Pendeln zwischen Hannover und Bad Homburg v. d. H., wo KOLLATHs Schwester Ilse wohnt, mit Reisen zu Vorträgen und Verhandlungen. Inzwischen hat Klaus BAHLSEN, der immer bereite Freund und nie versagende Helfer, in seinem schwer zerstörten Elternhaus eine Dreizimmerwohnung ausbauen lassen.

Am 16. März 1948 – genau ein Jahr nach der Flucht – kann man die erste Nacht wieder in einem eigenen Zuhause schlafen. Vier Jahre sind seit der Zerstörung der Wohnung in Rostock vergangen.

Der ausgelagerte und gerettete Besitz war nach ebenso abenteuerlichen wie wunderbaren Schicksalen bereits am 2. Juni 1947 in Hannover gelandet. Nach einem betrüblichen Lager- und Bunkerdasein können die reichlich geschundenen Möbel wenigstens zum Teil in das an der Eilenriede, dem riesenhaften schönen Naturpark im Zentrum Hannovers, gelegene Haus einziehen. Die hübsche gemütliche Wohnung wird bald der Umschlagplatz für viele Freunde und Bekannte, die in Hannover auf Durchreise sind.

Später gründet die Malerin Anita REHSE ihre berühmte Malschule in den Räumen des gleichen Stockwerks. Die nachbarlichen Beziehungen weiten sich bald zu einer Freundschaft aus, die regen Austausch künstlerischer und geistiger Erlebnisse bringt.

Die Währungsreform

Drei Monate nach Einzug in die neue Wohnung kam am Sonntag, dem 20. Juni 1948, der Tag X, der Tag der Währungsreform.

Der Zweipersonen-Haushalt hatte als „Vermögen" 2 mal 40 Mark zur Verfügung. Diesmal waren es Deutsche Mark und nicht Rentenmark, wie damals bei Beendigung der Inflation.

Irgendwelche Einnahmen gab es noch nicht. In einem Notizbuch sind die ersten äußerst vorsichtigen Ausgaben vermerkt. Das „Vermögen" sollte so lange wie irgend möglich reichen.

Die gute Absicht, von den vorhandenen Vorräten zu leben, schwand, als sich plötzlich die Schleusen des „Unter-dem-Ladentisch" öffneten und sich auf eine verdutzte Käuferschicht ergossen, der aber das Geld fehlte, um alle die angebotenen Herrlichkeiten zu kaufen.

Die Eintragungen in das Notizbuch lauten:

Montag	21. 6. 48	1 Pfd Kirschen	–,55 DM
		2 Rollen WC-Papier	–,50 DM
Dienstag	22. 6. 48	1 Kopfsalat	–,15 DM
Mittwoch	23. 6. 48	Kirschen, Möhren, Salat	1,50 DM
Donnerstag	24. 6. 48	Milch	–,24 DM
Freitag	25. 6. 48	Salat, Möhren, Erbsen	–,80 DM
		Fett	–,55 DM
		Brot	,30 DM
Samstag	26. 6. 48	1 Farbband	2,25 DM
		Zeitung	–,30 DM
Montag	28. 6. 48	1 Pfd Kirschen	–,55 DM
Dienstag	29. 6. 48	1 ½ l Buttermilch	–,36 DM

Mittwoch	30. 6. 48	4 Eier	–,52 DM
		3 Köpfe Kohl	–,63 DM
		Farbe	–,25 DM
		Wermuttropfen	–,80 DM

Mit diesen bitteren Tropfen wollen wir die Aufzählung beenden. Wovon lebten wir? Wir fingen von neuem an!

Werner KOLLATH setzte all sein Wissen ein. Beratende Tätigkeit in einer pharmazeutischen Fabrik in Westfalen und in der Keksfabrik BAHLSEN gaben die erste Grundlage.

Doch überlassen wir die mageren Zeiten sich selbst und wenden wir uns der wissenschaftlichen Arbeit zu.

Die schriftstellerische Tätigkeit der ersten Zeit in Hannover

Kaum vier Wochen nach der Ankunft in Hannover wurde am 12. April 1947 mit der Ausarbeitung der *2. Auflage des Buches „Die Ordnung unserer Nahrung"* begonnen. Nach vier Wochen Arbeit war am 10. Mai 1947 das Manuskript fertig. Aber das Buch erschien erst 1951.

Das Lehrbuch der Hygiene

Das Manuskript der 2. Auflage des Lehrbuches der Hygiene, das die Flucht im Rucksack mitgemacht hatte, ging nach gründlicher Überarbeitung an den Verlag S. HIRZEL/Leipzig. Nachdem die Korrekturen gelesen waren, galt es, das Sachregister herzustellen.

Unser Zimmer – wir wohnten damals vorübergehend in der Keksfabrik BAHLSEN – glich eine Woche lang einem Schlachtfeld. 5000 Begriffe waren alphabetisch geordnet und auf 83 Seiten ins Reine geschrieben worden. In dem zweibändigen Werk waren es 68 Druckseiten.

Hannover

«Am 20. 11. 47 beendeten wir das Sachregister für die 2. Auflage des *Lehrbuches der Hygiene*. Eine Woche haben Lasi und ich pausenlos die Schlag-
worte gesammelt und alles geordnet. Und morgen wird alles an den Verleger geschickt.

Das Buch hat nun die Form erhalten, die ich ihm einst geben wollte. Täglich stand das Problem vor mir, täglich habe ich gesammelt; in den Jahren
der Verwüstung, im Bombenkrieg habe ich das Manuskript mit mir getragen, um es vor der Vernichtung zu bewahren und es hat sich ermöglichen
lassen, daß es trotz aller Schwierigkeiten gedruckt wurde. Nun ist es fertig,
und es soll der Beweis sein, daß es auch in der größten Zerstörung keine
endgültige Zerstörung gibt. Aus allen Trümmern entsteht das Neue, weil
das Leben weitergeht und weil das Denken und die unentwegte Arbeit
zwar gehemmt, nie aber völlig vernichtet werden können.

Dankbar und müde lege ich jetzt dies Manuskript beiseite. Diese Arbeit
ist getan. Und nun wollen wir unsere gemeinsame Kraft den neuen Zielen
widmen.»

Das Vorwort zum ersten Band dieses zweibändigen Werkes wurde noch in Rostock kurz vor der Flucht im Frühjahr 1947 geschrieben.

«Acht Jahre weiterer experimenteller Arbeit und praktischer Erfahrungen
im Untersuchungsamt und im Unterricht liegen zwischen der ersten und
zweiten Auflage. Vieles, was damals Programm war, zum Beispiel auf dem
Gebiet der Redox-Potentiale oder dem der Ernährung wurde geklärt. Andere Gebiete, wie zum Beispiel die unspezifischen Heilweisen, wurden neu
in den Aufgabenkreis einbezogen. Experimentelle Arbeiten in Zeitschriften,
die Fertigstellung anderer Bücher fanden ihren Niederschlag in der neuen
Fassung: ‹Island und seine Probleme (1937)›, ‹Zur Einheit der Heilkunde›
und ‹Die Ordnung unserer Nahrung› (1942), ‹Wachstum, Zellersatz und
Ernährung› seien genannt. Hinzu kommen die Erfahrungen, welche die
Notwendigkeit einer umfassenden theoretischen Ausbildung der Mediziner
als immer wichtiger erscheinen lassen.

Als Ergänzung zum Wort ist ein Bilderatlas geplant. Auf diesem Wege kann
ein Beitrag zu der noch ungelösten Aufgabe geleistet werden, der Hygiene
einen einheitlichen Inhalt zu geben. Die Verschiedenartigkeit der Auffas-
sungen ist zum Teil Ursache für die geringe Stoßkraft, welche die Hygiene
heute noch hat. Sie muß den Charakter einer eigenen, wohlumschriebenen
Wissenschaft bekommen. Auf dem Wege zu diesem Ziel wurde immer die
größtmögliche Einfachheit der Darstellung gewählt, auch wenn die Wirklichkeit uns oft noch sehr kompliziert erscheint.

Möge die zweite Auflage, die trotz eines zerstörten Instituts und verbrannter Wohnung geschrieben werden konnte, das gleiche Interesse finden, wie
die erste Auflage.
Seestadt Rostock, Frühjahr 1947   Werner KOLLATH»

Das Vorwort zum Band II dieses Lehrbuchs der Hygiene lautet:
«Die ‹Grundlagen, Methoden und Ziele der Hygiene›, wie der Titel der
ersten Auflage dieses Buches lautete, haben in der zweiten Auflage wesentliche Veränderungen erfahren. Zunächst wurde der Titel vereinfacht in
‹Lehrbuch der Hygiene›. Sodann wurden die medizinische Parasitologie
und Serologie abgetrennt und einer gesonderten Bearbeitung vorbehalten.
Die äußeren Umstände verhinderten die Fertigstellung dieses Teiles.

Die vorliegenden Bände sind aber nicht nur für den Unterricht, sondern
auch in der Praxis als Nachschlagewerk gedacht. Infolge des umfangreichen, neu in die Hygiene eingearbeiteten Tatsachenmaterials – z. B. auf
dem Gebiet der Lichtbiologie und der Ernährung – waren genaue Stellenangaben geplant; das dazu gesammelte Material wurde aber durch äußere
Einwirkung vernichtet. Als Ausgleich habe ich versucht, nicht nur durch
viele Seitenverweisungen die inhaltlichen Verknüpfungen zu erleichtern,
sondern auch ein möglichst erschöpfendes Sachregister – mit Verweisungen
auf den ersten Band – anzufertigen.

Meinen Dank für die Hilfe bei den Korrekturen und der Herstellung des
Sachverzeichnisses spreche ich meiner Frau Elisabeth aus, die mir als einzig
verbliebene Mitarbeiterin zur Seite steht.

Hannover, den 24. 11. 47
Podbielskistr. 352   Werner KOLLATH»

Prof. Dr. W. v. GONZENBACH, Hyg. bakt. Institut, TH, Zürich, beurteilte das
Werk in „Gesundheit u. Wohlfahrt" 31. Jg. H. 4. (1951) wie folgt:
*„Es zeugt für die unbeugsame Vitalität und die ungeheure Schaffenskraft
des Autors, daß er trotz Zerstörung seines Institutes in Rostock und dem
vollständigen Verlust seines ganzen Arbeitsmaterials und trotz des durch
äußeren Zwang mehrfach bedingten Domizilwechsels diese zweite, ganz
wesentlich erweiterte Auflage seines Lehrbuches herausbringen konnte.*

*KOLLATH ist ein Hygieniker eigenen Gepräges. Er ist Wissenschaftler und
Künstler zugleich, er ist gewissermaßen nicht ein Hygieneprofessor, son-*

dern ein Hygieneprophet. So kommt es, daß wir es mit den beiden Bänden nicht mit einem Lehrbuch im üblichen Sinne des Wortes zu tun haben. Die wesentlichen Postulate der Hygiene werden wie auf Gesetzestafeln in Leitsätzen formuliert, und an diese Sätze schließen sich wie Exegese die Texte an, in denen wohl Tatsachen dargestellt, aber ebensoviele oft sehr kühne Hypothesen und in die Zukunft weisende heuristische Ideen für weitere Forschung projiziert werden. Das gibt den Büchern weniger den Charakter eines ruhigen, kritisch sachlichen Belehrens, als viel mehr den eines gärenden neuen Weines, der schlecht in den üblichen Schlauch eines braven Lehrbuches gefaßt werden kann.

Der bedächtige und exakte Fachmann wird bei der Lektüre manchen Anlaß zur Kritik finden. Hingegen wird der nach neuen Ausblicken und Problemen Begierige, der das schwarz auf weiß Gedruckte nicht brav nach Hause zu tragen gewillt ist, auf jeder Seite angeregt und aufgerufen zu eigenem Denken.

Von der ‚Schule‘ aus gesehen ist Kollath ein ausgesprochener Außenseiter und Revolutionär. Was den Leser aber immer wieder fesselt und nicht nur angenehm berührt, sondern geradezu zu begeistern vermag, das ist die verantwortungsvolle Gesinnung, die aus allem spricht, und der Aufruf, die Hygiene als das zu sehen, was sie sein sollte, nämlich eine Führerin zum Wohle ausgefüllten Lebens des Einzelnen wie der Gesellschaft.“

Zwar fand das *Lehrbuch der Hygiene* allgemein große Zustimmung, aber es konnte die berechtigten Erwartungen seines Autors nicht erfüllen.

Die Währungsreform abwartend, hatte der Verlag S. HIRZEL die Auslieferung, die schon Weihnachten 1947 erfolgen sollte, zurückgehalten. Das Werk erschien erst im Februar 1949. Zu spät! Der Verlag hätte die Auflage, die in Leipzig auf dem schlechten Papier der Nachkriegszeit gedruckt worden war, ausverkaufen sollen. Auf diese Weise hätte es rechtzeitig eine große Verbreitung gefunden. Einer Neuauflage in Stuttgart wäre später nichts im Wege gewesen. Schade!

Medica Mente

Ein Buch, das dem Autor weniger schlaflose Nächte, aber sehr viel Freude und viele Freunde eingebracht hat, ist die

KLEINE HEILKUNDE IN APHORISMEN   MEDICA MENTE

die Ende 1949 bei Walter GERICKE im Kurverlag Wiesbaden erscheint.

Dr. OELEMANN, Bad Nauheim, Präsident der hessischen Ärztekammer und Vizepräsident der Vereinigten Ärztekammern Westdeutschlands, in den Ärztlichen Mitteilungen, 15. 12. 1949:

> *„Eine kleine Kostbarkeit nach Inhalt und Ausstattung. Unvergängliche Weisheiten in der meisterhaft beherrschten Form des Aphorismus. Die tiefen Erkenntnisse des auch künstlerisch hochbegabten früheren Ordinarius für Hygiene an der Universität Rostock, Werner KOLLATH, werden nicht nur Ärzten große Freude bereiten. Ein medizinischer Lichtenberg, den jeder Arzt lesen sollte. –"*

Die Schweizer Zeitschrift Ars Medici schreibt im Juli 1950:

> *„KOLLATH gehört mit dem verstorbenen August BIER zu denen, die die ärztliche Auffassung nicht von der Laboratoriums- und Schreibtischwissenschaft erdrücken lassen. Uraltes ärztliches Wissen und auch Volksweisheit quillt aus jeder Zeile dieses auch äußerlich entzückenden Büchleins, das wir gerne in der Rocktasche mit uns herumtragen werden."*

Es wird das Nachttisch-Buch einer internationalen Ärzteschaft und der größte Bucherfolg neben dem Buch *die Ordnung unserer Nahrung*. Die zweite Auflage erscheint 1960.

Darmbakterien und Palmen

Die Dysbakterie

Im Landesgesundheitsamt in Rostock hatte Werner KOLLATH in Fortsetzung seiner Arbeiten zur Erforschung der Darmbakterien eine umfangreiche diagnostische und therapeutische Praxis entwickelt, bei der die *Dysbakterie* eine besondere Bedeutung gewonnen hatte. NISSLE hatte 1916 diesen Begriff für das Vorkommen von abnormen Coli-Bakterien im Stuhl aufgestellt. Dieses Krankheitsbild fand sich nicht nur bei Darmkranken, sondern auch bei einer großen Zahl anderer Erkrankungen. Die Untersuchungen KOLLATHS erstreckten sich auf 3000–4000 Fälle, und es hatten sich überraschende Heilerfolge ergeben. So war z. B. einer Patientin, deren Diagnose auf Perniziöse Anaemie lautete, noch eine Lebensdauer von 14 Tagen gegeben worden. Als letzten Versuch wurde KOLLATH zugezogen, um die Dysbakterie-Behandlung vorzunehmen. Innerhalb 4 Wochen war die Kranke so hergestellt, daß sie als gesund entlassen werden konnte. Auch bei Hautkrankheiten und rheumatischen Erkrankungen gab es erstaunliche Erfolge.

Nach zweijähriger Praxis in Rostock veröffentlicht KOLLATH 1942 eine ausführliche Schilderung seiner bisherigen Erfahrungen. Von besonderer Wichtigkeit ist eine unter fünf Positionen angegebene Untersuchungsmethode: *Eine für Untersuchungsämter brauchbare Methode der Dysbakteriebestimmung.*

Die Arbeit umfaßt 25 Druckseiten.

Intestinale Autointoxikation, Dysbakterie und die lebenswichtige Anaerobiose des Darminnern.
W. KOLLATH, W. GEIGER und S. KRAMER
Med. Welt 9 u. 10 (1942) 207 u. 235, Arb.Verz. 126

Zwölf Jahre später greift er das Thema wieder auf.
Zur Diagnose der „Dysbakterie" des Darmes
Z .f. B. I. Orig. 161 (1954) 501–503, Arb.Verz. 229

Leider mußte KOLLATH seine sämtlichen Protokolle im Rostocker Institut zurücklassen, obwohl sie sein geistiges Eigentum sind, aber es war ihm gelungen, die Bakterien-Stämme, die er bei seiner Therapie verwendet hatte, nach dem Westen zu bekommen. Allerdings mußten sie laufend im Brutschrank beimpft werden.

Dieser *Dysbakterie* nun ist es zu danken, daß Werner KOLLATH zu einer Zeit, da man nach der Währungsreform keinen Gedanken an eine eigene verlockende Auslandsreise hätte hegen dürfen, eine Einladung nach der Südschweiz erhielt. Es war im Frühjahr 1949. Die Einladung ging von Dr. Frederico WEHRLI aus, der sich in Muralto-Locarno eine Klinik aufgebaut hatte. Mittels der von ihm entwickelten *Hämatogenen Oxydationstherapie (HOT)*, einer Sauerstoffwäsche des Blutes, versuchte er seinen Beitrag zur Bekämpfung des Krebses und anderer Krankheiten zu leisten. Da kein Krebskranker eine normale Darmflora aufweist, sollte die Dysbakterie-Behandlung zugezogen werden.

KOLLATH brachte als Gastgeschenk die wertvollen Bakterienstämme und unterrichtete den Kollegen in Diagnose und Technik der Dysbakterie. Aus der Zusammenarbeit entwickelte sich ein echtes Freundschaftsverhältnis zwischen diesen beiden Männern, die beide Jahrgang 1892 waren und deren Schicksal viel Ähnlichkeiten aufwies.

Sechs schöne lange Wochen wurde zwischen Arbeit im Labor und dem Entdecken der Tessiner Landschaft weise Maß gehalten. Es waren die schönsten Frühlingsmonate April bis Mitte Mai, und die Gärten überboten sich im Blühen. Die Kamelien leuchteten aus dem dunkelgrünen, glänzenden Lack ihres Laubwerkes, riesenhafte Azaléensträucher standen mit weißen, roten, violetten Farben übergossen, die Mimosenbäume schickten ihren süßen Duft auf die Frühstücksterrasse. Ein Wald von Fächerpalmen stieg die steilen Hänge hinauf, freiwillig sich aussamend, und wie kleine grüne Hände wuchsen die neuen jungen Pflanzen mit ihren ersten Palmenblättern aus der Erde. In diesen Wochen und auf vielen Fußwanderungen durch das von Autos kaum befahrene Land entstand bereits der Wunsch, hier einmal im Alter leben zu können.

KOLLATH macht in seinem letzten Buch *Leben, Wachstum und Gesundheit* die Ärzte noch einmal auf die Wichtigkeit dieser Behandlungsform der Dysbakterie aufmerksam, in der Hoffnung, daß die Ärzte sie zum Wohle ihrer Patienten in ihre Therapie aufnähmen. Er gibt die Behandlungsform an und stellt in einer farbigen Abbildung das Schema der Dysbakterie-Kolonien dar.

> «Bei dieser Erkrankung der Darmbakterien kann es zu vielerlei Störungen kommen, Rheumatismus, Neuritiden, Lähmungen, also zu System-Erkrankungen, die man nicht mit bekannten ‹Medikamenten› behandeln kann, sondern nur durch eine ‹Re-infektion› mit normalisierten Darmbazillen und einer darauf eingestellten ‹vollwertigen› Kost.

41 · *Magadino am Lago Maggiore*
Federzeichnung mit Bleistift getönt – Mai 1949
Erster Aufenthalt im Tessin

Die einfachste Form der Behandlung besteht darin, daß man den ‹er-krankten Bakterienstamm› herauszüchtet und ihn alsdann auf gutem Endo-Nährboden alle sechs Stunden überträgt – auch nachts! –, weil sich sonst wieder in dem kranken Stamme neue ‹Hemmstoffe› bilden, während bei der 6-Stunden-Bebrütung sich eine solche Bildung noch nicht auswirkt. Nach 18 Subkulturen überträgt man dann den ‹normalisierten› Stamm auf guten Endo-Nährboden, macht eine Abschwemmung in Kochsalzlösung davon und verabfolgt diese Abschwemmung rektal nach einem vorherge-henden Reinigungsklystier dem Patienten. Es *kann* sein, daß mit einer einmaligen Behandlung ein voller, nachhaltiger Erfolg erreicht wird, also auf die Dauer die Darmflora wieder normal wird.

An diese Diagnose und Behandlung muß man bei allen Krebsfällen denken, da ohne eine ‹Re-infektion› des Darmes mit einer derart erneuerten Eigenflora des Darmes kaum ein Erfolg bei der Krebsbehandlung zu erwarten ist.

Man sollte demnach nach einer Diagnose suchen, die einfach und schnell die Dysbakterie erkennen läßt und sodann die Herstellung eines Eigenvakzins vornehmen.»

Außer bei den oben genannten Erkrankungen findet sich dieses Krankheitsbild auch bei Parodontose, Allergien, Ermüdbarkeit, Hypertonie, Leberschädigungen usw. und vor allem bei Tuberkulose.

KOLLATH übergab damals 1949 die Bakterienstämme auch der BIRCHER-BENNER-Klinik in Zürich, wo sie von Dr. phil. KUNZ-BIRCHER für die Therapie nutzbar gemacht wurden.

Wichtig ist vielleicht auch noch der von KOLLATH 1954 ausgesprochene Satz:
«Es ist nicht zu viel behauptet, wenn man die Dysbakterie des Darmes als eine zweite Form der Fokal-Intoxikation betrachtet. Nur ist die Reichweite wohl noch viel umfassender als die Fokal-Intoxikation, ausgehend von Zahn-Granulomen.»

Und ebenso wichtig ist der 1970 gemachte Hinweis darauf, daß Dysbakterie-Schäden auch direkt durch „Antibiotika" hervorgerufen werden können. Man sollte diese „Antilebensstoffe" nur bei lebensgefährlichen Infektionen anwenden.

Noch einmal, im gleichen Jahr – im Herbst fuhr Werner KOLLATH gemeinsam mit dem Braunschweiger Internisten Prof. Rudolf STAHL nach Locarno/Muralto, um mit Dr. Fed. WEHRLI unter anderem auch das Problem der Silikose und ihre günstige Beeinflussung durch die Blutwäsche zu bearbeiten.

Die drei Ärzte veröffentlichten eine gemeinsame Arbeit *Blutsymbionten und Vitamine* (Arch. d. Internat. Freien Akademie, 1. Kongreß 1950, Bad Münster a. Stein, S. 31, Arb.Verz. 192).

In den folgenden Jahren wurden die Beziehungen weiter gepflegt und Werner KOLLATH fuhr oft und gern nach Locarno zu WEHRLI. Leider starb WEHRLI am 19. März 1964 an den Folgen einer Virusinfektion.

Die von WEHRLI entwickelte Methode ist inzwischen von einer Reihe von Ärzten übernommen und oft mit erstaunlichen Erfolgen angewendet worden, insbesondere bei Stoffwechselstörungen, Herz- und Kreislaufbeschwerden, Arteriosklerose. Obwohl durch die HOT Krankheiten zu heilen sind, die oft durch konservative Methoden nicht mehr behoben werden können, haben sich Schulmedizin und Krankenkassen noch nicht entschließen können, diese Methode anzuerkennen.

Der Gesundheitsbrockhaus

Es war ein ehrenvoller Auftrag, an der Gestaltung des neu zu schaffenden Gesundheitsbrockhaus mitarbeiten zu dürfen, aber es war auch eine schwere Arbeitsleistung. Nach häufigen Vorbesprechungen beim Verlag in Wiesbaden wurde Anfang 1950 mit der Ausarbeitung begonnen. Das Alphabet wurde in 4 Abteilungen geteilt, für deren jede der Ablieferungstermin festlag. Die Begriffe umfaßten alle Forschungsgebiete Werner KOLLATHS: Hygiene, Bakteriologie, Ernährung, Naturheilkunde usw. Nach Beendigung der Arbeit nach einem halben Jahr, waren ca. 25 000 Zeilen in Lexikonkonzentration geschrieben. Es ging an den Nerv und der Wunsch nach Abwechslung war begreiflich.

So fand ein Brief, der für ein Jahr zu einer Reise nach *Chile* einlud, bereiten Boden. Das Honorar für die Lexikon-Arbeit erleichterte es, die Einladung anzunehmen. Vieles, was schon begonnen war, mußte so weit entwickelt werden, daß man die Dinge ein Jahr lang sich selbst überlassen konnte.

Die Beschaffung aller notwendigen Papiere und Ausweise für die Reise war ein ganzes Programm für sich, und wir waren schließlich sehr froh, als wir alles beisammen hatten, auch ein amtsärztliches Zeugnis, daß wir „frei von ansteckenden Krankheiten und Ungeziefer" seien.

42 · Werner Kollath vor der Reise nach Chile
Hannover – 1950
Foto Kurt Julius

Chile

27. September 1950 – 12. September 1951

Eine Reise in die Neue Welt

> LASS DICH DAS
> ZUKÜNFTIGE
> NICHT ANFECHTEN!
> DU WIRST, WENN'S
> NÖTIG IST, SCHON
> HINKOMMEN,
> GETRAGEN VON
> DERSELBEN GEISTES-
> KRAFT, DIE DICH DAS
> GEGENWÄRTIGE
> BEHERRSCHEN
> LÄSST!
>
> Marc Aurel

Ausgerüstet mit diesem Spruch, konnten wir getrost unsere große Fahrt über den Ozean wagen. In der Hoffnung „schon hinzukommen" hatten wir die Kraft aufgebracht, „das Gegenwärtige zu beherrschen", und das war nicht wenig. Im Deutschland des Jahres 1950 war es keine Selbstverständlichkeit, eine Reise nach Südamerika zu unternehmen. Die Schwierigkeiten und Hindernisse waren größer, als man es heute glauben möchte, aber sie wurden schließlich alle überwunden. Auch daß wir eigens von Hannover nach Frankfurt fahren mußten, um dort in einer chilenischen Dienststelle von einem Chilenen unsere Daumenabdrücke machen zu lassen, gehörte zu den übrigen Mühsalen, die es kostete, bis endlich alles bereit war, auch ein Mammutgepäck, bestehend aus innen mit Blech ausgeschlagenen Kisten.

Die Aufforderung zu dieser Reise war in Form einer Einladung von einer deutsch-chilenischen Dame aus Santiago de Chile zu uns gelangt und nach langem Hin und Her hatten wir uns entschlossen, dieses großzügige Geschenk anzunehmen. Entscheidend war, daß dort die Möglichkeit zu Vorträgen und Arbeit in einem Forschungslabor eröffnet wurde. Damals durften die Deutschen nur ohne Devisen und ohne deutsches Geld in die weite Welt gehen, aber wo da ist ein Wille, findet sich auch ein Umweg!

Der Abfahrtstag des Schiffes – eines französischen Frachtdampfers – war, was die Nerven strapazierte, immer wieder verschoben worden. Er wurde dann so kurzfristig bekannt gegeben, daß der Endspurt zu einem atemberaubenden Galopp wurde.

Wir kamen erst wieder zu uns, als wir mit unserem beträchtlichen Handgepäck in einem Wagen von Klaus BAHLSEN saßen und ein unvergeßlicher Herr SCHNEIDER uns in zwei Stunden von Hannover bis an unser Schiff nach Bremen brachte.

Von hilfsbereiten kräftigen Händen ist unversehens der bunte Haufe von großen und kleinen Koffern, Seesäcken, Taschen und Täschchen, Mappen und Mänteln in Kabine 4 – es gibt nur zwei Kabinen – zu einem babylonischen Turm gestapelt. Nun sind wir im Ausland, befinden uns auf französischem Boden und können alle die grünen Zollschnüre und die Bleiplomben lösen, die der Zöllner in unserer Wohnung kurz vor der Abreise noch um jedes der vielen Handgepäckstücke gemacht hatte.

Keine Seele spricht ein Wort deutsch auf diesem Schiff, auf dem wir die einzigen Passagiere sind, und anfänglich wird alles, was wir sagen wollen, italienisch. Das trägt wenig zur Verständigung bei, bis wir, wenn auch anfangs etwas schüchtern, in die ungewohntere Sprache überwechseln, sie uns dann schließlich doch zur Gewohnheit wird, und das Gehirn es lernt, französisch zu denken.

Unser 12 000 Tonnen Frachtdampfer „S. S. Cherbourg" hatte seinen Heimathafen in Le Havre an der Kanalküste. Es war ein sogenanntes „Liberty-Schiff", wie es die Amerikaner während des Zweiten Weltkrieges serienmäßig als Nachschubtransporter gebaut hatten. Um den Bundesgenossen den Welthandel nach dem Kriege wieder zu ermöglichen, waren solche Schiffe leihweise an Frankreich gegeben worden. Das Schiff fährt zuverlässig, aber langsam, 11 Seemeilen in der Stunde. Die gesamte Strecke von Bremen bis Valparaiso di Chile beträgt ca. 11 000 Meilen. Das Schiff würde 42 Tage unentwegten Fahrens brauchen, um diese Strecke zurückzulegen. Da es das gottlob nicht tut, werden wir 70 Tage mit der „Cherbourg" unterwegs sein.

Das Weltbild wird nicht nur durch den Aufenthalt in Chile erweitert, sondern auch durch die lange Fahrt dorthin. Sieben Tage wird in Antwerpen geladen, so daß ausreichend Zeit ist für die schöne alte Stadt mit ihren Museen, dem großartigen Rubenshaus, der gotischen Kathedrale, dem „Groten Markt" mit der anspruchsvollen Pracht seiner Gildehäuser.

Wir besuchen Gent. Düster und gewaltig der „Gravensteen", das Wasserschloß der Grafen von Flandern mit seinen 22 Wachttürmen. Unvergeßlich in der Kirche St. Bavo der Genter Altar, die „Anbetung des mystischen Lammes" der Brüder Hubert und Jan VAN EYCK mit den singenden Engeln.

50 km entfernt von Gent liegt Brügge. Dort übernachten wir: Eine stille Stadt, die ganz ihrer Vergangenheit lebt; inmitten ein gotischer Marktplatz in einer gotischen Stadt.

Eine grobe See bringt das Schiff in drei Tagen durch den Kanal und den mit Recht berüchtigten Golf von Biskaya an die französische Atlantikküste nach La Pallice – La Rochelle. Dort wird dreieinhalb Tage geladen und zwei Passagiere werden aufgenommen.

La Rochelle, die alte Seefestung und Hugenottenstadt mit den zwei wuchtigen Wehrtürmen an der Hafeneinfahrt, ist eine der schönsten kleinen Städte Frankreichs. Eine Stadt aus hellgrauem Stein und silbernem Licht, geliebtes Modell der Impressionisten Paul SIGNAC und Jean Baptiste COROT.

Dann beginnt die Überquerung des Atlantik, anfangs noch mit stürmischer See, später beruhigen sich die Elemente. Einsam gleitet das Schiff durch eine vorgeschichtliche Welt, die nur noch aus Himmel und Wasser besteht, es fährt durch den Raum an sich. Überraschender als die unübersehbare Weite der ewig bewegten, ewig wandelbaren Wasserfläche ist die Riesenhaftigkeit des Himmelsgewölbes. Von keiner Kreatur gestört, gehört der ganze große Himmelsraum allein den Wolken und den Farben des Lichts, der Sonne, dem Mond und den Sternen.

Am 10. Tag überqueren wir den Wendekreis des Krebses. Nun wird es heiß und mit seidigem Rauschen durchschneidet das Schiff das glatte leuchtende Meer.

Das Karibische Meer

Barbados

Vier Tage später, ist die zweiwöchige Fahrt über den Atlantik beendet, und wir erreichen Barbados, die östlichste Insel der kleinen Antillen, die das Karibische Meer zum Atlantik abgrenzen. In der Carlisle Bucht, ca. 500 m vor Bridgetown, der Hauptstadt von Barbados, ankern wir auf der Reede. Neun Tage wird gelöscht und geladen und wir können diese Zuckerrohr-Neger-Südseeinsel genießen. Engländer sehen wir wenig in dieser englischen Kolonie, sie wohnen isoliert in schönen Landhäusern. Die Stadt ist der Tum-

43 · Neger
Barbados – 27. 10. 1950
Feder und Aquarell

melplatz der Neger. Wir sind die ersten Deutschen, die nach Beendigung des
Zweiten Weltkrieges auf diese Insel kommen, und die deutschen Emigranten,
die sich während des Krieges vom englischen Mutterland nach dieser englischen
Kolonie abgesetzt hatten, begrüßen uns mit freudiger Rührung. Sie betreiben
hier ihre Textilläden, in denen nur die Neger, nicht aber die Engländer einkau-
fen. Wir wurden verschiedentlich in ihre weißen eleganten Bungalows eingeladen, vorzüglich bewirtet und auf der Insel spazieren gefahren. Sam Lord's
Castle, ein Schloß, 1820 im Tudorstil erbaut, liegt auf einer Anhöhe an der
Long Bay am Atlantik in schönster Südseelandschaft. Der Erbauer war Samuel
Hall Lord, der in England ein großartiges Herrenleben führte und sich das
dazu notwendige Geld durch Seeräuberei verschaffte. Zu diesem Zweck kam er
immer wieder nach Barbados zurück. Jetzt gehört der Besitz einem vornehmen
Klub, in dem wir einen ausgezeichneten Tee tranken.
Der Besuch des Museums mit den alten Urkunden über den Sklavenhandel
war von großem Interesse.

Auf dieser Insel ist nicht ewiger Frühling, sondern ewiger Sommer. Die Tempe-
ratur schwankt in den Jahreshälften nur um wenige Grade, von 32 bis auf
38 Grad Celsius. Das Wasser des Karibischen Meeres ist so warm wie die Luft
und das Baden in der sanften, seidigen Brandung eine herrliche Erquickung.
Der „Winter" unterscheidet sich vom Sommer durch schöne Wolkenbildungen

am sonst wolkenlosen Himmel und durch kurze, heftige Regenfälle, zwischen denen immer wieder heiß und sommerlich die Sonne strahlt. Auch die Tageshälften sind das ganze Jahr gleich. Ohne jeden Übergang bricht um Punkt 18 Uhr völlige Dunkelheit herein, ohne eine Spur von Dämmerung. Am Morgen um 6 Uhr wird es ebenso plötzlich wieder hell und die Sonne scheint.

Reich sind die Erlebnisse dieser Tage und ungern trennen wir uns von dieser Insel, auf der wir eine der schönsten Wochen dieser Reise verbringen durften. Am Nachmittag des 4. November wird der Anker gelichtet. Wir gleiten an den Palmen, an den leuchtend grünen Bäumen an der Paradiesküste vorbei. Mahagoni-Bäume wehen uns mit ihren zarten grünen Schleiern Abschied zu.

Unser Schiff ist wesentlich leichter geworden – 80 000 Zentner Kalidünger aus Lothringen für die Zuckerrohrfelder sind in Barbados geblieben – und es beginnt unschön und nußschalenartig zu schwanken.

Curaçao

Eineinhalb Tage Aufenthalt auf der holländischen Insel Curaçao. Man fährt vom Meer durch einen schmalen Kanal in den mächtigen Überseehafen, an dem Willemstad, die Hauptstadt, liegt. Der alte Stadtteil hat hübsche Barockgiebelhäuser und bietet ein ungewöhnlich schönes Bild, aber das Hafenbecken ist wie ein vielarmiges großes Kraterloch, es ist gefüllt mit kohlschwarzem stinkendem Wasser. Aus dem 40 englische Meilen südlich gelegenen Venezuela kommt das Rohöl zum Raffinieren auf diese holländische Insel, die politisch eine ausreichendere Sicherheit bietet, als das ewig brodelnde Venezuela. Alles ist von den unerträglichen Dünsten der Ölraffinerien erfüllt und alles schmeckt und riecht nach Petroleum. Nicht auf den entferntesten Teilen der Insel kann man diesen Gerüchen und Dünsten entgehen. Wenn Barbados das Paradies war, dann ist Curaçao die Hölle. Hier möchte man weder arm noch reich sein, hier möchte man nur sehr schnell wieder abfahren.

Zwei Tage lang durchfahren wir das Karibische Meer, eine schöne heiße tropische Welt; das Meer ist glatt wie eine Glasscheibe. Die Hitze in der Nacht ist so drückend, daß einem die Luft zum Atmen fehlt. Ein plötzlicher Tropenregen, als Dusche benutzt, bringt Schlaf und Erfrischung.

Der Panama-Kanal

In Cristóbal Colón, am Panama-Kanal gelegen, sind wir sieben Tage Gefangene auf dem Schiff. Die Kanalzone steht unter USA-Hoheit und uns Deutschen von

1950 ist es aufs strengste untersagt, auch nur einen Fuß auf diese amerikanische Erde zu setzen. Wir kühlen unsere hitzigen Gefühle in diesen sieben Tagen mit dem vom Himmel reichlich gelieferten warmen weichen Regenwasser. Durch den vielen Regen erleiden die Löscharbeiten immer wieder Aufschub. Langsam verschwindet der Inhalt unserer fünf riesigen Ladeluken: Eisenstangen, Kisten, Fässer, Cognac, Sekt. Das Schiff steigt immer höher aus dem Wasserspiegel heraus. Der Pazifik möge uns gnädig sein!

Die hügeligen unserem Landeplatz gegenüber liegenden Ufer sind mit üppigem Urwald bestanden. Trotz der großen Scheinwerfer des Schiffes und der Bogenlampen, welche die nächtlichen Löscharbeiten beleuchten, fliegt kein Insekt. Keine Mücke kommt aus dem Dschungel. Man scheint ganze Arbeit geleistet zu haben. Die Panama-Zone zählt heute zu den gesündesten Tropengebieten.

Wir gleiten, als das Schiff sich am Mittag des 16. 11. endlich wieder in Bewegung setzt, in einer halben Stunde durch den engen Urwaldkanal bis zu den Riesenschleusen von Gatun, die in drei Stufen die Schiffe auf den 21 m höher gelegenen Wasserspiegel des Sees von Gatun heben. Die Fahrt über diesen künstlich angestauten See währt sechs Stunden.

Bei Darien beginnt der eigentliche Kanaldurchstich des Isthmus, eine nur für zwei Schiffe knapp ausreichende Fahrstraße, die man mit unsäglichen Opfern und Mühen in die hohen Felswände gehauen hat. Die Opfer des 1879 begonnenen und mißglückten Panama-Kanalbaues von Ferdinand VON LESSEPS zählen nach Zehntausenden. Mit Hilfe der Schleuse von Pedro-Miguel und der zwei Schleusen von Miraflores senkt sich das Schiff nun wieder auf das Niveau des Pazifik hinab.

In 7$^{1}/_{2}$ Stunden haben wir die Strecke von 81,6 km durchmessen. Es ist 21 Uhr. Der Golf von Panama eröffnet sich uns und damit haben wir den Pazifik erreicht. Es ist plötzlich sehr kalt geworden, und warme Kleidung und ein warmer Kamelhaarmantel sind notwendig. Die Kühle des Humboldtstromes mit seinen 13–17 Grad Wasserwärme macht sich sehr bemerkbar; man kann es nicht fassen, daß man noch am Morgen des gleichen Tages unter der tropisch feuchten Hitze in Urwaldnähe gestöhnt hat.

Ekuador

Nach drei Tagen sind wir unterhalb des Äquators in Ekuador und erreichen die meeresbreite Mündung des Rio Guaya. Langsam fährt das Schiff durch die lehmgelben Fluten des Flusses, an dessen linkem Ufer, 60 km hinauf, Guayaquil, der wichtigste Hafen des Landes, liegt. Wir ankerten in der Mitte des Strombettes, das hier noch mindestens 1 km breit ist. Der Anblick der Stadt bietet ein

E · Kleiner Hafen – La Rochelle
Federzeichnung mit Pastell – 11. 10. 1950
Chile-Reise 27. 9. 1950–12. 9. 1951

F · Maitenes – San Vicente Tagua – Tagua in Mittelchile
Kakteenlandschaft mit Blick auf die Kordillere

mächtiges Durcheinander von Betonbauten mit vielen Stockwerken, dazwischen hübsche zweistöckige Häuser aus alter spanischer Zeit und Bretterbuden. Die Spuren früherer Erdbeben sind nicht zu übersehen. Bemerkenswert ist, daß kein Haus einen Schornstein hat. Nicht heizen zu müssen, ist für den Nordländer eine sehr angenehme Vorstellung.

Die Bevölkerung ist farbig, Schwarze fehlen ganz. Man sieht viel indianischrote Haut, viel gelbe, viel mongolischen Einschlag. Unvergeßlichen Eindruck machte die Markthalle, die eine Fülle köstlichster, duftender Früchte bot: Ananas, herrliche Mangofrüchte, Orangen, Bananen, Melonen usw., aber alles wimmelte von surrenden Fliegen, und in den Duft der Früchte mischten sich widerlich Latrinengerüche.

Peru

Unser nächstes Ziel ist Peru. Wir legen im Hafen von Callao an. 13 km entfernt, mit Bus gut zu erreichen, liegt Lima, die 1535 von Pizarro gegründete Hauptstadt. Fünf Tage Aufenthalt gewähren Einblick in eine neue Welt.

Die größte Anziehungskraft geht von dem Anthropologischen und Archäologischen Nationalmuseum aus. Das Museum ist ebenerdig und großzügig angelegt, und zweimaliger Besuch reicht nicht aus, um alles zu erfassen. Dort kann man die zweitausend Jahre während kulturelle Entwicklung altperuanischer Völker bestaunen. Die paläolithische Zeit der Huayalas; die Kultur der Nazca 400 n. Chr., deren großer Erfindungsreichtum sich in ihren farbenreichen Keramiken, mythische Wesen, Menschen, Tiere, Früchte darstellend, ausdrückt; die bedeutende Epoche der Mochica mit meist zweifarbig gehaltenen, hervorragend modellierten Portrait-Plastik-Krügen, darunter die ergreifende Darstellung eines Blinden. Die Inka kamen erst im 15. Jahrhundert und standen auf dem Höhepunkt ihrer Kultur, als das große Reich unter Atahualpa 1533 dem spanischen Eroberer Pizarro zum Opfer fiel.

Für den Arzt besonders interessant ist ein Kabinett mit ärztlichen Darstellungen. Der Arzt am Krankenbett, Trepanationen, Amputationen, Verstümmelungen durch Lepra, Mumien in Hockerstellung, die Gebisse stets makellos, die Körper eingehüllt in viele Meter kostbar gewebter Totentücher.

Die Gewebe sind von hoher Kultur, alle Textilarten sind vertreten, wie Gobelin, Kelim, Brokate, Schleier. Mit dem einfachsten Gerät wurden die kompliziertesten Stoffe gewebt. Es gibt Webarten, die nirgendwo anders als im alten Peru vorkommen. Herrlicher Gold- und Silberschmuck ist zu bewundern. Die Keramiken sind handgeformt, unglasiert, Glasur und Töpferscheibe sind noch unbekannt. Es gibt Holzgeräte aller Art, Waffen, Metallgegenstände. Eine große Phantasie drückt sich in allem aus. Besonders eindrucksvoll die Totenmasken und die figürlichen Darstellungen. Herrlich die Farben der reich dekorierten Tonkrüge und Gewebe, unter denen besonders die Kelims auffallen, prachtvoll die Stickereien. Über allem liegt die Magie einer hohen Kultur.

Man trennt sich schwer von all diesem Reichtum. In die traurige Gewißheit, daß man das alles in dieser Vollständigkeit nicht mehr wiedersehen wird, mischt sich die Freude, es erlebt zu haben.

Chile

„Chili" – „wo die Erde aufhört" – nannten die indianischen Aimarás in der Chincha-Sprache dieses lange schmale Land, das sich wie ein Küstenstreifen von der peruanischen Grenze bei Arica, zwischen Pazifik und der bis 7000 Meter hohen Andenkette bis zur Feuerland-Südspitze in 4200 km Länge erstreckt. Die größte Breite beträgt 300 km, der Durchschnitt 180 km.

Glühend heiße Wüste ist der Norden, regenlos, mit den wertvollen reichen Salpeter- und Kupferlagern. Zentralchile mit der Haupstadt Santiago ist fruchtbares, meist künstlich bewässertes Winterregengebiet, der südliche Teil mit Valdivia und Concepción hat Regen zu allen Jahreszeiten. Südchile (Westpatagonien) erstreckt sich bis zur Inselgruppe des Feuerlandes, ein dünn besiedeltes, stark zerklüftetes Inselgebiet.

Unsere „Cherbourg" legt für eineinhalb Tage im Hafen von Coquimbo, im nördlichen Teil Mittelchiles an. Im nahen La Serena können wir das kleine aber sorgfältig geordnete und gepflegte Museum des deutschen Direktors Dr. CORNELY besichtigen. Seit dreißig Jahren hat er sich besonders der Diaguita-Kultur gewidmet.

Die Ausstellung umfaßt die verschiedenen Epochen der archaischen Zeit, der Einwanderung der Chinchas und die klassischen Formen der unter Inka-Einfluß stehenden letzten Epoche.

Erst 1460 waren die Inkas bis in die Gegend von La Serena-Coquimbo vorgedrungen. Das Museum enthält die Funde aus den Ausgrabungen. Es sind vielgestaltige Keramikschalen und -gefäße, deren Ornamentik sich dadurch auszeichnet, daß kaum eine gebogene Linie verwendet wird, sonder geometrische Formen aus Geraden, aus denen dann Dreieck-, Treppen-, Schachbrettmuster und dergleichen gebildet werden. Die Farben sind meist ein gelbliches Weiß, ein schwarzdunkles Braun und Terrakottrot.

Großen Eindruck machten die ausgestellten Menschenschädel, die auch von den Ausgrabungen stammten. Sie besaßen fast ausnahmslos vollständige Gebisse, es gab keine Karies.

«Dr. CORNELY erzählte auch einiges von der Ernährung dieser Ureinwohner, wie sie aus den Grabungen geschlossen werden konnte. Sie bestand aus

44 · La Serena – Museo Arqueologico/Chile
Keramikschalen der Diaguita-Kultur
und Indianerschädel aus vorkolumbianischer Zeit
mit vollständig intakten Gebissen
Foto Werner Kollath

Fischen, Tang und Mais, der in Steinmühlen vermahlen und dann wohl als Brei in flachen Gefäßen gegessen wurde. Überall, wo die Funde im Meeresnähe erhoben werden konnten, fanden sich die gesunden Zähne, aber in den Anden, auf den Höhen gab es Zahnverfall.

Die Felsenufer von Coquimbo sind braun und für Sepiamalerei wie geschaffen, aber sie sind ohne jeden Pflanzenwuchs. Wir begeben uns nun auf den letzten Teil der langen Reise, die in Valparaiso ihr vorläufiges Ende finden soll. Wir erwarten, dem Namen entsprechend, ein Paradies von Blumen.»

Das fanden wir nicht gerade in Valparaiso – wo uns am 7. 12. 1950 nach zehnwöchiger Fahrt außer dem bürokratischen Zoll, der Aconcagua, der höchste Gipfel der Kordillere, mit seinen siebentausend Metern begrüßte – sondern in Algarrobo.

45 · Blick von Santa Lucia – Santiago de Chile
Getönte Federzeichnung – 20. 4. 1951

Dort verbrachten wir – unterbrochen von kürzeren Besuchen in Santiago – die ersten drei Monate in dem schönen, unmittelbar am Pazifik gelegenen Landhaus unserer Gastgeberin.

Die Pracht der Blumengärten ist kaum zu schildern: unter großen Eukalyptusbäumen, Palmen, dem heilkräftigen Boldo und anderen immergrünen südlichen Bäumen gediehen jahraus, jahrein die violetten Bougainville, große Geranien- und Margueritenbüsche, Calla, Canna, Rosen, lila Plumbago, Agaven, Kakteen und als schönste die große leuchtende Hybiskusblüte. Besonders zu erwähnen und zu schätzen ist der Boldobaum – Pneumus Boldus Chile –. Er ist von ansehnlicher Höhe und bildet eine fast runde, sehr schöne Baumkrone mit immergrünen glänzenden Blättern. Aus diesen heilkräftigen Blättern, die Magen, Galle und Leber schonen und der Verdauung dienlich sind, bereitet man nach Tisch, anstelle des schwarzen Kaffees, eine „aguita di Boldo" = ein Wässerchen von Boldo. In einer Mokkatasse wird ein Stück karamelisierter Zucker und ein frisch vom Baum gepflücktes Boldoblatt gelegt und mit kochendem Wasser übergossen. Die ätherischen Öle des Blattes verbreiten einen aromatischen Duft und auch der Geschmack dieser „Tisane" ist angenehm. Da die Chilenen nach spanischer Sitte sehr spät und sehr gut zu Abend essen, ist diese therapeutische Maßnahme begreiflich. Der Boldobaum ist ein unentbehrliches Requisit des Gartens, fehlt er, dann behilft man sich mit einer „aguita di lemon" und verwendet ein Blatt des Zitronenbaumes.

Wo der Mensch Wasser hinbringt, gedeiht alles in unbeschreiblicher Konzentration; ohne Wasser bleibt alles Steppe, und Stacheln in allen Sorten und Größen machen es unmöglich einen nackten Fuß auf die Erde zu setzen.

Algarrobo ist der Badeort der Reichen, die dort inmitten der üppigen Gärten ihre schönen weißen Sommerhäuser haben. Der Pazifik vor der Tür mit seinen 17 Grad Wasserwärme ladet nur die Mutigen zum Bade; ein ständiger kühler Küstenwind sorgt dafür, daß es einem nie zu heiß wird, obwohl diese Erdhälfte jetzt Sommer hat.

Das Weihnachtsfest kann man mit frischen reifen Erdbeeren, Himbeeren, Kirschen, Aprikosen, Pfirsichen, frischen Feigen und zartesten Sommergemüsen feiern.

Am 1. Weihnachtsfeiertag fahren wir weit über Land zu dem Schaf-Fundo unserer Gastgeberin, um dort im Freien den traditionellen Lamm-Spießbraten zu essen. Die Straßen sind nicht asphaltiert und unser Auto hinterläßt eine gewaltige Staubwolke. Das Laub der Bäume und das Grün der Pflanzen ist mit einer dicken Staubschicht bedeckt. Rechts und links der Straßen Stacheldraht. Jedes Besitztum muß mit Stacheldraht solide eingefaßt sein. Der Fundo ist so groß, daß wir, trotz ausgedehnter Besichtigung des hügeligen Landes, nicht eines der 6000 Schafe zu sehen bekommen. Die Tiere leben ganz im Freien und werden nur einmal im Jahr zur Schur gesammelt.

Auf dieser Fahrt können wir auch den berühmten *Rodeo* kennen lernen, ein Reiterfest, bei dem die chilenischen Hirten und jungen Gutsherren in malerischer Tracht ihre gewagten Reiterkünste produzieren, um einen jungen Stier zu zähmen. Ein harter, kämpferischer und grausamer Sport.

In Algarrobo führen wir ein abgeschlossenes, nicht alltägliches Leben. Vom Haus aus können wir eine steile kahle Felseninsel sehen, an deren Fuß die Pinguine, gleich einer Fakultätssitzung, ihre ernsten würdigen Versammlungen abhalten. Schön sind die Wanderungen längs der einsamen Küste, die meist fel-

46 · *Chilene im Poncho*
Bleistift 1951

sig ist, mit steilen Abfällen zum Meer und kleinen Sandbuchten in der Tiefe. Wie bizarre große Leuchter stehen die Riesenarme der Säulenkakteen gegen den Horizont. Die Vegetation ist herb und karg. Die Wasserarmut läßt alles versteppen. Die Einsamkeit der Landschaft wird durch einen Schwarm Pelikane unterbrochen oder durch gewaltige Felseninseln, an denen sich die starke Brandung bricht. Sie sind übersät mit laut kreischenden Vögeln, deren Exkremente den gelbgrauen Stein weiß überzogen haben. Bei den abendlichen Wegen längs der Steilküste überwältigt die Farbenorgie der Sonnenuntergänge, Himmel und Pazifik in Gold, Violett und Purpur verwandelnd.

Anfang März verlassen wir diesen schönen stillen Ort, um von Santiago aus eine Reise in den Süden Mittelchiles zu den Regenurwäldern, heißen Quellen, schneebedeckten Vulkanen und gewaltigen Wasserfällen zu unternehmen.

Der Zug fährt durch das Zentraltal Mittelchiles, ein überaus fruchtbares Land, ein wahrer Garten Gottes, der alles an Früchten und Gemüsen und Getreide hervorbringt, was ein subtropisches Land zu bieten hat. Wir fahren durch Weingärten und schöne Agrumen- und Olivenhaine. Großartig ist die ständig den Weg begleitende über 5000 m hohe Andenkette.

Für die 500 Kilometer lange Strecke von Santiago nach Valdivia braucht der komfortable amerikanische Zug einen Nachmittag und eine Nacht.

Die Hafenstadt Valdivia, Hauptstadt der gleichnamigen Provinz, hat etwas von deutscher Gemütlichkeit. 1848 wurde das Land bis hinunter nach Puerto Montt den deutschen Einwanderern gegeben, auf daß sie es urbar machten, und sie haben es getan, meist unter großen Opfern und Entbehrungen. Die Häuser nehmen immer mehr deutschen Charakter an, je weiter es nach Süden geht, auch die Aufschriften sind vielfach deutsch.

Das landschaftlich schönste Gebiet, die chilenische Schweiz genannt, liegt um Puerto Varas. Die schneebedeckten Vulkane De Puyehue, Osorno, Puntiagudo, Calbuco ragen als einsame Riesenkegel bis zu 2600 m hoch aus der Landschaft, spiegeln sich in den großen Seen, dem Llanquihue See, an dem Puerto Varas liegt oder in dem von Regenurwald umstandenen, stillen, sehr schönen Lago Todos los Santos mit seinen steilen Ufern. Der Osorno-Vulkan scheint unmittelbar aus diesem See aufzusteigen.

Die letzte Eisenbahnstation auf dem südamerikanischen Festland ist Puerto Montt, das an einer sehr großen Meeresbucht liegt, die durch die mächtige Insel Chiloé gebildet wird. Der Hauptplatz in Puerto Montt hat schöne Empirehäuser und eine Empirekirche.

Von Puerto Montt fahren wir mit einem Motorboot zur Insel Tenglo, um an einem original-araukanischen „Curanto"-Essen teilzunehmen. Bei unserer Ankunft auf der Insel, gegen Mittag, fanden wir einen großen Erdhügel vor aus dem Dampf aufstieg und ein vielversprechender, anregender Duft. Schon lange vor unserem Eintreffen war die Mahlzeit vorbereitet worden: auf einem Untergrund von stark erhitzten Natursteinen hatte man alles Eßbare angehäuft und hoch mit Erde abgedeckt. Das Essen schien gar zu sein, denn bald wurde die Erde – es waren Rasensoden – entfernt, dann zahlreiche dunkle braune Jutesäcke und schließlich eine dichte Schicht riesengroßer grüner Blätter – Schutzschicht für das Darunterliegende –. Was kam da zum Vorschein! Der Anblick war so überwältigend, wie der Duft. Da lagen auf flachen Emailleschalen oder direkt auf den heißen Steinen viele Sorten Fisch, Muscheln und seltsame Schalentiere, vielerlei Fleisch, Würstchen, alle Sorten Gemüse und Kartoffeln in der Schale. Es war eine Mahlzeit für ca. 40 Personen. Die Erwartung wurde weit von dem köstlichen Geschmack der im eigenen Saft geschmorten Speisen übertroffen.

Die radioaktiven Thermalquellen sind teils durch großartige Hotels erschlossen, wie z. B. die Termas de Puyehue, am gleichnamigen See gelegen oder die Termas de Palguin bei Pucon. Das elegante Hotel Pucon liegt am großen Villarica-See, aus dem sich majestätisch die weiße Riesenpyramide des Vulkans Villarica erhebt.

47 · Vulkan und See Villarica – Süden von Mittelchile
Tuschzeichnung mit Bleistift getönt – 1951

Imponierend sind die mächtigen Wasserfälle von Petrohue und Pilmaiquen.
Überwältigend ist im Süden die Großartigkeit der Natur, ihre Unberührt-
heit und auch Unberührbarkeit. Der Regenreichtum hat die Urwälder geschaffen, die nur durch den ungeheuren Einsatz der Kolonisatoren in fruchtbares
Ackerland umgewandelt werden konnten.

Nach Rückkehr von dieser zweiwöchigen erlebnisreichen Reise beziehen wir
in Santiago für das letzte Vierteljahr unseres Aufenthaltes in Chile eine möblierte Wohnung. Dort beginnt ein sehr reges gesellschaftliches Leben, das uns mit
den vielen Deutsch-Chilenen in freundschaftliche Verbindung bringt. Wir haben das Glück in die exklusiven Kreise der chilenischen Gesellschaft aufgenommen zu werden. Es sind die alten baskischen Familien, deren Adel sich darin
ausdrückt, daß ihre Namen zwei R enthalten: CORREA, ERRAZURIZ, LARREIN.
Sie laden uns in ihre schönen Häuser in Santiago und auf ihre herrlichen Land-
güter ein und werden unsere besten Freunde. Sie setzen alles daran, uns das Leben schön und interessant zu machen. Sie versuchen, diese „Eminenzia, deren
Name in Lexika zu finden ist", im Lande zu behalten. Aber Werner KOLLATH
zog es wieder nach Deutschland zurück, und nachdem die vereinbarten Vorträge
gehalten waren, rüsteten wir uns zur Abreise.

Die Vorträge in Santiago

Der erste Vortrag, am 15. Juni 1951, hatte die Dysbakterie zum Thema. Er wurde im Auditorium des Hospitals San Vicente unter dem Vorsitz von Professor Exequiel GONZÁLEZ CORTÉS gehalten.

Der zweite Vortrag, am 22. Juni, wurde von der Medizinischen Gesellschaft Santiago veranlaßt unter dem Patronat des Professors für Hygiene und Bakteriologie an der Universität Santiago, Dr. Hugo VACCARO. Der Titel war:

LA MESOTROFIA O ALIMENTACION INSUFICIENTE Y SU SIGNIFICATION

EN LA PRODUCCION DE ENFERMEDADES DE LA CIVILIZATION.

Beide Vorträge wurden von dem Chirurgen Professor Juan WESTERMEYER, zu dem sich eine schöne Freundschaft entwickelt hatte, übersetzt. Die Fakultät ernannte Werner KOLLATH zum

„Ehrenmitglied der Medizinischen Fakultät in Santiago de Chile"
und überreichte ihm eine Ehrenurkunde.

Prof. Vaccaro hatte sich bereit erklärt, dem Kollegen an seinem Institut eine etatmäßige Forschungsstelle einzurichten. Auch andere wissenschaftliche Arbeitsmöglichkeiten eröffneten sich, aber so dankbar KOLLATH für diese Bereitschaft war, sein Entschluß stand fest.

Die Rückfahrt

Am 24. Juni 1951 mittags verließen wir Santiago. Viele Freunde hatten sich am Zuge zum Abschiednehmen versammelt. Ihre Namen seien zum Dank genannt: Don Salvatore Correa OVALLE, Inesita ALDUNATI, Don Ivan und Vittoria CORREA, Carmela Echenique DE ERRÁZURIZ, Prof. WESTERMEYER, der Kinderarzt Prof. STEEGER und Frau Ruth, Dr. BERING und Frau, die Ehepaare BEUTLER und KRÜGER. Nach vielen „Abrazos" trennten wir uns. Der Abschied von den Freunden und dem schönen Land ist uns schwer gefallen.

Hoch zu rühmen ist die Freundlichkeit und die Gastfreundschaft der Chilenen. Ihre Einladungen – auch einfachere – sind Festmähler. Die chilenische Küche ist ausgezeichnet. Das subtropische Klima liefert reichhaltiges Material für originelle Rezepte, die die spanische Kochkunst mit der indio-chilenischen vereinen.

Nach einer Übernachtung in Los Andes begann am Morgen die „Salida Transandino", die Überquerung der Kordillerenbarriere, die in imponierender Gleisführung bei Portillo eine Höhe von 2880 m erreicht. Portillo ist ein Wintersporthotel am Inka-See, der jetzt tief verschneit lag, wie die ganze gewaltige Welt der über 5000 m hohen Gipfel um uns herum.

Nach der Fahrt durch einen 3163 m langen Tunnel ist man in Argentinien. Bei der Weiterfahrt läßt sich der Aconcagua mit seinen 7000 m einen kurzen Augenblick sehen. Argentinisches Militär hält den Zug besetzt und natürlich ist das Fotografieren verboten, aber es gelingt doch rasch eine Aufnahme zu machen.

In der am Ostfuß der Anden gelegenen Universitätsstadt Mendozza bleiben wir zwei Nächte, um die hübsche Stadt kennen zu lernen und um die Durchquerung Argentiniens mit der Fahrt durch die weiten Ebenen der Pampa am Tage machen zu können. Wenn das Land Chile zu schmal ist, ist Argentinien zu breit. Bis nach Buenos Aires fahren wir 16 Stunden. Die riesigen Getreidefelder sind abgeerntet, das Land noch nicht umgepflügt. Gelbbraun liegen die Stoppeln auf der fruchtbaren Schwarzerde, die keinen Kunstdünger, wohl aber Fruchtwechsel, braucht. Kleine Waldstücke unterbrechen die monotone Ebene. Vielreihige Stacheldrahtzäune, die auch hier Gesetz sind, ziehen sich in unaufhörlicher Folge rechts und links der Eisenbahn. Kurz vor Mitternacht kommen wir in Buenos Aires an, in dieser riesengroßen Weltstadtinsel inmitten der Pampalandschaft.

Die Vorträge in Buenos Aires

Auch hier waren schon von langer Hand Vorträge vorbereitet worden.

«Kollege Dr. Edmundo INGBER, ehemals Wien, der uns bei den fast unüberwindlichen Schwierigkeiten der Zollbürokratie in den nächsten Tagen entscheidend unterstützte, lud uns zu sich ein. Er kannte meine Arbeiten genau und hatte sie seit 10 Jahren in Argentinien propagiert, so daß ich dort kein Unbekannter mehr war. Er zeigte mir eine imponierende Zahl von Röntgenaufnahmen seiner systematischen Versuche, das von mir bei Ratten gefundene Syndrom der Mesotrophie auch beim Menschen nachzuweisen.»

Das Argentinische Tageblatt vom Dienstag, 26. Juni 1951 kündigte in einem Pressebericht die Vorträge an:

„... Prof. KOLLATH wird auf Einladung der Nationaluniversität Buenos Aires an dem Lehrstuhl für Hygiene und Sozialmedizin bei Prof. Dr. Germinal RODRIGUEZ in der Medizinischen Fakultät am 2. Juli über

„Die Mesotrophie oder Halbernährung und ihre Bedeutung für die Entstehung von Zivilisationskrankheiten"

lesen und am 3. Juli über

„Die Dysbakterie des Darmes als Ursache von Krankheiten"

sprechen, um am 4. Juli die Rückreise nach Europa anzutreten."

Dr. Edmondo INGBER übersetzte die Vorträge meisterhaft und der Erfolg war groß.

Am Tage vor den Vorträgen besuchten wir das naturhistorische La Plata-Museum,

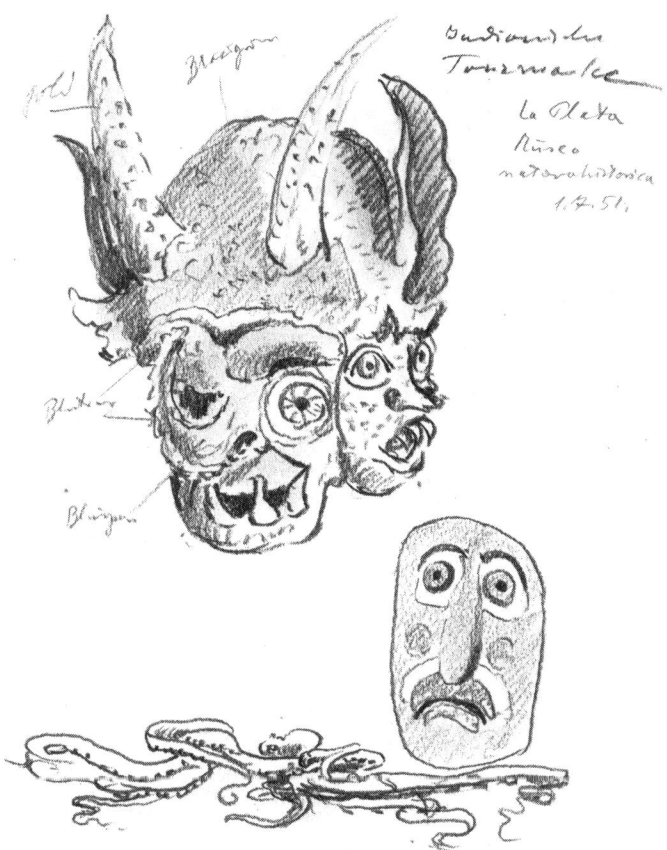

48 · *Indianische Tanzmasken*
La Plata – Naturhistorisches Museum, Bleistift 1. 7. 1951

«auf das ich mich besonders und mit Recht gefreut hatte. Hier sollten uns die Ureinwohner dieses Landes demonstriert werden und der Besuch dieses Museums lohnt allein die Reise, ebenso wie der Besuch des sogenannten Inka-Museums in Lima.

Bei den menschlichen Knochenüberresten sah ich hier die Knochensyphilis, von der mir Prof. HENSCHEN in Stockholm erzählt hatte. Hier sah ich nun erstmalig die Beweise.

Am interessantesten waren die Skelette der Saurier und der anderen südamerikanischen Tiere der Vorzeit. Ich habe Skizzen gemacht vom Diplodocus, vom Glyptodon, von den Gürteltieren, dem Riesenfaultier oder Megatherium. Auch große Tintenfische waren zu sehen und Tanzmasken der Indianer. Die Masken haben goldene Hörner, goldene Raubtierzähne, rote und schwarze Gesichter, große Glasaugen in gelb mit rot, bunten Federschmuck, Tiergesichter – eine erschreckende, phantastische Welt. Dann gibt es Gewänder in reicher Silberstickerei mit Silberpailletten und bunte Federdecken.»

Am Abend des 4. Juli verlassen wir Buenos Aires vom Hafen Rio de la Plata aus mit dem italienischen Touristenschiff „Conte Grande". 10 Stunden dauert die Überfahrt über die 300 km breite Flußmündung des Rio de la Plata nach Uruguay, in dessen Hauptstadt Montevideo wir einige Stunden Zeit zur Besichtigung haben.

Zwei Tage in nördlicher Fahrt bringen uns nach Santos, der einst gefürchteten Gelbfieberstadt und einen Tag später sind wir für wenige Stunden in Rio de Janeiro. Die Einfahrt in den bedeutenden Hafen bei Sonnenaufgang bietet das wunderbarste Panorama. Die knappe Zeit muß für eine Seilbahnfahrt auf den Zuckerhut reichen.

Wie ist dieser senkrechte grausame Felsen, der gefährlich wie ein Torpedogeschoß in seinem grünen Urwald steckt, zu diesem süßen Namen gekommen? Mit zwei verschiedenen Seilbahnen überwindet man die Höhe. Die Aussicht ist so berühmt wie überwältigend.

Unser eiliges Schiff erwartet uns mittags Punkt 12 Uhr. Der Schmelz der Morgenfrische ist geschwunden, etwas müde im Grau der diesig gewordenen Farben rollt sich das Riesenpanorama nun in entgegengesetzter Richtung vor uns ab. Wir verlassen die große Bucht und erreichen den Atlantik. Es liegt Melancholie über der großartigen Landschaft.

Melancholie Südamerikas.

In sieben Tagen überquert das Schiff den Atlantik. Im Trubel des vollbesetzten Schiffes darf man nicht an die einsame schöne Hinfahrt mit dem Frachtdampfer denken.

Wir landen kurz in Westafrika, im französischen Territorium Senegal. Die

49 · *Montevideo – Uruguay*
Bleistift – 5. 7. 1951

Negerinnen des sonntäglichen Marktes in Dakar versetzen uns durch die Schönheit ihrer Gewandung und die Grazie ihrer Bewegungen in ein Traumreich.

Ein Nordsturm fegt uns über den Wendekreis des Krebses, die Canarischen Inseln geistern an uns vorbei, Gibraltar verbirgt sich im Nebel.

Am 20. 7. sind wir im schönen, sehr heißen Barcelona, am Abend des nächsten Tages bereits in unserem Hotel in Genua. Die Erde hat uns wieder!

Die große Reise war eine gewaltige Zäsur im Leben Werner KOLLATHs. Reich an Erlebnissen, Eindrücken und Erfahrungen kehrt er zurück. Wesentlichste Erkenntnis ist, daß er weiß, daß sein Platz nicht in jener anderen Welt ist, sondern in Europa, in dem ihm unentbehrlichen Europa, das er in Genua in überschwenglicher Freude begrüßt, dankbar wieder in einem Lande zu sein, wo die Straßen krumm und winklig sind und die Dimensionen menschlicher. Aber ebenso dankbar ist er für das Erlebte, das er nicht missen möchte. Dankbar auch allen Freunden, die dort gewonnen wurden und deren Freundschaft nie vergessen werden kann.

Idee und Verwirklichung

Hannover II 12. September 1951 – 8. Mai 1952

Die arbeitsreichen letzten Monate in Hannover

Federico WEHRLI aus Locarno läßt es sich nicht nehmen, den wieder nach Europa zurückgekehrten Kollegen und Freund persönlich mit seinem Auto von Genua abzuholen. Drei Wochen behält er ihn in seiner schönen Casa di Cura in Muralto als Gast. Von Zürich – Klinik BIRCHER-BENNER – geht es in einem kleinen Triumphzug über Bayern, Württemberg, Hessen zurück nach Hannover. Die Freude, daß Werner KOLLATH wieder in Deutschland ist, ist allgemein. 6 Wochen sind seit der Ankunft in Genua vergangen. Mitte September 1951 wird das kleine Reich in Hannover wieder bezogen, aber nicht mehr für lange, es drängt den unruhigen Geist nach Süden.

Die Aussichten auf ein Ordinariat, die KOLLATH stets sehr skeptisch beurteilt hat, lösen sich vollends auf. Am 30. April 1952 kommt ein Schreiben der betreffenden Dienststelle, wonach Werner KOLLATH auf Grund eines amtsärztlichen Gutachtens (Herzfehler*) als dauernd dienstunfähig anzusehen, ab 1. 4. 1951 als im Ruhestand befindlich zu betrachten ist und an der Unterbringung an einer westdeutschen Hochschule nicht mehr teil hat. Er ist also vorzeitig pensioniert! Tröstlich ist, daß die seit 1945 gestoppten Dienstbezüge damit anerkannt sind und ab 1. 4. 1951 nun wieder gezahlt werden.

Weniger tröstlich ist für den begabten Experimentator die Gewißheit, daß er auf eine Fortsetzung seiner so erfolgreichen Forschungsarbeit im Labor endgültig verzichten muß, daß er nicht mehr Gelegenheit haben wird, die Studenten im Kolleg für ihre Entwicklung zu beeinflussen.

Freilich kann er in seiner ausgedehnten Vortragtätigkeit weiter wirken, aber vor einem anderen Forum als junge angehende Mediziner es sind.

Es bleibt ihm die schriftstellerische Tätigkeit, um auszusagen, was er der Welt noch zu sagen hat.

* Der Herzfehler ist auf Grund eines Gelenkrheumatismus, an dem KOLLATH in jüngeren Jahren erkrankte, entstanden.

Der Arbeitswille Werner KOLLATHs ist nicht zu lähmen. Der Tätige sucht sich andere Gebiete.

Werner KOLLATH ist nicht nur Erneuerer als Gelehrter und Forscher, ist nicht nur Organisator und von technischer Begabung – wie seine Leistungen in Rostock beweisen – er besitzt auch die Eigenschaften des Erfinders. Er erdenkt Dinge, die es vorher noch nicht gab, wobei ihm seine Unvoreingenommenheit zugute kommt. Eine starke Vorstellungskraft gibt ihm die Möglichkeit praktisch zu verwirklichen, was theoretisch erdacht wurde und so wird er auch da schöpferisch.

Es entsteht das KOLLATH-Frühstück, diese einfache Idee, geschrotetes oder geflocktes Weizenkorn in roher Form als Frühstücksnahrung zu empfehlen, (s. S. 178 ff), eine Idee, die ein Welterfolg wurde und eine Fülle von Kornprodukten und Nachahmungen auf den Markt gebracht hat.

So entsteht Kodruna, das Kälberaufzuchtmittel, bei dem eine Kombination von Getreideschrot und einem genial zusammengesetzten Spurenelementgemisch eklatante Erfolge erzielt. (s. S. 187 ff).

Mit der Idee, eine bestimmte Methylenblaulösung zur Heilung von schweren Verbrennungen, offenen Wunden (Gangrän) usw. zu verwenden, können Wunderheilungen vollbracht und Gliedmaßen und Menschenleben gerettet werden. (s. S. 190 ff).

Das wirksame Mineralgemisch Probiotikum-KOLLATH wird aus dem Spurenelementgemisch entwickelt.

Auch die Erfolge der Dysbakterie-Behandlung (s. S. 149 ff) wären ohne die oben genannten Eigenschaften Werner KOLLATHs nicht entstanden.

Das produktive Gehirn regte ständig zu Neuem an. Die Verwirklichung der Ideen und Pläne hätte einen großen Mitarbeiterstab beschäftigt und in Trab gehalten. Das Fehlen eines großen Forschungslabors war ein Kummer für Werner KOLLATH, der ihn nie mehr verließ.

Die Jahre in Hannover waren ein Konzentrat an Arbeit. Neben der großen Vortragstätigkeit wurden 40 Zeitschriftenaufsätze verfaßt und 8 Bücher geschrieben.

1950 war die große Monographie erschienen:

DER VOLLWERT DER NAHRUNG UND SEINE BEDEUTUNG FÜR WACHSTUM UND ZELLERSATZ

Ebenfalls 1950 die Schrift:

ERNÄHRUNGSWIRKUNGEN

mit den Aufsätzen KOLLATHs:

Über die Mesotrophie, ihre Ursachen und praktische Bedeutung
und

Die Bedeutung der hitzeempfindlichen Bestandteile der natürlichen
Nahrung.

Diese Bücher sind im Kapitel Mesotrophie behandelt. (s. S. 249 ff). 1951 folgten:
Die Epidemien in der Geschichte der Menschheit und Vom Arztsein.
Aus dem Enchiridion medicum von Christoph Wilhelm Hufeland.

Die Epidemien in der Geschichte der Menschheit

Verlag Der Greif, Walter Gericke. Wiesbaden 1951
Inhaltsverzeichnis:
Die Seuchen und der Mensch – Die Malaria – Das Gelbfieber – Die Ha-
kenwurmkrankheit – Der Aussatz – Die Tuberkulose – Die Pest – Die
Pocken – Die Cholera – Das Fleckfieber – Der Unterleibstyphus – Die
Diphtherie – Die Geschlechtskrankheiten – Seuchen der Tiere und Pflan-
zen – Verschuldete Krankheiten – Das Problem des Todes und der Arzt.

Am 15. März 1946 hielt Werner Kollath im Rahmen des Kulturbundes
Rostock über dieses Thema einen Vortrag. Er arbeitete damals als Oberseuchenkommissar und stand noch unter dem Eindruck der furchtbaren Epidemien, die
1945 unter den Ostflüchtlingen wüteten.

Der Vortrag war ein Meisterwerk, nicht nur den Text betreffend, sondern
besonders auch des Bildmaterials wegen, das Werner Kollath in schwarzweiß
Diapositiven gleichzeitig vorführte. Es war eine mit viel Kenntnis ausgewählte
Reihe zum Thema passender Darstellungen aus der Kultur- und Kunstgeschichte
aller Länder und Völker, z. B. der Totentanz von Bernt Notke von 1463, der
Rochusaltar aus der Rostocker Marienkirche, die Apotheose des Krieges von
Wereschtschagin, die Zeichnung von Albrecht Dürer bei der er auf seine
kranke Leber weist. Es ist sehr zu bedauern, daß der Vortrag und seine Illustra-
tionen nicht im Original erhalten geblieben sind.

Aber einige Jahre später arbeitete Kollath aus seinen Vortragsnotizen das
Thema zu einem Buch aus. Das Buch enthält außer 8 eigenen Aufnahmen des
Verfassers und 18 Abbildungen aus der Kunstgeschichte noch in Faksimile-
Druck einen Brief von Robert Koch aus Daressalam vom 16. Februar 1898 an
Richard Pfeiffer, den Lehrer Kollaths an der Breslauer Universität.

Besprechung aus der *„Zeitschrift für die gesamte Innere Medizin und ihre Grenzgebiete"* Leipzig, Heft 23, 1952

TRAUTMANN

> *„In diesem schmalen, attraktiv ausgestatteten Band werden wir durch die geschichtlichen und kulturgeschichtlichen Hintergründe einiger Seuchen der Menschheit geführt und sehen, wie diese Seuchen oft bestimmend in das Leben und Schicksal ganzer Völker wie das der Einzelmenschen eingegriffen und manche politische, soziale, kulturelle Gestaltung bedeutenden Ausmaßes bewirkt haben. Künstlerische Überschau ist in abwechslungsreicher Darstellung fesselnd verwoben mit praktisch-sachlichen Angaben und Ausblicken; zahlreiche schöne Abbildungen, auch zum Teil aus dem Gebiet der Kunst, durchwirken den Text.*
>
> *Immer wieder läßt es der Verfasser deutlich werden, daß ‚Gesundheit erworben werden will und nicht einem jeden in den Schoß fällt'.*
>
> *Schön ist auch der Ausblick in die Welt, der uns beim Lesen wie nebenbei vermittelt wird. In einem Brief von Robert* KOCH, *den das Buch in Faksimile bringt, lesen wir die Worte: ‚Was nützt uns alle Laboratoriumsarbeit, sie ist doch nur etwas Halbes. Wirklich lernen und weiterkommen kann man doch nur, wenn man hinausgeht und mit eigenen Augen sieht.'*
>
> *Mit einer Betrachtung über das ‚Problem des Todes und der Arzt' schließt das Buch."*

VOM ARZTSEIN

Aus dem Enchiridion medicum von Christoph Wilhelm HUFELAND
Herausgegeben von Prof. Dr. med. Werner KOLLATH

Diese Schrift, die als Weihnachtsgabe 1951 vom Hippokrates-Verlag Stuttgart verschickt wurde, war als Vorabdruck aus einer in Vorbereitung befindlichen Auswahl aus HUFELANDS Schriften gedacht. Das sehr umfangreiche Manuskript zu dieser HUFELAND-Auswahl liegt gebunden vor, aber es ist nicht gedruckt worden (s. S. 126).

KOLLATH, der Herausgeber, wählte für die Weihnachtsgabe Teile aus dem Alterswerk HUFELANDS, dem *Enchiridion medicum*, das erste Kapitel „Natur und Kunst. Physiatrik" und das letzte Kapitel „Die Verhältnisse des Arztes" mit den 3 Aufsätzen: Verhältnis zu den Kranken, zu dem Publikum und zu den Kollegen.

Das Geheimnis des Kollath-Frühstücks

Seine Wirkungen grenzen ans Wunderbare, so daß man meinen könnte, es sei da etwas Geheimnisvolles am Werke. Das stimmt und stimmt auch wieder nicht. In Wirklichkeit ist es das Einfachste, was man sich denken kann, nur ist es noch kaum gedacht worden.

Das Einfache liegt aber nicht nur in der Idee, sondern auch im schlichten Getreidekorn selbst, aus dem das KOLLATH-Frühstück besteht, aber in diesem Korn liegt zugleich auch das Geheimnisvolle. In das kleine keimfähige Samenkorn hat die Natur die große zeugende Urkraft gelegt. Dort werden alle Stoffe konzentriert, die notwendig sind, um ein neues Wesen mit allen Eigenschaften seiner Art wiedererstehen zu lassen. Genießt der Mensch nun das Samenkorn in einer Form, die dessen Kraft nicht mindert, dann werden diese Naturkräfte des Kornes auf ihn übertragen. Sie bewirken in ihm eine erstaunliche Fülle von Regulationen. Über die vielseitigen Wirkungen wird später berichtet werden.

Worin bestand nun die einfache Idee Werner KOLLATHs? Sie bestand darin, den Menschen zur *Aufwertung ihrer Zivilisationskost zum Verzehr von ausreichend vollwertigen, naturbelassenen Getreideprodukten zu raten.*

«Ich habe, – so sagt Prof. KOLLATH in einem Vortrag 1944 in Rostock – vielfach empfohlen, abends pro Person drei Eßlöffel Weizen – oder Roggenkörner mit der grob gestellten Kaffeemühle zu mahlen, dieses Malprodukt mit der gleichen Menge Wasser anzusetzen, über Nacht stehen zu lassen und morgens nüchtern als ersten Gang des Frühstücks in rohem Zustande mit Milch oder mit Obstsaft, bzw. frischen, entsprechend vorbereiteten Früchten zu essen, in der Art des BIRCHER-Müesli.»

Wie aber war Werner KOLLATH zu diesen Gedanken gekommen? Schon in Breslau, im Jahre 1932, hatten die großen Veröffentlichungen über *Wachstum und Zellersatz* begonnen, aus denen die Lebenswichtigkeit der *Wachstums- und Zellerneuerungsstoffe* für Mensch und Tier hervorging (s. S. 244). KOLLATH hatte diesen Stoffen die Bezeichnung Auxone – von auxano (griechisch) vermehren –, gegeben, um ihre Ähnlichkeit und Verschiedenheit von den Pflanzenwuchsstoffen KÖGLS, den Auxinen, – mit denen sie nicht identisch sind – zu kennzeichnen.

Die 15. Mitteilung dieser Veröffentlichungsreihe vom 20. Juli 1941 hatte den Untertitel:

BEDEUTUNG DER WUCHSTOFFE IN MEHL UND BROT.

In dieser Arbeit war dargestellt, wie in Tierversuchen verschiedenste Variationen der Versuchskost getestet worden waren: Handelsbrot und Vollkornbrot, – Feinmehl und Vollkorn-Frischmehl, – frischer Vollkornschrot oder frische Getreidekeime. Als Indikator diente die Steilheit der Wachstumskurve, und diese war bei der Zugabe von frischen Keimen und frischem Schrot eklatant.

Diese Versuche gipfelten in der Erkenntnis, daß *frischer Vollkornbrei Lebensmittel und Brot Nahrungsmittel* sind.

In der 15. Mitteilung heißt es also schon im Jahre 1941:
«*Brotnahrung oder Breinahrung?*

Es besteht jetzt kein Zweifel mehr, daß eine gewisse qualitative Wertherabsetzung der Wuchsstoffwirkung beim Prozeß der Brotherstellung unvermeidbar ist, und daß unerhitzte Vollkorn-Frischkost eine deutlich nachweisbare Wachstumsverbesserung herbeiführen kann, so ist die Frage zu erörtern, ob nicht die Breinahrung – möglichst in unerhitzter Form – stärker zu befürworten ist als bisher.

Hier berühren wir ein ungelöstes Problem, daß damit gekennzeichnet ist, daß $^4/_5$ der Menschheit Breiesser sind und nur $^1/_5$ Brotesser, daß aber die meisten Gebiß-Schädigungen bei den Brotessern auftreten sollen.»

So war das Jahr 1941 die geistige Geburtsstunde des KOLLATH-Frühstücks. Ein Jahr später, im Frühjahr 1942, als KOLLATH sich gleichzeitig mit dem Braunschweiger Internisten Prof. Rudolf STAHL zu einer Kneipp-Kur in Bad Berggießhübel aufhielt, machte er zum ersten Mal Vorschläge für die Praxis. Bei den nachmittäglichen Spaziergängen trug STAHL seine Sorgen bezüglich der Ernährung seiner Krankenhauspatienten vor. Die Klinikkost und die Mängel der Kriegskost verlangten nach einer Aufbesserung. „Wie soll ich meine Kranken ernähren?" war die Frage. KOLLATH berichtete von seinen Versuchen und empfahl, den Patienten frisch geschrotetes Korn in einer geeigneten Form zu verabreichen, als *Frischkornbrei* mit Milch mit frischen Früchten oder auch kurz aufgekocht als Schrotbrei oder -suppe.

STAHL folgte diesem Rat, der ihm einleuchtete und berichtete später über die guten Erfolge auf dem Südwestdeutschen Internistenkongreß am 24. Oktober 1947 in seinem Vortrag:

Klinische Erfahrungen mit Getreidefrischkost.

1943/44 wurden die praktischen Versuche weitergeführt und auch auf Kälber ausgedehnt. In einer Sitzung der *Naturforschenden und Medizinischen Gesellschaft* in Rostock am 13. 7. 1944 hielt KOLLATH einen Vortrag über seine Vitamin- und Wachstumsversuche und die Ergebnisse mit frischen Vollkornprodukten.

Es war das erste Mal, daß KOLLATH seine Vorschläge zu einer vollwertigen Getreidenahrung einem wissenschaftlichen Gremium unterbreitete.

Das „Nürnberger 8 Uhr Blatt" vom 19. 7. 44 berichtete ausführlich über diesen Vortrag mit der Überschrift:

Ernährung mit Getreidebrei

„Nachdem Prof. KOLLATH *darauf hingewiesen hatte, daß die brei-essende Bevölkerung viel weniger von der Zahnfäule (Karies), befallen ist als die brotessende, empfahl er besonders für werdende Mütter und für Kinder eine Ernährung mit Getreide-Frischbrei, da dieser an Wuchsstoffen reicher ist als Brot. Nur wenn die Anlage des Gebisses, der Knochen und der Organe gesund sei, könne auch ein Optimum an Gesundheit erreicht werden. Die empfohlene Getreidenahrung gewährleiste diese erwünschte Entwicklung. Es wäre besonders für die Ernährung unserer Soldaten wichtig, wenn diese Erkenntnisse sich durchsetzen würden."*

Noch ist Kriegszeit! Als am 11. April 1944 unsere Wohnung infolge eines Bombenangriffes total ausbrannte, mußten wir einige Monate im Hotel Rostocker Hof unterkommen. Dort war die Verpflegung auf unsere Lebensmittelmarken so minderwertig und unserer gewohnten Kost so entgegengesetzt, daß sich bald gesundheitliche Störungen bemerkbar machten. Unsere Schrotmühle war mit dem Haus verbrannt. Auf einer Versteigerung in Schwerin gelang es uns, eine uralte Kaffeemühle mit handgeschmiedetem Mahlwerk für 2 Mark zu erstehen, mit deren Hilfe wir jeden Abend in mühseligem Mahlen – aber erfolgreich – den Bedarf für das Frühstück des nächsten Tages herstellen konnten. Die gesundheitliche Wiederherstellung erfolgte sehr rasch. *Seitdem sind wir diesem Frühstück bis heute treu geblieben.*

In dem kleinen möblierten Haus, das uns im August zugewiesen wurde, galt es bald zahlreiche Flüchtlinge aufzunehmen und zu ernähren. Die Entbehrungen und Anstrengungen der Flucht, die oft zu totaler Erschöpfung geführt hatten, konnten mit Hilfe der Frischkorngerichte in kurzer Zeit behoben werden. Allerdings mußte das Korn „organisiert" werden, wobei sich wieder einmal die Zeichenkunst bewährte, da wir – als Ausgebombte – ja nichts zum Kompensieren hatten. Für den Bedarf der meist 12-köpfigen Familie war das Mahlen mit der kleinen Kaffeemühle keine Kleinigkeit, der sich aber die Flüchtlingskinder mit Eifer unterzogen.

Bemerkenswert war, daß man bei dieser Getreidekost, die bei Bedarf in abgewandelten Formen auch noch mittags oder abends verabreicht wurde, voll leistungsfähig war, Hungergefühle nicht kannte und von „Schwarzkäufen" völlig unabhängig wurde.

Ein Mecklenburger Arzt und Vorkämpfer für das Vollkorn, Dr. Gronau, bezeichnete den Vorschlag des Frischkornbreies als

„die konsequenteste Verwirklichung des Vollkorngedankens".

Nach der Flucht Kollaths im März 1947 von Rostock nach Hannover, wurde sofort eine rege Vortragstätigkeit, sowohl in Hannover, als auch in vielen Städten Westdeutschlands aufgenommen, um die neuen Vorschläge zur Verbesserung der Gesundheit, die in den schweren Nachkriegs-Notzeiten doppelt wichtig waren, in weiten Kreisen bekannt zu machen. Presseberichte sorgten für eine umfangreiche Verbreitung. Einige große Werkkantinen übernahmen die Frischkorngerichte für die Verpflegung ihrer Belegschaften. In Hannover wurden in den Spitälern Stephanstift und Annastift entsprechende Versuche mit Erfolg durchgeführt.

Die größte Schwierigkeit, der Bevölkerung diese Kost zu ermöglichen, lag darin, *daß Korn im Kleinhandel nicht zu erwerben war.* Handelsobjekt war nur Feinmehl. Wie ein Industrie-Rohstoff war es dem Zugriff des Menschen entzogen. Saatgutweizen war gebeizt, also auch ungeeignet. Bezog man Korn vom Bauern, dann war es voll von Verunreinigungen aller Art, das Waschen eines solchen Getreides war beschwerlich und meist nicht durchführbar.

So mußte eine Organisation aufgebaut werden, die diese Schwierigkeiten beseitigen half. Es mußte gesundheitlich einwandfreies, ohne Schädlingsbekämpfungsmittel behandeltes, voll keimfähiges, zum direkten Verzehr geeignetes Getreide als Handelsware geliefert werden. Auch an die Beschaffung von Schrotmühlen für den Haushalt mußte gedacht werden.

Werner Kollaths Forschergeist blieb aber bei dem Erreichten nicht stehen, er beschäftigte sich bereits mit dem nächsten Problem. Vollkornmahlprodukte, z. B. Flocken, Schrote, Mehle usw. sind in der Erhaltung ihrer Vollwertigkeit begrenzt. Diese geringe Haltbarkeit beruht darauf, daß sich im lebenden Getreidekorn und somit in den daraus hergestellten Mahlprodukten Oxydationsfermente befinden, durch die der Luftsauerstoff auf die Vitamine und andere sauerstoff-empfindliche Bestandteile, z. B. Öle, übertragen wird, wobei diese chemisch zerstört werden und außerdem das Mahlprodukt ranzig und bitter wird. Es handelt sich um die Fermente Oxydase und Peroxydase, zu denen noch ein anderes Ferment, die sog. Katalase kommt. Es galt, diese Fermentwirkungen herabzusetzen.

Nach unermüdlicher Arbeit, zahllosen systematischen Versuchen und langwierigen Literaturstudien gelang es Kollath ein Verfahren zu entwickeln, mit dessen Hilfe die wichtigen Wirkstoffe stabilisiert werden konnten, so daß eine befristete Lagerfähigkeit der Mahlprodukte erreicht wurde.

Bei einer *Tagung der Bundesanstalt für Getreideverwertung* in Detmold, veranstaltet durch Prof. PELSHENKE am 26. Juni 1947, sprach KOLLATH über diese neuen Forschungen zur Verbesserung der Lagerfähigkeit von Getreideprodukten. Unter den Zuhörern befand sich auch Fritz LIEKEN, der Inhaber der *Achimer Simonsbrotfabrik* und großartiger Verfechter und Förderer des Vollkonbrotgedankens. KOLLATHS Ideen faszinierten ihn und Dr. Eberhard PRIEMER aus Bad Homburg, ein Freund KOLLATHS, der ebenfalls bei der Detmolder Tagung anwesend war, vermittelte die Bekanntschaft.

Bereits 14 Tage später fuhr er gemeinsam mit KOLLATH zu Fritz LIEKEN nach Bremen zu einer ersten Besprechung. Damit begannen die Verhandlungen, die vier Jahre später zu einer fruchtbaren Zusammenarbeit führen sollten.

Dr. PRIEMER, ein begeisterter Anhänger der Lebensreform, hatte sofort die Bedeutung der KOLLATHschen Vorschläge erkannt und setzte sich mit Eifer für die Verwirklichung der Idee ein. In seinem geräumigen Haus in Bad Homburg veranstaltete er am 2. August 1947 einen Empfang, auf dem KOLLATH über seine Erfahrungen mit der Getreidefrischkost vor einer interessierten Zuhörerschaft sprechen konnte.

„Das ist das Ei des Kolumbus" sagte Dr. med. Herbert WARNING, der dem Vortrag beiwohnte. Von diesem ersten Kennenlernen an wurde Dr. WARNING zu einem leidenschaftlichen Vertreter und Kämpfer für die KOLLATHschen Lehren.

Fritz LIEKEN war die geeignete Persönlichkeit, die Ideen Werner KOLLATHS zu realisieren.

Wahre Pionierarbeit leistete auch Franz THIEMANN, der Leiter der Reformhäuser SCHMELZ in Hannover, der es als erster übernahm, den von der *Achimer Simonsbrotfabrik* gelieferten frischen Weizenschrot innerhalb der zwei – höchstens dreiwöchigen Vollwertzeit zu verkaufen. Damit war der Anfang gemacht. Die Vorträge von Werner KOLLATH und Dr. WARNING taten das ihre zur Verbreitung der neuen Ideen, die den Bestrebungen der Lebensreform so hundertprozentig entsprachen, daß sie bereitwillig aufgenommen wurden.

In allen Reformhäusern Westdeutschlands gab es bald, den Vorschlägen Werner KOLLATHS entsprechend, folgende Produkte zu kaufen:

1. *Weizenkorn*, hochkeimfähig, zum Selbstschroten

2. *Frischkornschrot* mit *datierter* Lagerfähigkeit von 2–3 Wochen

3. *Weizen-Vollwertflocken*, deren Lagerfähigkeit durch das schonende Verfahren KOLLATHs – Herabsetzung der Oxydationsfermente – auf drei Monate ausgedehnt werden konnte.

Die unverschlüsselte Angabe der Vollwert-Zeit auf der Packung wurde von Werner KOLLATH eingeführt. Inzwischen wurde diese Idee, die dem Konsumenten eine Kontrollmöglichkeit gibt, von verschiedenen Lebensmittel-Herstellern und Handelsunternehmen übernommen.

Die Bezeichnung KOLLATH-Frühstück ist dem Frankfurter Reformhausbesitzer Willy CROY zu verdanken.

Die Leistung Fritz LIEKENS, dazu beigetragen zu haben, daß die Gedanken Werner KOLLATHS in so einwandfreier Form verwirklicht werden konnten, möge hier mit besonderem Dank hervorgehoben werden.

Im August 1956 wurde das KOLLATH-Frühstück auch in der Schweiz eingeführt. Die *Schweizerische Schälmühle E.* ZWICKY AG übernahm mit großer Umsicht und viel Verantwortungsgefühl die Produktion der Weizenflocken, zu denen später noch die Hirseflocken kamen. Das wäre also die historische Entwicklung des KOLLATH-Frühstücks.

Heute blicken wir auf eine 30jährige Erfahrung zurück. Das KOLLATH-Frühstück ist zu einem Begriff geworden, der aus der Praxis der modernen Ernährung nicht mehr fortzudenken ist. In allen Erdteilen gibt es begeisterte Anhänger des KOLLATH-Frühstücks, weil ihnen diese Nahrung die Gesundheit wiedergegeben hat oder erhalten half. Die dankbaren Briefe und spontanen Mitteilungen all derer, die durch diese Kost Heilung gefunden haben, waren für KOLLATH der schönste Lohn.

Über die Wirkungen der Vollgetreidekost ist inzwischen viel veröffentlicht worden. Von besonderem Wert sind die Versuche von J. BERNASÉK, Prag. *„Neue Inhaltsstoffe des Getreides von Wirkstoffcharakter"*

Die *Wirkungen der Frischgetreidekost* erstrecken sich auf den ganzen Organismus, sie eröffnen die Möglichkeiten der Heilung oder Korrektur wie ein Universalschlüssel. Als Wichtigstes vermittelt diese Kost den *Prozeß der Zellerneuerung,* der als Aufbauprozeß in alle Lebensvorgänge – auch die des Alterns – regulierend eingreift. Damit polar verbunden sind wiederum die Abbauprozesse, die eine Kette von Vorgängen im Organismus zur Folge haben. Der *Prozeß des Alterns* setzt dann ein, wenn der Organismus nicht mehr in die Lage versetzt wird, die Zellerneuerung dem Abbau entsprechend vorzunehmen. Diese Kost fördert die *normale Knochenbildung in der Wachstumszone der Knochen-Knorpel-Grenze* und eine *normale Ausbildung der Zähne. Parodontose,* die bis jetzt arzneilich nicht beeinflußbar ist, kommt zum Stillstand. Lockere Zähne festigen sich wieder. Die Mundflora wird günstig beeinflußt, was bei der *Kariesverhütung* eine entscheidende Rolle spielt.

Milchbildung bei stillenden Müttern wird gefördert.

Die *Konzentrationskraft* nimmt in großem Maße zu, was besonders bei Geistesarbeitern, Studierenden und lernenden Kindern die Leistungen wesentlich steigern kann.

Über das KOLLATH-Frühstück und seine physiologischen Wirkungen wurde in Werner KOLLATHs Schriften ausführlich berichtet. In der 4. Auflage des Buches „Die Ordnung unserer Nahrung" im Kapitel „Das Getreideproblem" Seite 224–239, in der 5. Auflage im Kapitel „Getreide und Ernährung" Seite 189 – 207 und in dem Buch „Getreide und Mensch – eine Lebensgemeinschaft" im 9. Kapitel „Die Wiederherstellung der Lebensgemeinschaft zwischen Mensch und Getreide" Seite 124–139.

*Unterschied zum „*BIRCHER-*Müesli"*

«Das KOLLATH-Frühstück ist ein Getreide-Gericht, bei dem frischer Weizen-Schrot oder vollwertige Weizenflocken den Grundstoff bilden und bei dem das Obst dazu dient, das Gericht zu ergänzen und geschmacklich zu bereichern. Das Obst bekommt ein zusätzliche Rolle.

Das ‹BIRCHER-Müesli› ist eine Obstspeise, die vorzugsweise aus geriebenem Apfel und Zusatz von gezuckerter Kondensmilch und Zitronensaft besteht und der zur Milderung der Obstsäuren ein *schwach-gestrichener* Eßlöffel Haferflocken zugefügt wird. Der Obstgeschmack soll in keiner Weise durch den Getreidegeschmack verdeckt werden; und den Werten des Obstes, Aromastoffen, Vitaminen, gilt die Beachtung, nicht aber den Werten des Getreides, die zudem bei der Haferflocke durch die notwendige fabrikatorische Behandlung ohnehin gering sind. Beim KOLLATH-Frühstück wird der Hauptwert auf die Zellerneuerungsstoffe des Getreides gelegt. Beide Gerichte sind ähnlich, aber doch verschieden.

Eingehende klinische Prüfungen werden wohl ergeben, daß der Getreide-Frischbrei eine wesentliche Hilfe bei der Behandlung von konsumierenden Krankheiten bedeuten dürfte und daß seine Wirkung bei Stoffwechselkrankheiten und Beschwerden der Verdauungsorgane, vor allem bei Stuhlverstopfung, eine überragende ist, während das Obst-Müesli vorzugsweise bei Reizzuständen seine Hauptwirkung zu entfalten scheint, insofern es beruhigend, schonend wirkt. Beide Darreichungsformen sind ausgesprochene Rohkostgerichte und können die Durchschnittsnahrung, das übliche Krankenhaus-Frühstück, die Kinder-Schulspeisung entscheidend aufwerten.»

Aus Werner KOLLATH „Die Ordnung unserer Nahrung"
4. Aufl. 1955 S. 234/35 und 5. Auflage 1960 S. 205.

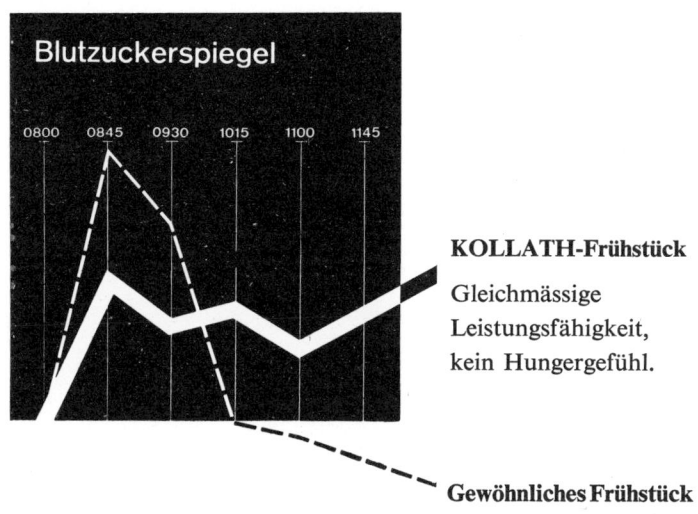

KOLLATH-Frühstück

Gleichmässige
Leistungsfähigkeit,
kein Hungergefühl.

Gewöhnliches Frühstück

50 · Der Blutzuckerspiegel
KOLLATH-FRÜHSTÜCK
Gleichmäßige Leistungsfähigkeit, kein Hungergefühl
GEWÖHNLICHES FRÜHSTÜCK MIT KAFFEE
Erst überhöhter Blutzuckergehalt, dann stark abfallende Kurve. Die vor der
Nahrungsaufnahme gemessenen Werte wurden sogar unterschritten, was
das oft am Ende des Vormittags auftretende Hungergefühl und den
Leistungsrückgang erklärt.

Der Blutzuckerspiegel

Daß das KOLLATH-Frühstück Kräftigung und Leistung hebt, besonders bei Schwäche, Mattigkeit, Ermüdung und Überarbeitung, ergaben Blutzuckeruntersuchungen.

Der Blutzuckerspiegel ist ein Hinweis auf die Leistungsfähigkeit. Im Institut von Dr. VIOLLIER in Basel wurden Versuche über die Wirkung des KOLLATH-Frühstücks auf den Blutzuckerspiegel durchgeführt. Den Versuchspersonen der verschiedenen Altersgruppen wurde an einem Morgen KOLLATH Frühstück verabreicht, am andern Morgen ein herkömmliches Frühstück mit Kaffee und Brötchen, welches in bezug auf die Kalorienzahl dem KOLLATH-Frühstück entsprach. Die Versuche zeigten deutlich, daß beim gewöhnlichen Frühstück der Blutzuckerspiegel rasch ansteigt und ebenso schnell wieder absinkt, worauf sich

Hungergefühl und Müdigkeit einstellen. Nach dem Genuß von KOLLATH-Frühstück stieg der Blutzuckerspiegel langsamer an und blieb mehrere Stunden auf einer günstigen durchschnittlichen Höhe. Es trat weder Hungergefühl ein, noch ein Absinken der Leistungsfähigkeit. Dieser Unterschied ist praktisch sehr wichtig, z. B. bei Kraftfahrern, die beim gewöhnlichen Frühstück nach etwa zwei Stunden Fahrt zu ermüden beginnen. Auch bei anstrengenden Sitzungen und Verhandlungen sind die Konsumenten des KOLLATH-Frühstücks in ihrer Konzentrationsfähigkeit denjenigen, die das übliche Brötchen-Frühstück essen, weit überlegen. Man könnte es als das ideale Manager-Frühstück bezeichnen, aber es dient uns allen und von besonderer Wichtigkeit ist es für unsere Kinder.

Die *Wirkung* des KOLLATH-Frühstücks ist so zu erklären:

Das eine ist die Folge des anderen. Das Sättigungsgefühl verhindert, daß man zu den übrigen Mahlzeiten zu viel oder daß man zwischen den Mahlzeiten ißt. Die Folge ist eine Entlastung des Verdauungsapparates. Durch sie und durch die Ballaststoffe des Kornes regelt sich der Stuhlgang, was eine Reinigung des gesamten Organismus zur Folge hat, die sich in gesteigerten geistigen und körperlichen Leistungen und erhöhtem Wohlbefinden kundtut. Glied für Glied fügt sich in die geschlossene Kette, die Gesundheit heißt.

Die tiefgreifendste Wirkung geht von den Zellerneuerungsstoffen des integralen Kornes aus, die bei regelmäßiger Zuführung dem Körper den ständigen Ersatz verbrauchter und alternder Zellen ermöglichen.

Werner KOLLATH hat durch seine Arbeit die Bedeutung der Vollkornnahrung für die Gesundheit ins rechte Blickfeld gebracht. Er hat auf die ganze Vollkornbewegung außerordentlich befruchtend gewirkt. Seine Anregungen wurden von vielen Seiten aufgegriffen. Es ist tröstlich, daß seine Idee Schule gemacht hat und in KOLLATHs Nachfolge weiter fruchtbar zu wirken imstande ist. Das beweist die Aktion Mönchweiler des Zahnarztes Dr. Johann Georg SCHNITZER und das Wirken und die Schriften von Dr. med. M. O. BRUKER/LEMGO-Lippe, um nur diese unter Vielen zu nennen.

In der oben genannten 15. Mitteilung
Bedeutung der Wuchsstoffe in Mehl und Brot

heißt es am 20. Juli 1941.
„*Der vielfach gemachte Einwand, daß der Erwachsene keine Wuchsstoffe brauche, ist folgendermaßen zu beantworten:*
Es handelt sich eigentlich nur um Zellteilungsstoffe. Diese führen im jugendlichen Organismus zum Wachstum, im geschlechtsreifen zur Gewichts-

konstanz infolge dauernden Ersatzes durch Neubau, der dem Verbrauch entspricht; im Alter aber nimmt der Verbrauch zu und nun läßt die zur Verjüngung der Gewebe beitragende ,Zellmauserung' nach.

Das Alter kann demnach hinausgeschoben werden, wenn die Zellmauserung durch Wuchsstoffe gefördert wird und andererseits ein Reiz zur Zellneubildung durch lebhaften Stoffwechsel ausgeübt wird.

Die Bezeichnung ,Wuchsstoffe' wird der Kürze halber gewählt, bis die chemischen Stoffe identifiziert sein werden."

Damit erklärt sich *das Geheimnis des* KOLLATH-Frühstücks, dessen Wirkung nur einsetzen kann, wenn dem Organismus „lebendiges Korn" zugeführt wird.

Das Wunder von Schleißheim

Während der Kriegszeit, in den Jahren 1943/44 hatte Werner KOLLATH von Rostock aus begonnen, auf zwei mecklenburgischen Gütern Fütterungsversuche an Kälbern durchzuführen und zwar bei den Landwirten WINTER in Neu-Gutendorf/Post Marlow und STICHERT in Brunsdorf bei Marlow. KOLLATH kam es darauf an, die Wirkung von frisch geschrotetem Korn bei Mangelkost zu erproben, in Erweiterung seiner Rattenversuche. Die Kälber bekamen anstelle von Vollmilch nur Magermilch oder Buttermilch und Zulagen von frischem Schrot. Sie gediehen prächtig, und es ergab sich als Nebenbefund, daß man durch den Entzug von Vollmilch pro Kalb 10 kg Butter innerhalb der Aufzucht einsparen konnte, was in den Notzeiten des Krieges von großer Bedeutung war. Für ganz Deutschland hätte es eine Fetteinsparung von 40 000 Tonnen Butter gegeben. Es gingen weitere Landwirte in Mecklenburg und später in Niedersachsen und Hessen und auch in Bayern, wo KOLLATH in Vorträgen über seine Versuche berichtet hatte, zu dieser Fütterung über – stets mit den gleichen guten Erfolgen.

Die Forschungsarbeiten KOLLATHs über die Bedeutung der Mineralstoffe, insbesondere der *Spurenelemente* führten dazu, daß in Zusammenarbeit mit einem Landwirt ein Produkt entwickelt wurde, dessen Herstellung im Januar 1952 von einer pharmazeutischen Fabrik übernommen wurde. Das als *„physiologisches Regulativum"* bezeichnete Produkt bekam den Namen

KODRUNA.

Es enthielt *neben Getreideschrot* weitere pflanzliche und mineralische Rohstoffe, die zum Wachstum und zur Zellerneuerung wichtig waren, sowie *lebenswichtige Spurenelemente* in einem optimal abgewogenen Verhältnis.

Auf ein erstes Inserat der Herstellerfirma in einer Landwirtschaftszeitung, die auch einen Artikel über die bisherigen Erfolge enthielt, gingen über 5000 Bestellungen ein. Ein glänzender Start.

Die *Bayerische Landesanstalt für Tieraufzucht in Grub* übernahm die Kontrolle der Versuche und ihr Leiter, *Prof. Dr. H.* VOGEL urteilte:

> „...*daß die Versuchskälber nicht nur eine sehr gute durchschnittliche Gewichtszunahme, sondern auch eine überraschend große Ausgeglichenheit in der Gewichtsentwicklung und den Körpermaßen zeigten.*"

Die Aufzuchtsversuche mit Kodruna wurden auch von den *bayrischen Staatsgütern Linderhof, Schleißheim* und *Bernau* übernommen.

In dem *bayrischen Staatsgut Schleißheim* lagen besondere Umstände vor. Für die Kühe stand nur eine Weide mit Moorboden zur Verfügung. Das hatte zur Folge, daß die Herden unter *schwerem Mineralmangel* zu leiden hatten und die neugeborenen Kälber tagelang nach ihrer Geburt nicht in der Lage waren auf ihren Füßen zu stehen. Auch Verkalben kam häufig vor. Alle Tiere kümmerten.

Oberregierungsrat BAUER, der die Leitung der Staatsgüter innehatte, ordnete Versuche mit Kodruna an, die unter Inspektor KUMMERELL ausgeführt wurden. Auch die *bereits tragenden Tiere* wurden mit Kodruna gefüttert und siehe da: Die neugeborenen Kälbchen standen auf vier gesunden Beinen! Sie wurden frohwüchsige gesunde Tiere! Dieses erstaunliche Ereignis, das sich immer wiederholte, hat in der Fachwelt als

das Wunder von Schleißheim

die Runde gemacht.

Der *Mineralmangel des Moorbodens konnte durch Kodruna ausgeglichen werden.*

Interessant ist das *Gutachten des Landwirts Max* BAUER, Leiter des *bayerischen Musterbetriebes Gut Maxhof bei Starnberg/Obb.* BAUER hielt durchschnittlich 300 Schweine. Durch ein nicht zu behebendes Ferkelsterben war es bislang unmöglich gewesen, die zur Mast aufzustellenden Ferkel selbst aufzuziehen. Nach der Verfütterung von Kodruna setzte das Ferkelsterben sofort aus. Jetzt gelangen laufend einwandreie Aufzuchten sehr zur Freude und Verwunderung des Landwirtes BAUER.

Zu erwähnen ist, daß im Maxhof die Schweine in einem Betonstall aufgezogen werden mußten, was für die Tiere, besonders für die Ferkelaufzucht sehr große Nachteile hatte.

51 · Vortrag über Kodruna bei einer Landwirtschaftstagung: *Futter und Fütterung,
Northeim/Hannover – Feder und Bleistift – 26. 11. 1953*

Die Erfolge, die durch viele Jahre immer wieder bestätigt werden konnten, zeigten sich nicht nur im Kuh- und Schweinestall, sondern auch bei der Hühneraufzucht und bei der Aufzucht von Hunden und Katzen und anderen Kleintieren.

Die Ergebnisse waren meist verblüffend und die Entwicklung großartig, trotz mancher Hindernisse.

Aber es wurde dafür gesorgt, daß die Bäume nicht in den Himmel wachsen. Die begrenzte Herstellungsgenehmigung lief nach mehreren Jahren ab. Die amtliche verantwortliche Stelle in Münster entschied, daß eine Genehmigung nur dann erteilt werden könne,
wenn Antibiotika dem Futtermittel Kodruna zugefügt würde!
Die Bemühungen, diese sinnlose Entscheidung zu ändern, blieben ohne Erfolg und schließlich kapitulierte KOLLATH vor so viel Nichterkenntnis. Diese Zumutung lief seinen Bestrebungen absolut entgegen.

Auch die Herstellerfirma, bei der Personalveränderungen in der Leitung die bis dahin gute Zusammenarbeit aus dem Gleichgewicht gebracht hatte, vermochte nicht, die Genehmigung zu erwirken. In geschlossener Front wäre es vielleicht doch noch möglich gewesen, aber selbst *das Wunder von Schleißheim* konnte nicht mehr helfen.

Zehn Jahre nach dem erfolgreichen Beginn fand die letzte Dose Kodruna zu ihrem Kälbchen. Im Interesse der Tierhaltung und der Landwirtschaft war es ein großer Verlust.

Das blaue Wunder

Bei seinen Vitalfärbungsversuchen nach Paul EHRLICH * 1929 an kranken und gesunden Tieren zum Studium des Gewebsstoffwechsels hatte Werner KOLLATH beobachtet, daß alkalisches Methylenblau geeignet war, als *Sauerstoffersatz* zu dienen.

Während bei den Zellen gesunder Tiere eine Entfärbung durch Reduktion sofort einsetzte, verlief dieser Prozeß bei kranken Tieren langsamer oder unter-

---

* Seine berühmte Monographie „Das Sauerstoffbedürfnis des Organismus", Hirschwald, Berlin, 1885.

blieb ganz, wenn die erkrankten Zellen ihre Reduktionsfähigkeit verloren hatten, also Gewebstod eingetreten war.

In der Veterinärmedizin hatte man schon seit 50 Jahren Vitalfarbstoffe mit Redoxcharakter zu therapeutischen Zwecken verwendet und dabei eine schnelle Reinigung der Wunden beobachtet, ohne die eigentliche Wirkung dieser Farbstoffe zu erkennen. In der Humanmedizin waren sie nicht verwendet worden.

KOLLATH stellte fest, daß man in diesen Farbstoffen Faktoren in der Hand hatte, die in das Geschehen der Redoxprozesse im Zellinnern eingreifen, die durch Anregung der Oxydation wirken und nicht nur durch Desinfektion. Er begann 1933 mit der Behandlung von Nekrosen, also Gewebszerstörungen, beim Menschen.

Den ersten Versuch machte er an einem Diabetiker-Ulkus, bei dem monatelange konservative Behandlung erfolglos geblieben war. Der Patient litt unter dem quälenden Wundschmerz und war dadurch schlaflos. Bei Anfärbung verschwand der Schmerz, bei Entfärbung stellte er sich wieder ein. Im Reduktionsprozeß schob sich vom Wundrand her gesundes Epithel über die Wunde, die in 14 Tagen ausgeheilt war und nicht wieder auftrat.

Durch die Behandlung von Frost- und Fleckfiebergangrän im Fleckfieberlazarett Schwaan/Mecklbg. 1945/46 konnten Amputationen verhindert werden. Hungerödem mit ausgedehntem Ulcus cruris konnte trotz monatelangem Bestehen zwar langsam, doch endgültig ausgeheilt werden.

Briefliche Mitteilung v. Prof. Dr. Juan WESTERMEYER, *Santiago de Chile:*
  „Vor kurzem ein sehr schöner Erfolg auf Grund der von Ihnen angegebenen Behandlung eines Beingeschwürs mit dem Farbstoffgemisch. Was drei Monate lange Behandlung anderer Art am Beingeschwür eines älteren Mannes nicht erreichen konnte, das schaffte diese Therapie in 1 Woche."

Einem eineinhalbjährigen Kind, das eine Verbrennung 2. und 3. Grades durch heißen Kaffee über Hals, Brust- und Bauchfläche erlitten hatte, wurde durch die Behandlung, die am 4. Tage bei bereits beginnender Urämie – einsetzte, das Leben gerettet. Das Kind, ein Junge, wurde später Olympiasportler in Leichtathletik.

Man konnte schwerste Gewebszerstörungen durch diese Behandlung zur Heilung bringen: Verbrennungen, auch 2. und 3. Grades, Erfrierungen, Verletzungen. Ferner hatte man die Möglichkeit, durch die Redox-Eigenschaften des alkalischen Methylenblaus die Vermehrung von anaeroben Erregern zu verhindern. Die Heilung, selbst verzweifelter Fälle, wiederholte sich immer wieder in der gleichen überraschenden Schnelligkeit.

Da bei den Verletzungen nicht alle Zellen restlos zerstört sind, bilden sich unter dem Einfluß des Redox-Farbstoffes Zellinseln, die immer größer werden, bis sie schließlich zusammenwachsen. Da vom Wundrand her das Gewebe unter dem gleichen Einfluß ebenfalls nachwächst, ist in kürzerer oder längerer Zeit, je nach dem Ausmaß der Zerstörung, die Heilung vollzogen.

KOLLATH veröffentlichte das Rezept erstmals in seiner Arbeit:
Vitalfärbung und Vitalspeicherung bei experimenteller Taubenberiberi.
Klin. Wsch. 10 (1929) 444/445, Arb. Verz. 30

Anfang 1952, noch in Hannover, übergab er das Rezept der chem pharm. Fabrik SCHAPER & BRÜMMER, Salzgitter-Ringelheim, die das Farbgemisch unter der Bezeichnung
Necrosan
herstellte. Leider war der treffende Name nicht warenzeichenrechtlich zu schützen und die Firma wandelte ihn in
Ringelheim K 6
um, eine Bezeichnung, die nichts sagte und den Absatz so lähmte, daß schließlich die Fabrikation wieder eingestellt wurde. Finanziell war es sowieso von geringem Anreiz, denn die Originalpackung zu 50 ccm kostete mit Schutzhülle DM 2.65.

Werner KOLLATH veröffentlichte 1952 eine umfangreiche Arbeit von 20 Seiten
Künstliche Gewebsatmung mit Redox-Systemen aus Vitalstoffen
und ihre Verwendung in der Therapie
Münch. Med. Wschr. 16/17 (1952) 779–786 u. 887–893, Arb. Verz. 210

In dieser Arbeit setzt er sich eingehend mit den Grundlagen der Redox-Systeme auseinander, mit dem intrazellulären Geschehen und weist auf die von ihm angewendete Behandlung von Gewebsnekrosen hin und führt einige Krankengeschichten an.

Werner KOLLATH hat es bis zuletzt nicht unterlassen, auf diese für die Patienten so segensreiche Heilungsmethode hinzuweisen.

Als ein geistesgestörter Lehrer im Rheinland seine mit Schülern vollbesetzte Schule in Brand steckte und die schwer geschädigten Kinder in klinischer Behandlung lagen, setzte sich Werner KOLLATH telefonisch und durch Eilbrief mit der Klinikleitung in Verbindung.

Die gleichen Bemühungen strengte KOLLATH an, als Altbundespräsident Theodor HEUSS amputiert werden sollte. HEUSS wurde amputiert und unter den „gebrannten Kindern" wird kein Olympiasportler heranwachsen. In beiden Fällen gab es *keinerlei* Reaktion, *keine* Antwort!

Es gibt noch weitere Beispiele, die aber besser unveröffentlicht bleiben.

In seinem Vorwort zu dem Arbeitenverzeichnis Werner KOLLATHS schreibt
Dr. med. Herbert WARNING 1963:

> *„In der therapeutischen Anwendung des alkalischen Methylenblaus bei*
> *Sauerstoffmangel der Gewebe hat* KOLLATH *der Medizin ein ungefährliches,*
> *hochwirksames Heilmittel gegeben, das in lebensgefährlichen Fällen von*
> *Gewebszertrümmerungen aller Art erfolgreich angewendet werden kann."*

Man vergleiche zu diesem Thema die zwei nachfolgenden Aufsätze aus der
Frankfurter Allgemeinen Zeitung: „Kleine Erfolge bei Verbrennungen" von
N. WYSS (14. 3. 1961) und „Methylenblau heilt Verbrennungen" von Werner
KOLLATH (13. 6. 1961). Und man vergleiche die grausam mittelalterlich an-
mutenden, umständlichen und doch hilflosen Methoden über die N. WYSS be-
richtet mit der einfachen, erlösenden Methylenblau-Therapie KOLLATHS.

Kleine Erfolge gegen Verbrennungen

Ein Weltkongreß über die Behandlung von Brandwunden

Die Behandlung von Brandwunden ist trotz aller Fortschritte noch nicht
befriedigend; das zeigt sich am besten in der Tatsache der Abhaltung eines
Weltkongresses über das Thema in Bethesda bei Washington. Das Haupt-
problem liegt darin, daß sich aus der verbrannten Körpersubstanz toxische
Eiweißzerfallsprodukte bilden. Sie verursachen schweren Verlust an Blutplasma, das durch die Wunde heraussickert. Infektion und das Auftreten
von eiweißzersetzenden Fermenten, die zu weiterer Gewebszerstörung
führen.

Schon 1958 gelang ROSENTHAL und seinen Mitarbeitern an der Universität von Illinois, nach einem Schulfeuer aus dem Blut der betroffenen Kinder
mit Brandwunden ein Toxin und Antitoxin zu isolieren. Weitere Untersuchungen ergaben, daß sich vierzig Tage nach einer Verbrennung, falls der
Patient überlebt, Antitoxin in genügender Menge gebildet hat, daß sein
Blutserum anderen Kranken mit Brandwunden helfen kann. Diese Behandlung mit Rekonvaleszentenserum ist inzwischen auch von anderen erprobt
worden – angeblich mit Erfolg.

Es scheint, daß bei dem oft schweren Schock nach Verbrennungen
nicht nur der Plasmaverlust, sondern auch eine vermutlich toxische Schädigung des Herzmuskels eine wesentliche Rolle spielt. Zu diesem Resultat
kam Dr. FOZZARD von der Washington-Universität in St. Louis nach Tier-

versuchen, wo bei Bestimmung der vom Herzen ausgeworfenen Blutmenge ein Absinken der Herzkraft auf weniger als die Hälfte des Normalen zeigte. Das wäre praktisch wichtig, weil, wenn es sich bestätigt, Digitalispräparate neben den jetzt üblichen intravenösen Plasmainfusionen angezeigt wären, die tatsächlich bei den Versuchstieren gut gewirkt haben.

Die Ausschaltung der toxischen Eiweißzerfallsprodukte durch mechanische Entfernung des verbrannten Gewebes hat man schon lange versucht, zum Beispiel durch Abreiben mit einer groben Bürste in Narkose. Eine elegante und außerordentlich wirkungsvolle Methode entwickelte Dr. LORTHOIR im Universitätsspital von Brüssel. Sie eignet sich für nicht allzu große, hauptsächlich oberflächliche Verbrennungen. Er montierte einen Schleifstein an einen Apparat mit einem Elektromotor, wie ihn die Zahnärzte benützen. Damit kann die verbrannte Haut unter Narkose mit großer Gleichmäßigkeit entfernt werden. Ein gewöhnlicher steriler Verband kommt auf die Wunde und der Kranke wird in einen Glaskasten in eine Atmosphäre von sterilem Sauerstoff gelegt, da Wunden darin rascher heilen; der Kopf bleibt draußen, etwa wie bei einer eisernen Lunge. Eine Hauttransplantation ist nicht nötig, weil es von den Schweißdrüsengängen und Haarfollikeln aus, die weit in die Tiefe gehen, spontan zur Bildung von Hautinseln kommt, die sich allmählich zu einer normal aussehenden Haut vereinigen. Die Schmerzen sind gering, es kommt nicht zur Infektion oder zu toxischen Erscheinungen, und auch nicht zu narbigen Veränderungen und Verziehungen. Die Funktion etwa einer Hand nach Verbrennung der ganzen Hand und des Vorderarms ist völlig normal, was als ein ungewöhnliches Resultat bezeichnet werden muß.

Bei tiefen Verbrennungen oder bei solchen, die sich über einen beträchtlichen Teil des Körpers ausdehnen, ist eine Hautübertragung lebenswichtig, sonst geht der Kranke an dem großen Verlust an Blutplasma oder Infektion der riesigen Wunde zugrunde. Man benützt dazu die Haut anderer Menschen, die aber nur vorübergehend anheilt, und macht dann allmählich Transplantationen von den nicht verbrannten Hautstellen des Patienten. Kürzlich gelang es Dr. CHARDACK vom Veteranenspital in Buffalo ein Plastikmaterial in Tierversuchen mit Erfolg zu verwenden, das die Hautübertragung von anderen Menschen überflüssig machen soll. Das plastische Material ist ein poröses Polyvinylalkohol-Polymerisat, außen mit einer Silikongummischicht überzogen, so daß Körperflüssigkeit nicht heraussickern kann. In die inneren Poren wächst Bindegewebe ein und fixiert so die künstliche Haut; sie bleibt in den Tierversuchen zwei Monate anstandslos auf dem Körper.   N. WYSS

Methylenblau heilt Verbrennungen

Eine Stellungnahme von Professor Werner KOLLATH

«Der Bericht über die Ergebnisse des ‹Weltkongresses über die Behandlung von Brandwunden›, den N. WYSS auf der Seite ‹Natur und Wissenschaft› erstattet hat (F.A.Z. v. 14. 3. 1961), dürfte geeignet sein, eine ziemliche Verzweiflung bei den Patienten hervorzurufen, wenn man die ‹kleinen› Erfolge liest, die nach Abrasionen der Haut, einer Antitoxinbildung innerhalb von 40 Tagen für den Fall des Überlebens, dem schweren Schock bei der Verbrennung selbst usw. erreicht werden, zur Kenntnis nimmt – als Ergebnis eines ‹Weltkongresses›.

Alle diese Verfahren sind grob chirurgisch erdacht und übersehen, daß jeglicher Heilungsvorgang von der Atmungsfunktion der überlebenden Zellen ausgehen muß. Über eine solche physikalisch-chemische Therapie vermittels einer Vitalfärbung mit einem Farbgemisch habe ich schon 1952 in der Münchener Medizinischen Wochenschrift Nr. 16/7 berichtet und möchte diese, offenbar ‹in Vergessenheit geratene› einfache und schmerzlose, dabei bisher meist lebensrettende Methode hier auch der Öffentlichkeit bekanntmachen.

Diese Methode beruht darauf, daß ein Farbstoffgemisch angewendet wird, das in der Bakteriologie als ‹alkalisches Methylenblau Löffler› zum Anfärben von Diphtheriebazillen bekannt ist, dessen physiologischer Effekt aber darin besteht, daß es bei Vitalfärbung, also im Innern der Zellen, ‹wie Sauerstoff› wirken kann, sofern noch Reste von Lebensfähigkeit in den Zellen erhalten sind. Diese Reste sind daran zu erkennen, daß das tiefblaue Gemisch innerhalb weniger Stunden durch chemische Reduktion ‹entfärbt› wird.

Während der Anfärbung schwinden die Schmerzen, um nach Entfärbung wieder aufzutreten. Man muß die Behandlung deshalb zwei bis viermal am Tage wiederholen und nach der Anfärbung die Wundfläche mit einem feuchten Verband bedeckt halten. Nach einiger Zeit entwickeln sich Hautinseln, von denen aus sich die verbrannte Fläche langsam mit Haut überzieht, und in den meisten Fällen bleiben keine hemmenden Narben zurück. Die Wundfläche beginnt sich zu reinigen, verliert ihren jauchigen Geruch, die innere Vergiftung schwindet und mit dem Urin wird der resorbierte Farbstoff grünlich ausgeschieden, ein gutes Heilungszeichen.

Chemisch gesehen handelt es sich um den Ersatz einer lebenswichtigen

Teilfunktion der Zellatmung durch eine Reihe von Farbstoffen, die sich bei Alkalibehandlung des Methylenblaus bilden, und die sich gegenseitig ergänzen. Man nennt diese Farbstoffe Reduktions-Oxydations-Systeme oder Redox-Systeme und hat deren immensen Wert bisher immer noch unterschätzt.

Meine eigenen Heilerfolge erstrecken sich auf folgende Schäden: Verbrennungen, Erfrierungen, Gangrän bei Fleckfieber und Zuckerkrankheit, Nekrosen aller Art, Röntgenverbrennungen; ferner hemmt das Verfahren auch die Entwicklung von Gasbrand- und Tetanus-Bazillen, so daß es zur Frühbehandlung von schweren zerstörenden Verletzungen geeignet ist, ohne daß antibakterielle Mittel angewendet werden müssen. Man hat nur dafür zu sorgen, daß der Verband feucht bleibt, damit er sich bei der Abnahme leicht und schmerzlos abnehmen läßt. Es ist mir gelungen, bereits vorgesehene Amputationen zu vermeiden, ebenso auch sonst tödlich wirkende Verbrennungen zu heilen, ohne daß nachteilige Folgen entstanden wären. Grundsätzlich darf man die Behandlung von Verbrennungen ersten und zweiten Grades nicht nur als lösbar, sondern als gelöst bezeichnen.

Die zentrale Stellung, die die Gewebsatmung im Lebensprozeß einnimmt, führt dahin, daß diese Therapie weiteren Ausbaus fähig ist. Die universelle, unspezifische Wirkung beruht darauf, daß es sich um ein physiologisches Verfahren handelt, bei dem während der Dauer der Krankheit der mangelnde Sauerstoff durch ein geeignetes Medium ersetzt wird, ohne daß dabei eine Schädigung eintreten kann. Man achte nur darauf, daß der Alkalizusatz nicht zu stark ist, was ausdrücklich bemerkt werden muß.

Nachdem der Weltkongreß mit einem so ‹kleinen› Resultat geschlossen ist, sei hiermit das Rezept und Verfahren zum allgemeinen Nutzen bekannt gemacht:

Man löst 15 g Methylenblau in 300 ccm 96prozentigen Alkohols, und gibt nach völliger Lösung 1000 ccm 0,001prozentige Kalilauge hinzu. Je älter die Lösung, desto besser wirkt sie, weil sich die zusätzlichen Abkömmlinge des Methylenblaus bilden. Man verdünnt 1:5 und trägt mit einem Spray-Apparat auf, wie er in der Halsbehandlung verwendet wird. Sobald der Organismus auf dem Wege der Regeneration ist, kann man zu den üblichen Verfahren übergehen. – Diese einfache Farbstofflösung sollte in jedem Krankenhaus vorhanden sein, damit sie stets bei Verbrennungen, Erfrierungen, Nekrosen sowie bei Gewebszertrümmerungen infolge von Verkehrsunfällen zur Verfügung steht; sie gehört aber auch in die großen Industrien, in Bergwerke, Gießereien und nicht zuletzt in die Apotheke der Wehrmacht aller Völker.»

1968 hat Werner KOLLATH noch einmal auf
die Verwendung von alkalischem Methylenblau als Therapeutikum
in seinem Buch: Regulatoren des Lebens – vom Wesen der Redox-Systeme, Verlag Karl HAUG, Heidelberg (1968) S. 61 hingewiesen.

Zwar wird heute in manchen Kliniken schon nach der Methode von KOLLATH gearbeitet, aber keineswegs in der notwendigen Breite. Dabei ist die heilende Farbstofflösung eines der billigsten Heilmittel. Daß bei unvorsichtiger Behandlung sich die Wäsche blau färbt und blau bleibt, dürfte vielleicht das Krankenhauspersonal stören, sollte aber den verantwortungsvollen Arzt nicht hindern diese Therapie anzuwenden.

Vielleicht ist zum Schluß noch erwähnenswert, daß die Indios in Chile ihre Brandwunden mit Tinte übergießen.

Das Buttermilchbrot

«Meine Heimatstadt, die jetzt zerstört ist, lag rechts der Oder in der pommerschen Ebene. Große Getreidefelder und Kartoffeläcker umgaben sie, und dunkle Kiefernwälder begrenzten den Horizont. Die Bewohner waren zum großen Teil Ackerbürger, die zwar in der Stadt wohnten, aber draußen vor den gotischen Toren ihre Äcker hatten. Der Boden war nicht sehr fruchtbar, meist sandig, trug ein dünne Humusschicht. Im Sommer waren die Getreidefelder goldgelb. Dort, wo dunkle Baumgruppen zwischen ihnen lagen, standen einzelne Bauernhöfe.

Ein solcher Hof, Katharinenholz, gehörte meinem Großonkel BENITZ, den wir Anfang Juni regelmäßig zu seinem Geburtstag besuchten. Sobald wir die Chaussee verlassen hatten, führte uns ein Landweg zwischen einer Allee von Kirschbäumen hindurch. Gräben trennten uns beiderseits von den Feldern, in denen Kornblumen, roter Mohn und vereinzelt Kornraden die Farbe der Ähren unterbrachen. Am Rand der Felder wuchsen Blumen in vielen Farben: Storchschnabel, Ehrenpreis, Männertreu, Glockenblumen, Hundsveilchen und kleine bunte Stiefmütterchen.

Der Weg führte zu einem Friedhof, dessen Eingang ein weißes Holzgitter bildete. Eine dichte Fliederhecke schloß das friedvolle Innere von der Außenwelt ab. An dieser Hecke mußten wir abbiegen und durch die Lücke einer Buchenhecke gehen, um dann auf schmalem Fußweg dicht an einem Kornfeld entlang zu wandern. Jetzt standen die Kornblumen in Reichweite der Arme, und man konnte sie ohne Schädigung der Halme pflükken. Wir kamen an einen kleinen Bach mit Erlengebüschen umstanden, und hier änderte sich die Pflanzenwelt: Schwarzwurz mit ihren violetten Blüten, einzelne Schwertlilien und viele, viele Sumpfdotterblumen, meine Lieblingsblume, die niemals auf meinem Geburtstagstisch fehlen durfte. Im Wasser spielten kleine Schwärme von Stichlingen, Frösche sprangen erschreckt ins Wasser, Laubfrösche blieben geduckt auf den Blättern sitzen. Auf einer alten Holzbrücke überquerten wir den Bach, kamen in den Schatten der Erlenbüsche und mußten dann über einen Bahndamm gehen, der den Besitz meines Onkels durchschnitt. Von der Höhle des Dammes sahen wir nun das Bauerngut. Unter hohen dunklen Linden lag das Wohnhaus, aus Ziegeln erbaut, mit einem hohen Strohdach versehen, und um den quadratischen Hof befanden sich die drei großen Stall- und Scheunengebäude. Vor dem Wohnhaus lag ein von niedrigen Buchen eingefaßter Garten, in dem Obst und Gemüse gezogen wurden und viele Bienenvölker lebten.

Nach dem Kaffeefest konnten wir Kinder überall spielen und das zahlreiche Volk der Hühner und Küken, die Pfauen auf dem Dach, die Milchkühe im Stall, die Scheunen und Tennen besichtigen. Am meisten zog mich immer der Garten mit seinem alten Backofen an, der halbrund aus einer blühenden Grasfläche hervorragte.

Die Blumenwelt war belebt von zahlreichen Insekten, Marienkäfern, Bockkäfern, Weichkäfern, schillernden Rosenkäfern, verspäteten Maikäfern. Zwischen dem Gras und auf den Wegen waren die Räuber unter den Käfern, die goldgrün leuchtenden Laufkäfer, zu finden, und auf freien Sandflächen hatten Ameisenlöwen ihre Trichter gegraben, in denen sie auf ihre Opfer warteten. Auf den sandigen Wegen gab es die schnellen, fliegenden ‹grünen Jäger›, die bei der Annäherung pfeilschnell 10 m fortflogen, sich umdrehten und den Gegner beobachteten, um bei seiner erneuten Annäherung wieder weiterzufliegen. Dazu kamen zahlreiche Schmetterlinge, neben dem gemeinen Volk der Kohlweißlinge die Zitronenfalter, Schwalbenschwänze, Admirale, der große und kleine Fuchs und seltenere Arten, wie der Trauermantel oder der Schillerfalter und eine Unzahl kleinerer Arten, viele Raupen, Vögel in den Hecken – das ganze Land war von Leben erfüllt.

In einer Ecke des Gartens standen die Bienenkörbe und in der gegenüberliegenden lag der Backofen. Das Innere war mit Ziegeln ausgemauert, wurde von unten angeheizt und war von außen mit dicken Holzplatten abzudichten. Auf mehreren Etagen im Innern wurden die Brotkörbe verteilt, die rund und aus weißen Weidenruten geflochten waren, wodurch das Brot Form und ein lebensvolles Muster auf der Oberfläche bekam. Natürlich wurde Brot aus eigener Ernte gebacken. Ein Knecht fuhr mit den Kornsäcken zur nächsten Mühle, der Zyklopenmühle, an deren großem drehbaren Dach ein großes Gottesauge in dreieckigem Felde auf etwa ein Dutzend weiterer Mühlen aufpaßte, die von dort aus zu übersehen waren. Das Vermahlen erfolgte zwischen großen geriffelten Steinen. Das Vollkornmehl wurde dann mit Wasser unter Zusatz von *Buttermilch* eingeteigt, und es entstand ein aromatisches Brot, dessen Kruste wunderbar schmeckte und duftete. Wir bekamen stets einige dieser schönen Brote auf den Heimweg mit, der nun, da es dunkel geworden war, nicht mehr zu Fuß angetreten wurde. Der Onkel ließ den Wagen mit zwei Pferden bespannen, und zu zweit durften wir auf dem Bock sitzen, ins Dunkle fahrend, den Himmel über uns, dessen Sternbilder uns unsere Mutter erklärte.»

Diese schöne Schilderung einer besseren vergangenen Zeit ist die Einleitung zu dem Buch „Getreide und Mensch – eine Lebensgemeinschaft" (s. S. 302). Die Erinnerung an die würzig duftenden Brote des Gutes Katharinenholz ließ in Werner KOLLATH den Wunsch entstehen, daß es dieses „Buttermilchbrot" seiner Jugendzeit wieder geben möge.

Fritz LIEKEN, der Inhaber der Achimer Simonsbrotfabrik, nahm diese Anregung auf und seitdem wird das „Buttermilchbrot" gebacken.

Die Freiburger Jahre

8. Mai 1952 – 16. Mai 1959

Bald nach der Rückkehr von Chile eingeleitetete Verhandlungen wegen eines Wohnungstausches nach Freiburg/Br. führen zum Erfolg und Anfang Mai findet die Umsiedlung statt. Unvergeßlich ist – nach einer Schlafwagenfahrt von Hannover nach Freiburg – am frühen Morgen der Anblick beim Betreten der neuen Wohnung: In den völlig kahlen Räumen sitzt mutterseelenallein auf einem kleinen Holzschemel Erni, die gleichzeitig mit dem Wohnungstausch erworbene Hausgehilfin und wartet geduldig auf ihre Arbeitgeber und Arbeit. Nach 8 Jahren autarken Wirkens in Küche und Haus ist wieder ein Helfer da für die Mühen des Alltags.

Es gibt einen sehr heißen, südlichen Sommer und Werner KOLLATH fühlt sich am Ziel seiner Wünsche. Wie hieß es doch damals:
«Freiburg Sommersemester 1912,
große und herrliche Sommerzeit:
Schwarzwald, Vogesenwanderung, Colmar mit GRÜNEWALDS Altar,
der Kaiserstuhl, Besuch in Frankreich zu Pfingsten,
wandern und abends ein schöner Wein.»

Es ist fast alles so schön wie einst, aber man ist 40 Jahre älter geworden. Vieles in der schönen alten Stadt ist für immer vernichtet, jedoch das Münster, die Tore und der Schloßberg mit seinem Kaffee DATTLER haben ihren Zauber bewahrt, ebenso der Schwarzwald und der Kaiserstuhl, das Markgräfler Land und die große, reiche süddeutsche Landschaft, die man durchstreift – wie in der Studentenzeit. Großzügig und hilfreich stellt sich den Neuangekommenen der Zahnarzt Walter DUSCHA zur Verfügung. Vergnüglich sind die Fahrten in seinem Volkswagen mit ihm, seiner Frau Ursula – die das sanfte Antlitz einer Stephan-LOCHNER-Madonna hat – und den Kindern Roderich und Burkhard, zu denen später noch eine kleine Ulrike kommt. Die schönsten verschwiegenen Gegenden des Schwarzwaldes werden ausgekundschaftet.

Die getauschte Wohnung ist nur als Provisorium gedacht, und als der berühmte Name die Hürden des damals noch allgewaltigen Wohnungsamtes genommen hat, wird kurz vor Weihnachten ein kleines gemietetes Haus am Hirzberg bezogen, in dem nun endlich alles Mobiliar untergebracht werden kann. Das Haus hat als größten Reiz einen 3000 qm großen, am Steilhang in Terrassen angelegten Garten mit vielen Obstbäumen, einem Gemüsegarten, Sträuchern, Blumen und Wiesen, der ein gesundes glückliches Leben garantiert.

Die reizvolle Lage der Stadt und des Hauses bringt viele Gäste, die es sich oft für Wochen in Haus und Garten wohlergehen lassen. Das Gefühl der Langeweile bleibt den KOLLATHs für alle Zeiten erspart.

Besondere Freude bereitet es, Freunden aus Chile die dort genossene Gastfreundschaft zu vergelten. Es gibt ein herzliches Wiedersehen mit dem Chirurgen Prof. Juan WESTERMEIER und dem Kinderarzt Prof. Adalberto STEEGER und seiner Frau Ruth.

Im April 1954 ist Staatsminister Heinrich LÜBKE zum Tee zu Gast bei Werner KOLLATH. LÜBKE hatte damals noch das Ministerium für Landwirtschaft und Forsten inne und sein Interesse an KOLLATHs Arbeiten war groß. Seine Bemühungen, diesen Ideen zur Verwirklichung zu verhelfen, scheiterten an der Lobby.

Anregend und genußreich sind die Kammermusikabende im Sanatorium Glotterbad, ausgeführt von dem Chefarzt Prof. Louis R. GROTE als Pianist und dem Freiburger SCHWALLER-Quartett. Geprobt wird oft und gern bei KOLLATHs.

Alfred SKOTT

Einer der besten Freunde aus der Rostocker Zeit meldete sich, Dr. Alfred SKOTT, Berlin, Kammergerichtspräsident i. R., ein hervorragender Pianist, Schüler von Max REGER, dem unvergeßliche Stunden zu verdanken sind.

Während der Zeit der Nationalsozialisten war Dr. SKOTT von seinem Amt in Berlin an das kleine Amtgericht in Lübz unweit Rostock strafversetzt worden. Dort war Werner KOLLATH ihm mehrfach begegnet, wenn er in der Zuckerfabrik DAHLE Abwasserkontrollen vorzunehmen hatte und anschließend im Hause DAHLE eingeladen war. SKOTT wurde ständiger Gast in Rostock und eine tiefe Freundschaft entstand.

Die Freude war groß als Alfred SKOTT – der nun wieder in sein Amt in Berlin eingesetzt worden war – sehr häufig in Freiburg einkehrte und es wurden viele genußreiche Fahrten mit diesem kunstverständigen, sensiblen Mann unternom-

52 · Dr. Alfred Skott, Kammergerichtspräsident Berlin
Bleistiftzeichnung – Freiburg/Br. – 2. 1. 1953

men. KOLLATH hoffte, diesen Freund als Dauergast haben zu können, aber Alfred SKOTT erkrankte an einer Leukämie und starb ganz plötzlich am 24. 10. 1958 auf einer Tagung der Großen Strafrechtskommission in Freiburg, nachdem er ein grundlegendes Referat gehalten hatte.

Werner KOLLATH trauerte tief um diesen Freund.

«Ein unersetzlicher Verlust. Ein genialer Mensch, universell gebildet, ein wahrhafter Ehrenmann.»

Ehrungen

Bei der 80. wiss. Jahrestagung d. Deutschen Gesellschaft für Zahn-, Mund- und Kieferheilkunde im September 1952 in München sprach KOLLATH über *Ernährung und Zahnsystem*.

Er führte die Aufnahmen der präkolumbischen Indianerschädel mit den völlig intakten Gebissen vor, Aufnahmen, die er 1950 im Museum in La Serena in Chile gemacht hatte. (s. Abb. 44, S. 163).

Der Vortrag wurde in der Zeitschrift der Gesellschaft veröffentlicht, DZZ 11 (1953) 7, Arb.Verz. 218.

Am 26. August 1954 erhielt KOLLATH eine Ehrenurkunde.

„Die Deutsche Gesellschaft für Zahn-, Mund- und Kieferheilkunde e. V. (Zentralverein) ernennt Herrn Prof. Dr. med.
Werner KOLLATH
in Freiburg, Baden, in Anerkennung seines unermüdlichen Einsatzes für die Ernährungsforschung und im besonderen auch für die Bedeutung der Ernährung für ein gesundes Zahnsystem zu ihrem korrespondierenden Mitglied.
Köln, den 26. August 1954   Der Präsident: EULER"

Auf die Verleihung der BIRCHER-BENNER-Medaille wurde schon auf Seite 115 hingewiesen. Die Urkunde lautete:

„Präsidium und Wissenschaftlichem Rat der Internationalen Gesellschaft für Nahrungs- und Vitalstoff-Forschung gereicht es zur großen Ehre, Herrn Universitätsprofessor Dr. med.
Werner KOLLATH
in Würdigung seiner verdienstvollen Pionierarbeit auf dem Gebiet der Diätetik und Vitalstoff-Forschung als erstem die

BIRCHER-BENNER-MEDAILLE

zu verleihen.
   Diese Auszeichnung soll zugleich eine Anerkennung seines vorbildlichen Werkes über den Vollwert der Nahrung sein.

Ausgefertigt anläßlich des 3. Internationalen Vitalstoff- und Ernährungs-Konvents.
Stuttgart, am 22. September 1957   *Präsident: H. A.* SCHWEIGART"

Der Vortrag, den Werner KOLLATH auf diesem Konvent hielt, lautete
Der Begriff des Natürlichen und die wissenschaftliche Forschung,
Vitalstoffe, 4, (1957) Arb. Verz. 256.

Radiovortrag

Am 19. 1. 1958 sprach KOLLATH in einem öffentlichen Vortrag im Radio Bern über *Die Ernährungskrisis des Abendlandes und der Weg zu ihrer Überwindung.* Arb. Verz. 270.

Anwesend war der Deutsche Botschafter der Schweiz v. HOLZAPFEL, der sich anschließend sehr lange und interessiert mit KOLLATH unterhielt.

Ein Besuch bei Albert Schweitzer

Die Freundschaft mit der Pianistin Elly NEY, die in Rostock begonnen hatte, vertiefte sich mit den Jahren immer mehr. Wenn Elly NEY in Hannover oder später in Freiburg Konzerte gab, war sie stets Gast im Hause KOLLATH. Nach jedem Zusammensein mit ihr fühlte man sich aufs neue bereichert.

Im Oktober 1957 ergab es sich, daß gemeinsam mit Elly NEY und einigen Freunden ein Besuch bei Albert SCHWEITZER gemacht werden konnte. SCHWEITZER hielt sich zu dieser Zeit ins Günsbach, seiner elsässischen nicht weit von Colmar gelegenen Heimat auf.

Eine Verbindung zwischen Albert SCHWEITZER und Werner KOLLATH war schon 1955 zustande gekommen. KOLLATH hatte dem sehr von ihm verehrten Kollegen sein zweibändiges *Lehrbuch der Hygiene* geschickt. Albert SCHWEITZER hatte *handschriftlich* geantwortet:

> *„Günsbach Elsaß – 22. August 1955*
> *„Verehrter Kollege. Schreibkrampf, überanstrengte Augen, Müdigkeit erlauben mir nicht, Ihnen so zu schreiben, wie ich möchte. Aber ich halte daran Ihnen selber für die zwei Bände Hygiene zu danken, die Sie mir für die Lambarene-Bibliothek zugehen ließen. Sie liegen seit Tagen auf meinem Schreibtisch, und so manches, was erledigt werden sollte, bleibt liegen, weil ich drin lese. Die Kinderkrankheit der Ablenkung habe ich noch nicht abgelegt. Sie erhält mich jung. –*
> *Für die so wichtigen Ideen, die Sie vertreten bin ich seit Jahren gewonnen, seit meiner Freundschaft mit GERSON. Immer mehr habe ich eine naturgemäße Lebensweise angenommen. Dieser habe ich zu verdanken, daß ich als so alter Knabe noch etwas leisten kann, trotz des überaus schweren Lebens, das ich seit Jahren führe. Seit 20 Jahren habe ich nie einen Ferientag, auch nie einen Sonntag gehabt . . .*

*53/54 · Albert Schweitzer in seinem Haus in Günsbach/Elsaß
hört die Beethovensonate Op 27 Nr. 2
gespielt von Elly Ney   Bleistift – 21. Oktober 1957*

*In Ihren zwei Bänden finde ich viele Einzelheiten, die mir wertvoll
sind! Auch Geschichtliches, was mir nicht so bekannt war.*

*Zum Abschnitt Kaffee möchte ich bemerken, daß ein großer Unterschied
zwischen gelagertem und nicht gelagertem Kaffee besteht. Kaffee, der nicht
drei Jahre im Trockenen gelagert ist, sollte nicht benutzt werden. Früher
kam nur 2–3 Jahre gelagerter Kaffee in Bremen oder Le Havre auf den
Markt. Heute dagegen ganz junger, weil man die Zinsen, die das Lagern
erfordert, nicht mehr aufwenden kann.*

*Der erste, der sich mit Berufskrankheiten beschäftigte war der Italiener
Bernardino* RAMAZZINI *(geb. 5. 11. 1963). Hier eine kleine Studie meines
Freundes Dr. M.* WETZEL *über ihn.*

*Mit besten Gedanken
Ihr ergebener Albert* SCHWEITZER

So war Werner KOLLATH kein Unbekannter und die Aufnahme der Besucher durch Albert SCHWEITZER und seine Mitarbeiterinnen und Helferinnen Emmy MARTIN und Mathilde KOTTMANN war sehr herzlich. Keiner hatte erwartet mit Tee und Kuchen bewirtet zu werden.

Die Freude Albert SCHWEITZERS seine Freundin Elly NEY, mit der er sich duzte, bei sich zu sehen war offenbar und die Unterhaltung war lebhaft und anregend.

Später nahm Albert SCHWEITZER seinen Kollegen KOLLATH in sein Arbeitszimmer, entsprechend seiner klugen Gewohnheit, wichtige Unterhaltungen zu zweit zu führen. Es erwies sich, daß er das *Lehrbuch der Hygiene* sehr gut durchgearbeitet und verstanden hatte. Er hatte viele Fragen zu stellen und viele Probleme wurden erörtert.

«Schließlich fragte SCHWEITZER mich, ob er seine Patienten in Lambarene richtig ernähre. Man könne wegen des tropischen feucht-warmen Klimas kein Getreide einführen. Es gäbe Reis; er habe 10 000 Ölpalmen, ferner einen großen Obstgarten, für den er den Kompost selbst herstelle. Albert SCHWEITZER schilderte mir, wie sie im eigenen Betrieb das Öl aus dem Palmfrüchten gewännen. Ich konnte ihn beruhigen, da ja in den Tropen ganz andere Verhältnisse herrschten, wie bei uns in dem gemäßigten Klima. Die großen Koch-Bananen, die ausreichend vorhanden waren, bildeten sicherlich eine gute Basis und seine eigene Lebensweise war die beste Gewähr für richtiges Handeln.

Ich entwickelte ihm meine Ideen von der Nutzbarmachung der natürlich gegebenen Kraft der Sonnenstrahlung, wie sie uns jeder Grashalm, jedes Blatt vormachte und bat ihn, unter Übergabe eines kurzen Memorandums sich *für eine Förderung der photochemischen Forschung* einzusetzen.»

Nach dieser cirka einstündigen Unterhaltung mit Werner KOLLATH bat Albert SCHWEITZER seine Freundin Elly NEY darum BEETHOVEN zu spielen. Er selbst konnte nicht spielen, da er sich eine Verletzung an der rechten Hand zugezogen hatte, aber er bat die Freundin um Rat bei der Interpretation einer BACHschen Fuge auf der Orgel.

Werner KOLLATH hatte als Gastgeschenk das Buch *Vollwert der Nahrung* Band 1 überreicht. Schon 10 Tage nach dem Besuch am 30. 10. 57, kam die Danksagung.
   „Lieber Kollege. Ich danke Ihnen herzlich für das Buch, das ich mit viel Nutzen lese. Ihre Darstellung bietet mir viel Belehrung. Ich freue mich, Ihre Bekanntschaft gemacht zu haben.
                                          Ihr ergebener Albert SCHWEITZER

Emmy MARTIN leitete diesen Brief ein:
   „Sehr geehrter lieber Herr Professor,
   Herr SCHWEITZER *dankt Ihnen herzlich für Ihr Buch. Er hat alle Arbeit liegen lassen, um es gleich lesen zu können und ist sehr erfüllt von dem Aufbau und dem Stoff des Buches. Er findet es hervorragend.*
   Es war so schön, Sie mit all den lieben Freunden hier zu sehen. Die Stunden klingen noch lange nach. In wenigen Wochen schifft sich der Doktor bereits ein, um nach Lambarene zurückzukehren.
   Herzlich grüßt Sie mit der lieben Frau Professor
                                          Ihre Emmy MARTIN"

Werner KOLLATH schreibt am 4. 11. 1957
   «Albert SCHWEITZER ist der größte Mensch unserer Zeit und niemand wird ihn vergessen, der ihm nahe gekommen ist. Es ist das schönste Geschenk, das mir das Leben gemacht hat, daß ich ihm begegnen durfte.»

Dienst- und Urlaubsreisen

Am Lebensstil ändert sich nach der Umsiedlung nach Freiburg wenig, es sei denn, daß noch mehr gearbeitet und geschrieben wird, so daß eine Sekretärin bei der Bewältigung der Arbeit mithelfen muß. Auch die Zahl der Vorträge nimmt ständig zu. Um die dadurch entstehende ausgedehnte Reisetätigkeit zu erleichtern, die auch zu Kongressen, wissenschaftlichen Arbeiten, z. B. München, zu Verhandlungen in Verbindung mit dem KOLLATH-Frühstück oder mit Kodruna führt, wird ein Auto angeschafft. Ein Schofför wird angestellt, der auch den großen Garten betreuen hilft. Es geht kreuz und quer durch Deutschland. Was an Musischem und Erholsamem mitzunehmen ist, wird wahrgenommen und auch an die Gesundheit wird gedacht. Werner KOLLATHs bewegliche Natur fühlt sich in ihrem Element und der produktive Geist kann sich auswirken.

Eben in Freiburg angekommen, ist er nach 5 Tagen schon wieder in München, um die Mesotrophie-Versuche (s. S. 261) einzuleiten und besucht anschließend Dr. Felix GRANDEL, Augsburg, dem er die Möglichkeit zu dieser Nacharbeit verdankt.

Sofort werden die Kodruna-Fütterungsversuchsgüter in Baden besucht. Ende Mai Teilnahme am IX. Internationalen Kongreß für Landwirtschaft und Industrie in Rom, am 29. Mai Vortrag: „Kälberaufzucht mit Kodruna" Arb. Verz. 212.

Das bedeutet 4 Tage in Rom und je 5 Tage für eine beneidenswerte Hin- und Rückfahrt. Das Auto wird von Herrn SCHAPER, dem Inhaber der Herstellerfirma von KODRUNA gesteuert. Mit dieser ersten Italienfahrt erlebt er die schönste Reise seines Lebens.

Die kundigen Italienfahrer geleiten ihn und seine Frau entlang der im Frühlingsglanz leuchtenden Riviera di Levante, mit Portofino, über Pisa, San Gimignano, Siena nach Rom.

Heimfahrt über Assisi, Perugia, Arezzo, wo das Mittagsmahl in der „Buca di San Francesco" fast ebenso hoch gepriesen wird, wie die kostbaren Fresken des Piero della Francesca in der benachbarten Kirche des Heiligen Franziskus.

11. September München, Mesotrophie-Versuche; Teilnahme und Vortrag am Zahnärztekongreß, auf den schon auf Seite 202 hingewiesen ist.

Wie sich aus nebenstehender Zusammenstellung, die in ähnlicher Form auch für die weiteren Jahre vorgelegt werden könnte, ergibt, ist der „Terminkalender ziemlich ausgebucht". Trotzdem werden größere private Urlaubsreisen gemacht.

Modell einer fünfwöchigen Mammut-Vortragsreise

vom 17. 9.–23. 10. 1952

17. 9. Bremen-Achim – KOLLATH-Frühstück und Buttermilchbrot

19. 9. Hannover und Ringelheim – Kodruna und Necrosan

20. 9. Bad Lauterberg/Harz – 3. Einführungskurs in die Naturheilverfahren, veranstaltet vom Zentralverband für Naturheilverfahren (20.–27. 9. 52) Vortrag: *Das Werden des Gesunden (Physiogenie) und des Kranken (Pathogenie).*

23. 9. Hannover – Als Eröffnungsvortrag zur Niedersächsischen Gesundheitswoche Vortrag: *Gesundheit und Selbstverantwortung (Ist Krankheit nur schicksalsbedingt?)* Mit Schlafwagen nach München.

24. 9. München – Vortragsreihe: „Gesundes Land-Gesundes Leben" 22. bis 25. 9. 1952 – Vortrag: *Das Leben als Aufgabe* Arb. Verz. 221.

25. 9. München – Mesotrophie-Versuche im Pathologischen Institut.

26. 9. Salzburg – Tagung der Internat. PARACELSUS-Gesellschaft (26.–29. 9.) Vortrag. Arb.Verz. 206.

30. 9. Meran – bis 7. 10. 1952 Erholungsaufenthalt.

8. 10. Meran – II. Internationaler Kongress für prophylaktische Medizin (8.–12. 10. 1952) Vortrag: *Von den Aufgaben der unspezifischen Vorbeugung.*

15. 10. Berchtesgaden – 5. Ärztl. Fortbildungskurs für Ganzheitsmedizin. Thema: Zusätzliche Behandlung der Geschwulstkrankheiten (11.–19. 10. 1952) i. Sanat. Prof. ZABEL Vortrag: *Dysbakterie, Tumorentstehung, Verhütung und Behandlung.* Hippokrates 8 (1953), 233, Arb.Verz. 217. Am 17. 10 sprach der bekannte Krebsforscher Dr. GERSON, USA, über seine „Gerson-Diät gegen Krebs". Es war eine für Werner KOLLATH wesentliche Begegnung.

19. 10. Berchtesgaden – Verhandlungen mit dem Generalvertreter für Kodruna, Dr. LOTZ.

20. 10. Rottach-Egern – Besuch der Krebsklinik Dr. ISSELS.

29. 10. Ammersee/Obb. Besuch bei dem Forscher Manfred CURRY (s. S. 220).

21. 10. München – Pathologisches Institut – Mesotrophie-Versuche

23. 10. Rückkehr nach Freiburg.

Italien

Nach 13 Jahren Pause geht es 1954, nun im Auto, wieder nach Süditalien. Agropoli, am Südende des Golfes von Salerno ist das südlichste Ziel. In Paestum, in unmittelbarer Nähe der griechischen Tempel, wird bescheiden aber stimmungsvoll übernachtet und unvergeßlich am Morgen im Freien angesichts des dorischen Poseidontempels gefrühstückt. Der Hauptaufenthalt dieser sechswöchigen Reise ist Ravello und Positano, die an Schönheit noch immer durch nichts übertroffen werden können.

Provence

Im Frühling 1955 werden auf einer Reise durch die Provence die Erinnerungen der ersten Begegnung von 1929 aufgefrischt. Damals kam Werner KOLLATH aus Paris vom I. Internationalen Kongress für Strahlenforschung. Heute nach einem Vierteljahrhundert haben das Land und seine Städte noch ihren alten Zauber bewahrt.

Spanien

Die Liebe zu EL GRECO erweckt den Wunsch, auch Spanien kennen zu lernen. Eine Fahrt von fünf Wochen (1956) erschließt das herbe schöne Land mit seinen alten Städten und kostbaren Kunstschätzen. In Andalusien wird auf 100 km schlechter Straße Ronda erobert, das jede Mühe wert ist. Es ist eine der ältesten Städte Spaniens, ca. 700 m hoch gelegen, mit vielen Zeichen der maurischen Herrschaft höchst malerisch von einem 150 m tiefen Cañon, in dem der Guadalevin fließt, durchschnitten. Einst das Dorado der Räuber und Schmuggler, von wilder Berglandschaft umgeben. Nach Gibraltar und die Costa del Sol ist es nicht mehr weit.

In der späten Nachmittagssonne liegt die gotische Kathedrale Sevillas wie in Gold getaucht. Im Gegensatz zu ihrer schwer erfaßbaren Größe bezaubern die anmutigen Innenhöfe der Wohnhäuser. Man blickt durch kunstvoll geschmiedete Gitter in kleine, steinbelegte, von Blumen und Grün überquellende Gärten, in denen man verweilen möchte.

55 · Atrani bei Amalfi - Golf von Salerno ▶
Feder- und Aquarell – 1934

56 · A. Jambon – Hostellerie des Arènes – Arles/Provence
Federzeichnung mit Bleistift getönt – 5. 9. 1956
Auf der Fahrt nach Spanien – 1. 9. 1956–8. 10. 1956

Mezquita, die alte Moschee von Cordoba, umschließt in ihren unscheinbaren Mauern eines der großen Weltwunder. Ein Wald von 900 Säulen bildet einen Raum mit 19 Schiffen, einen unendlich scheinenden, heiligen Raum. Auch hier möchte man bleiben.

Toledo, die alte Hauptstadt Spaniens, 70 km südlich von Madrid, liegt mauergegürtet auf felsiger Höhe, vom tief eingeschnittenen Tal des Flusses Tajo umflossen. Das einzigartige Stadtbild wird überragt von der gewaltigen gotischen Kathedrale und dem im Bürgerkrieg leider beschossenen Alcázar Karls V. Diese Stadt des EL GRECO, mit seinem großen Fresco „Das Begräbnis des Grafen Orgaz" in der Kirche Santo Tomé ist ein Höhepunkt nicht nur der Reise, sondern des Lebens.

Orientreise 3. 4.–9. 5. 1957

«Diese Reise, die wir vorhaben, hat vielleicht vor 50–60 Jahren begonnen, als mir meine Mutter von den Pyramiden erzählte. Sie begann jedesmal, wenn das Wort Griechenland oder Konstantinopel oder Orient fiel. Wäre ich jünger und stünde ich nicht im 65. Lebensjahre, dann würde die Reise wahrscheinlich viel weiter geplant sein. Aber Alter und Politik, Bescheidenheit und kühle Überlegung haben mich veranlaßt, mich zu begrenzen zu begrenzen auf *das östliche Mittelmeer*.

Neugierig und skeptisch trete ich diese Reise an, die uns über Venedig – die Vielgeliebte –, Bari – die Stadt der Normannen und der orientalischen Wunschträume – nach Kreta, der uns unbegreiflichen Kulturstätte, führen soll, wo die Menschen sich ihres Daseins freuten und keinen Feind und keinen Krieg kannten.»

Das italienische Schiff Campidoglio – ein unmodernes, aber gemütliches Schiff aus ehemals österreichischem Besitz, hat die Adria durchfahren. Es ist, den unruhigen Wogen des Ionischen Meeres entweichend in die ruhigere Welt der Ionischen Inseln eingefahren, vorbei an der Insel Ithaka, der Heimat des Odysseus. Dem Peloponnes entlang durchs Kretische Meer ist es in Heraklion, der Hauptstadt der Insel Kreta, vor Anker gegangen. Ein Auto fährt die 5 Kilometer nach Knossos, bis zum Palast des göttlichen Königs Minos, Sohn des Zeus und der von ihm in Stiergestalt hierher entführten Europa. Die Sage wird lebendig: der menschenfressende Stiermensch Minotaurus, im Labyrinth hausend: Theseus erschlägt ihn und findet den Rückweg aus dem Labyrinth mit Hilfe des Fadens der Ariadne, der Tochter des Königs Minos.

Die Palastruinen von Knossos (um 1500 v. Chr.) lassen, dank der Rekonstruktion des Engländers Sir Arthur EVANS, die ungeheuren Ausmaße und die Pracht des 3–4stöckigen Baues erkennen. Ein Palast mit 1000 Räumen. Die farbenstarken Fresken – die Originale sind im Museum von Heraklion – lassen in ihren pflanzenhaften Darstellungen an den Jugendstil denken, ähnlich den jetzt entdeckten Fresken von Thera auf Santorin aus der gleichen Zeit. Zahllose riesige Vorratskrüge, schön mit Schnurkeramik verziert, in Menschengröße, deuten auf die Großartigkeit des Ganzen hin.

Verblüffend sind die Fayence-Figuren der priesterlichen Schlangendamen, die in bodenlangen, höchst modernen, mit Plissée und Stickerei verzierten, die Taille eng einschnürenden Roben, ihre schönen Brüste frei tragen.

In Alexandria, der zweitgrößten Stadt Ägyptens, verlassen wir das Schiff, um mit einem Autobus auf der „Wüstenstraße" nach den auf einem Plateau der Lybischen Wüste liegenden Pyramiden von Gizeh zu fahren. Die Größe der

Cheops-Pyramide überwältigt und übertrifft alle Vorstellung. 2690 v. Chr., eines der ältesten so gut erhaltenen Bauwerke.

Nicht weit davon liegt die Sphinx, das Menschtier mit dem Löwenleib und dem respektlos verstümmelten Königskopf.

Ohne jeden Übergang endet die Wüste und das reiche fruchtbare Land des Nildeltas beginnt.

Das Ägyptische Museum in Kairo ist einer der wichtigsten Anziehungspunkte dieser Reise. Im oberen Stockwerk befinden sich die Goldschätze und Juwelen des Tutenchamon-Grabes aus dem Tal der Könige. Staunend sieht man die vier großen vergoldeten Schreine, die ineinandergeschachtelt drei Goldsärge enthielten. Der zweite Sarg ist aus Holz mit Überzug aus echtem Gold, der innerste ist ein 285 kg schwerer Sarg aus purem Gold in dem die Königsmumie lag. Nun steht man vor der berühmten massiven, mit Lapislazuli eingelegten Goldmaske des jungen Königs, die den Kopf der Mumie bedeckte.

„Erwache aus der Ohnmacht, in der du schläfst!"

Nicht ohne Erschütterung trennt man sich von diesen Zeugen großer menschlicher Vergangenheit, von den Schätzen dieses Museums, die nirgends ihresgleichen haben.

Die Alabastersphinx von Memphis ruht etwas lieblos plaziert in einem schütteren Palmenwald, dessen Erdboden von tausend Besucherfüßen festgetrampelt ist. Dicht dabei liegt die 10 m lange Kolossalstatue von Ramses II flach auf dem sandigen Boden. Ein Wellblechgehege umschützt sie prosaisch und der Besucher kann auf einer schmalen Außentreppe hinaufsteigen und von oben auf den königlichen Kalksteintorso hinunterblicken.

Auf einem Plateau der Lybischen Wüste liegt das Totenfeld von Sakkara, dessen Wahrzeichen die älteste Pyramide der Welt, die Stufenpyramide des Königs Djoser, des Prächtigen, ist (2778–2723, 3. Dynastie).

Das reichste und interessanteste Privatgrab ist die *Mástaba des großen Herrn Ti*, eines hohen Würdenträgers (2563–2429). Das vollkommenste unterirdische Bilderbuch, das anschaulich in herrlichen Flachreliefs das damalige tägliche Leben mit allen seinen Verrichtungen und Vorgängen schildert. Als Schönstes bleibt in der Erinnerung eine Darstellung des Auftraggebers:

Der große Herr Ti fährt durch das Papyrusdickicht.

In Port Said wartet bereits das Schiff und nach einer Welt, die sich mit ihren Fellachendörfern noch in der Zeit des ersten Testaments zu bewegen scheint, überrascht Beirut, die Hauptstadt der Republik Libanon, als moderne Großstadt, als eine schöne Stadt, die sich mit ihren Villen an den Hängen des Libanon ausbreitet.

Über eine Paßhöhe von 1500 m geht es im Autobus in das breite Hochtal der Beeka, das 1100–1200 m hoch zwischen Libanon und Antilibanon liegt, nach Baalbek. Zur Zeit des Augustus wurde das griechische Heliopolis von den Römern erobert und zur Kolonie gemacht.

Das bedeutendste Bauwerk der Tempelstadt ist der ungeheuer große Jupiter-Tempel, auch Sonnentempel genannt, mit einer Größe von 106 x 69 m aus braungelbem Stein. Es ist das größte römische Bauwerk des Altertums. Sechs einsame Säulen, noch durch den Architrav verbunden, ragen auf ihrem kolossalen Steinfundament stehend, in den wolkenlosen blauen Himmel.

In Latakia, dem antiken Laodicea ad mare *dem einzigen größeren Hafen* Syriens muß das Schiff im Hafenbecken ankern. Der kleine Ort überrascht durch eine malerische Altstadt mit einem unverdorbenen orientalischen Leben. Ein Besuch lohnt die Mühe des Ausbootens.

In Famogosta auf der Insel Cypern wird in dem am Meer gelegenen venezianischen Kastell der Turm gezeigt, in dem „der Mohr von Venedig" seine schöne blonde Desdemona umgebracht haben soll.

Die frühgriechische Ruinenstadt Salamis, einst die wichtigste Stadt Cyperns, ist mit einem Märchenwald blühender duftender Mimosen überzogen. Bei den Ausgrabungen sieht man auch noch Teile der römischen Stadt.

«Das Schiff fuhr nachts um die Nordostspitze von Cypern und nahm dann Richtung auf die kleinasiatische Küste. Morgens um 6 Uhr etwa sollten wir die Südspitze von Kleinasien passieren, das Kap Anamura. Rechtzeitig wachten wir auf, um noch Fernaufnahmen zu machen von einer am Kap liegenden Ruinenstadt.

Was war das? Nach Westen schien das Wetter schön, aber im Osten kamen nachtschwarze Gewitterwolken auf und plötzlich hieß es: Eine Windhose bildet sich! Südlich von unserem Kurs entwickelte sich die Thrombe, deren Saugkraft man genau beobachten konnte. Sie bildete sich in etwa 5 Minuten voll aus. Es kam mit starkem Sog zu einer dem Uhrzeiger entgegengesetzten Drehung, wie Flammen, und ein dunkles, drohendes Gebilde kam langsam auf uns zu. Wir hielten Kurs. Etwa 1–2 km vor uns kam es mit Hagelschlag, der bis zu uns reichte, zur Auflösung. In Hagel, Regen und Gewitter verschwand das gefährliche Phänomen – ein glückliches Geschick hatte uns bewahrt. Aus unserem Schiff wäre Kleinholz geworden, wenn uns die Windhose erwischt hätte. –»

Werner KOLLATH hatte die Geistesgegenwart dieses seltene Naturereignis in einigen Farbfotos festzuhalten. Keiner von der Besatzung hatte – obwohl teils schon 25 Jahre zur See – ähnliches erlebt.

Bereits die Einfahrt nach Rhodos bei aufgehender Sonne rechtfertigt den Ruhm dieser schönen Kreuzfahrerinsel. In der „Ritterstraße" haben sich die Ritter des geistlichen Johanniter-Ordens ein bleibendes Denkmal gesetzt. Nach Nationen getrennt liegen hier die Quartiere der Franzosen, Engländer, Italiener, Deutschen, Spanier in einer Straße des 15. Jh. zu einer einzigartigen Einheit verbunden. Die Stadt ist nicht nur malerisch, sondern auch sauber und blumengeschmückt. Die Häuser der schmalen, winklichen, von Erdbebenbögen überspannten Gassen sind weiß oder mit leuchtendem Waschblau gestrichen.

Vom 300 m hoch gelegenen Berg Philerimos schweift der Blick über einen Park von Pinien, Eichen, Lorbeer, Agaven und Blumen.

Istanbul empfängt uns nordisch: Regen, Nebel, Wind und Kälte. Hamburgisch, aber kein goldenes Horn! Der Regen entzaubert das sowieso nicht schöne Äußere der Hagia Sophia noch mehr, aber das unvergleichliche Innere erweckt die Andacht, vor dem Bau zu stehen, der die europäische christliche Kirchenbaukunst so maßgeblich beeinflußt hat.

Das berühmte Serail birgt die mannigfachen Sammlungen der Sultane. Die schönen Gärten, von denen man im Norden geträumt hat, sind regenfeucht und vermitteln kein Bild von dem lustvollen Leben, dem sie dereinst gedient haben. Also suchen wir den Bazar!

«Wir tauchen ein in ein Zauberwerk von 100 und einer Dunkelheit, in der zahllose kleine und kleinste Geschäfte in teils spärlichem, teils gutem Licht ihre Artikel zur Schau stellen oder verbergen. Der Bazar liegt unter steinernen Bogengängen, die rauchgeschwärzt sind und unterirdischen Gängen gleichen. Die Zauberei beginnt, sobald man den Eingang durchschritten hat. Es ist wirklich unmöglich, dieses Leben im Dunkeln zu schildern. Stoffe, Schuhe, Leichtmetallwaren für Touristen. Bald, bereits an der ersten Nebenhöhlengasse, wird man angesprochen, ob man Gold kaufen wolle.

Wir gelangen in eine Juweliergasse, in deren Schauläden alle scheinbaren und unscheinbaren Schätze der Welt ausgebreitet liegen. Verdächtige Edelsteine leuchten verdächtig. Der ‹Diamant› im antiken Ring gleitet wie Radiergummi über Japanpapier, ohne eine Spur zu hinterlassen. Die persischen Miniaturen sind falsch, die Elfenbeinschnitzereien unecht. Einige alte Tongefäße scheinen echt, aber wir wollen nicht. Über eine Straße mit Seidenwaren, mit Täschchen, mit Schuhen, mit Leder und immer wieder Leder, finden wir in die alte Ost-Weststraße zurück – ich hatte Gott sei Dank den Kompaß mitgenommen.

57 · Konstantinopel
Bleistift 22. 4. 1957
Orientreise 3. 4. 1957–10. 5. 1957

Das Schiff liegt jetzt am Quai von Istanbul, wir sehen die beiden großen Moscheen – welche es sind, ist gleichgültig, es sind ja doch nur Nachahmungen der Hagia Sophia (große Käseglocken mit Zahnstochern an den Ecken). Ich kann mich nach Kenntnis der Originale noch weniger mit diesen Moscheen befreunden als bisher. Sie sind groß und seelenlos.

Dafür dürfen wir zu Mittag essen, um dann sofort mit gutem Motorboot den Bosporus nordwärts bis zum Schwarzen Meer zu fahren.»

Es war kalt, sehr kalt und feucht. Wir hatten alles übereinandergezogen was nur möglich war und in Decken eingehüllt froren wir immer noch. An der engsten Stelle des Bosporus liegen die gewaltigen Sperr-Festungen Rumeli-Hissar am europäischen Ufer (1452) und Anadolu-Hissar auf dem asiatischen Ufer (1393). Es sind von rechteckigen Zinnen gekrönte mächtige Rundtürme und Mauern, großartig vom Wasser das Ufer hügelansteigend. Mit Ketten verbunden konnten diese beiden Festungen die Durchfahrt sperren. 2 Stunden dauerte die Fahrt durch die 30 km lange Meeresstraße bis zur Sperr-Minen-Kette der Russischen Grenze am Schwarzen Meer.

Die Rückfahrt führt am asiatischen Ufer des Bosporus entlang. Die Ufer sind hügelig und so zieht dieses weltgeschichtlich so unendlich wichtige Wasser wie ein ruhiger Strom durch grüne Steilufer, die mit Pinien, Zypressen, Zedern und dem ganzen Reichtum südlicher Vegetation bewachsen sind, dahin. Moderne sehr schöne Bauweise der Häuser und Villen wechselt mit der Architektur der alten türkischen Holzhäuser, die manchmal sehr reizvoll ist, oft aber der Sommerfrischen-Architektur der Ostseebäder verzweifelt ähnlich sieht. Das Holz ist vom Wetter dunkelschwarz verwittert. Früher strich man es mit Ölfarbe an. Aber dazu ist jetzt das Geld ausgegangen. Am asiatischen Stadtteil Scutari vorbeifahrend erreichen wir wieder Konstantinopel. Es herrscht ein starker Fährenbetrieb zwischen den Ufern und alles könnte, wenn die Stadt ein produktives und aufnahmebereites Hinterland hätte, sehr mächtig sein.

Istanbul liegt am natürlichen Herrschaftspunkt der alten Kontinente: Goldenes Horn, Bosporus und Marmarameer sind die natürlichen Straßen für den Verkehr. Rußland, ganz Asien, Europa und Afrika stehen offen, hier wäre alles aufs engste zur Macht konzentriert, doch dieses Machtzentrum Europas wurde zerstört.

Aber bei der mitternächtlichen Ausfahrt ersteht plötzlich das alte kaiserliche Byzanz im Strahlenglanz seiner Lichter, den leuchtenden Brücken, dem geheimnisvoll starken Wasserverkehr auf den nächtlich dunklen Fluten und hält in letzter Stunde, was man sich träumend von ihm versprochen hat.

Im Ägäischen Meer, noch einmal in südlicher Richtung, ankern wir im türkischen Izmir, dem alten Smyrna. Der Name erweckt die Vorstellung von süßen Feigen und guten Teppichen. Der Weg nach dem 70 km entfernten Ephesus, unserem Ziel, führt durch einen unübersehbar großen Feigenwald ein Anblick, der unvergeßlich ist. In Ephesus ist man der biblischen Geschichte wieder sehr nahe. Im Großen Theater, das seinen Namen zu Recht trägt, hat Apostel Paulus den Ephesern gepredigt. Maria, die Mutter Gottes, ist in Begleitung des Apostel Johannes nach *Ephesus* gekommen. Auf den Hügeln von Ayasoluk (abgeleitet aus Hagios Theologos), ab 1922 türkisch Selçuk, dicht vor Ephesus, soll sich in der von Kaiser Justinian gegründeten Johanniskirche sein Grab befinden.

Die Ruinen von Ephesus, die zumeist aus der römischen Kaiserzeit stammen, sind nur teilweise freigelegt, aber das Vorhandene bietet ein imposantes Bild von der einstigen Größe. Erstaunlich erhalten ist die Bibliothek des Celsus, eines römischen Konsuls. Nicht weniger erstaunlich ist die 11 m breite Prachtstraße Arkadiane, eine Ladenstraße, die mit Laternen beleuchtet war und die sich 500 m lang bis zum Hafen hinunterzog. Ihre mächtigen Marmorplatten weisen heute noch diesen Weg.

Bei der Bibliothek des Celsus finden wir die gastlichen Tische eines kleinen Restaurants unter schattigen Bäumen. Durch ein steinernes Bett geleitet, fließt ein munteres, sauberes Bächlein längs der wenigen Tische.

«Hier verzehren wir unseren Cestino, trinken roten türkischen Wein, verdünnt mit kühlem Brunnenwasser, und genießen dieses ambrosische Mahl mit der gebotenen Inbrunst. Es war ein Götteressen.

Nun sind wir in Athen! Über die Akropolis, über den Parthenon, das Erechtheion, das Museum zu schreiben, wage ich nicht. Das ist alles so groß und menschlich, wie die Götter der Griechen und die Natur, in der sie lebten. Das ‹Licht› scheint alles zu beherrschen und von jeher beherrscht zu haben.

Als wir von der Akropolis abwärts stiegen, war ein Teil meines Daseins abgeschlossen und hatte seine Erfüllung gefunden.

Wie schön ist es, schweigend verehren zu können und zu dürfen und dieses Erleben in sich zu verschließen. Was ich jetzt noch erleben werde, wird an diesen Maßstäben notwendigerweise gemessen werden und immer kleiner sein als dieses. Mit einer Ausnahme: der Natur und ihrer schönsten Offenbarung, dem Lebendigen.»

Rücksicht auf die Gesundheit

Es wird nicht nur gearbeitet und in der Welt herumgereist, auch für die Gesundheit wird etwas getan. Beschwerden mahnen zur Vorsicht.

Im Januar 1954 und 1955 wird in Bad Wörishofen wieder einmal dem Pfarrer KNEIPP gehuldigt. Es ist die fünfte und sechste Kneippkur und beide haben die gleichen guten Erfolge wie die vorhergehenden. Ebensogut bekommt auch der Kuraufenthalt im PRIESSNITZ-Sanatorium St. Uli, Murnau-Staffelsee, bei der tüchtigen Ärztin Dr. Lisa GLASER. Nach Kuren von 3–4 Wochen kehrt Werner KOLLATH stets voll neuer Unternehmungslust und Spannkraft an seine Arbeit zurück.

Große Sorgen bereiteten Schluckbeschwerden, die 1950 auf der Schiffsreise nach Chile erstmals aufgetreten waren und die sich in größeren Abständen zu wiederholen begannen. Anfangs wurden sie mit einer gewissen Nervosität erklärt, aber dann stellte sich heraus, daß der Anlaß eine durch eine Stenose verursachte Verengerung der Speiseröhre am Mageneingang, eine Ösophagusstriktur war, die sich im Verlauf mehrerer Jahre steigerte. Schließlich, 1958, wurde eine Aufnahme fester Nahrung ganz unmöglich.

Rettung nach vielen fehlgeschlagenen, quälenden Versuchen brachte dann endlich im August 1958 der Karlsruher Arzt Dr. Heinz RUCH, der in wiederholter Behandlung durch meisterhafte Bougierung der Speiseröhre, die Verengung so weit zu dehnen verstand, daß mit Vorsicht und unter Vermeidung ungeeigneter Speisen das Essen doch wieder fast normal möglich wurde. Um das auf die Dauer zu erhalten, mußte die Dehnung drei-, viermal im Jahr erneut vorgenommen werden. Die letzte Reise Werner KOLLATHS, Anfang Oktober 1970, hatte im wesentlichen diese Behandlung bei Dr. RUCH in Karlsruhe zum Anlaß.

Dr. Heinz RUCH hat dem Patienten die an sich unangenehme Prozedur durch sein feinfühliges Arbeiten erträglich gemacht und ihn 12 Jahre lang mit großer Hingabe, Geduld und großer Kunst ärztlich betreut. Ihm ist es zu danken, daß das Leben Werner KOLLATHS bis zum Ende lebenswert geblieben ist.

Unter den Ärzten der Freiburger Jahre darf auch Dr. med. Erich STIEFVATER nicht vergessen werden. Als Freund und unermüdlicher Helfer für Leib und Seele war er immer bereit, das labile Gleichgewicht wiederherzustellen. Seine große Kunst der Akupunktur brachte viel Erleichterung.

Am Abschluß der großen Vortragstournee im Jahre 1952 wurde am 20. 10. ein Besuch bei Manfred CURRY am Ammersee gemacht. CURRY freute sich ehrlich und begrüßte KOLLATH mit ausgebreiteten Armen: „Sie Glücklicher, Sie können nie Krebs bekommen!" Nach CURRY sind die Menschen in Kalt-, Warm- und Gemischttypen einzuteilen, in die K-W-G-Typen, wobei der kalte K-Typ der krebsgefährdete ist, während der W-Typ und der Idealtyp G kaum dafür anfällig sind. Und zu diesen letzteren rechnete CURRY Werner KOLLATH auf den ersten Blick. In Stunden der Sorge, als die Schluckbeschwerden auftraten, hat man sich gerne an diesen tröstlichen Hinweis erinnert.

CURRYS *Arantheorie* und seine *Erdstrahlenforschung* interessierten auch KOLLATH, der, ebenso wie sein Vater, Wünschelrutengänger war und eine große Empfindlichkeit gegen Erdstrahlen hatte.

Leider ist Manfred CURRY ein Jahr nach dem Besuch bei ihm gestorben, und ein geplantes Wiedersehen konnte nicht verwirklicht werden.

Die *Strahlenempfindlichkeit* sollte der Anlaß dazu werden, daß auch Freiburg noch nicht als endgültiges Ziel betrachtet werden konnte. In dem Haus am Hirzberg wurden Strahlenstörungen festgestellt. Die Einflüsse lagen genau da, wo die Betten und die verschiedenen Schreibtische standen. Umstellung war nicht möglich, da Schlaf- und Arbeitszimmer Mansardenzimmer waren. So begann wieder die Suche.

Erschwerend für den Herzkranken war auch das Klima der schönen Stadt an der Dreisam. Dreierlei Föhn: Schwarzwald-, Vogesen- und Alpenföhn, dazu die Lage in der sogenannten Freiburger Bucht. Da Beschwerden nicht zu übersehen waren, rieten die Ärzte dringend zu einer Verlegung des Wohnsitzes an die Südseite der Alpen.

Der Tessin war schon seit dem ersten Aufenthalt in Locarno am Lago Maggiore bei Dr. Federico WEHRLI im Frühjahr 1949 lockendes Wunschbild geworden. Nach langem, mühevollem Suchen wurde schließlich 1959 der Platz gefunden, an dem das Wanderleben zur Ruhe kommen sollte.

Schriftstellerische Tätigkeit in Freiburg

Was ist in diesen 7 Jahren in Freiburg geschrieben worden? Nun, es war ziemlich viel. Die Statistik würde vermerken: In jedem Jahr 1 Buch und 10 Zeitschriftenaufsätze.

2 x 2 = 3 oder vom fruchtbaren Zweifel
– ein LICHTENBERG Brevier –
Verlag Der Greif Walther GERICKE. Wiesbaden 1952

Dieses Brevier wurde herausgegeben von Werner KOLLATH.

In seiner Eigenschaft als Herausgeber schreibt KOLLATH an den Verfasser:

«Herrn Hofrat
Prof. Dr. Georg Christoph LICHTENBERG zu Göttingen.*

Hochzuverehrender Herr Hofrat
Angesichts des Auftrages, eine Auswahl aus Ihren Schriften zu treffen und zu einem LICHTENBERG-Brevier zusammenzustellen, bittet der Herausgeber hiermit um dero geneigteste Genehmigung zu diesem Vorhaben. Es sind fast 150 Jahre verflossen, seit Ihre Söhne Ihre Gesammelten Schriften als bleibendes Denkmal erscheinen ließen, und der Ruhm Ihrer Aphorismen, die die beiden ersten Bände enthalten, ist immer noch im Ansteigen. Sie, der einstige Professor für Physik in Göttingen, gelten heute als der beste deutsche

---

* 1. 7. 1742–24. 2. 1799 Prof. d. Physik in Göttingen und Schriftsteller

Aphorismatiker, und in der Weltliteratur stehen Sie ebenbürtig neben den französischen Moralisten, wie MONTAIGNE, VAUVENARGUES, RIVAROL, deren Zeitgenosse Sie waren und deren gleiche Probleme Sie berührten, Probleme, die im Beginn unseres Zeitalters stehen, das mit der Französischen Revolution begann und dessen weitere Entwicklung noch nicht abzusehen ist ...

Das wichtigste Problem, das Geheimnis Ihrer menschlichen Persönlichkeit, wollten Sie in Form einer Selbstbiographie behandeln, doch ist das Manuskript, dem Sie viele Nachtstunden gewidmet haben, irgendwie verloren gegangen. Nur den Titel kennen wir noch:

‹*Geheime und öffentliche Geschichte des Professors* LICHTENBERG, *enthaltend allerlei Beobachtungen von Menschen, Mädchen, Sternen und Insekten, nebst einer Menge teils artiger, teils unartiger Reflexionen und Spintisationen über alle viere, von ihm selbst entworfen.*›

Da nun Ihr Leben und Wirken nicht mit Ihrem Hinscheiden von der Erde ein Ende gefunden hat, wie es beim Abgang eines Universitätsprofessors meist der Fall ist, sondern da Sie erst später angefangen haben, im eigentlichen Sinne zu sein und zu wirken, so leben Sie auch heute noch, und Sie können uns in unserer Gegenwart und für unser Leben so viel bedeuten wie Ihren Freunden und Schülern unter Ihren Zeitgenossen. Hier haben wir die verantwortungsvolle Aufgabe, aus Ihren Schriften den dauernden Gehalt herauszusuchen und zu ordnen entsprechend der Anweisung, die Sie selbst in der Vorrede zu den Zeichnungen von Wilhelm HOGARTH gegeben haben:

‹*Mit den Werken des Witzes hat es überhaupt eine traurige Beschaffenheit: Sie besitzen meist ein Verwesliches und ein Unverwesliches, von dessen innigster Verbindung jedoch eigentlich ihre ganzes Leben und die ganze Fülle ihrer Wirkung abhängt. Laßt uns daher von Werken des Genies, bei denen es noch in unserer Macht steht, das Verwesliche mit möglichster Sorgfalt vor der Verwesung schützen und für die Nachwelt zu Gebrauch aufbewahren, die den andern Teil, ohne unser Zutun, von der Natur umsonst erhält.*›»

Dieser reizvolle Brief Werner KOLLATHs verdiente es, in seiner ganzen Ausführlichkeit wiedergegeben zu werden, worauf leider verzichtet werden muß. Zum Schluß enthält die Sammlung den bedeutsamen Traum von G. Ch. LICHTENBERG, den KOLLATH 16 Jahre später noch einmal in sein Buch „Regulatoren des Lebens – vom Wesen der Redox-Prozesse" aufnimmt. LICHTENBERG träumt von einem geistähnlichen Wesen eine Kugel im Durchmesser von einem Zoll zur Untersuchung erhalten zu haben, ein Mineral. Er prüft.

„Alle diese Proben fielen so aus, daß ich wohl sah, daß das Mineral nicht sonderlich viel wert war, auch erinnerte ich mich, daß ich in meiner Kindheit von dergleichen Kugeln, oder doch nicht sehr verschiedenen, drei für einen Kreuzer auf der Frankfurter Messe gekauft hatte. Auch die chemische Prüfung ergab nichts Sonderliches."

Als der Alte wieder erscheint, muß LICHTENBERG erfahren, daß es die ganze Erde war, die ihm zur Untersuchung übergeben worden war. Als zweites bekam er einen Beutel, dessen Inhalt er chemisch prüfen sollte. Es war ein Buch! Ein Buch in unbekannter Schrift.

„Alles, was ich lesen konnte, waren die Worte auf dem Titelblatt: Dieses prüfe mein Sohn, aber chemisch und sage mir, was Du gefunden hast.

Ich kann nicht leugnen, ich fand mich etwas betroffen in meinem weitläufigen Laboratorio. Wie? sprach ich zu mir selbst, soll ich den Inhalt eines Buches chemisch untersuchen? Der Inhalt eines Buches ist ja sein Sinn, und chemische Analyse wäre hier Analyse von Lumpen und Druckerschwärze. Als ich den Augenblick nachdachte, wurde es auf einmal helle in meinem Kopf, und mit dem Licht stieg unüberwindliche Schamröte auf. ‚Oh!' rief ich lauter und lauter, ‚ich verstehe, ich verstehe! Unsterbliches Wesen, oh vergib. Vergib mir; ich fasse Deinen gütigen Verweis! Dank dem Ewigen, daß ich ihn fassen kann!' – Ich war unbeschreiblich bewegt, und darüber erwachte ich."

Die Ausgabe schließt mit dem einzigartigen „Gratulationsbrief zur Geburt eines Stammhalters" vom 23. 9. 1788.

Hier gibt LICHTENBERG dem Neugeborenen als Pate die köstlichsten Ratschläge, die im Gebrauch der „zwei Polster, die man Hinterbacken nennt" gipfeln.

„4. und das ist der Hauptgebrauch. Wenn dich ein schlechter Junge schimpft, der nicht einmal Herz hat, dir so lange Stich zu halten, bis du ihm ein paar Ohrfeigen geben kannst, so machst du deinen Rock hinten auseinander und weist ihm deine Polster. Diese Rache trägt, je nachdem der Feind gute Augen hat, weiter als eine gezogene Büchse oder eine Feldschlange, und tötet niemanden, darf aber auch nie gebraucht werden, als da, wo keine Hoffnung ist, einen Schurken mit dem Arm oder dem Degen zu erreichen. – Bei gelehrten Streitigkeiten gilt indessen diese Art von Gegenwehr nicht. Die Gelehrten haben einen ganz eigenen Hintern, den man den moralischen zu nennen pflegt, und der nicht in der Mitte des Systems liegt. Wie man sich den einander weist, wirst du auf den Universitäten lernen, wo man reichlich Gelegenheit findet, sich zu unterrichten: Die Wissenschaft heißt Polemik ..."

Wer Werner KOLLATH gekannt hat, wird ermessen können, welch großes Vergnügen es ihm bereitet hat, diese Schrift herauszugeben und damit jenem Manne, dessen Schriften ihn seit über 40 Jahren begleiteten und dem er so viel zu verdanken hat, wie nur wenigen Menschen, ein bescheidenes Denkmal zu setzen.

Die Fahrt ins Leben

Der obenstehende „Patenbrief" G. Chr. LICHTENBERGS leitet zu dem Gedichtband über, dem KOLLATH den Titel

„DI FAHRT INS LEHBEN«

Gedichte von Werner KOLLATH

Druck ROMBACH & Co Freiburg/Br. 1954

gegeben hat. Der Band enthält 65 Gedichte aus der Zeit von 1921–1951, zwei Drittel stammen aus den Jahren 1946–1948. Ein Drittel allein aus dem Jahr 1947, also der Endphase in Rostock und dem Beginn in Hannover. Noch in Rostock 1947 schreibt KOLLATH das Gedicht „Berlichingen über alles . . .", in dem er in 16 meist exotischen Sprachen das berühmte GOETHE-Wort aus dem „Götz von Berlichingen" zitiert. Daraufhin wird KOLLATH vom Götz-Forschungs-Verein Lemia Forschungsgruppe Oelde, am 7. 12. 1957 zum Ehrenmitglied ernannt unter Nummer 225. Werner KOLLATH ist auf diese Auszeichnung sehr stolz und versorgt getreulich diesen „Verein Lemia zur offiziellen Erforschung, Förderung, Verwirklichung und Formulierung lemianischer Probleme auf leichtverständlicher Basis", mit einschlägigem Material, wo es ihm in der Literatur und auf Reisen begegnet.

Die Unterlagen für sein Gedicht entnahm Werner KOLLATH dem Buch „Non Olet", in dem dieser Spruch in 80 Sprachen wiedergegeben war. KOLLATH hatte das später sehr gesuchte Buch von seinem Autor „Collofino", dem großen Zigarren-Importeur FEINHALS, Köln, zum Geschenk erhalten, als beide sich bei August HEISSLER in Königsfeld im Schwarzwald zur Kur aufhielten.

Aus der Breslauer Zeit vom 3. 9. 1923 stammen fünf große Gedichte: Johann Sebastian BACH, LEONARDO da Vinci, FRIEDRICH DER GROSSE, GOETHE und Immanuel KANT.

In Rostock, kurz vor der Flucht, am 30. 12. 1946, als sich ihm die Menschen von ihrer erbärmlichsten Seite gezeigt hatten, triumphiert das Lebensgefühl und räumt mit einer großartigen Geste alles Niederdrückende beiseite:

Hymnus

Leben! Höchster Sinn der Erde!
wie du bist ein schaffend Werde,
schufst du dieser Erde Kleid.
Dienst an allem, schön vollendend,
ew'ger Kreislauf alle Zeit.
Deine Rätsel bringst Du dar
unsrer Erde als Altar.

Diese Gedichtsammlung enthält viel Ernstes, viel Humorvolles, viel Lyrisches.

Der blühende Birnbaum

Hunderttausend weiße Blüten-
blätter trug der Wind vom Baume,
leuchtend in des Frühlings Mythen-
zeiten schwebten sie im Raume.

Träumend blick ich in das Gleiten,
in das Flimmern, das Versinken,
sah verschwinden sie im Weiten,
letzten Gruß nachsendend, blinken.

Reiche Knospen brachen spendend
auf, entfaltend sich in Fülle
sprengten, Wintersenge endend,
ihrer Jugend harz'ge Hülle,
und entschwebten, sich verschwendend,
mit dem Wind in Sonnenstille.

29. 4. 48

Maulbronn

Es rinnt in zarten Strahlen
im Kloster von Maulbronn
das Wasser in die Schalen
und gibt nur leisen Ton.

Verborgenen Gesetzen
folgt aller Tropfen Zahl;
willst Du sie jäh verletzen,
störst Du des Wassers Fall.

Aus tiefem Grund der Erden
steigt schweigend es empor
zu einem kurzen Werden
und singt dir leis ins Ohr:

‹Verborgen ist die Quelle
unlösbar ist das Sein,
und in des Tages Helle
ist alles nur ein Schein.›

Ein Schein des Himmelslichtes!
In dem gewölbten Raum
siehst Du, statt des Gerichtes,
den schönsten Künstlertraum.

Warnung

Ungern geht die Sonne auf.
Was sie so an einem Tage
sieht auf ihrem Lebenslauf,
ist 'ne Plage.

Und es wäre ihr nicht zu verdenken,
wenn sie eines Morgens stehenbliebe
und sich weigerte, sich zu verschenken
nur aus Liebe.

Daß sie sich Millionen Jahre mühte,
Kohlenlager mächtig aufzubauen,
achtet keiner. Sie kann unsrer Güte
nicht vertrauen.

Menschen bohren, graben, sprengen, rauben,
was die Sonne vormals hat geschaffen,
und sie plündern diese ganzen Schätze
wie die Affen.

Könnte man's der Sonne übelnehmen,
wenn sie eines Tages nicht mehr wollte
und, statt sich nach vorwärts zu bequemen,
rückwärts rollte?

(Rostock 8. 2. 47)

Das letzte Gedicht dieser Sammlung ist ein echtes Autoren-Lied, das Werner KOLLATH nach der Fertigstellung des Manuskriptes zu dem Aphorismenband Medica-Mente gemacht hat.

Nachwort

Und wieder ist ein Manuskript beendet.
Nun mag es wandern seine eigne Bahn.
Erst wird es dem Verleger zugesendet,
der es ablagern lassen kann.
Bekommt der Setzer es dann in die Hände,
erhält der Autor seine Korrektur.
Der Drucker druckt es, und sieh da, behende,
bekommt das Manuskript die Buchfigur.
Es wird versendet in die Büchereien,
und skeptisch nimmt ein Leser es zur Hand:
Dies ist ja unerhört! Nicht zu verzeihen!
Das ist uns allen ja schon längst bekannt!
Verschmäht, verworfen, zornig rezensieret,
verschwindet es zuletzt im Bücherschrank,
wo es den Raum mit seinem Rücken zieret.
Nun hat es ausgelitten!

Gott sei Dank! (6. 8. 1948)

Die Steckenpferde

Die ganze lebensvolle Gestalt Werner KOLLATHS ersteht in diesem Gedicht,
auf das schon in trauriger Veranlassung auf Seite 14 hingewiesen worden ist.

Ein ganzer Stall von Steckenpferden
beschäftigt manchmal mich im Traum.
Bald tummeln sie sich frei in Herden,
bald gehn sie fromm und klug im Zaum.

Bin ich mal frei von dem Berufe,
dann lasse ich die Herde frei.
Sie stampfen Wiesen mit dem Hufe
als wär' das Leben nur ein Mai.

Sie setzen über alle Hürden
und jagen andern Schrecken ein.
Verschwunden sind die Hochschulwürden
und angstvoll sieht es groß und klein.

Bin ich dann wirklich Herr im Hause
und habe den Tribut gezollt
dem Hunger durch die schöne Jause,
dann wird der Wagen hergerollt.

Dann spanne ich die wilden Rosse
gezähmt vor dieses, mein Gefährt,
fahr kreuz und quer durch manche Gosse
und fühl mich gänzlich unbeschwert.

Sie ziehn mich fern hin nach dem Süden,
ich lenke sie wohin ich will.
Das, was ich nicht mag, wird gemieden,
vor jeder Schenke halt ich still.

Mir schenkt man Wein ein. Eine Krippe
wird für die Pferde hingestellt.
Wenn ich dann auf dem Wagen wippe,
gehört mir eine ganze Welt.

So reisen wir durch alle Lande,
die uns die Sehnsucht grade zeigt,
und losgebunden sind die Bande,
wir sind zum Äußersten geneigt.

Ein Wunsch soll mir erfüllt noch werden:
Bevor die Menschen mich begraben,
möcht ich von allen meinen Pferden
und auch von mir ein Foto haben.

(August 1947)

Die Ordnung unserer Nahrung

Völlig neu bearbeitete und erweiterte 4. Auflage, 1955, 276 Seiten, HIPPOKRA-
TES-Verlag – Stuttgart
Werner KOLLATH schreibt für diese 4. Auflage, auf der Basis der ersten Auflagen, ein neues Buch, dessen Umfang 100 Seiten über der 3. Auflage liegt und in
das er die inzwischen gesammelten Erkenntnisse einarbeitet. Das Buch ist noch
erfolgreicher als die ersten Auflagen und wird viel diskutiert.

Prof. Dr. Hermann EULER, Köln, in Deutsche Zahnärztl. Zeitschrift 12 (1956)
„Langsam aber sicher setzen sich die Gedanken KOLLATHS *zum Ernährungsproblem durch. Anders kann man die Tatsache nicht deuten, daß in un-
verhältnismäßig kurzer Zeit nun bereits die 4. Auflage der ‚Ordnung unserer
Nahrung‘ notwendig wurde. Und auch diese 4. Auflage, das darf man wohl
vermuten, wird dem Autor neue Anhänger verschaffen. Nicht nur, daß
er selbst unablässig weiterarbeitet und immer wieder überprüft, nicht nur,
daß seine so sorgfältig untermauerten Folgerungen, die keineswegs nur an
der chemischen Betrachtung kleben, immer dringlicher wirken, es ist vor
allem auch die lebens- und praxisnahe Auswertung dessen, was er erarbeitet
hat. Das zeigt sich gerade in der 4. Auflage am stärksten durch die Vorschläge für das richtige ‚Verhalten des Menschen zur Auswahl der Nahrung‘. Das zeigt sich ebenso bei dem in der 4. Auflage neu eingeführten
Begriff der ‚Vorbeugungskette‘. Der an dem Ernährungsproblem wissenschaftlich Interessierte wird mit der gleichen Dringlichkeit angesprochen
wie die Hausfrau, gleichviel, ob es sich um große Grundfragen handelt*

oder um kleinste Einzelheiten in der Alltagsküche bis herab zur richtigen
Zusammensetzung einer Salattunke. Und doch bei allem Streben nach
einer gemeinsamen Basis für eine vollwertige Ernährungsgestaltung keine
Einseitigkeit: ‚man darf nicht alles nur von der Ernährung erwarten, sondern muß den Menschen zugleich als Individuum und als soziales Wesen
betrachten‘.“

ORTLOFF, Allgemeine Homöopathische Zeitung, Bd. 201 (1956)
    „Der Wert des Buches liegt in der einmalig gerundeten Gesamtschau des
Ernährungsproblems. Hierdurch erscheinen viele an sich schon bedeutende
Einzeltatsachen erst im richtigen Licht und rücken schließlich – wie von
selbst – an den ihnen gebührenden Platz innerhalb dieses großen Ordnungs-
baues. Die Ernährung ist ein universelles Problem ersten Ranges, dessen
Wurzeln weit über das Gebiet der Medizin und der Naturwissenschaften
hinausreichen. ‚Im Reich des Lebendigen ist das Ganze mehr als nur die
Summe seiner Teile.‘ . . .
    Besonders lesenswert wird das Buch nicht zuletzt durch die hohe ethische
Einstellung des Verf., welcher die Gesundheit des Einzelmenschen wie
auch der Gemeinschaft allen anderen Interessen voranstellt.“

Aus- und Einfälle

Aphorismen und Sprüche
HYPERION-Verlag, Freiburg/Br. 1957

Mit diesem kleinen, aber gehaltvollen Büchlein erwirbt sich Werner KOLLATH
mindestens ebensoviele Freunde, wie mit dem Aphorismen-Buch „Medica-Mente“ von 1949. Das kleine Brevier befindet sich griffbereit in den Rocktaschen
vieler Ärzte. Man kann vielerlei Weisheit aus ihm schöpfen.

«Wir sind Übergang, keine Vollendung. Manche ahnen das
Vollendete, wenige erreichen es. Viele haben aber doch die
Fähigkeit, die Richtung zu erkennen. Und damit müssen wir
denn wohl fürs erste zufrieden sein.»

«Ertrinkende werden nicht durch Kommissionen gerettet.»

«Nur die Not kann die meisten Menschen von schlechten
Gewohnheiten erlösen.»

«Die Erde beklagte sich über den Pflug, der sie aufriß,
doch sie wurde fruchtbar.
Der Mensch beklagte sich über seine Gegner,
doch er wurde stark.»

«Wenn Gott die Einrichtung getroffen hätte, daß jedem
Menschen das an eigener Lebenszeit abgezogen würde, was er
andern ohne Notwendigkeit an Zeit nimmt, dann wäre nicht nur
die Geschichte der Menschen anders verlaufen, sondern wir
würden auch eine vortreffliche Verwaltung haben.»

«Ungeheure technische Fortschritte hat der Mensch gemacht,
Er hat das Gesicht der Erde verändert. Die schwerste Aufgabe
liegt jetzt vor ihm: die vergewaltigte Natur wiederherzustellen.»

«Die Flamme, die bei der Verbrennung entsteht, bewirkt, daß
man den zugrunde liegenden Oxydationsvorgang für wichtiger
hält, als die Vorstufe, die Wärmebindung bei der Synthese
durch Reduktion. So schätzen wir beim Menschen dessen
Arbeitsleistung, beachten aber sehr wenig, daß vor jeder
Arbeit die Zeit der Vorbereitung liegt, die Vorarbeit, das
Studium und die Übung. Wir entlohnen nur die Arbeit, nicht
die Vorarbeit. Der Lohn für die Gesamtleistung kommt meist
zu spät, es ist der Nachruhm.»

«Während meines Medizin-Studiums ist uns im Kolleg nicht ein
einziges Mal ein gesunder Mensch vorgestellt worden,
sondern nur ‹der Krankheitsfall›. Klar geworden ist mir
das aber erst viel später.»

«Die wissenschaftliche Medizin verhält sich zur Naturheilkunde
wie das BGB zu den Zehn Geboten.»

«Es gibt viele Dinge in der Natur, die in unserer Nahrung
nicht mehr vorkommen, dafür gibt es vieles in unserer Nahrung,
was es in der Natur nicht gibt.»

Zivilisationsbedingte Krankheiten und Todesursachen

Ein medizinisches und politisches Problem
Karl F. HAUG Verlag. Ulm/Donau 1958, 323 Seiten

Das Buch ist die erste Zusammenarbeit mit diesem Verlag, der damals noch unter der persönlichen Leitung von Karl HAUG seinen Sitz in Ulm hatte.

Das Buch sollte der erste Band einer *Schriftenreihe zur Politischen Hygiene* sein, die Werner KOLLATH zusammen mit dem Verlag herausgeben wollte. Es blieb bei diesem ersten Band.

KOLLATH überschrieb das erste Kapitel mit dem Titel: *Politische Hygiene als Wissenschaft* und begann das Buch wie folgt:

«Die bisherige Geschichte wirkt wie eine gefährliche Krankheit. Die Ursache dieser Krankheit ist der Mensch mit seiner Unvollkommenheit; er hält sich für das Ziel der Schöpfung, ist aber nur Mittel. Aus der ihm eigentümlichen Freiheit des Handelns kann er nützlich oder schädlich handeln. Wo er nützlich handelt, dient er der Erhaltung des Lebendigen auf der von ihm bewohnten Erde; wo er schädlich handelt, wirkt er wie ein lebender Krankheitserreger, der zugleich mit der Vernichtung seiner Umgebung seinen eigenen Untergang herbeiführt.

Kriege sind gemeingefährliche Epidemien, Wirtschaftskämpfe sind chronische Mangelkrankheiten, beide führen letzten Endes zur Zerstörung des gesamten Wirkungsbereichs.»

In der Zeitschrift *Monatskurse für die ärztliche Fortbildung,* Heft 1/1958 (J. F. LEHMANNS Verlag, München) schreibt R. W. ROSIE, Darmstadt am Schluß seiner Buchbesprechung zu dem obigen Thema:

„. . . *Aber die politische Medizin soll noch mehr: Sie soll dem Gewissen als Grundlage der Gerechtigkeit seinen gebührenden Platz einräumen, das persönliche Verantwortungsgefühl wiederherstellen, das Recht auf Gesundheit als ethischen Begriff auf naturwissenschaftlicher Grundlage verankern und nicht zuletzt dem modernen Menschen eine neue Mitte geben, nämlich den Dienst am Leben. Das Leben aber ist für KOLLATH ein geistiges unerforschbares Prinzip, und er glaubt, daß alle Lebewesen nur dessen vorübergehend verkörperte Phase darstellen und letztlich wohl von ihm gelebt werden. Diesem Prinzip also zu dienen, sich freiwillig dessen Gesetzen zu fügen, darin soll die Neuordnung bestehen. Sicher ein edler Gedanke, wenngleich von neovitalistischer Prägung. Doch haben wir uns nicht ange-*

wöhnt, in der Politik die Kunst des Möglichen zu sehen? Von dieser Seite
betrachtet bietet das Buch mancherlei Anregung zum Nachdenken.“

Aus Heft 24/1958 der „*Zeitschrift für ärztliche Fortbildung*“ entnehmen wir der
Besprechung von RENKER (Halle) folgende Absätze:

> „*In diesem Buch stellt sich* KOLLATH *die Aufgabe, zivilisationsbedingte*
> *Krankheiten und Todesursachen als ein medizinisches und politisches Pro-*
> *blem darzustellen. Er behandelt dabei Herztod, Kreislauftod, Tod durch*
> *Arzneimittel, schleichende und akute Nahrungsmittelvergiftungen, Ver-*
> *kehrstod, Tod durch Siechtum, durch multiple Sklerose, schwerste Ernäh-*
> *rungsschädigungen, Neurosen durch Lärm, Hast und unvernünftige Ar-*
> *beitseinteilung, Nikotinmißbrauch u. v. a.*
> *Das Buch ist sehr zu begrüßen, macht es uns doch auf die Notwendigkeit*
> *aufmerksam,* daß die Verlängerung des Lebens schlechthin nicht sinnvoll
> ist, wenn die Verlängerung des Lebensalters nicht mit einer parallelgehen-
> den Verlängerung des Leistungsalters *verbunden ist. Dabei geht der Ver-*
> *fasser davon aus, daß man das Erreichen hohen Alters bei voller Gesundheit*
> *erheblich steigern kann. Nach* CARREL *und* KOLLATH *ist* Langlebigkeit ̀nur
> dann wünschenswert, wenn sie die Dauer der Jugend, nicht aber, wenn sie
> die des Alters vergrößert. . . .*
> *In diesem Buch wird die Aufgabe einer ‚Politischen Hygiene‘ darin ge-*
> *sehen, Bemühungen anzustellen, Schäden nicht erst entstehen zu lassen und*
> *sie vorbeugend zu verhindern.“*

Die Buchbesprechung aus der *Zeitschrift „Gesundheitsfürsorge“*, Georg THIEME
Verlag Stuttgart, September 1958, Heft 6 schließt:

> „*Wem die Gesundheit des Volkes und seine eigene ein Anliegen ist, sollte*
> *das in faszinierendem Stil geschriebene Buch lesen und daran mitwirken,*
> *die vom Verfasser gezeigten Wege einzuschlagen.“* Gn.

Man hat Werner KOLLATH wiederholt den Vorwurf gemacht, durch seine
Warnungen, wie er sie in diesem Buch z. B. ausspricht, zu „der Weltuntergangs-
stimmung“ beigetragen zu haben oder „Verwirrung in Ernährungsfragen verursacht zu haben“. Dr. med. Paul KÜHNE, schreibt in seiner Besprechung des Buches in der Berliner Zeitung „Der Tagesspiegel“ vom 6. Juli 1958 unter der
Überschrift: „*Ernährung fälschlich angeklagt* – Eine Irreführung und ihre Folgen –“ nach einer umfangreichen, heute nicht mehr interessanten Polemik:

> „*Deshalb muß an dieser Stelle gesagt werden: Wenn echte, nicht zurecht-*
> *konstruierte, zivilisationsbedingte Krankheiten bestehen, dann ist in keinem*
> *Falle wissenschaftlich erwiesen, daß die heutige Ernährung an diesen Krank-*
> *heiten schuld ist. . . .*

> *Wir haben im Gegensatz zu diesen Thesen des Autors* KOLLATH *durchaus das Recht, uns in der von uns geschaffenen Kultur und Zivilisation sicher und heimisch zu fühlen und daran zu arbeiten, daß nicht durch eine Vergiftung der öffentlichen Meinung mit solchen Büchern die Errungenschaften gefährdet werden."*

Vergleichen wir die Ansicht von KÜHNE und anderen mit den Beobachtungen des Arztes D. C. BURKITT vom Medical Research Council in London und Uganda, nach R. FLÖHL zitiert:

> *"*BURKITT *hat festgestellt, daß bei den afrikanischen Negern folgende Erkrankungen nahezu unbekannt sind: Herzerkrankungen, Lungen- und Dickdarmkrebs, Zuckerkrankheit, Venenerkrankungen, Thrombosen und Embolien sowie Hämorrhoiden, Gallensteine, Blinddarmentzündungen, Zahnfäule u. a., Fettsucht tritt selbst bei einem Überangebot an Nahrung nicht auf. Viele dieser Krankheiten müssen daher mit der typisch westlichen Lebensweise zusammenhängen. Wenn bei Afrikanern derartige westliche Gesundheitsstörungen auftreten, dann ernähren sie sich in europäisch geführten Küchen. Wenn Männer unter arteriosklerotischen Beschwerden und Zahnausfall leiden, so handelt es sich mit Sicherheit um die Köche europäischer Familien. Es muß hier wegen des Fehlens anderer Faktoren also tatsächlich ein* enger Zusammenhang zwischen Ernährungsgewohnheiten und Zivilisationsschäden *bestehen.*
>
> *Nach umfangreichen Versuchen* BURKITTS *über die Folgen einer längeren* oder kürzeren Passagezeit der Nahrung empfiehlt er statt Feinbackwaren nur noch Vollkornbrot *oder aus* grobgeschrotetem Mehl *hergestelltes Backwerk zu konsumieren."*

Derartige Beispiele ließen sich beliebig erweitern. Unschwer ist der Beweis zu erbringen, daß KOLLATH recht hat und seiner Zeit weit voraus war. Das zeigen allein schon die gegenwärtigen Bemühungen gegen die Umweltverschmutzung. Ob Herr Paul KÜHNE sich auch heute noch so „sicher und heimisch" fühlt in der von uns geschaffenen Zivilisation?

Wir werden gelebt

Daß man dem Wesen Werner KOLLATHs nicht gerecht werden kann, wenn man in der Art des Dr. Paul KÜHNE oder anderer Gegner vorgeht, lassen die Zitate aus dem ersten Kapitel der „Zivilsationsbedingten Krankheiten und Todesursachen" und die Folgerungen, die man daraus ziehen kann, erkennen. Dort heißt es im ersten Kapitel:

> «Von den Eigenschaften des Unbelebten, des Belebten und der besonderen Stellung des Menschen auf der Erde.»

> «Die ‹Natur als Ganzes› ist für jede exakte naturwissenschaftliche Forschung unzugänglich, da sie nur mit geisteswissenschaftlichen Methoden erkannt werden kann. ... Und doch sollte es einem jeden leicht fallen, die experimentell unüberschreitbare Schranke zum Lebendigen zu fühlen. Man kann sagen:

> *Alles, was chemisch oder physikalisch oder mit ähnlichen Methoden an Lebewesen oder deren Organen meßbar gemacht werden kann, erweist sich allein dadurch als nicht zum Wesen des Lebendigen gehörend.*

> Zwar bedient sich die lebende Zelle der unbelebten Substanz, sobald wir aber in ihr Inneres dringen, verändern wir den vorherigen belebten Zustand und jede Substanz, die wir aus den Zellen chemisch isolieren können, ist ‹tot› oder erst beim Zerlegen entstanden, jedenfalls nicht notwendigerweise auch in der unverletzten Zelle in der erhaltenen Form vorhanden. ...
> Lebendiges ist eine wechselnde Gestalt aus immer neuer Materie. Unbelebtes ist beständig. Wie das geschieht, wissen wir nicht.

> *Wir wissen nicht zu sagen, trotz aller Untersuchungen, ob die lebenden Individuen ‹selbst leben› oder ‹gelebt werden›. Wahrscheinlich werden wir Lebewesen alle gelebt von einem geistähnlichen Prinzip ‹Leben› genannt, oder ‹Natur› oder ‹Gott›.*

„*Wir werden gelebt*" heißt bei Werner KOLLATH nicht nur, daß wir ohne eigenes Wollen geboren werden, sondern daß wir einer höheren Macht unterstellt sind. Er weiß um die Existenz des Numinosen, eines Weltenwalters. Er versucht, sich dieser Sphäre zu nähern. Darüber zu reden ist tabu. Es gibt in seinem Innern eine geheime Kammer, in der „Gott und die Heiligen" ihren Wohnsitz haben. Als denkende Seele zwischen das göttliche Walten und das Tier gestellt, erkennt er die Aufgabe des Menschen in einer größtmöglichen Annäherung an jenes geistähnliche Prinzip, an das Unausdeutbare.

Der Mensch oder das Atom?

Hyperion-Verlag, Freiburg/Br. 1959, 130 Seiten

In diesem Buch betrachtet Werner Kollath die Frage der Atomenergie vom Standpunkt des Biologen. Er anerkennt durchaus die Notwendigkeit der Schaffung neuer Energiequellen für die Zukunft und sucht nach Auswegmöglichkeiten zu unschädlichen Methoden. Er teilt das Buch in folgende Kapitel ein:
A Urzeit und Vorzeit, die Jetzt-Zeit. Ein wenig Physik und Chemie.
B Atomforschung, Radioaktivität und Chemie.
C Allgemeine Probleme.
D Die Nutzung der Sonnenenergie als vernünftiges Ziel.
Schlußbetrachtung. Das neue Zeitalter gehört der Biologie, oder es wird nicht sein.

Von vielen wird Kollath richtig verstanden, aber ein Referent wie Alfred Püllmann, dessen Einstellung gegen Kollath bekannt ist, läßt sich in seinen Informationen von der Gegenseite speisen und so ist sein Referat in der Ärztlichen Praxis I/20 S. 732 vom 16. 5. 1959 wie folgt betitelt:

In der Anbetung der Sonne erstarrt
Dämmertraum eines Hygienikers

und der Inhalt ist entsprechend.

Dagegen schreibt G. Franke-Köln in den Zahnärztlichen Mitteilungen 20 (1959) S. 843

„Der Ernährungswissenschaftler und Hygieniker Kollath gibt eine lesenswerte Einführung in die Problematik der Atomforschung und in die neue Materie überhaupt und leitet den Leser in eine neue Gedankenwelt. Die Erschöpfung bisheriger Energiequellen erscheint ihm für dieses Danaergeschenk nicht als eine rechte Begründung. Er sieht in der Sonnenstrahlung eine hinreichende und im Technischen unschädliche Kraftquelle. Im beginnenden ,Atomzeitalter' erblickt Kollath eine über das physikalische und chemische Forschen hinausgehende Neuentwicklung. Die Erläuterungen zur Radioaktivität und den chemischen Grundlagen führen immer wieder auf die allgemeine Problematik hin. Ihr entgehen wir alle nicht. Daher sollten wir sie zumindest erkennen. Das Buch Kollaths will dazu beitragen."

Auch K. H. STAUDER, München, Medizinische Klinik 2, (1960) versteht, worum es KOLLATH geht:

> *„Unter den zahlreichen Neuerscheinungen zum Thema der Atom-Gefahr nimmt das Buch W. KOLLATHS eine besondere Stellung ein. Ihm, dem es stets um den Menschen und die Bewahrung des Lebens geht, sind allein die allgemein menschlichen Probleme unseres Zeitalters wichtig. Die unglückselige Verknüpfung der Atomphysik mit wirtschaftlichen und politischen Gesichtspunkten habe unseren Blick getrübt. Man habe nicht einmal die Kernfrage gesehen, ob denn die Atomenergie wirklich den einzigen Ausweg aus dem drohenden allgemeinen Energiemangel darstelle. KOLLATHS Alternative lautet: Nutzung der Sonnenenergie, von der heute 98 % für den Wärmehaushalt der Erde für uns verloren gehen. Hier warte ein unerschöpfliches Energiereservoir auf Erschließung, noch dazu ohne Risiken für den Bestand des Lebens, die mit der Verwertung der Kernspaltung verbunden sind.*
>
> *KOLLATH hat die augenblickliche Problemlage und ihre Gefahren in kurzen Kapiteln zusammengestellt, auch die Problematik der Isotopen und des Atommülls, die Unglücksfälle in Atommeilern, die unzureichenden Schutzmöglichkeiten und die unberechtigten Beruhigungsversuche. Auch für viele andere Fragen, wie die ‚kalte Sterilisation der Nahrung‘ enthält das Buch ein reiches Diskussionsmaterial, mit dem sich KOLLATH wie stets als Warner und Hüter des Lebens erweist. In unserer Lage habe der Biologe und Arzt ‚die Verpflichtung vor der Geschichte, auf Gefahren aufmerksam zu machen, die der Laie nicht vorauszusehen pflegt.‘ Der Arzt müsse als Berater auftreten und den biologischen Erkenntnissen Gehör verschaffen gegen Wirtschaft, Technik und Politik.“*

Kurt WINZELER, Berikon, stellt die Absicht KOLLATHS klar heraus:

> *„KOLLATH fühlt sich als Biologe verpflichtet zu warnen. Das Leben darf dem Energiehunger nicht geopfert werden. Wohl sieht er die Notwendigkeit der Erschließung neuer Energie-Quellen, denn die fossilen Energiespender werden in absehbarer Zeit erschöpft sein. Auf baldigen Nachschub ist nicht zu rechnen, haben sich doch die Erdöl-Seen, die wir heute ausbeuten, im Laufe von Jahrmillionen gebildet.*
>
> *KOLLATH warnt nicht nur vor dem Weg der Zerstörung des Lebendigen, er weist auch einen aufbauenden Weg der Energie-Gewinnung: Im Überfluß spendet uns die Sonne Energie, die nur zum kleinsten Teil von den Lebewesen und Pflanzen aufgenommen wird. Gelingt es uns, so meint KOLLATH, das zu tun, was jedes Blatt und jeder Grashalm macht, dann sind Möglichkeiten genug vorhanden, synthetische Brennstoffe herzustellen. Auf diesem Gebiet sind verheißungsvolle Ansätze vorhanden.“*

Der *Dämmertraum* dieses Hygienikers KOLLATH scheint sich trotz Alfred PÜLL-
MANN – wenn auch langsam – zu realisieren. Das Forscherehepaar Aden B.
MEINEL und Frau Marjorie, Universität Arizona, USA, arbeitet bereits an dem
Modell eines solaren Kraftwerkes.

Das Verfahren produziert weder Rückstände noch lästigen Rauch, noch
riskante Radioaktivität und nicht einmal „Wärmemüll“. Die Forscher wollen
die Strahlungsenergie der Sonne zwecks Umwandlung in elektrische Energie in
einem Rohrnetz auffangen.

Der Züricher „Tages-Anzeiger“ vom 24. Juli 1972 widmet diesen Problemen
eine ganze Seite: „Werden wir wohl bald Sonnenstrom konsumieren?“ „Die
Nutzung der Sonnenenergie bietet eine umweltfreundliche Alternative zu Atom-
kraftwerken“. Der von H. BLATTMANN verfaßte Artikel schildert den derzeitigen Stand der verschiedenen Forschungen.

Anschließend heißt es:

*„Wie die genannten Vorschläge zeigen, kann die Gewinnung von Elektrizi-
tät aus der Strahlung der Sonne nicht nur als Hirngespinst von Fanatikern
und Spinnern bezeichnet werden.*

*. . . Diese Entwicklungen sind allerdings nicht zufällig. Verschiedene Studien
ergeben immer wieder, daß wir bald durch die Umweltschädigungen ge-
zwungen sein könnten, auf Sonnenenergie umzustellen, wollen wir nicht
unseren Lebensraum zerstören.“*

Das könnten auch Werner KOLLATHs Worte sein.

Außer der physikalischen Nutzung der Sonnenenergie zwecks Gewinnung von
Elektrizität, denkt KOLLATH auch an den chemischen Prozeß der Photosynthese,
bei dem unter Mitwirkung der Sonnenenergie organische Stoffe aufgebaut werden.

KOLLATH schließt sein Kapitel über die Nutzung der Sonnenenergie:

«Sollten sich die Versuche, die Atomkräfte für unseren Energiebedarf zu
verwenden, als undurchführbar erweisen, dann steht uns das unerschöpfliche Energie-Reservoir der Sonne immer noch zur Verfügung, und noch
dazu ohne die Risiken für den Bestand des Lebens, die mit der Atomforschung verbunden sind.

*Unser größter Energiespender ist nun einmal die Sonne und nicht das
Atom.*

*Eine bessere Zukunft ist also doch möglich,
und zwar durch Nutzung der Sonnenenergie!*

Die Einsetzung der Sonnenstrahlung stellt den natürlichen Vorgang des
Werdens wieder her und dreht nicht die Weltenuhr zurück.»

Die neue Zeit

Das Weltall ward für Gott zu klein!
Er schloß sich in die Zelle ein
und in bescheidenen Bazillen
erfüllte nun sich Gottes Willen,
indem er sprach: Laßt mich in Ruh,
ihr fühlt ja doch nicht was ich tu.

Der Mensch erhob sich zum Verwalter
des Alls und ward Atomzerspalter.

W. K., aus:
Die Fahrt ins Leben, Sommer 1947

Laßt unsere Nahrung so natürlich wie möglich!

Dieser Leitsatz ist wohl Werner Kollaths am häufigsten zitierte Äußerung. Er wird ihm zum Wegbegleiter, seit er ihn 1942 in der ersten Auflage des Buches „Die Ordnung unserer Nahrung" aufgestellt hat.* 25 Jahre später greift er diesen Satz noch einmal auf und widmet ihm zu Beginn seines Buches „Ernährung als Naturwissenschaft" das erste Kapitel, das wie folgt beginnt:

«Diese bekannte Forderung des Verfassers ist die Folge rein logischen Denkens und der schlechten Erfahrungen, die mit den einseitig veränderten Nahrungsmitteln beim Menschen gemacht worden sind, möge diese Veränderung mechanisch oder chemisch gewesen sein. Dabei soll keineswegs eine ausschließliche Ernährung mit einer völlig unveränderten und unbehandelten Nahrung gefordert oder angeraten werden, sondern in den beiden letzten Worten ‹wie möglich› liegt die Folgerung, daß man die Nahrung zwar verändern kann oder auch muß, daß uns aber Grenzen gezogen sind. Sie sind bei allen Lebensmitteln verschieden und diese Grenzen muß man studieren und beachten lernen. Darin liegt die Aufgabe einer ‹natürlichen Wissenschaft von der Ernährung›.»

---

* Die erste Formulierung in „Grundlagen Methoden und Ziele der Hygiene" lautete 1937: „Laßt das Natürliche so natürlich wie möglich"

Dieser Gedanke und die sich aus ihm ergebenden Folgerungen charakterisiert in klassischer Kürze die Bestrebungen der Reformbewegung. Von ihr wird oft besser als von der konventionellen Fachwissenschaft verstanden, was KOLLATH zu sagen hat. Sie anerkennt seine Bedeutung und sie anerkennt auch die starken Impulse, die sie durch diesen produktiven Geist theoretisch und praktisch empfangen hat.

Und so geht die Entwicklung dahin, wie Hermann ULBRICH-HANNIBAL in den Stettiner Nachrichten 1959 schreibt:

„Wer hält, wenn heutzutage in einer Großstadt der Bundesrepublik eine Gesundheits-Ausstellung veranstaltet wird, gewöhnlich den Eröffnungsvortrag? Prof. Dr. Werner KOLLATH, *Freiburg. Wer gehört, wenn der Kneipp-Ärztebund, der Zentralverband der Ärzte für Naturheilverfahren oder eine andere Medizinergruppe in einem Badeort tagt, zu den wichtigsten Vortragenden? Werner* KOLLATH. *Wem wird, wenn sich eine Vereinigung der Reformbewegung zu ihrer Jahresversammlung trifft, fast immer das wesentlichste Referat übertragen? Werner* KOLLATH.*

Wenn dieser namhafte Hygieniker und maßgebende Ernährungsphysiologe am Rednerpult steht und über ,Wirksame Vorbeugung der Zivilisationskrankheiten' oder ,Ernährung und Stoffwechsel im Lichte der exakten Wissenschaft' spricht, bleibt es meistens nicht dabei, daß er den Menschen zuruft: ,Es muß als ein Zeichen von Klugheit gelten, gesund zu essen', und daß er an die Nahrungsmittelindustrie appelliert, dann hört man sogar oft sehr scharfe, aufsehenerregende Wahrheiten wie etwa: ,Unsere Maschinen würden derartige Fehlbehandlungen, wie wir sie unserem Körper zumuten, nicht vertragen.' Oder wie: ,Nur dem guten Erbe unserer noch naturgemäß ernährten Großeltern und Urgroßeltern ist es zu verdanken, daß wir trotz der denaturierten Nahrung noch existieren können, ohne einem PICASSO-*Portrait zu gleichen.'*

Prof. KOLLATH *ist, wie es seine unsterblichen Landsleute* VIRCHOW, BILLROTH *und* SCHLEICH *ebenfalls einst taten, immer mutig eigene Wege gegangen. Zu* VIRCHOWS *Zeit wußte die Wissenschaft – wie der berühmte Mediziner einst selber zugab – trotz langem Forschen und Mühen noch nicht, was die Menschen essen und trinken sollten.*

Jetzt weiß sie es zwar seit langem, aber es bedarf im Wirtschaftsleben immer neuer Hinweise solcher unerschütterlicher Ernährungsphysiologen wie Prof. KOLLATH *es ist, unsere Nahrung so natürlich wie möglich zu lassen, weil sie – wie er behauptet – ,nur dann so vollwertig ist, wie es zur Erhaltung der vollen Gesundheit nötig ist'."*

Auf einer Tagung des Zentralverbandes der Ärzte für Naturheilverfahren in Bad Pyrmont 1957 hatte sich der physiologische Chemiker Prof. Dr. Hans D. CREMER, Institut für Ernährungswissenschaft, Gießen, zu einem Vortrag „Die lebenswichtigen Nährstoffe" angemeldet, in dem er den Versuch machte, den Begriff des Natürlichen bezüglich der Ernährung zu entthronen. Hier Auszüge aus der Diskussionsbemerkung KOLLATHS zu diesem Thema:

«CREMER erklärt, daß nichts in der Natur für die Ernährung des Menschen bestimmt sei, daß es demnach außer der Milch überhaupt keine natürliche Nahrung gebe ... Abgesehen davon, daß der Mensch dann nur von Muttermilch leben müsse, eine unmögliche Forderung – denn die Kuhmilch ist für Kälber! (BIRCHER-BENNER) – heißt dies den Begriff des Natürlichen selbst zu denaturieren. Es ist das große Verdienst der Verhaltensforschung, nachgewiesen zu haben, daß der Mensch infolge seiner ihm nun einmal eigenen Unvollkommenheit, sowohl körperlich als auch geistiger Natur, nicht als Einzelwesen leben kann, sondern ein Spezialwesen ist, daß er seine Umwelt verändern muß, wenn er selbst leben will. Er muß sich eine ‹künstliche Natur› schaffen und hat dies auch mit seiner Nahrung getan durch Auswahl, Zuchtwahl, Pflege, Aufbewahrung, Zubereitung usw. Der Begriff ‹natürlich› wird gefühlsmäßig gebraucht in dem Sinne ‹vom Menschen nicht verändert›. Das ist aber ein Widerspruch zu der Zwangslage des Menschen, daß er von Natur aus verändern muß. Er wäre unter der einseitigen Betrachtung selbst das unnatürlichste Lebewesen. Die Aufgabe der wissenschaftlichen Forschung ist es aber, nicht künstliche Schranken aufzurichten, die nur bestimmten Zielen dienen, sondern diejenigen Grenzen zu erforschen, innerhalb derer der Mensch sich zu halten hat, um seinerseits möglichst gesund und erfolgreich zu leben, andererseits aber auch für das Wohlergehen der ihm anvertrauten Pflanzen und Tiere zu sorgen.

Dem Begriff des ‹Natürlichen› steht nicht, wie Herr CREMER meint, das ‹Denaturierte› gegenüber. Dieses wird vielmehr aus dem Natürlichen entwickelt. Das ‹Natürliche› besitzt keinen Gegensatz zu sich selbst, sondern ist selbst aus Antithesen zusammengesetzt, wohin wir auch schauen mögen.

Wenn wir als Anhänger einer ›naturgemäßen› Heilweise den Begriff ‹natürlich› verwenden, so benutzen wir ihn im Sinne des ‹lebensfördernden›, dem das ‹lebensfremde›, ja lebensfeindliche im Bereich des Anorganischen gegenübersteht. Wenn wir dagegen sind, daß zahlreiche synthetische körperfremde Stoffe in unserer Nahrung verwendet werden, so deshalb, weil wir die Gefahren dieser lebensfremden Stoffe kennen oder ihre Ungefährlichkeit nicht mit Sicherheit annehmen können.

Die heutige immer noch gültige Fassung des sog. Lebensmittelgesetzes bedarf einer grundlegenden Änderung. Es ist beklagenswert, daß der Ver-

such der Modernisierung durch Maßnahmen von Interessengruppen bisher
verhindert werden konnte und daß sich auch wissenschaftliche Ärzte an
dieser Aufschiebung beteiligt haben, ‹weil eine Schädlichkeit nicht bewiesen
sei.› Grundsätzlich kann nur das genehmigt werden, dessen Unschädlichkeit
sicher oder mit an Gewißheit grenzender Wahrscheinlichkeit anzunehmen
ist. Man soll diese Zielsetzung nicht dadurch verdecken, daß man einen nur
scheinbaren Gegensatz zwischen Natürlich und Denaturiert aufstellt, statt
den Kernpunkt hervorzuheben.»

Die Mesotrophie

Wohl die bedeutendste wissenschaftliche Lebensleistung Werner KOLLATHs ist die Aufstellung der

MESOTROPHIE-LEHRE.

Sie ist das Ergebnis einer über zwanzigjährigen experimentellen Arbeit.

Mesotrophie bedeutet Halbernährung, abgeleitet vom Griechischen: meso = halb und trophein = nähren. Sie ist eine Fehlernährung, die keineswegs eine Mangelernährung sein muß, bei der zwar langes Leben möglich ist, bei der aber Krankheiten auftreten, die in chronische Formen überzugehen pflegen.

Die Bedeutung dieser Forschung liegt darin, daß man auf diesem Wege nicht nur zur Aufklärung der unspezifischen Grundlagen vieler Zivilisations- und Alterskrankheiten experimentell beitragen kann, sondern auch für Heilung und Vorbeugung wirksame und durchführbare unspezifische Maßnahmen entwickeln kann.

Im folgenden soll alles zu diesem Thema Gehörende zusammengestellt werden. 1. Zu Beginn sind die 18 Mitteilungen über das Thema

Wachstum und Zellersatz (1930–1942)

namentlich angeführt, da sie die wichtigsten Stationen zu der später aufgestellten Mesotrophie-Lehre sind.

2. Es folgt die große Monographie

Vollwert der Nahrung, Band 1 1950,

1. Wachstum und Zellersatz

1930–1942

Die Bearbeitung dieses großen Themas wurde eine der Hauptleistungen Werner KOLLATHS. Schon vor 1930 in Breslau begonnen, wurden die Arbeiten in Rostock fortgesetzt (s. S. 116).

Mit dem Obertitel

DAS WACHSTUMPROBLEM UND DIE FRAGE DES ZELLERSATZES IN DER
VITAMINFORSCHUNG

wurde in *18 Mitteilungen*, die in *Naunyn Schmiedebergs Archiv für Experimentelle Pathologie und Pharmakologie* erschienen waren, über die Forschungsergebnisse innerhalb 10 Jahren – 1932 bis 1942 – berichtet.

Sämtliche Untersuchungen dieser Arbeitsreihe wurden mit Unterstützung der *Notgemeinschaft der Deutschen Wissenschaft* durchgeführt.

I. Mitteilung: *Das Problem und die Zusammenfassung der wesentlichen Ergebnisse.*
Arch. f. exper. Pathol. u. Pharmakol. 167 (1932), 469–477, Arb.Verz. 45

Der Grundversuch wird geschildert. Schon in dieser Arbeit wird eine wichtige Tatsache beobachtet:

«Die beim Umsatzstoffwechsel frei werdenden Kalorien reichten nicht aus, um als Energiespender für neu entstehende Zellen zu dienen. Der Zellersatz stockt bereits nach 3–4 Tagen. Die Neubildung einer lebenden Zelle erfordert also die dauernde Neuzufuhr exogener Energie, die mit der Wärmeenergie nicht identisch zu sein scheint.»

II. Mitteilung: *Von den histologischen Unterschieden des Skorbuts und der Moeller-Barlowschen Krankheit und ihren*
Arch. f. exper. Pathol. u. Pharmakol. 167 (1932), 478–506, Arb.Verz. 46

Hier werden erstmals die Schemata des Wachstums einer Rattenrippe abgebildet. Knorpel und Knochenwachstum wird behandelt.

III. Mitteilung: *Von den histologischen Unterschieden des Skorbuts und der Moeller-Barlowschen Krankheit und ihren Ursachen.*
Arch. f. exper. Pathol. u. Pharmakol. 167 (1932), 507–520, Arb.Verz. 47

IV. Mitteilung: *Die aplastisch-konsumptiven Mangelkrankheiten*
«a) Die regressiven Knochenveränderungen bei ausschließlicher Verabfolgung fettlöslicher Vitamine und ohne Vitamine.»
Arch. f. exper. Pathol. u. Pharmakol. 167 (1932), 521–537, Arb.Verz. 48

V. Mitteilung: *Die aplastisch-konsumptiven Mangelkrankheiten*
                        «b) Die Bedeutung hochungesättigter Fettsäuren und
                        ihrer Salze für die Entstehung der hämorrhagischen
                        Diathese (bei Skorbut) Versuch 6–12.»

Arch. f. exper. Pathol. u. Pharmakol. 167 (1932), 538–554, Arb.Verz. 49

VI. Mitteilung: *Die aplastisch-konsumptiven Mangelkrankheiten*
                        «c) Studien zur Ätiologie der Rattenpellagra.»

Arch. f. exper. Pathol. u. Pharmakol. 168 (1932), 424–446, Arb.Verz. 50

> «Die Wirkungen des isoliert gegebenen B_1 auf Zeller-
> satz und Wachstum wurden studiert. Es ergab sich,
> daß Vitamin B_1 keine Anregung zum Wachstum zu
> geben vermag, daß es aber als alleiniger Zusatz zu der
> benutzten Diät gegeben, die Fähigkeit hat, den
> Schwund des Körpergewebes durch den Verbrauchs-
> stoffwechsel zu hemmen. *Dadurch wirkt es lebensver-
> längernd.*»

Hier wird zum ersten Mal auf die horizontale Gewichtskurve der Ratten und
auf die lebensverlängernde Wirkung des Vitamin B_1 hingewiesen. Beide Befunde
wurden die Merkmale der Mesotrophie.

VII. Mitteilung: *Das Versagen des Vitamin A als Wachstumsfaktor
                        und seine Ursache.*

Arch. f. exper. Pathol. u. Pharmakol. 170 (1933), 285–291, Arb.Verz. 51

VIII. Mitteilung: *Über die unspezifischen Grundlagen der Rachitis und
                        der rachitisähnlichen Krankheiten: Knochen.* (Versuch
                        25–42)

Arch. f. exper. Pathol. u. Pharmakol. 170 (1933), 635–665, Arb.Verz. 52

IX. Mitteilung: *Über die unspezifischen Grundlagen der Rachitis und
                        der rachitisähnlichen Krankheiten: Knorpel.* (Versuch
                        43–46)

Arch. f. exper. Pathol. u. Pharmakol. 170 (1933), 666–682, Arb.Verz. 53

Hiermit enden die Veröffentlichungen aus Breslau. Durch die Berufung nach Rostock April 1935 und den damit verbundenen Umzug mußten alle Tierversuchsreihen abgebrochen werden, was sehr zu bedauern war.

Das Rostocker Hygiene-Institut mußte erst für Tierversuche eingerichtet werden, ebenso mußte eine geeignete Rattengeneration herangezüchtet werden.

1936 konnte mit den Versuchen wieder begonnen werden, deren Ergebnisse zwei Jahre später vorlagen. Mitarbeiterin war die schon in Breslau einige Jahre tätige technische Assistentin Lotte GIESECKE.

X. Mitteilung: *Noch einmal: Moeller-Barlowsche Krankheit und Skorbut*
Werner KOLLATH und Lotte GIESECKE
Arch. f. exper. Pathol. u. Pharmakol. 189 (1938), 188–199, Arb.Verz. 86

XI. Mitteilung: *Lange Lebensdauer trotz Vitamin- und Mineralmangel und das Problem der Altersveränderungen*
Werner KOLLATH und Lotte GIESECKE
Arch. f. exper. Pathol. u. Pharmakol. 189 (1938), 514–529, Arb.Verz. 89

Diese Arbeit ist von großer Bedeutung. Hier werden – 1938 – zum ersten Mal *die Gewichtskurven der zwei Jahre bei Mangelkost lebenden Ratten* demonstriert. *Es ist das Krankheitsbild, das 1941 mit Mesotrophie bezeichnet werden wird.*

Die in der VI. Mitteilung beschriebenen Versuche mußten nun wegen Mangel an dem Vitaminpräparat B_1 abgebrochen werden.

«Wir haben bei Erreichung der horizontalen Gewichtskurve über zwei Jahre hinweg – 1 Rattenjahr = 30 Menschenjahre – eine Diät vor uns, die praktisch nur ein einziges Vitamin, das kristallisierte B_1 in der notwendigen Tagesdosis enthält, und ein Mineral, Kaliumphosphat. Das bedeutet, *daß wir das Leben mit einem allen bisherigen Anschauungen widersprechenden, ganz unvorstellbaren Mangel an Vitaminen und Mineralien erhalten können, ohne daß sich dabei Symptome entwickeln, die zu den bekannten Mangelkrankheiten gehören.*

Praktisch bedeutet dieser experimentielle Befund wahrscheinlich eine ganz unerwartete Bereicherung der Vitaminlehre. Die Versuchstiere zeigten die Krankheiten, wie sie beschrieben sind, so daß Beziehungen zu Alterskrankheiten diskutiert werden konnten.»

XII. Mitteilung: *Vitamin B₁, verfrühtes Alter und Zähne.*
                                    Hermann EULER und Werner KOLLATH

                                    «Die Untersuchung der Zähne hat nicht nur wertvolle
                                    Hinweise für die Zusammenhänge der Mangelernäh-
                                    rung mit Zahnerkrankungen, namentlich der experi-
                                    mentellen Karies geliefert, sondern auch für ‹Alters-
                                    veränderungen› allgemeinerer Natur.»
Arch. f. exper. Pathol. u. Pharmakol. 189 (1938), 530–538, Arb.Verz. 90

XIII. Mitteilung: *Stoffwechsel-Untersuchungen bei einseitiger Vitamin*
                                    B₁-Zufuhr
Arch. f. exper. Pathol. u. Pharmakol. 192 (1939), 26–38, Arb.Verz. 98
                                    «Insgesamt lagen die erhaltenen Werte an der unteren
                                    Grenze der Norm, so daß man neben der Störung der
                                    Wasserausscheidung von ‹unternormalen Lebensvor-
                                    gängen› reden darf.»

XIV. Mitteilung: *Über „Mesotrophie" und verfrühtes Alter als Mangel-*
                                    krankheit: Fehlen von Wuchsstoffen.
                                    Werner KOLLATH und Emmy THIERFELDER
Arch. f. exper. Pathol. u. Pharmakol. 197 (1941), 550–570, Arb.Verz. 114

Es wird der *Begriff „Mesotrophie"* und die Lehre von den Mangelkrankheiten
in die Ernährungslehre eingeführt.
    Die Bedeutung der Wuchsstoffe wird untersucht.

XV. Mitteilung: *Bedeutung der Wuchsstoffe in Mehl und Brot.*
                                    Werner KOLLATH und Emmy THIERFELDER
Arch. f. exper. Pathol. u. Pharmakol. 198 (1941), 196–212, Arb.Verz. 118

Auf diese Arbeit ist im Kapitel „Kollath-Frühstück" hingewiesen. (s. S. 178) Die
Wichtigkeit der *Zellteilungsstoffe* für jedes Alter wird festgestellt. Vollkorn-
breie werden den Vollkornbroten als überlegen bezeichnet.

XVI. Mitteilung: *Rachitis, Prärachitis und ihre Ursachen*
                                    Werner KOLLATH und Mitarbeiter
Arch. f. exper. Pathol. u. Pharmakol. 199 (1942), 113–131, Arb.Verz. 125

XVII. Mitteilung: *Antikörperbildung bei Vitamin- und Wuchsstoffmangel.*
Werner KOLLATH und Lotte GIESECKE
Arch. f. exper. Pathol. u. Pharmakol. 199 (1942), 312–332, Arb.Verz. 127

XVIII. Mitteilung: *Vergleichende Untersuchungen am Skelett und am Gebiß bei Rattenrachitis.*
Hermann EULER und Werner KOLLATH
Arch. f. exper. Pathol. u. Pharmakol. 200 (1942), 258–270, Arb.Verz. 133

Über diese Zusammenarbeit siehe Seite 73 f.

2. Der Vollwert der Nahrung

Band I 1950

Durch die in den 18 Mitteilungen vorstehend beschriebenen Tierversuche, durch ihre Anordnung, ihre Neuartigkeit und ihre Deutung erweist sich Werner KOLLATH als ein Meister des Experimentierens. Eine Auszeichnung, die auch schon die früher gemachten Ernährungsversuche verdienen.

Es ist begreiflich, daß KOLLATH bestrebt ist, das in einzelnen Aufsätzen verteilte Wissen in Buchform zugänglich zu machen. So erscheint *die große Monographie*

DER VOLLWERT DER NAHRUNG UND SEINE BEDEUTUNG
für Wachstum und Zellersatz
Experimentelle Grundlagen

Wissenschaftliche Verlagsgesellschaft Stuttgart (1950).

Hier gibt KOLLATH eine Zusammenfassung der großen Erfahrungen, wie er sie seit 1923 in Breslau zu sammeln begonnen und dann in Rostock beendet hatte.

Entsprechend dem Inhalt der 18 Mitteilungen weist er auf die Wichtigkeit einer normalen Skelettbildung hin, beschreibt Entstehung und Umfang der verschiedenen Mangelkrankheiten und schildert den Weg, der ihn zu dem Krankheitsbild der „*Mesotrophie*" geführt hat, dem er eine ausführliche Darstellung widmet. (Siehe Mesotrophie 4 + 5 S. 253 f und S. 255 f.)

Ausgehend von den Eigenschaften der Zellerneuerungsstoffe (Auxone) und ihrer Zerstörbarkeit gelangt KOLLATH schließlich zu der Bedeutung des Getreides für die Ernährung. Er schließt das letzte Kapitel mit Vorschlägen zu seiner _vollwertigen_ Ausnutzung, die er als das beste Vorbeugungsmittel gegen die Entstehung der Mesotrophie bezeichnet.

In dem Vorwort, das Werner KOLLATH in Hannover am 12. März 1950 zu diesem Buch schreibt, sagt er über den Inhalt aus:

«In dieser Monographie sind Ernährungsversuche zusammengefaßt, die ich auf dem Vitamingebiet seit 1923 durchgeführt habe. Das in vielen Einzelaufsätzen veröffentlichte Material sowie unveröffentlichte ältere und neuere Ergebnisse haben mich schrittweise dazu geführt, die Gültigkeit der älteren Ernährungslehre anzuzweifeln und nach Wegen zu suchen, an die Stelle der einseitigen Bedeutung der Kalorien, der Mineralien, der Vitamine einen zusammenfassenden Gesamtbegriff zu setzen. In dem ‹Wachstum› und der ‹Zellvermehrung› fanden sich die Testverfahren, an denen der ‹Vollwert der Nahrung› geprüft werden konnte, und deshalb habe ich die von mir in meinem Lehrbuch der Hygiene entwickelte Ernährungslehre als ‹Vollwertlehre› bezeichnet. Mit gleichem Recht könnte man sie auch eine ‹natürliche Ernährungslehre› nennen.

Man muß also in der vorbeugenden Medizin einen anderen Grundsatz als beherrschend ansehen als in der Krankheitsbehandlung mit neu gewonnenen Heilmitteln: Das Unbekannte in den Naturprodukten muß beachtet werden, und die Forschung muß bestrebt sein, langsam dieses Unbekannte in seinen zahlreichen Möglichkeiten aufzuklären. Man kann auch sagen, _die Ehrfurcht vor dem Naturprodukt_ ist auf dem Ernährungsgebiet eine unabweisbare Forderung. . . .»

Zum Schluß des Vorwortes heißt es:

«Schließlich ist es mir ein Bedürfnis, auch der Leibnizstiftung in Hannover zu danken, die mir durch wirtschaftliche Beihilfen die Fertigstellung des Manuskripts ermöglicht hat. Die Stiftung ist inzwischen in die Notgemeinschaft der Deutschen Wissenschaft übergegangen. Prof. PELSHENKE, Detmold, Leiter der Arbeitsgemeinschaft für Getreideforschung, unterstützte mich liebenswürdigerweise bei der Neuschrift des Manuskripts, das zweimal im Kriege verloren gegangen war. Für das Erscheinen des Buches anläßlich der Materialknappheit bin ich der Waldhoff-AG in Wiesbaden und für die schöne und reichhaltige Ausstattung des Buches Dr. Roland SCHMIEDEL, dem Leiter der Wissenschaftlichen Verlagsgesellschaft, Stuttgart, zu Dank verpflichtet.»

Daraus ist ersichtlich, daß es 1949/50 keineswegs leicht für Werner KOLLATH war, Bücher zu schreiben und herauszubringen.

Das Buch schließt auf echt KOLLATH'sche Weise:
«Immerhin darf man die Hoffnung nicht aufgeben. Denn alle Mangelkrankheiten haben ihre letzte Ursache in fehlerhaften Eingriffen, die der Mensch aus Vorurteil, Gewohnheit, Gleichgültigkeit an den Naturprodukten vorzunehmen pflegt. Es sind keine ‹natürlichen› Krankheiten, wie die Infektionskrankheiten, sondern ‹verschuldete› Krankheiten. So wenig man nun auch einen ‹Fortschritt› des Menschengeschlechtes in der Richtung erwarten darf, daß jemals seine ihm angeborenen Unzulänglichkeiten beseitigt werden können – die gesamte Geschichte ist ja eine Folge dieser Unzulänglichkeiten –, so kann man doch hoffen, daß eine Art Fortschritt insofern zu erreichen ist, daß erkannte Fehler nach und nach nicht mehr in dem üblich gewordenen Umfange begangen werden. Denn auch die Aufdeckung eines Irrtums kann zur Ursache dieser Art des Fortschritts werden. Und so ist zu hoffen, daß die zukünftigen Generationen wenigstens gesünder werden mögen als die jetzige Generation. *Ob mit zunehmender Gesundheit, die auf zunehmender Vernunft beruht, dann auch die Menschen selbst verträglicher werden, läßt sich nicht sicher voraussagen, doch möchte man es wünschen.*»

Eine Besprechung aus den *„Ärztlichen Mitteilungen"* Heft 3 vom 20. 1. 1951 lautet:
„Bereits seit langem dunkel geahnte Zusammenhänge zwischen der Verfeinerung unserer Nahrungsmittel und der Entstehung von Zivilisationskrankheiten werden durch die KOLLATH'schen Forschungen in das helle Licht wissenschaftlicher Betrachtung gerückt. Der Entdecker der Auxone, lebenswichtiger, bisher völlig übersehener Ergänzungsstoffe, legt in dem Werk die Untersuchungsergebnisse von fast drei Jahrzehnten vor, die geeignet sind, die gesamte Ernährungslehre auf eine neue Grundlage zu stellen. KOLLATHs Begriff der Mesotrophie, der ‚halben Ernährung' erklärt zahlreiche bisher unverständliche Krankheitsbilder. Die praktischen Ergebnisse sind außerordentlich übersichtlich und klar dargestellt. Das Buch geht jeden Arzt an, seine Schlußfolgerungen und Vorschläge sind verpflichtend."

Prof. Dr. med. Wilhelm STEPP, Ordinarius f. Innere Medizin a. d. Universität München
D. med. Welt Juni (1951) schreibt unter anderem:
„Der Referent möchte bei dem derzeitigen Stand der Vitaminforschung,

die die letzten Geheimnisse der Zellvermehrung noch nicht zu entschleiern vermochte, weiter angesichts der Tatsache, daß immer wieder weitere neue Vitamine beschrieben werden, es für verfrüht halten, das Gebiet der Wirkstoffe durch Abtrennung der Auxone, als besonderer Wuchsstoffgruppe, ohne Not einzuengen. . . .

Unbeschadet der oben geübten Kritik muß man den großen Wert der umfassenden Tierversuche KOLLATHS *rückhaltlos anerkennen. In ihnen finden sich zahlreiche bedeutsame neue Gedanken, deren Klärung im Widerstreit der Meinungen nur gefördert werden kann.*

Es ist hier leider nicht der Platz, auf die einzelnen Fütterungsversuche und deren Ergebnisse genauer einzugehen. Sie sind durch eine Fülle von höchst eindrucksvollen Bildern erläutert.

Besonders wertvoll sind Anregungen K's, das Getreide besser = vollwertiger auszunutzen.

Voll und ganz übereinzustimmen vermag der Referent mit der ‚Schlußbetrachtung' des Autors, in der er die Avitaminosen als verschuldete Krankheiten bezeichnet.

Die Lektüre des von einem eigenwilligen Gelehrten aus rechtem Forschergeist geschaffenen Werkes kann auf das wärmste empfohlen werden. Die Ausstattung des Buches ist vorbildlich und gereicht dem Verlag zur Ehre.“

Prof. Dr. med. T. GORDONOFF, Bern
Internat. Z. f. Vitaminforsch. 1 (1952)
„KOLLATH *geht in der Vitamin- und Ernährungsforschung seit längerer Zeit eigene Wege. Er teilt die Mangelkrankheiten in aplastisch-konsumptive, hypoplastisch-mesotrophe und paraplastisch-produktive ein. Darüber hat er auch in dieser Zeitschrift berichtet.* Besonders wird auf die Bedeutung der Auxone und ihre Beziehung zu den Vitaminen eingegangen, wie auch auf ihre Verteilung in den üblichen Nahrungsstoffen. Alle Daten werden experimentell in eingehenden Versuchen belegt. Das Buch von* KOLLATH *ist eine sehr interessante Studie, die Physiologen, Vitamin- und vor allem Ernährungsforscher und Hygieniker durch die Art der Darstellung begeistern wird, wenn man auch von vornherein weiß, ‚daß mit zunehmender Gesundheit der Mensch kaum vernünftiger und noch weniger verträglicher wird'.“*

---

* *Vorschlag zu einem natürlichen System der Vitamine auf Grund ihrer Korrelation.* Internat. Z. f. Vitaminforsch. 2 (1933) 266, Arb.Verz. 62.

3. Ernährungswirkungen

1950

Die aus den *Fortbildungskursen für Ärzte* in Berchtesgaden bei Prof. ZABEL hervorgegangene *Schriftenreihe für Ganzheitsmedizin*, herausgegeben im Auftrage der *Arbeitsgemeinschaft der Westdeutschen Ärztekammern*, brachte 1950 in Band 3 unter dem Titel „*Ernährungswirkungen*" die Vorträge des ersten Kurses. Die Vortragenden waren Prof. Dr. Louis R. GROTE, Wetzlar, und Werner KOLLATH, Hannover.

KOLLATHS Thema hieß:

> *Über die Mesotrophie, ihre Ursachen*
> *und praktische Bedeutung*

KOLLATH gab einen Extrakt des Buches „*Der Vollwert der Nahrung*" und faßte die für das Thema zutreffenden Abhandlungen über den Mesotrophiebegriff in einer für die Praktiker vereinfachten Form zusammen.

Abschließend sagte er den Ärzten:

> «Die Aufstellung des Mesotrophiebegriffes auf Grund der Rattenversuche gibt eine große Menge von Forschungsaufgaben auch hinsichtlich des Menschen zur Aufklärung des möglichen Zusammenhanges mit Zivilisations- und Alterskrankheiten.»

Das zweite Thema KOLLATHS behandelte

> *Die Bedeutung der hitzempfindlichen Bestandteile*
> *der natürlichen Nahrung*

mit den zwei Gruppen

    a. *Aromastoffe und Verdauungsleukozytose*
    b. *Die Eigenfermente der Nahrung*

4. Der Mesotrophie-Krankheitskomplex

Unter Mesotrophie = chronische Halbernährung versteht Werner KOLLATH eine fehlerhafte, unterwertige Ernährungsform, bei der zwar *langes Leben* möglich ist, aber auch *chronische Krankheiten* auftreten.

Es ist ein Krankheitsbild, das von allen Vorstellungen, die wir bisher von Mangelkrankheiten haben, abweicht, ein *Krankheitskomplex*, der in seiner Zusammengehörigkeit in dem von KOLLATH befundenen Umfange bisher unbekannt war. Er ist von den klassischen Mangelkrankheiten unterschieden, hat aber Ähnlichkeit mit den menschlichen *Zivilisationskrankheiten* und *entspricht den menschlichen Alterskrankheiten.*

Die Mesotrophie ordnet sich zwischen den reinen Abbau und den Gesamtstoffwechsel ein, der aus Abbau und Aufbau besteht.

Ihr Hauptsymptom ist die Verminderung des zellphysiologischen Abbauprozesses.

Die unspezifische Voraussetzung dafür, daß die Mesotrophie auftreten kann, ist das Fehlen der Wuchs- oder Zellerneuerungsstoffe.

Die Zellen müssen daher eine Mehrleistung aufbringen, die sie mit verfrühter Abnutzung bezahlen, weil die für eine ausreichende Zellerneuerung notwendigen Stoffe in der Kost fehlen.

Der Organismus entnimmt die in der Nahrung fehlenden Wirkstoffe den weniger wichtigen Organen wie Zähnen, Skelett, Bindegewebe, die ihrerseits erkranken, während die lebenswichtigen Funktionen weitergehen können. Allerdings liegt der Stoffwechsel an der untersten Grenze der Norm.

Als erste zu beobachtende Folgen zeigen sich:

1. *Störung des Allgemeinbefindens,* vorzeitige Ermüdung und vorzeitiger Leistungsabfall, allgemeines Krankheitsgefühl und
2. *Störungen an Herz und Kreislauf* mit Neigung zu Ödemen.
3. *Störungen des Kalkstoffwechsels* in Form von krankhaften Veränderungen an Zähnen, am Kiefer- und Skelettsystem.

Weitere Folgen sind:

4. *Sklerotische Kalkablagerungen in Gefäßen,* besonders des Herzens.
5. *Erhöhte Anfälligkeit gegen Krankheitserreger.*
6. *Entwertung des Bindegewebes.*
7. *Steigerung der Empfindlichkeit* gegen sonst verträgliche Stoffe.
8. *Neigung zu Lebererkrankungen* (Hepatosen).
9. *Nierenveränderungen.*
10. *Lungenemphysem.*
11. *Katarakt* (Grauer Star).

Dieser große Krankheitskomplex dürfte einen experimentellen Zugang zu vielen Alters- und Zivilisationskrankheiten auch beim Menschen eröffnen, die sich damit als Folge chronischer Fehlernährung erweisen würden.

5. Der Mesotrophie-Begriff

Der 1941 erstmals aufgestellte Mesotrophie-Begriff wurde aus dem Ergebnis von Vitamin-Versuchen bei Ratten abgeleitet. Es ergab sich, daß junge wachsende Ratten bei einem *unvorstellbaren Mangel* an Vitaminen und Mineralien am Leben erhalten werden konnten, wenn sie zu einer bestimmten Grunddiät, bestehend aus Kasein, Reisstärke, Erdnußöl und Rindertalg lediglich das Vitamin B$_1$ und von Mineralien lediglich Kaliumsphosphat (K$_2$ HPO$_4$) zugelegt erhielten.

Bei dieser Kost wuchsen die Ratten nicht normal, sondern wiesen eine *nahezu horizontale Gewichtskurve* auf, *lebten aber bis zu zwei Jahren* (bei Nachprüfung der Versuche im Pathologischen Institut München, bis zu drei Jahren). (s. Abb. 58) Dabei ist zu beachten, daß ein Rattenjahr = 30 Menschenjahre ist und daß somit eine 30–60- und mehrjährige Fehlernährung beim Menschen durchaus im Bereich der Möglichkeiten eines langen Lebens liegend erscheint.

Das Vitamin B$_1$ und das Kalium ermöglichten einen *„Erhaltungsstoffwechsel"* wenn auch unvollkommener Art. – Ohne diese Zulagen starben die Tiere innerhalb 4–6 Wochen unter Gewichtsabfall.

Bedingung für diese lange Lebensdauer war, daß das Kasein „nativ", d. h. naturbelassen war.

In der traditionellen Vitaminforschung ist es üblich, das zur Ernährung der Versuchstiere benutzte Kasein mit *Alkohol zu extrahieren* zur Ausschaltung etwaiger fettlöslicher Vitamine. Gleichzeitig aber führt man infolge der hohen Extraktionstemperatur von + 74° C auch eine Denaturierung des Kasein herbei.

KOLLATH ging bei seinen Versuchen jedoch frühzeitig dazu über, die Beseitigung fettlöslicher Faktoren durch *Ätherextraktion* vorzunehmen. Bei einer Verdampfungstemperatur für Äther von nur + 34° C ist das ein eiweißschonendes Verfahren, bei dem das Kasein „nativ" bleibt.

Dieser maßgebende Unterschied in der Behandlung des Eiweißes wurde in seiner vollen Bedeutung erst nach Jahren bei Erprobung verschiedener Diätgemische erkannt. Diese immer wiederholte Abweichung von den üblichen Extrak-

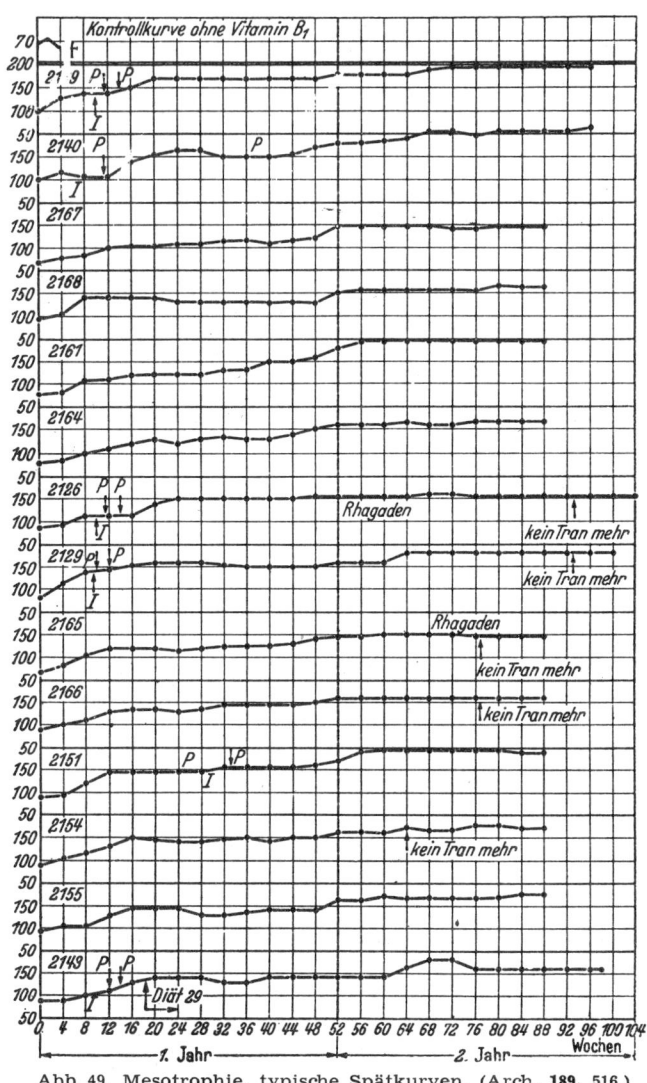

Abb. 49. Mesotrophie, typische Spätkurven. (Arch. **189**, 516.)

58 · Typische horizontale
Gewichtskurve der Mesotrophie-Ratten nach KOLLATH
Arch. f. exper. Pathol. u. Pharmakol. 189 (1938) 5 u. 6. S. 516
Der Vollwert der Nahrung Band I, Seite 78, Abb. 49 (1950)

tionsverfahren führte aber zu der wichtigen und weittragenden Entdeckung einer experimentellen Erzeugung chronischer Mangelkrankheiten, welche KOL- LATH den logischen Schluß erlaubten, den Begriff der Mesotrophie aufzustellen und zu formulieren.

Die lange Lebensdauer der Versuchstiere war nur mit Hilfe des „nativen" Eiweißes zu erreichen. (Die Diät bekam die Bezeichnung 18 a.) Bezüglich Ei- weißzufuhr wäre der analoge Schluß vom Rattenversuch auf den Menschen, daß der Mensch, der sich vorwiegend von Schlachteiweiß ernährt, zwar sein Leben erhält, aber durch Fehlen der Zellerneuerungsstoffe zwangsläufig zur Mesotrophie kommt und sich damit den oben genannten Krankheiten aussetzt.

Aus den Versuchen konnte weiter geschlossen werden:
natives Eiweiß maskiert das Fehlen der meisten Vitamine, ebenso der Mineralien.

KOLLATH sieht in der Mesotrophie-Diät 18 a ein *Forschungsmittel*

1. um die vielen ungelösten Fragen um „das Eiweiß" zu bearbeiten,

2. um die Schädlichkeit von Pharmazeutika, Nikotin, Alkohol usw. mittels mesotroph ernährter Tiere zu testen. Die Steigerung der Empfindlichkeit macht sie dazu geeigneter als normal ernährte Tiere,

3. um Vergleichsversuche (in Doppelreihen) mit vollwertig ernährten Tieren und mesotrophisch ernährten Tieren anzustellen

4. um die menschlichen Zivilisations- und Alterskrankheiten zu studieren.

Die Wichtigkeit der KOLLATHschen Vorschläge für die Forschungsmethoden beweist ein Aufsatz:
Pharmaka für Kranke am gesunden Tier erproben?
Medical Tribune 37 (1972) 18 und 23

der über die Themen des 3. International Symposium on Clinical Pharmacology in Regensburg berichtet. Auf Seite 23 heißt es:

„In den USA ist die Federal Food and Drug Administration (FDA) durch das Gesetz autorisiert, wirkungslose oder unsichere Medikamente aus dem Verkehr zu ziehen, für neu auf den Markt kommende Präparate vorher begründete Hinweise für die Effektivität sowie durch klinische Studien belegte Daten für die Sicherheit zu verlangen. Außerdem kann durch diese Institution eine Kontrolle der Arzneimittelwerbung auf ihren Wahrheits- gehalt erfolgen, erklärte Prof Dr. W. Russel TAYLOR, Direktor des Clinical Pharmacology-Toxicology Center am Philadelphia General Hospital.

Allerdings sieht die Praxis ganz anders aus!

So haben beispielsweise die von der FDA geforderten breiten Toxizitätsstudien an Tieren für die Industrie hohe Kosten verursacht. Um so viele Noxen wie möglich auszuschalten, damit der Verlust von Tieren so gering wie möglich bleibt, wurden in den Tierställen die Umweltbedingungen optimiert, so daß nun die Toxität von Medikamenten für kranke Menschen an den gesündesten und unter den besten Bedigungen lebenden Tieren getestet wird.

Nach Meinung Prof. TAYLORS *werden auf diese Weise im Versuch viele Nebenwirkungen fortfallen, die sonst auf eine potentielle Toxizität für den Menschen hätten schließen lassen.*

Heute steht die FDA im Kreuzfeuer der Kritik von Kongreß und pharmazeutischer Industrie, ohne eine der beiden Seiten zufriedenstellen zu können. Von einigen Pharmakologen wird die Auflösung der FDA gefordert."

6. Kontroversen zu diesem Thema

a) Die Elberfelder Versuche zur Nacharbeit 1938

KOLLATH hatte das für seine Versuche notwendige Vitamin B$_1$, dessen synthetische Herstellung inzwischen gelungen war, von den *Laboratorien der IG Farbenindustrie AG, Werk Elberfeld* zur Verfügung gestellt bekommen. Die Mitteilung von der *lebensverlängernden Wirkung* erregte das Interesse, man sah wohl die Möglichkeit zu einem entsprechenden Präparat und so wurde KOLLATH von dem Leiter der Laboratorien Prof. HÖRLEIN aufgefordert, am 27. Januar 1938 einen Vortrag über seine Versuche zu halten. Das Thema war:

Die physiologische Bedeutung des Vitamin B$_1$

Von den 1936 begonnenen Versuchen lagen die ersten Gewichtskurven vor, die meisten Tiere lebten noch und die pathologischen Untersuchungen standen noch aus. Als später die schweren Organveränderungen offenbar wurden, erlosch das Interesse der IG-Farben.

Prof. Hörlein ordnete 1938 die Nacharbeit der Versuche an und übertrug die Aufgabe Dr. Grab. Außerdem sollten durch Prof. Weese *Stoffwechseluntersuchungen* an Kollaths Versuchstieren in Elberfeld gemacht werden.

Am 3. Mai 1938 hieß es in einem von Prof. Hörlein unterschriebenen und von Dr. Grab diktierten Brief:
„*daß wir, abgesehen von ein paar durch Tod ausgefallenen Tieren, die von Ihnen beobachtete*, typische, horizontale Gewichtskurve *der Ratten finden*".

Es ergab sich nichts Negatives.

Erst sehr viel später stellte sich heraus, daß Grab glaubte, die Reinigung des Kaseins in der gewohnten Weise vornehmen zu müssen (gelbl. Kasein mit *Alkoholextraktion bei* + 74 Grad), was auf die Dauer die Ergebnisse ändern mußte.

Bei einer sehr viele Jahre später stattgefundenen Auseinandersetzung am 4. Januar 1949 in Elberfeld verteidigte Grab seine eigenmächtige Handlungsweise damit, daß er Kollaths Extraktionsmethode (weißes Rohcasein Merck mit *Äther* bei 34 Grad C extrahiert) als *Kunstfehler* bezeichnete, ohne es entsprechend zu begründen. Außerdem hatte er seine Tiere in andere Umweltbedingungen gesetzt: Hohe Emailletöpfe anstelle von luftigen Zinkdrahtkäfigen. – Was sich in den letzten Kriegsjahren ereignet hatte, ist nicht bekannt. Die Verbindung zu Elberfeld wurde unterbrochen.

b) Göttinger Hygienetagung 1947

Auf der *1. Westdeutschen Nachkriegstagung der Deutschen Gesellschaft für Hygiene und Mikrobiologie* vom 11.–14. August 1947 wurde offenbar, daß sich inzwischen eine Front gegen Kollath gebildet haben mußte.

Kollath hielt ein Kurzreferat über

Die Bedeutung des Vollwertes der Nahrung.

Dabei hatte Kollath einen Antrag seitens der Gesellschaft bei den zuständigen Stellen angeregt, der unterernährten Bevölkerung zur Aufbesserung der Gesundheit täglich eine Zulage von 100 g Getreide zu gewähren.

Werner Kollath schildert die nachfolgenden Ereignisse in einem Brief vom 15. August 1947 an seine Frau:

«... und so kam ich denn mit einer Redezeit von 20 Minuten vor der Mittagspause endlich zu meinem Referat, ich erntete größten Beifall, geradezu ostentativ.

Kurz vor 15 Uhr begannen die Diskussionen zu den Ernährungsvorträgen. Dabei sprach zunächst BÜRGERS und ersuchte die Presse, von meiner Forderung der 100 g Getreide als Zulage, nichts zu bringen. Sodann stand LANG, physiologischer Chemiker, Mainz, auf und erklärte:

‹*Von* KOLLATHs *Versuchen ist für den Theoretiker vieles unverständlich, es widerspricht der Erfahrung, seine Versuche können nicht reproduziert werden. Sein Getreidevorschlag bedeutet keine Patentlösung, wir brauchen mehr Eiweiß, Fett und mehr Kalorien.*›

Ich erwiderte, daß ich nicht von einer Patentlösung geredet hätte, und daß ich den Vorwurf der Nichtreproduzierbarkeit zurückweisen müsse, da meine Versuche in den IG-Laboratorien in Elberfeld geprüft und im wesentlichen bestätigt worden seien.

Darauf erhob sich KIKUTH, vormals Elberfeld:

das Gegenteil sei der Fall, meine Auxonversuche hätten nicht bestätigt werden können und ich könne die IG-Laboratorien nicht als Beweis anführen.

Ich konnte nur kurz erwidern, daß die Stoffwechselversuche bei meinen eigenen Tieren in den Elberfelder Laboratorien weitergeführt und bestätigt seien.

Noch des Nachts arbeitete ich eine schriftliche Erklärung aus, die ich am nächsten Tage vor der Tagesordnung vorlas und die durch Klarheit und Ton die Stimmung wieder zu meinen Gunsten veränderte. Ich drückte darin aus, daß LANG weder Versuche angestellt noch Namen von Nachprüfern angegeben habe und daß die IG mir die Versuchsergebnisse zur Veröffentlichung zur Verfügung gestellt habe. Allerdings sollte ich nicht erwähnen, daß die Versuche in den Laboratorien der IG durchgeführt worden waren, damit nicht ähnliche Bitten an die IG herangetragen würden.

Jedenfalls weiß ich jetzt, daß ein wesentlicher Teil der gegen mich herrschenden Agitation aus diesen Kreisen kommt.»

Später schreibt KOLLATH in seinen Erinnerungen 1960:

«Nachträglich könnte ich von einer Untergrundbewegung gegen mich sprechen, zumal ich damals in jeder Beziehung *viel zu harmlos war.*»

Und in seinem Buch „*Der Vollwert der Nahrung*" II. Band heißt es auf Seite 7, nachdem er diese Göttinger Kontroverse noch einmal erwähnt hatte

«Es lohnt nicht, auf diese Diskussionen und ihre Ursachen näher einzugehen, nachdem sich die Berechtigung meiner Technik experimentell in München hat beweisen lassen» (s. S. 261 u. 267).

7. Mesotrophie-Versuche in Schweden

1948/49

Im Jahre 1945 hatte Werner KOLLATH mit seinem Ordinariat in Rostock jede weitere Möglichkeit zu experimenteller Arbeit verloren. Das war um so schmerzlicher für ihn, als die vorstehend beschriebenen Ereignisse in Göttingen und andere Anfeindungen auf gleicher Ebene es dringend erfordert hätten, den Beweis der Richtigkeit der bisherigen Versuche fortlaufend zu führen. Es war auch für die Wissenschaft ein großer Verlust, denn KOLLATH wäre – entsprechend seiner Begabung und seinem Wissen – nicht bei dem bereits Erarbeiteten stehen geblieben, sondern hätte die Forschung noch um vieles weiterbringen können. So kam er einer Einladung der *Schwedischen Akademie der Wissenschaften* zu einem mehrmonatigen Arbeitsaufenthalt nach Stockholm zu kommen, gerne nach. Mit Hilfe eines Stipendiums konnten im September 1948 am *Svenska Institut Stockholm* im *Patologiska Institutionen,* unterstützt von den „Skorbutbrüdern" von 1932, den Professoren Dr. Åke WILTON, Dr. Gösta WESTIN und Dr. Harald ÖHNELL einige Tierversuchsreihen angesetzt werden. Ausführender war Dr. Torsten GILLNÄS.

Diese Versuche brachten zwar einige neue Erkenntnisse bezüglich der Rolle der *Pantothensäure* als Wachstumsfaktor, konnten aber aus Mangel an geeignetem Kasein nicht die erwarteten Ergebnisse zeigen.

8. Nacharbeitung der Mesotrophie-Versuche in München

1952–1956

Die Möglichkeit zu einer grundlegenden Rehabilitation zu kommen, wurde durch Dr. Felix GRANDEL von der Pfladermühle Augsburg eingeleitet. Er war von der Richtigkeit der KOLLATHschen Arbeit überzeugt und bei einem Besuch in Hannover versprach er, Abhilfe zu schaffen. Es gelang die finanzielle Unterstützung der *neuform, der Vereinigung Deutscher Reformhäuser,* Bad Homburg v. d. H. zu erreichen und diese erteilte dem *Pathologischen Institut der*

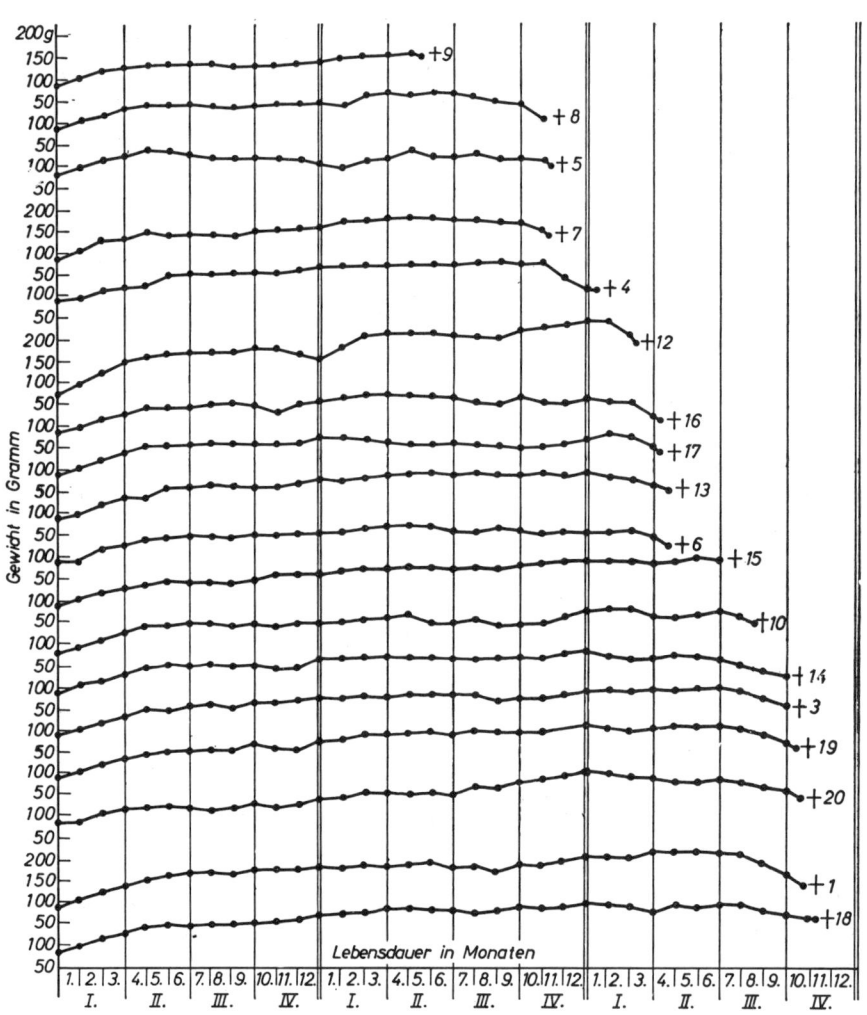

59 · *Gewichtskurve der Münchner Nacharbeit der Mesotrophie-Versuche*
Der Vollwert der Nahrung Band II (1960) Seite 37, Abb. 5

Universität München, und zwar Doz. Dr. BAYERLE und Frau Dr. KÖLWEL-KIRSTEIN den Auftrag, die KOLLATHschen Mesotrophie-Versuche zu wiederholen, mit Genehmigung des Direktors Prof. Dr. W. HUECK.

Das Ergebnis dieser in den Jahren 1952–1956 nachgearbeiteten Versuche war eine Bestätigung in vollem Umfange.

Die Ausführenden waren anfangs von der Aussichtslosigkeit überzeugt, desto größer war das Erstaunen, als die Voraussagen KOLLATHS nicht nur eintrafen, sondern sogar übertroffen wurden. Denn die Mesotrophie-Ratten lebten nicht – wie bei den KOLLATHschen Versuchen – zwei Jahre, *sondern sogar bis zu drei Jahren.*

Es wurden bei der Nachprüfung nicht nur die *gleichen Gewichtskurven* festgestellt, sondern auch bei den histologischen Untersuchungen durch Frau Dr. KATZENBERGER die *gleichen Organveränderungen* gefunden.

9. Gilt der Mesotrophie-Komplex auch für den Menschen?

Wenn auch die erfreulichen Ergebnisse der Münchner Versuche eine große Entschädigung für viel erlittenes Unrecht waren, so waren die Gegner nicht bereit, mit ihren Anfeindungen endlich aufzuhören.

Am 10. Oktober 1958 sprach Werner KOLLATH auf dem *4. Internationalen Vitalstoff- und Ernährungskonvent in Essen* über

Die Mesotrophie im Experiment
Hippokrates 7 (1959), 1–9, Arb.Verz. 279

In einem Vortrag von großem Format berichtete er über die Ergebnisse der Münchner Versuche und sprach in besonderer Ausführlichkeit über die inzwischen abgeschlossenen Zahnuntersuchungen.

Mit großer Spannung wurde die Diskussion erwartet. Prof. Dr. Joachim KÜHNAU, Dir. des Physiologisch-Chemischen Instituts der Universität Hamburg und damaliger Präsident der Deutschen Gesellschaft für Ernährung, DGE, als Gegner KOLLATHs bekannt, eröffnete die Diskussion mit einer überraschenden und entwaffnenden Anerkennung:

„Mit Freude und Dankbarkeit erinnere ich mich der Zeit, wo Herr KOLLATH
und ich als Assistenten in den benachbarten Instituten in Breslau mitein-
ander diskutierten.

Inzwischen sind die Probleme in hervorragender Weise weiter von ihm
bearbeitet worden, und seine Rattenversuche und deren Ergebnisse sind als
wesentlicher Fortschritt der experimentiellen Vitaminlehre zu bezeichnen.
Aber ich muß davor warnen, die Ergebnisse dieser Versuche ohne beson-
dere Beweise auf den Menschen zu übertragen.“

KÜHNAU begründete seine Warnung z. B. mit der Akzeleration der heutigen
Jugend und damit, daß die Menschen heute nicht kränker, sondern gesünder
seien. Er schloß seine Diskussion:

„Ich möchte damit nicht sagen, daß es den Mesotrophie-Begriff nicht gibt.
Wir alle sind Herrn KOLLATH *außerordentlich dankbar, daß er diesen*
neuen Gedanken in die Diskussion geworfen hat. Aber ich möchte an dieser
Stelle vor verantwortungsvollen Ärzten davor warnen, derartige Begriffe
vorzeitig zu übertragen auf die menschliche Pathologie und etwa die Zivi-
lisationskrankheiten in Bausch und Bogen als Folge einer Mesotrophie hin-
zustellen.“

KOLLATH beantwortete das aufgeworfene Problem sehr sachlich in

Gilt der Mesotrophie-Komplex auch für den Menschen?
Hippokrates 2 (1959), 1–7 Arb.Verz. 277

und wies darauf hin, daß der Gebißverfall z. B. sich sowohl bei der Mesotrophie-
Ratte finde, als auch bei den akzelerierten Menschen.

«Die Verwandtschaft der Ratten-Mesotrophie mit den menschlichen Zivilisationskrankheiten muß bezüglich der Zusammensetzung der Nahrung,
der Ähnlichkeit der Symptome und der Gleichartigkeit der Vorbeugungs-
maßnahmen als berechtigte Diskussionsbasis bezeichnet werden. Für die
Forschung sind neue, leicht nachahmbare Möglichkeiten geschaffen, für die
Praxis der Vorbeugung führt der Weg zu einer immer größeren Annäherung an die natürlichen Eigenschaften der Nahrung.»

KÜHNAU antwortete in der gleichen Zeitschrift

Gibt es eine Mesotrophie beim Menschen?
Kritische Betrachtungen zur Mesotrophielehre von W. KOLLATH.
Hippokrates 7 (1960), 213–223

Er benötigte 10 Seiten, um zu einem, seiner Äußerung vom 10. 10. 1958 entgegengesetzten, seltsamen Schluß zu gelangen. Er sprach nun

„von der Irrlehre KOLLATHS, *die im Publikum, das ihre Tragfähigkeit nicht*
beurteilen kann, eine Welle von Furcht, Hysterie, Ratlosigkeit und Miß-
trauen erzeugt hat – Mißtrauen gegen unsere Ernährung, Mißtrauen gegen
die Ärzte und Wissenschaftler (die, soweit sie andrer Meinung waren, von
KOLLATH *kollektiv angegriffen wurden), Mißtrauen gegen unsere ganze*
westliche Zivilisation. KOLLATHS *Lehre kommt damit in beunruhigender*
Weise der depressiv-negativen Geisteshaltung weiter Kreise unserer Mit-
menschen entgegen, die sich im Kulturpessimismus und einer Art Weltunter-
gangsstimmung gefallen und alle materiellen Vorzüge und ideellen Werte
unseres modernen Daseins kritisieren."

KÜHNAU argumentiert hier mit sachfremden Motiven. Ein Teil dieses Vokabu-
lars wird später in dem anonymen Euromed-Artikel: „KOLLATH – Facharzt für
Ratten" vom 11. Juni 1961 (s. S. 285 f) verarbeitet. KOLLATHS Antwort bleibt
auch hier sachlich.

Noch einmal: „Gibt es eine Mesotrophie beim Menschen?"

Entgegnung zu der in Heft 7/1960 erschienenen Arbeit von Joachim KÜHNAU
– von Werner KOLLATH
Hippokrates 13 (1960) 1–5, Arb. Verz. 290

«In meiner Richtigstellung zu KÜHNAUS Aufsatz muß ich mich auf die
wesentlichen Fehler seiner Arbeit beschränken.

Studiert man KÜHNAUS Arbeit sorgfältig, dann ergibt sich, daß sie zwei
Gedankenreihen enthält, die so ineinander verflochten sind, daß es nicht
leicht ist, sie zu entwirren. Die eine ist die *eindeutige Anerkennung meiner*
Rattenversuche zur Mesotrophie, die um so wesentlicher ist, als KÜHNAU
als ehemaliger Präsident der Deutschen Gesellschaft für Ernährung DGE,
sich hier in Gegensatz zu den von dort aus bisher verbreiteten Urteilen
stellt; die andere gilt der Bemühung zu beweisen, daß *Rattenversuche im*
Falle der Mesotrophieforschung für den Menschen keine Gültigkeit haben
sollen, obwohl Rattenversuche *in der gesamten Vitaminforschung* sonst als
zuverlässige Basis anerkannt sind.

Die Anerkennung der *Rattenmesotrophie* folgt aus den Worten: ‹An der
Realität des Mesotrophiesyndroms der Ratte kann kein Zweifel sein› . . .
‹Niemand wird bezweifeln, daß KOLLATH recht hat, wenn er sagt, daß seine
Konzeption des zunächst nur für die Ratte gültigen Mesotrophiebegriffes
auch für die menschliche Krankheitslehre Bedeutung gewinnen könne› . . .

‹Es wurde schon gesagt, daß die Ausbildung mesotrophieähnlicher Zustände beim Menschen unter extremen Bedingungen durchaus möglich ist.› Daß unsere Zivilisation solche ‹extremen Bedingungen› enthalten könnte, wird nicht diskutiert. Verglichen mit der Vergangenheit vor hundert Jahren ist dies aber der Fall.»

Abschließend zu diesem Thema sei aus einer Besprechung Dr. rer. oec. Ralph BIRCHER zu dem Buch „*Der Vollwert der Nahrung*" Band II vom 3. 6. 1960 folgendes zitiert:

> „*. . . denn, so wird in diesem schlanken Bande belegt und auch von seiten der DGE selbst zugegeben: die* Münchner Kontrollversuche (s. S. 261) *haben* KOLLATHS *Mesotrophieergebnisse in allem wesentlichen endgültig bestätigt. Derart überführt suchen die Gegner ihr Heil nun darin, daß sie erklären, diese Ergebnisse seien auf uns Menschen nicht übertragbar. Sie sägen damit allerdings ihrer eigenen Ernährungslehre die Füße ab; denn diese fußt ja ganz einseitig auf der Übertragung von Tierversuchsergebnissen auf uns Menschen mit nicht weniger einseitigen und künstlichen Versuchsbedingungen. . . .*

> *Die heutige Medizin sucht die Fiktion aufrecht zu erhalten, es stehe gut mit der Gesundheit unserer Bevölkerungen, obwohl sie weiß, daß die Morbidität und Medikamentenflut steigt, die Krankenhäuser nicht schnell genug ausgeweitet werden können und die Krankenversicherung unter dem ständig steigenden Mißverhältnis ächzt.*

> *Die Fiktion lebt davon, daß die orthodoxe Medizin sich bis jetzt nur um Krankheitsforschung, aber* nicht um Gesundheitsforschung *gekümmert hat und deshalb keinerlei konkrete Vorstellung vom Wesen der Gesundheit überhaupt hat.*"

10. Vollwert der Nahrung Band II

1960

Mit dem Untertitel: „Neue Untersuchungen über den Mesotrophie-Komplex und seine Beziehung zu chronischen Mangel- und Zivilisationskrankheiten" erscheint bei der Wissenschaftlichen Verlagsgesellschaft Stuttgart (1960) der zweite Band zu diesem Thema. Der erste Band war 1950 erschienen (s. S. 249).

Der wesentliche Inhalt dieses Buches von 135 Seiten ist der Bericht über die Nacharbeit der Mesotrophie-Versuche im Pathologischen Institut der Universität München (S. 261), dem 90 Seiten, also zwei Drittel des Buches gewidmet ist. Protokolle und Organbefunde werden ausführlich mitgeteilt, Wachstumskurven abgebildet, desgleichen Organe mit krankhaften Veränderungen und umfangreiche Zahnschnitte.

Es dürfte angesichts dieses Materials schwerfallen, den Beweis dafür zu führen, daß die krankhaften Organbefunde keine Beziehung zu menschlichen Krankheiten haben.

«Durch diese Münchner Versuche wurde nicht nur eine positive Nacharbeit erreicht, sondern es wurde gleichzeitig die bisherige absprechende Kritik widerlegt. Auch konnten wichtige weitere Hinweise gefunden werden.

Das wertvolle Zahnmaterial hatte ich mir für eigene Bearbeitung vorbehalten. Da sich dies jahrelang ausdehnte, erfolgt die Veröffentlichung der gesamten Ergebnisse mit den Original-Protokollen, Untersuchungsbefunden und Mikrofotos erst jetzt 1960.»

Mitarbeiter bei den Zahnuntersuchungen waren die Professoren Dr. med. Hermann EULER, Köln, Dr. med. Hugo PROELL, Bonn/RH und Dr. med. ESCHLER, Freiburg/Br. Die Bedeutung dieser Münchner Nacharbeit liegt darin, daß die Mesotrophie experimentell erzeugt werden kann und daß Mesotrophie-Versuche reproduzierbar, also beweisbar sind (was von der Gegenseite wiederholt in Abrede gestellt worden war).

Die Nacharbeit dieser Versuche ist eine volle Rechtfertigung der KOLLATHschen Forschungsarbeit. Durch den vom Zaune gebrochenen Streit, „ob für den Menschen gültig oder nicht", war der Versuch gemacht worden, die große Bedeutung dieser Experimente zu vernebeln; er kann heute als voll gescheitert gelten, was bei Tausenden von Ärzten am Erfolg ihrer diätetischen Arbeit in der Praxis abzulesen ist. KOLLATH hat mit seinen experimentellen Mesotrophie-Versuchen ein bis dahin nicht vorhandenes Mittel zur Krankheits- und Gesundheitsforschung geliefert.

«Das Ziel, das stets im Auge behalten werden muß, ist, *festzustellen, wie das Gesunde entsteht*, d. h. *diese Gesundheitsforschung* wird als *gleichberechtigt neben die Krankheitsforschung* treten müssen.

Die Mesotrophie-Technik soll diesem Ziel der Gesundheitsforschung dienen.»

Wenn das nach den verschiedenen Kontroversen im deutschen Raum bis jetzt noch nicht oder nur höchst unzureichend geschieht, wen trifft dann die Verantwortung?

11. Der Vollwert-Begriff

Auf die Wichtigkeit einer „vollwertigen" Nahrung weist Werner KOLLATH erstmals in seinem Buch „Die Ordnung unserer Nahrung" I. Aufl. 1942 hin. Dort stellt er dem Vollwert den Teilwert gegenüber.

Im Laufe seiner mit dem Ernährungsproblem sich befassenden Forschungen schwebte KOLLATH stets dieser Begriff des „Vollwertes der Nahrung" vor Augen. Es ist der Titel des ersten Vortrages, den er nach seiner Flucht von Rostock nach Hannover dort am 5. 5. 1947 vor der Arbeitsgemeinschaft für Ernährungsfragen hält und es wird eines der Hauptthemen der Vorträge der folgenden Jahre sein, wenn auch der Inhalt der Vorträge stets verschieden sein wird.

Im zweiten Band des „Lehrbuches der Hygiene" 1949 wird das Thema ausgeweitet.

1950 erscheint die Monographie „Der Vollwert der Nahrung und seine Bedeutung für Wachstum und Zellersatz" (s. S. 249), 1960 der zweite Band (s. S. 266). Dort heißt es in der „Historischen Vorbemerkung"

«In dem ‹Wachstum› und der ‹Zellvermehrung› fanden sich die Testverfahren, an denen der ‹Vollwert der Nahrung› geprüft werden konnte, und deshalb habe ich die von mir in meinem Lehrbuch der Hygiene (Verlag S. HIRZEL, Stuttgart, 1949, 2. Aufl.) entwickelte Ernährungslehre als ‹Vollwert-Lehre› bezeichnet. Mit gleichem Recht könnte man sie auch eine ‹natürliche Ernährungslehre› nennen.

Aus den zahlreichen Besprechungen dieses Buches ergab sich eine Zweiteilung der Referenten:

Eine Gruppe, die den Forderungen einer natürlichen Ernährung und einer naturgegebenen Heilkunde folgte, äußerte sich in oft begeisterten Zustimmungen.

Eine zweite Gruppe, die aus den speziellen Vitamin-Forschern und physiologischen Chemikern besteht, lehnte das Buch sowie die Versuche insgesamt mit einer Schärfe ab, wie sie im wissenschaftlichen Schrifttum selten ist.

Um so interessanter ist es, daß praktisch die ‹Vollwert-Lehre› von beiden Seiten als erstrebenswertes Programm und Ziel aufgestellt und gefordert wurde.»

Nicht nur die Deutsche Gesellschaft für Ernährung, DGE, hat sich dieses Begriffes in ihren Schriften umfangreich bedient, sondern auch die Nahrungsindustrie hat in ihrer Werbung vielfach Gebrauch von diesem von Werner KOLLATH geprägten Begriff gemacht.

„VIELE HOCHGELEHRTE LASEN,
WAS SEIN INNERSTES GEBAR,
SCHÜTTELND IHRE ZOPFPERÜCKEN,
STATT ZU AHNEN, WAS ER WAR."

Diesen Grabspruch widmete der Arzt und Dichter Justinus KERNER 1786 bis
1862) dem Arzt Franz Anton MESMER (1734-1815), dem Begründer der Ma-
gnetotherapie (Mesmerismus), einer Lehre vom Heilen von Krankheiten durch
heilkräftige Hände, die ein magnetisches Fluidum ausstrahlen. MESMER wurde
von seinen Zeitgenossen verkannt, aber durch ihn wurde die Erforschung der
Hypnose vorbereitet.

Dieser Spruch findet sich in dem Buch *Zu den Pforten des Magischen*, von
Generalarzt a. d. Dr. Felix BUTTERSACK, den KOLLATH von Rostock und Han-
nover aus des öfteren besucht hat und der ihm ein väterlicher, großartiger
Freund war.

Der Chronist des Lebensweges von Werner KOLLATH ist bemüht gewesen, die
Schilderung der Gegenkräfte, die dessen Laufbahn bedrängt haben, auf das für
ein Verständnis unbedingt notwendige Maß zu beschränken. Er glaubt damit
im Sinne Werner KOLLATHs gehandelt zu haben, für den in gewissen Fällen die
Rechtfertigung einem Paktieren mit dem Gegner gleichbedeutend gewesen wäre.
Dort, wo Verteidigung unumgänglich war, hat KOLLATH sich – wie er es bei
seinem Lehrer Richard PFEIFFER gelernt hatte – *stets nur akademischer Waffen
bedient.*

Und so soll hier in gleichem Geiste auf eine mehr als notwendige Nennung
von Namen seiner Gegner, auf Zitate aus Buchbesprechungen oder aus unhalt-
baren unwissenschaftlichen Behauptungen, die, eine wie die andere, abgegeben
worden waren, um herabzusetzen, verzichtet werden.

Ein Gutes haben diese Gegenströmungen mit sich gebracht, sie haben als spezifische Reaktion, die *Lust sich zu beweisen* und damit die *Arbeitsfähigkeit
dieses schöpferischen Mannes außerordentlich gefördert.* Dafür sei allen Beteiligten hiermit der Dank ausgesprochen.

Eine Frage steht noch offen: *Warum das alles?*

Warum die Bekämpfung eines Forschers, dessen lautere Ziele, dem Leben und
der Gesundheit zu dienen, so offenbar waren? War er nicht der beste Bundes-
genosse im Kampf gegen Krankheit?
Dienen sie nicht alle EINEM Ziel?
Oder sollte man die Frage anders betonen müssen:
Dienen sie NICHT alle einem Ziel?

60 · *Werner Kollath im Tessin, Sommer 1959*
Foto Emmy Urfer-Ponte Tresa

Tessin

Der Zug nach dem Süden

Reisewunsch

Pflänzchen zieht die Wurzeln aus dem Boden,
zieht sich kleine Schühchen an,
hüllt den Körper ein in warme Loden
und begibt sich auf die Eisenbahn.

Möchte gern in wärmere Gefilde,
hat in diesem Land genug gefroren,
und es sehnt sich nach des Südens Milde,
wo es leider nicht geboren.

Wünschen wir dem Pflänzchen gute Reise!
Mög es finden, was ihm vorgeschwebt,
daß es seinen Rest der Erdentage
in 'nem wärm'ren Klima lebt.

(März 1947) W. K.
Die Fahrt ins Leben

Tessin

«Nach langem vergeblichem Suchen haben wir ein schönes Haus im Tessin gefunden und wollen zu Pfingsten, Ende dieser Woche, umziehen und Deutschland verlassen. Die Ärzte meinen, das südliche Klima wird mir gut tun bei meinen Herzbeschwerden. Mögen sie recht behalten! Jetzt bauen wir ab, packen und mit unvermeidlichen Schwierigkeiten werden wir hoffentlich in einer Woche im ‹eigenen Heim› sein können. Für mich ein historisch wichtiges Wort – das *erste Mal* in meinem Leben, das jetzt fast 67 Jahre dauert.

Wir werden an einem sehr schönen Platz oberhalb Lugano wohnen, in Porza, in königlicher Lage mit märchenhafter Fernsicht. Ich bete zu Gott und allen Heiligen, daß wir dort so lange leben und wohnen können, wie es im Buch des Schicksals vorgesehen ist.

Zur Zeit sind wir dabei, den in Jahrzehnten angesammelten Papier-Müll zu verpacken und zu verteilen. So wird man für einen lebenslangen Fleiß bestraft.»

Das Signal zum Aufbruch war gegeben, aber der Umzug ging nicht ohne erhebliche Schwierigkeiten vor sich. Drei Tage vor dem Pfingstfest, viel später als vereinbart und zu spät, um noch vor den Feiertagen einen geordneten Abtransport und Einzug zu ermöglichen, kamen Packer und Möbelwagen.

Bei der Ankunft in Porza am 1. Pfingstfeiertag kamen wir in ein leeres Haus, in das der Tessiner Spediteur, der an der Verspätung schuld war und ein schlechtes Gewissen hatte, ein paar Betten gestellt hatte, „damit il Professore nicht auf der Erde schlafen müsse".

Aber als dann nach vier Tagen der Möbelwagen schließlich ankam, ging alles nach Wunsch. Die Möbel fügten sich wie von selbst an ihre Plätze, wo sie noch heute stehen.

Tagebuchaufzeichnung Porza sopra Lugano 9. 10. 1959
Casa Rusticanella

«Seit dem 17. Mai 1959 wohnen wir nun hier im eigenen Haus in einer der schönsten Gegenden der Erde. Erst heute komme ich zu meinem Tagebuch, einfach, weil zu viel zu tun war. Der Umzug, die Ordnung des Ganzen, die

61 · *Ausblick von der Casa Rusticanella-Porza auf Savosa Paese,*
Monte San Salvatore und Luganer See
Federzeichnung mit Bleistift getönt – 4. 6. 1959

Aufstellung der Bibliothek, Briefe, Verhandlungen, Besuche (!) und nochmals Besuche (!) und sodann eine unzureichende Gesundheit.

Was wäre alles zu sagen: Daß man zum ersten Mal einen großen eigenen Arbeitsraum hat; daß man Luft bekommt, atmen kann und in einer Landschaft lebt, die der Toskana gleicht – aber noch schöner, lebendiger ist.

Von der Veranda vor meinem Studio blicke ich auf das herrliche Panorama von Lugano. Ganz rechts liegen die Colina d'Oro mit Montagnola, wo Hermann Hesse wohnt. Der Monte San Salvatore steigt steil wie der Zuckerhut in Rio de Janeiro aus dem See, der die einzige ebene Fläche in der bewegten Berglandschaft bildet. Das Ende des Sees, bei Capolago, schwingt unsichtbar in einer Kurve in genau südlicher Richtung aus. Der Monte Generoso bildet mit seinen Felsbändern den Abschluß nach Süden und hinter den Überschneidungen dieses letzten Bergzuges der südlichen Alpen blitzen wie ein Korallenschmuck die Häuser des Mendrisiotto, hinter denen eine kleine begrünte Erhebung schon die italienische Grenze anzeigt.

Über Campione, der italienischen Enklave und ‹Spielhölle›, erhebt sich der über 1300 m hohe begrünte Monte Sighignola über dem See. Den linken Vordergrund bildet der Monte Brè mit den weiß-blendenden kubischen Würfeln seiner Landhäuser. In eine Mulde zwischen dem Monte Brè und dem 1500 m hohen Monte Boglia schmiegt sich das alte Dorf Brè. Auf den Monte Boglia folgen die zerklüfteten Kalkfelsen der Denti della vecchia. Den östlichen Abschluß bildet ein gewaltiger Bergstock, die Camoghé-Gruppe, die das Val Colla umrahmt mit dem über 2000 m hohen Sasso Basciotta und dem Monte Gazzirola.»

In zwei Holzschnitten hat Werner KOLLATH einen Teil dieses großartigen Landschaftsbildes festgehalten, die Ansicht vom Monte Brè bis zum Monte S. Salvatore. Ein mit mächtigen Nadel- und Laubbäumen bestandener flacher Hügelzug verdeckt die Stadt Lugano. Im Vordergrund, unterhalb der Straße, liegen die Häuser des Dörfchens Savosa, das so häufig Modell auf den Zeichnungen KOLLATHS ist.

Ach, dieses kleine Dorf Savosa, mit seinen alten Häusern, den moosiggrünen, graugold und gelbrot schimmernden Dachpfannen, dem zierlichen Glockenturm der kleinen Kirche! Die Mauern des 500 Jahre alten Bürgermeisterhauses sind in knalligem Ochsenblutrot gestrichen, das durch ein emailliertes Reseda seiner Fensterläden, die immer geschlossen sind, gemildert wird.

Dieses Haus beherbergt nicht nur den Bürgermeister der Zwerggemeinde Savosa-Paese, sondern auch die Osteria antica. Die fette, kugelrunde Wirtin hat sich in ihren Augen das bernsteingelbe Feuer einer Kleopatra und in ihren Bewegungen den sinnlichen Reiz einer Bajadere zu erhalten verstanden. Mit den sirenenhaften Klängen eines uralten Pianola, das über ein Repertoire von 10 Walzen und eine Heidelandschaft verfügt, lockt die orientalische Dame den einsamen Wanderer und seine Begleiterin, wenn diese sich einmal in die Stille des Dörfchens verloren haben, magisch an. Sie kredenzt den roten Tessiner Merlot in einem Boccalino und bietet Biskuits an, die in ihrem Alter sich würdig den alten Mauern des Hauses anpassen. Finden sich bei den Takten des Pianola die Paare zum Tanze, dann leuchten die Augen der Wirts-Bajadere auf.

Oft, wenn es schon nächtlich dunkel ist, klingen die gurgelnden, defekten, unreinen Töne des köstlichen Instrumentes durch die milde Nachtluft herauf an das Ohr des Einschlafenden.

Zu morgendlicher Stunde wecken den Schläfer die Klänge des Glockengeläutes der kleinen Kirche. Wir lieben dieses Glockengeläute, seit wir es vor 11 Jahren in Locarno und seinen Dörfern zuerst hörten, wo es mit mächtigem Getöse bereits am Freitagabend den Sonntag ankündigte. Man kann dem wilden Tanz der Glocken zusehen, wie sie sich weit aus dem Bogenfenster herausschwingen, weil ein begabter Gedanke diese Tessiner Glocken nicht mitten im

62 · *Ristorante im Tessin*
Federzeichnung mit Bleistift getönt – 24. 6. 1956

Turm angebracht hat, sondern inmitten der Fensteröffnung. So singen sie ihr frommes Lied.

Dankbar füllt sich die Seele mit Freude, daß alles das nun langsam ein Teil von uns werden kann, das heißt natürlich umgekehrt, daß es uns vergönnt ist, langsam ein Teil dieser schönen Welt zu werden.

Die altertümliche Schönheit des kleinen Dorfes ist auch heute noch, nach über einem Jahrzehnt, unzerstört. Die Osteria antica aber ist schon lange nicht mehr bewirtschaftet. Die alte Bocciabahn ist verfallen, ebenso die hölzernen Tische und Bänke unter den hohen schattigen Nadelbäumen, die noch höher in den Himmel gewachsen sind. Die grünen Fensterläden des Bürgermeisterhauses sind immer noch ungeöffnet.

Porza

Das alte Dorf Porza ist mit seiner farbigen Häuserfront auf der Höhe eines Bergrückens langgestreckt, mit ungehindertem Ausblick, in der Art der Etruskerstädte angelegt. Die Kirche des Heiligen Bernardo von Siena von 1508 bildet den Abschluß. Die Spuren der Etrusker finden sich noch heute in den Tessiner Dörfern, z. B. in Aranno im Malcantone und im hochgelegenen Sonvico, das zum Val Colla gehört. Aus diesem Tal kommt, wenn es sommerlich heiß ist, der erfrischende Wind nach dem 485 m hoch gelegenen Porza.

Das Dorf hat malerische Plätze und Straßen, Häuser mit Loggien aus der Renaissancezeit, uralte Mauern mit den typischen langobardischen Steinsetzungen der Fensteröffnungen. Aber die Prosperität macht sich bemerkbar, nicht immer günstig durch Neubauten, dann günstig, wenn die alten Häuser durch geschickte Renovation vor dem Verfall geschützt werden.

Die Tessiner Bevölkerung ist von gewinnender Liebenswürdigkeit, großzügig, freundlich werden die Gewohnheiten des anderen respektiert. Die Mühen, sich in der italienischen Heimatsprache verständlich zu machen, werden freudig anerkannt. Schnell ist ein freundschaftlicher Kontakt hergestellt. Die Freundschaft ist von Dauer. Sie festigt sich durch Besuche in den alten Häusern zur Weihnachtszeit. Man bringt den Dorfbewohnern kleine Aufmerksamkeiten, wärmt sich am Tinello – dem gemütlichen Sitzplatz am ständig brennenden Kamin – plaudert, trinkt ein Glas roten „Nostrano", den selbstgekelterten Wein und scheidet mit einer herzlichen Umarmung und guten Wünschen für die Zukunft.

Il Professore steht in hoher Gunst. Geht er doch jeden Nachmittag um 18 Uhr mit der Milchkanne den Abkürzungsweg zum Dorf hinauf, frischgemolkene unbehandelte Milch und die Post holend. Das wird ihm sehr angerechnet und das ganze Dorf ist besorgt, als dies eines Tages unmöglich wird, weil der steile Weg für das Herz zu anstrengend ist. Das Dorf weiß, „daß er schreibt". Die temperamentvolle Maria, die aus Bergamo stammt, und die behilflich ist, das Haus instand zu halten, berichtet im Dorf von dem unermüdlichen Arbeiter am Schreibtisch. Das steigert noch die Hochachtung, die man dem Professore entgegenbringt.

Wenn Maria mit guter Laune den Hausherrn am Frühstückstisch begrüßt, scheint der Himmel noch heller zu strahlen. Ist das Wetter schlecht, dann ist sie mißmutig wie der Herr, und beide finden Trost im gegenseitigen Verständnis für das Traurige der momentanen Lage. Doch sobald die Sonne wieder auf Landschaft und Garten scheint, ist aller Kummer vergessen.

Ja, der Garten! Er ist ein wesentlicher Teil des Lebensraumes. In zwei sanften Kurven führt, mitten durch ihn hindurch, ein Weg aus grauen Granitplatten mit 50 Stufen zum höher gelegenen Haus hinauf und zu einer großen Wohnterrasse, die fast die ganze Breite des südöstlich gelegenen Hauses einnimmt. Bei gutem Wetter werden dort alle Mahlzeiten eingenommen, angesichts der wunderbaren Landschaft. Man blickt hinunter auf den sich zur Straße senkenden Garten, auf seine südlichen Pflanzen, auf Pinien und Palmen, Oleander und Lorbeer. Freut sich, daß die jungen Zypressen sich immer mehr runden und erlebt mit freudigem Erschrecken schon im Winter die ersten rot leuchtenden Kamelienblüten. Sie haben ihre große Zeit im März, aber die Glanzzeit des Gartens ist der April, wenn alle Frühlingsblüher noch da sind und wenn sich zu der Pracht der Kamelien die Farben der Azaléenblüten und der Duft der Mimosenbäume gesellen.

Beim Obergeschoß des Hauses, wo das Studio liegt, gibt es eine zweite Terrasse mit Weinstöcken und einem Steintisch vom Maggiatal, – eine Pergolaterrasse, auf der man wunderschön ruhen, lesen und träumen könnte, wenn ... die Arbeit nicht wäre, die auch hier die Beherrscherin des Tages ist. Das Ruhen und Träumen übernehmen die Katzen.

Die Katzen

Sie sind Schicksal, zum Wünschen kommt es erst gar nicht. Es beginnt gleich am ersten Tage in der Casa Rusticanella. Eine schöne junge Dorfkätzin macht ihren Antrittsbesuch. Es findet sich im noch leeren Haus ein Blumentopfuntersatz als Tränke, und mit einer Spende frischer Milch wird der erste Gast geehrt und Freundschaft fürs Leben geschlossen. Die Folgen sind mit den Jahren eine Reihe schöner kleiner Kätzchen, die anmutig heranwachsen.

Zu ihnen gesellt sich eines Tages ein winziges, armseliges, verwahrlostes, grauweißes Jungkatzentier, das anscheinend mit der Beharrlichkeit seiner Rasse beschlossen hatte, Katze bei KOLLATHS zu werden und schaffte es. Das Flehen der bernsteingelben Augen brachte jeden Widerstand zum Schmelzen. Jackie wurde Liebling und Muse des Maestro. Sie lag träumend auf seinem Schreibtisch neben der Schreibmaschine und inspirierte ihn beim Schreiben. Sehr beliebt war eine Morgenvisite im Bett des Gebieters, deren Krönung ein Kuß von Nase zu Nase war. Jackie durfte sich viel erlauben, durfte ein Stück Käse stehlen oder eine Brezel oder ein Manuskript auf seine Verdaulichkeit prüfen.

63 · Die Katzen im Garten der Casa Rusticanella-Porza
Foto Werner Kollath – Sommer 1969

An diesen sympathischen Tierchen macht Werner KOLLATH seine Studien über Verhaltensforschung. Er lernt ihre Charakterfestigkeit kennen, die es unmöglich macht, eine Katze zu beherrschen oder eines ihrer oft merkwürdigen, unergründlichen Vorhaben zu durchkreuzen. Er liebt ihre Geräuschlosigkeit und die Eleganz ihrer Bewegungen. Er wird nicht müde, den Spielereien der kleinen Kätzchen zuzusehen. Er liebkost das seidige Fell und vernimmt andächtig das „heimliche Orgelgetön" ihres Schnurrens, diese Ur-Musik, die absolute Harmonie mit der Umwelt und dem Dasein bedeutet.

Es wird erlaubt, daß ein Wöchnerinnenkorb im Studio aufgestellt wird, gegen das Versprechen, daß keinerlei Unannehmlichkeiten zu befürchten seien, und das Versprechen wird gehalten. Nun kann man das Wunder von Geburt und Werden miterleben. Der heilige Glanz der Mütterlichkeit, den die junge Katzenmutter ausstrahlt, erfaßt das Gemüt und wirft das Glück ins eigene Herz. Wie unendlich ist die Geduld und Hingabe, mit der die Mutter wochenlang ihrem Kinde lebt. Sie läßt es nur für unaufschiebbare Verrichtungen allein und eilt schnellstens wieder aus dem Garten zurück in den Korb, das Kleine emsig putzend und waschend, als sei eine Unterlassung gutzumachen.

Es wäre unmöglich, eine prächtige Schar von 6–10 Katzen zu halten, wenn nicht Frau Theresa wäre, die in aufopfernder Liebe die Tiere pflegt und füttert, ihre Streiche gütig duldet, sich aber vollen Respekt zu verschaffen versteht. *Sie* trägt die Mühen dieser Bereicherung des Lebens.

Die Katzentiere vervollkommnen den Garten aufs schönste, ihre Anwesenheit verwandelt ihn, sein vegetatives Dasein belebend, in ein wahres Paradies.

Ticino

Eine nicht zu erschöpfende Aufgabe ist es, die Vielfalt des Tessin zu entdecken. Immer wieder begegnet man bei Fahrten auf die Höhen, durch die Täler, an den Seen entlang, Unbekanntem, Schönem. Landschaft, Vegetation, Kunst, die malerischen Dorfgefüge, alles bietet seinen Reichtum dem, der zu finden versteht.

In diesen Tagesausflügen sättigt sich die Reiselust. Daß man in dem schönen Land zu Hause ist, daß man nach einem Tage voll reicher Erlebnisse nicht wie im Urlaub im Hotel übernachtet, sondern im eigenen Bett, ist immer wieder Anlaß zu dankbarem Staunen.

Jetzt endlich kommt Beständigkeit in das bewegte Leben. Das Gefühl am Ziel zu sein, bringt dem ewig wünschenden Geist Zufriedenheit und Ruhe.

Ein Spruch von HOMER, den Familie DUSCHA aus Freiburg zur Feier der Silberhochzeit am 4. Mai 1960 bringt, drückt das aus, was zu dem Tessiner Leben zu sagen ist.

64 · Morcote
Federzeichnung mit Bleistift getönt – 26. 6. 56

„Mögen die Götter erfüllen dir alle
  Wünsche des Herzens,
einen Mann und ein Haus und
  euch mit seliger Eintracht
segnen, denn nichts ist besser und
  wünschenswerter auf Erden,
als wenn Mann und Weib, in
  herzlicher Liebe verbunden,
ruhig ihr Heim verwalten, den
  Feinden ein neidischer Ärger,
aber Freude den Freunden. Sie
  spüren es selbst am meisten."

Od. VI. 180fg.

Die Ordnung unserer Nahrung

1960

Für die 5. Auflage dieses, wie die ersten Auflagen, gleichfalls im Hippokrates-Verlag erscheinenden Buches, *wird noch einmal eine neue letzte Fassung ausgearbeitet.*

18 Jahre sind seit Erscheinen der ersten Auflage verflossen. An den einzelnen Auflagen läßt sich der Weg, den der Forscher gegangen ist, ablesen.

„Die ‚Ordnung unserer Nahrung‘ wächst schrittweise zum Standardwerk einer modernen Ernährungslehre heran"
schreibt Sedlacek in der *Wiener med. Wochenschrift.*

In Kollaths Schlußwort heißt es:

«Der Inhalt der ersten Auflage dieses Buches galt ursprünglich nur den Ernährungsfragen. In dieser fünften Auflage nun, die weit über die Darstellungen hinausgeht, die das Gebiet in den früheren Auflagen gefunden hat, habe ich mich entschlossen, Dinge zur Sprache zu bringen, die wie eine Art Vermächtnis aufgefaßt werden können.

Ich betrachte die Geschichte als einen besonderen Zweig der Naturwissenschaft, ohne zu bezweifeln, daß man diese Vorgänge auch andersartig behandeln kann. Es ist mir nicht gut vorstellbar, daß alle ärztliche Forschung sich lediglich mit dem körperlichen Wohl und Wehe des einzelnen Menschen zu beschäftigen hat und daß dieser schönste Beruf, der seine Erfüllung in dem unaufhörlichen *Dienst am Leben* findet, so völlig aus dem historischen Geschehen auf die Dauer ausgeschlossen sein soll und bleiben wird. Daß an unserer Gegenwart viele Mängel erkennbar sind, dürfte keinem Zweifel unterliegen.

So müssen wir uns begnügen, allen jenen zu helfen und den Weg zur Gesundheit zu zeigen, die an eine Zukunft für sich, ihre Familie und die Menschen glauben und die deshalb begriffen haben, daß es ihre Aufgabe ist, an ihrer eigenen Gesundheit mitzuarbeiten. Diese Menschen, die zahlreicher sind, als man denken möchte, sind für meine Betrachtungsweise die eigentlich modernen Menschen, die sich für die Zukunft verantwortlich fühlen.»

Zu Werner KOLLATHS „*Ordnung unserer Nahrung*"

In der Zeitschrift *Diaita*, 1 und 2 (1961), schreibt *Dr. med. Heinrich* JUNG,
Bad Nauheim, eine sehr umfangreiche Abhandlung, aus der nur ein Absatz zitiert sei:

> „*Es gibt wohl kaum ein Buch, das so viel Erfahrung widerspiegelt, wie sie
> hier auf Grund von* Experimenten *und einmaligen* Intuitionen *vorgetragen
> wird.*
>
> *Dieses Buch ist das Vermächtnis des größten Ernährungshygienikers,
> dem die Schweiz in* BIRCHER-BENNER *eine ähnliche Gestalt entgegenzustel-
> len hat.*
>
> Bei KOLLATH wird das Experiment wie bei jedem großen Forscher eigent-
> lich nur dazu benutzt, um eine bereits in der Schau fertige Erkenntnis zu
> untermauern und sicherzustellen. *Jeder Experimentator, der sich anschickt,
> ein solches Werk zu widerlegen, sollte sich fragen, ob er das Recht dazu
> hat, einen Mann anzugreifen, der die Resonanz der ganzen Welt besitzt und
> maßgebend an der Schaffung des neuen Lebensmittelgesetzes beteiligt ist.
> Was* KOLLATH *will, ist das beste, was gelehrt werden kann, um das Unheil
> von der kultivierten Welt abzuhalten.*"

Dr. med. Erich STIEFVATER/*Freiburg* in „*Erfahrungsheilkunde*" 1961, No. 6
Band 1
„*Die 5. Auflage dieses Standard-Werkes darf heute als das klassische Werk
über unsere Ernährung angesehen werden.* KOLLATH *hat den Mut bewiesen,
einen eigenen Standpunkt zu haben, der nicht nur auf exakten wissenschaftlichen Grundlagen beruht, sondern auch auf einer über bloße Wissenschaft-
lichkeit hinausgehende Kraft, für kommende Generationen zu planen.*

*Das Studium dieses Buches und die Anwendung seiner Ergebnisse ist für
den praktischen Arzt eine ebenso beglückende wie verpflichtende Arbeit.
Es wäre wünschenswert, daß nicht nur Ärzte und Biologen, sondern vor
allem auch Pädagogen und nicht zuletzt der Staat selbst in diesem Buch
Gewissensforschung halten.*"

Gesundheitsbrockhaus 2. Auflage 1961/62

Die Arbeit an diesem Lexikon beschäftigt Werner KOLLATH fast ein halbes Jahr. Es ist Winter und es geht ihm gesundheitlich nicht gut, wie so oft in dieser Jahreszeit.

Tagebuchaufzeichnung Porza, d. 21. 12. 1961

«Zwei Monate sind vergangen, in denen ich krank war, ohne zu wissen, was mir fehlte. Depressionen, Unzufriedenheit, Trauer um den Tod von Fritz LIEKEN, juristische Streitigkeiten. Alles ging abwärts und noch immer ist keine Besserung abzusehen. Der Schlaf ist schlecht, das Herz versagt, ebenso der Kreislauf, kurz – man wird alt.

Treu und Glauben, Anstand und Ehrlichkeit, Vertrauen und Zuverlässigkeit sind ausgestorben. Es lohnt sich kaum noch weiterzuarbeiten. Aber wie sollte ich ohne Arbeit leben?

Inzwischen habe ich eine Arbeit begonnen, die zweite Auflage des Gesundheitsbrockhaus. Immerhin etwas, aber der Rest fruchtbarer Vergangenheit. Hier kann ich namenlos einige Dinge sagen, die man sonst nicht drucken lassen kann.»

Fritz LIEKEN

Fritz LIEKEN, der Inhaber der Achimer Simonsbrotfabrik und Hersteller des KOLLATH-Frühstücks hatte, um der Sonne näher zu sein, mit dem Bau eines Hauses in Porza begonnen. So war er häufig in Lugano und ein oft und gern gesehener Gast im Hause KOLLATH. Die Besprechungen und Gespräche mit diesem tüchtigen großartigen Mann verliefen stets positiv. LIEKEN brachte dem regen und einfallsreichen Geist KOLLATHs, den er respektierte, das notwendige Verständnis und Wohlwollen entgegen und alle freuten sich auf das zukünftige Zusammenleben. Aber als der Architekt verabredungsgemäß den Schlüssel zum fertigen Haus bei KOLLATHs ablieferte, war Fritz LIEKEN schon nicht mehr am Leben. Vierzehn Tage vorher, am 1. November 1961, war er in München verstorben. Für Werner KOLLATH war es ein schwerer Schlag, von dem er sich lange nicht erholen konnte.

Neue Pläne – Prothesen-Zivilisation

Porza, d. 5. 5. 1962

«Der ‹Brockhaus› beanspruchte meine ganze Zeit. Ich habe daran noch bis April 62 gearbeitet, den ganzen Winter lang. Es war ein kalter Winter, viele Monate mit Oststurm, den ich mit seiner Trockenheit nicht vertrage. Seit Jahrzehnten hat es einen solchen Winter nicht gegeben. Dabei strahlte die Sonne vom stahlblauen Himmel. Der Boden trocknete mehr und mehr aus, die Pflanzen litten und dürsteten und auch den Menschen ging es nicht gut.

Trotz allem ist nun mein Teil vom Gesundheitsbrockhaus beendet. Das anonyme Vermächtnis! Viele Pläne habe ich noch, aber werde ich sie ausführen können? Ich sehe kein Ende der Arbeitsthemen:

‹Naturgeschichte des Künstlichen›

‹Das Leben als Aufgabe›

‹Geschichte als Naturforschung›

‹Die Zivilisation als Prothetik des Menschen›

Menschliche Prothesen: Instrumente, Symbole, Mathematik, Verwaltung durch Schaffung des ‹Zwischenmenschen›. Zwischen sein individuelles Dasein und seine Sinnesmöglichkeiten stellt der Mensch seine Prothesen mit denen er die ihm sonst unzugängliche Natur abtastet.

Die Pole sind das Individuum und die Umwelt. Diese Vorstellungen eröffnen unabsehbare Möglichkeiten, geben alle Verantwortung dem Menschen, der diese Verantwortung ablehnt, indem er sie der Religion zuzuschieben versucht.

Was wird stärker sein: mein Körper oder meine Gedanken? Was werde ich von all dem noch verwirklichen können?»

Diese Frage wird positiv durch das beantwortet, was Werner KOLLATH in den folgenden 8 Jahren noch zu schaffen vergönnt war.

Später setzt er sich noch einmal mit der *Prothesen-Zivilisation* – in seinem letzten Buch *Leben, Wachstum und Gesundheit* (1970) – auseinander. Dort heißt es im Kapitel

„DIE PROTHESEN-ZIVILISATION"

«Um das Jahr 1500 begann man in Europa mit der Herstellung von Apparaten, die in der Natur nicht vorkommen und deren Wesen bereits damals als ‹Prothesen› erkannt wurde (K. R. Hocke). Die gleiche Beurteilung fanden solche künstlichen Apparate bereits im alten China, unabhängig von der europäischen Denkweise.

Während in China sich an dieser Zuordnung zum Prothesen-Charakter nichts änderte, hielt man in Europa diese neuen, naturfremden Produkte für ‹Fortschritte› des menschlichen Daseins, besonders aus dem Grund, weil sich bald herausstellte, daß sich solche Apparate als wirtschaftliche und wertvolle Instrumente erwiesen, die zur Zunahme des Reichtums führten. Forschung, Apparate und Geld verbanden sich zu einer Einheit, in der anfangs die physikalischen Methoden überwogen, sodann die chemischen Verfahren hinzukamen, und schließlich die Wirtschaft, also das Geld, die führende Rolle übernahm.

Die Vergrößerung der menschlichen Leistungsfähigkeit durch die Maschinen ließ die Menschen vergessen, daß diese Maschinen keine Lebewesen waren, sondern Prothesen und daß sie selbst zu Sklaven der von ihnen geschaffenen Maschinen und Computer, die sie ‹bedienen› mußten, wurden, daß sie selbst zu Prothesen wurden, die die Gewalt über die zur Zerstörung geschaffenen Apparate und Kriegsmaschinen nur noch scheinbar in der Hand hatten.»

Eine Silberstiftzeichnung Werner Kollaths illustriert seine Gedankenwelt.

Der Fall Euromed

Am 11. Juli 1961 erschien im ersten Heft der neu herausgegebenen *Zeitschrift Euromed, (Verlag Dr. E.* Banaschewsky, *München)*
ein anonymer Artikel mit dem Titel

Kollath – *Facharzt für Ratten.*

Ausgehend von der Behauptung, Kollath hätte beim 4. Internationalen Vitalstoff- und Ernährungskonvent am 8. Oktober 1958 nach seinem Vortrag *Die Mesotrophie im Experiment* (s. S. 263) vor Journalisten „versprochen", *nicht mehr von Menschen-Mesotrophie zu sprechen,* wurden neun Spalten dieser Zeitung benutzt, um Kollath zu disqualifizieren.

65 · *Das Prothesenzeitalter – Die Materialschlacht*
Silberstift mit Weiß getönt – 1940

Eine schon am 6. Juli 1958 eröffnete irreführende Polemik von Dr. med. Paul KÜHNE im *Tagesspiegel*/Berlin:

Ernährung fälschlich angeklagt –

in der dieser in falscher Darstellung auf den ersten Nachkriegs-Hygieniker-Kongreß in Göttingen Bezug genommen hatte – wurde zusammen mit anderen Verzerrungen der Wahrheit zu einem bösartigen Pamphlet verarbeitet.

Als honorierter Autor figurierte – wie sich viel später im Verlauf eines Prozesses herausstellte – der medizinische Zeitungsberichterstatter Dr. Friedrich WEEREN, der auch unter dem Pseudonym Friedrich DEICH veröffentlichte.

Gegen anonyme Artikel kann ein Ehrenmann nicht vorgehen.

Da aber dieser rufmordende und wissenschaftsschädigende Artikel nicht unwidersprochen bleiben konnte, setzte Dr. med. Herbert WARNING sich ein und veröffentlichte einen Aufsatz

Rufmörder unter uns.

Der Herausgeber des Euromed, der nicht unter die „Mörder" – wenn es sich auch nur um einen Rufmörder handelte – gerechnet zu werden wünschte, strengte einen Prozeß gegen Dr. Herbert WARNING an, der sich bis 1966 – also über 5 Jahre – hinstreckte. Der Verlag wurde kostenpflichtig abgewiesen.

Bei den Prozeßverhandlungen wurde das von langer Hand vorbereitete abgekartete Spiel durchsichtig, das bei diesem üblen Artikel Pate gestanden hatte. Es war ein Schachspiel, bei dem alle nur irgendwie brauchbaren Figuren eingesetzt worden waren, bei dem es aber leider nur Rösser und Bauern, aber keine Könige gab.

KOLLATH, dessen aufrechtem Wesen jede intrigante Denkweise fremd ist, leidet unter solchen Angriffen, die – zwar immer wieder die Gestalt wechselnd – sich doch im Grunde gleich bleiben.

In ein großes Tagebuch schreibt er

Porza, d. 23. 10. 1961

«Die Unruhe hört nicht auf. Man versucht, mich zu Tode zu hetzen und wird wohl Erfolg haben. Denn dem vereinten Angriff der Wissenschaftler, der Industrie und des Neides bin ich nicht gewachsen. Vor 14 Tagen mußte ich nach Frankfurt wegen einer eidesstattlichen Aussage in der Angelegenheit des Euromed-Artikels, des ‹Rufmordversuchs›. Jetzt erscheinen törichte ‹Referate› über meine Bücher. Es ist, als ob die Welt verrückt geworden

ist. Meine Versuche sind richtig, aber die Auslegung für den Menschen wird
nicht angenommen, ‹nicht bestätigt›. Systematische Gemeinheit der Sup-
pletiker.

Langsam bereite ich mich auf einen ehrenvollen, allerdings verspäteten
Nachruf vor. Schade, ich hätte noch viel Gutes tun können! Ich bin müde
des Unsinns.»

Resignierend zieht sich Werner KOLLATH immer mehr in die Einsamkeit zurück.

Einsam wie ein Stern

Aus dem Breslauer Tagebuch

den 9. 7. 1924

«Warum hat man in unserer Sprache noch nicht den Ausdruck eingeführt:

‹Einsam wie ein Stern›?

Gewiß er liegt nicht nah, wenn man die vielen Sterne am Himmel sieht.
Wir sehen nur das Zusammenliegende, wir denken aber nicht daran, daß
kein Stern zum andern kommen kann. Durch uns unbekannte Gesetze an
einen, seinen Platz verbannt, bewegt er sich in seiner Bahn, immer allein.
Und wir haben nur die Möglichkeit, ihn zu sehen. Wir können seine Bahn
erforschen, aber nur wenig über sein Wesen aussagen. Alles Große, das
vielen sichtbar ist, ist einsam. Man soll sich darum als kleiner Erdenbürger
nicht grämen. Und außerdem ist es unsere Pflicht, nicht zu scheinen wie es
die Aufgabe der Sterne ist, sondern zu sein.»

Das Gefühl der Einsamkeit ist schon dem 32jährigen nicht mehr fremd und
es wird ihn begleiten bis zum Lebensende. Aus vielerlei Aufzeichnungen spricht
immer wieder die Trauer mißverstanden zu sein, trotz des ehrlichen Bemühens
um die Wahrheit. Überzeugt von der Richtigkeit seiner wissenschaftlichen Arbeit, treffen ihn Ablehnung und Verkennung doppelt hart.

In Freiburg, im Jahre 1957 beginnt er wieder, tagebuchartige Notizen zu machen; er benutzt dazu ein großes Buch.

«Dies Buch hat sehr lange gewartet. Das Büttenpapier, auf das ich schreibe, erwarb ich vor etwa 40 Jahren. Es war damals schon alt und gelagert. Vor vielen Jahren, als ich einsah, daß es nicht geeignet war, um es zum Druck von Radierungen und Holzschnitten zu verwenden, ließ ich es in diesen schönen Pergamentband einbinden. Ich wollte es mit Zeichnungen anfüllen. Aber die Jahre wollten es noch nicht. Das Buch blieb in meinem alten Schreibtisch liegen, ruhig und geduldig, wie alle Dinge, die auf ein Belebtwerden warten. Täglich fiel mein Blick auf diesen Band. Ich wußte nicht, was ich damit anfangen sollte. Wir warteten weiter.

Sehr viel habe ich in meinem Leben geschrieben. Neben mir in dem alten Biedermeierschrank stehen die gedruckten Arbeiten, liegen die ungedruckten Manuskripte. Meine zahlreichen Zeichnungen und Bilder aus aller Welt liegen in großen Mappen und warten weiter. So passen wir alle sehr gut zusammen. Nicht nur von mir aus beginne ich jetzt zu schreiben, sondern weil es Zeit ist.»

Zwiegespräche zwischen meinem „KA" und mir,

so nennt Werner KOLLATH das, was er diesem Buch anvertraut. Keiner hat je gesehen, daß etwas in das große Pergamentbuch eingetragen wurde.

Am 6. 10. 1957 schildert er die Begegnung und Unterhaltung mit seinem „KA", der hoch über seiner leiblichen Existenz, hoch über dem Irdischen aus fernen Welten kommt. Im altägyptischen Glauben ist der „KA", das Eine, das nach dem Tode weiterlebt, er ist das Lebensprinzip in seiner individuellen Sonderung, er stellt das ideale Leben des Menschen dar, das unerreichbare Ebenbild.

Werner KOLLATH schildert, wie sein „KA" mit Hilfe eines schwarzen Pudels über die ihm sonst unzugängliche Schwelle getragen worden war.

«Denn ich habe einen Auftrag für dich, etwas, was dauerhafter ist als du, das wartet auf dich und deine Arbeit. Öfter als du es gedacht, war ich bei dir und half dir. Entsinnst du dich nicht, wie dich einmal PFITZNERS Palestrina ergriffen hat, als die Alten Meister sich um ihn versammeln und sein Widerstreben, die heilige Messe zu schreiben und seine Müdigkeit mit verständnisvollen Worten begleiten:

PALESTRINA:

    Ich bin ein alter, todesmüder Mann

    Am Ende einer großen Zeit.

    Und vor mir seh ich nichts als Traurigkeit –

    Ich kann es nicht mehr zwingen aus der Seele.

    Wo's in mir blühte ist jetzt tote Stelle

    und meine Harfe hing ich in die Weiden.

DIE MEISTER:

    Er weiß noch nicht – er weiß nicht, daß er kann:

    Er weiß es besser – erdbefang'ner Mann,

    Dein Erdenpensum ist noch nicht getan!

PALESTRINA, stark aufbäumend:

    Ich *will* nicht – will nicht!

    Hört! Ich will es nicht!

DIE MEISTER nicken bedeutend zueinander:

    Die Wachstumsschmerzen sind's! –

    es kommt vom Werden.

    Die letzte Häutung – 's ist die Mutation.

    . . .

    Und so, wie du nun mußt,

    So mußten wir im Leben.

    Du wirst und mußt!

PALESTRINA:

    Und wer befiehlt's?

DIE MEISTER:

    Der alte Weltenmeister

    Der ohne Namen ist; der gleichfalls untertan

    Uraltem Wort am Rand der Ewigkeit.

    – – –

    Er schafft sein Werk, wie du das deine,

    Er schmiedet Ringe sich, Figuren, Steine

    Zu der schimmernden Kette der Zeiten

    Der Weltbegebenheiten.»

«Ja, mein ‹KA›, das weiß ich noch genau, ich habe es nie vergessen.»

    «Du hast noch ein Erdenpensum, das schaffe. Ich bleibe bei dir und werde dir helfen. Vergiß das niemals.»

    «Was ist aber mein Erdenpensum? Ich habe keine Arbeitsstelle mehr. Was kann ich denn tun?»

«Das ist jetzt deine Sache. Heute sage ich dir nur: es ist Zeit! Vergiß nicht, ich bleibe bei dir und du kannst mich stets fragen.»

«So wurde es nicht dunkel, sondern heller um mich.»

Aus dem Porzaer Tagebuch

Porza, den 16. 5. 1961

«Man hat es erreicht, mich mundtot zu machen und so bleibt mir dies geheimnisvolle Buch aus altem Büttenpapier übrig, um wie die alten Forscher insgeheim meine Gedanken zu Papier zu bringen. Wenn ich nur wüßte, warum ich noch arbeite! Meinetwegen sicher nicht. Ich könnte mir das Leben einfacher machen. Vielleicht werde ich dies auch tun. Nach meinem Tode können dann die Nachfahren drucken lassen, was sie wollen. Ich habe meine Pflicht getan und wenn ich das nicht tun würde, müßte ich wiederkommen. Und dazu habe ich keine Lust.

Porza, den 11. 6. 1961

Heute ist mein 69. Geburtstag und ich bin also in das 70. Lebensjahr getreten. Das hatte ich mir ganz anders gedacht. Seit 8 Tagen habe ich einen scheußlichen Schnupfen und was dazu gehört. Meine Frau hat sich wohl angesteckt und liegt mit leichtem Fieber im Bett. Sie ist tapfer und matt.

Unseren Gästen mußten wir absagen und so war ich denn den größten Teil des Tages allein. Was sollte ich tun? Ich habe gearbeitet.

Von meinen vielen angefangenen Aufsätzen habe ich den Aufsatz ‹Das dämonische Zwischenreich der Technik› im wesentlichen abgeschlossen. Ich könnte auch ältere vergessene Arbeiten drucken lassen, gewissermaßen als Abschied von einer hoffnungsvollen Vergangenheit. In meinen verschiedenen Erinnerungen habe ich mein Leben beschrieben, soweit das möglich ist. Insgesamt: *Ich war offenbar ein Störenfried im Karpfenteich der Fakultäten.*

So wird man 69 Jahre alt und hat mehr gearbeitet und gefunden als die meisten Kollegen – und steht allein.

Dafür wohnt man in einem Paradies. Möge uns dieses erhalten bleiben und mögen wir noch einige Jahre hier in Ruhe leben.

Porza, 14. 6. 1961

Wozu soll man schreiben, wenn man die Probleme nur dialektisch behandeln und nicht experimentell klären kann. Gerade das hat man mir unmöglich gemacht. Und ich bin kein Dialektiker. Trotzdem bemühe ich mich, noch etwas zu erreichen, vielleicht völlig vergeblich. Tue ich aber nichts, dann geschieht nichts. Folglich: *arbeite bis zum letzten Moment.*

Porza, 19. 7. 61

Wieder ist ein Monat verflossen und ich habe keine Zeit für dieses Buch gehabt. Die Umwelt ist mächtiger als ich. Ich muß mich fügen, so gut es geht. Aber es geht schlecht genug. Ich habe meine letzte Arbeit geschrieben, zu der ich vom Schicksal verpflichtet bin und kann jetzt abwarten. Vor zwei Jahren sagte mir ein Schüler von RAMAKRISCHNA in Brissago bei der Tagung zur Gründung einer Weltuniversität aus meiner Hand die Zukunft voraus: Ich würde nicht alt werden, aber meine Arbeit fertig bekommen. Dann schwieg er, nachdem er sich längere Zeit die Handinnenflächen betrachtet hatte. Ich schwieg auch, denn es ist wichtiger, daß die Arbeit fertig wird, als daß ich lange lebe. *Doch wäre es nett, wenn man mich einfach fortnähme.*»

Dieser Wunsch ist Werner KOLLATH 9 Jahre und 4 Monate später erfüllt worden. Am 19. November 1970.

Die letzte Eintragung in das Pergamentbuch datiert vom 17. III. 63

«Heute habe ich das Manuskript des zweiten Teiles ‹Urwelt und Menschenwelt› beendet. Damit ist eine jahrzehntelange Arbeit abgeschlossen und das Gehirn kann diesbezüglich Ruhe haben. Ob das Buch jemals gedruckt werden wird, ist gleichgültig: Hauptsache, es ist fertig.»

Dieses Manuskript von 1963, der Entwurf einer Kulturgeschichte als Naturwissenschaft mit dem Umfang von 300 Seiten Schreibmaschine, war keineswegs der Abschluß der schriftstellerischen Arbeit. Das Manuskript hat in den folgenden 9 Jahren Inhalt und Titel gewechselt und es ist an ihm bis in die letzten Lebenstage hinein intensiv gearbeitet worden. Die Konzeption war zu umfangreich, als daß sie hätte zuende gebracht werden können. Die Hoffnung und der Wunsch, diese Arbeit fertig zu hinterlassen war groß.

Ob der Inder sich getäuscht hat oder ob er recht behalten wird, kann nur die Zukunft ergeben. Wird sich jemand finden, der die Arbeit zuende führt?

Geheimnisse

Es trägt ein jeder sein Gesicht
wie ein Plakat frei vor sich her,
doch was er denkt, das siehst Du nicht.

Der Körper ist verhüllt vom Kleid,
Du siehst den Kopf, die Hand, nicht mehr.
Verborgen ist Verschlossenheit.

Ein jeder sucht die Einsamkeit
und fürchtet nichts so sehr wie sie,
und sehnt sich nach Gemeinsamkeit,

er findet sie im Fremden nie.
Sei dankbar, wenn die Sonne scheint!
Nichts ist so warm und klar wie sie.

Aus: Die Fahrt ins Leben
W. K

Einsam zu sein ist das Geschick des Genies, das immer ein Einzelgänger ist. In schwermütigen Stunden ist dieses Gefühl des Alleinseins doppelt stark und doppelt schwer zu ertragen. Hilfe von außen kann keine Erlösung verschaffen. Die Durchbrechung muß von innen kommen, die eigene Ordnung wiederherstellend.

Aber die Zeiten der Niedergeschlagenheit und des Klagens, wie sie das Porzaer Tagebuch wiedergibt, werden schließlich immer wieder überwunden und die Zauberkraft, die das vermag, ist die Arbeit.

Es ist als eine große Gnade zu bezeichnen, daß diese Trösterin bis zum letzten Tage gegenwärtig war und so sind die sieben Jahre, die nach der letzten Eintragung in das Pergamentbuch noch vor Werner KOLLATH liegen im Grunde glückliche Arbeitsjahre.

Trotzdem ein schönes Leben

Nach wie vor ist Werner KOLLATH bereit, an allem, was ihn interessiert, teilzunehmen. Sein guter Humor hilft ihm wirkungsvoll die Enttäuschungen, die ihm die Welt bereitet, zu überwinden. Das Leben hat ihm noch mehr zu bieten als Ärger. Als erfahrener Lebenskünstler versteht er es, die positiven Seiten seines Lebens zu genießen.

Belebung und Anregung bringen die Freunde, die von dem, was Land, Haus, seine Bewohner und nicht zuletzt die Küche zu bieten haben, mächtig angezogen werden. So geht es im allgemeinen fröhlich zu. Bei den Zusammenkünften mit Freunden und Kollegen ist KOLLATH wie stets der spiritus rector. Das bleibt ihm bis zuletzt erhalten. Zu den bisherigen Freunden gesellen sich neue.

Dank der Zeichenkunst entsteht eine wertvolle Freundschaft zu dem fast gleichaltrigen Hamburger Kaufmann Karl SEYFERTH, der unterhalb des Brè in Cureggia lebt. Ähnlich wie KOLLATH hat er sich in seiner Jugend mit Holzschnitten und Zeichnungen über die Klippen der Zeit nach dem ersten Weltkrieg und der Inflation hinübergeholfen. Zeichnen und Malen bedeutet für ihn die Quintessenz des Lebens. Bei den angeregten Gesprächen mit ihm und seiner Frau Annemarie sind die Stunden stets viel zu kurz. Verbindend ist auch die Feststellung, daß man auf den Reisen, z. B. nach Italien, zu den gleichen Städten die gleiche Liebe empfunden hat.

Dott. med. Achille PIOTTI, Spezialarzt für Herzkrankheiten, wird nicht nur behandelnder Arzt, sondern auch ein unentbehrlicher Freund. Er ist ein musischer, der Kunst ergebener feiner Mensch. Drei seiner sehr guten Gedichte sind von Ottmar NUSSIO großartig vertont worden für Orchester und Sopran und KOLLATH schätzt sich glücklich, diese Musik bei einer Rundfunksendung hören zu können.

Kommt die schöne junge Nachbarin Doris LEE rasch auf eine kleine Unterhaltung ins Studio, dann findet sie stets den Maestro bereit. Sie hat ein feines Gespür für Tage, an denen ein Zuspruch not tut. Meist gelingt es ihr, das Seelentief zu verdrängen und wenn sie wieder geht, hinterläßt sie einen heiteren Menschen.

Einen verständigen Freund findet Werner KOLLATH in dem Kollegen Prof. Dr. med. Hans BRONNER, emeritierter Ordinarius für Chirurgie an der Universität München. Beide Männer begrüßen es sehr, eine Unterhaltung führen zu können, in der die gleiche Sprache gesprochen wird. Man trifft sich gern, besonders gern in dem schönen gastlichen Haus in Castagnola, dessen Seele Maria

BRONNER ist, die sehr eng in diese Freundschaft einbezogen wird. Eine schwere Erkrankung Hans BRONNERS beendet sein Leben am 29. November 1965. Trauernd um den verlorenen Freund nimmt Werner KOLLATH am 3. Dezember an der Beerdigung in München teil.

Jedes Zusammensein mit Jürgen THORWALD, dem ebenso genialen wie erfolgreichen Autor auf dem Gebiet der Medizingeschichte – „Jahrhundert und Weltreich der Chirurgen" „Macht und Geheimnis der frühen Ärzte" – u. a. war für Werner KOLLATH, den um 24 Jahre älteren, ein erfrischendes Stahlbad, nach dem es ihn immer wieder verlangte. THORWALD, nicht nur Schriftsteller, sondern auch Mediziner, war ein glänzender Erzähler, dem zuzuhören KOLLATH nicht müde wurde. Von jeder Begegnung blieb etwas Unverlierbares haften. So verschieden Inhalt und Sprache der Bücher dieser beiden Fachleute auch sein mochte, sie verstanden und schätzten sich und freuten sich aneinander. Ein unbeabsichtigtes Abschiedsfestmahl wurde Werner KOLLATH bei seinem letzten Besuch in THORWALDS Haus am Monte Brè Mitte August 1970 bereitet, KOLLATH bekam zum Tee köstliche Toastbrote mit Kaviar, den THORWALD nicht schätzte, der aber dem Feinschmecker KOLLATH um so mehr mundete.

Am 11. Juni 1967 wird Werner KOLLATH 75 Jahre alt. Unter den vielen Ehrungen, die ihm zu diesem Tage zuteil werden, erfreut ihn besonders ein *Telegramm von Heinrich* LÜBKE, der ihn im April 1954 in Freiburg besucht hatte und der inzwischen *Präsident der Bundesrepublik* geworden war.

> „Herzlich gratuliere ich Ihnen zur Vollendung Ihres 75. Lebensjahres. Ich denke dabei dankbar an die wegweisende Bedeutung Ihres Lebenswerkes im Dienste einer gesunden Ernährung. Sie haben sich als Forscher und akademischer Lehrer vor allem mit den Ursachen der Zivilisationskrankheiten befaßt und praktikable Methoden zu ihrer Überwindung entwickelt.
>
> In zahlreichen Arbeiten über Probleme der Hygiene und Ernährungsphysiologie haben Sie Ihre Erkenntnisse weitergegeben. Durch die Berufung in namhafte Fachgremien und durch andere Ehrungen wurde Ihr erfolgreiches Wirken ausgezeichnet.
>
> Ich wünsche Ihnen weiterhin Gesundheit und Schaffenskraft, vor allem auch Freude bei der künstlerischen Betätigung durch die Sie als Maler bekannt geworden sind."

Die Anerkennungen durch die Werner KOLLATH gefeiert wird, entschädigen für viele Ungerechtigkeiten.

66 · Kathedrale Saint-Lazare, Hauptportal der Westfassade
Autun – Tuschzeichnung – 7. 9. 1965
Fahrt durch Burgund 1. 9. 1965–25. 9. 1965

Immer noch voller Reiselust

Dieser Leidenschaft von Jugend an wird erstaunlich lange stattgegeben, wobei jetzt die Möglichkeit des bequemen Reisens mit der eigenen Frau am Steuer ausschlaggebend ist.

Die erste auf diese Weise unternommene Reise führt 1964 an die *Riviera di Levante nach Levanto und nach Florenz.*

67 · Aussichtsterrasse der Abtei von Vézelay
Tuschzeichnung – 7. 9. 1965

68 · *Georges Barbier – Saulieu/Burgund*
Tuschzeichnung – 6. 9. 1965

Burgund · Insel Elba · Bayreuth

1965 ist Burgund langerwartetes Ziel. Burgund, schon der Name vermag angenehme Vorstellungen zu erwecken, die dann dem Reisenden zur Wirklichkeit
werden: Romanische Kirchen, Kernland europäischer Geschichte und Kultur,
Hochburg einer gepflegten Küche und vor allem die Weine, gleich köstlich ob
rot oder weiß. Auf der Fahrt durch die Côte d'Or, durchs Maconnais, durchs
Beaujolais liest man ehrfürchtig die erlesenen Namen: Chambertin, Clos de
Vougeot, Nuits St. Georges, Meursault, Pommard, Chablis, um dann noch ehr-
fürchtiger diese Weine zu den Mahlzeiten zu genießen. Man wandert mit dem
Auto allein auf guten Straßen durch eine stille unberührte Natur, durch kleine
alte feine Städte und begreift auf einmal, wo Gott in Frankreich lebt.

1966 die Insel Elba. Sie enttäuscht etwas. Ob Napoleon sich hier gelangweilt
hat?

1967 – mit 75 Jahren – gönnt Werner KOLLATH sich noch einmal den Genuß eines *Opernzyklus in Bayreuth,* wie er es vorher schon in den Jahren 1963 und 1964 getan hat. Magnet ist „Tristan und Isolde" mit Birgit NILSSON. Oft wiederholt Werner KOLLATH sich diese Musik auf Platten und das Haus weiß, daß der Maestro traurig ist, wenn er sich den dritten Akt Tristan vorspielt.

Apulien

Ein Monat nach Bayreuth, im September 1967, geht der große Wunsch, Süditalien mit Apulien noch einmal zu durchreisen, in Erfüllung. Die lange Anreise wird durch die Benutzung des Auto-Reisezuges von Mailand nach Brindisi erleichtert. Von dort geht es genußreich zu den geliebten und schon oft besuchten Orten, bis hinunter ans Jonische Meer zum Kap Santa Maria di Léuca.

69 · Céglie Messápica bei Brindisi
Handschriftlicher Vermerk im Hinblick auf Anstand und Freundlichkeit der Bewohner:
„So sollten die Menschen sein!"
Federzeichnung mit Bleistift getönt – 3. 9. 1967 – Fahrt durch Apulien 1. 9. 1967–27. 9. 1967

Die uralten weißen messapischen Städte der Murge – einer im Durchschnitt
500 m hohen Kalktafel, die sich in ca. 15 km Entfernung parallel der Adriaküste
hinzieht – sind neben den Normannenkirchen das Schönste, was man in Apulien
erleben kann. Sie verdienen es, daß man ihnen viel Zeit und Muße opfert. Céglie
Messápica, Ostuni, Cisternina, Locorotondo. Aus der roten fruchtbaren apuli-
schen Erde, die die schönsten Tafelfrüchte hervorbringt, wachsen die jahrhun-
dertealten knorrigen Stämme der Olivenbäume, leuchten die weißen Trulli mit
ihren kegelförmigen Kragkuppeln aus Kalksteinplatten. In Alberobello, der
Trullistadt, fanden wir für einige Tage Unterkunft in einem Trullo. Es war ein
eigenes Gefühl in einem solchen geheimnisvollen, von magischen Kräften des
Aberglaubens erfüllten Raum zu wohnen.

70 · *San Marco – Venedig – Letzte Italienreise –*
Tuschzeichnung, Rötel – 17. 9. 1968

Letzte Italienreise

1968 fährt Werner KOLLATH noch einmal an die Adria, nach Milano Marittima,
nicht mehr um zu baden; Sinn dieser Reise ist für Werner KOLLATH ein letztes
Wiedersehen mit Ravenna und Abschiednehmen von Venedig.

Unermüdliche schriftstellerische Arbeit

Es ergeht Werner KOLLATH, wie es wohl allen Schriftstellern geht. Sie schreiben immer „das letzte Buch". Kaum ist es fertig, beginnt schon wieder das Interesse für das nächste. KOLLATH hat das Glück, daß ihm ein unausschöpfbarer Vorrat an Ideen und Gedanken zur Verfügung steht, den er frei gestalten kann, an keinerlei Aufträge gebunden.

1962 wird die II. verbesserte Auflage *Zivilisationsbedingte Krankheiten und Todesursachen* im Karl F. Haug Verlag, Ulm/Donau, herausgegeben.

1962 werden als Weihnachtsgabe die

Schulerinnerungen
an das Marienstiftsgymnasium in Stettin 1905–1912

in einer numerierten und mit einem Autogramm von Werner KOLLATH versehenen Auflage von 500 Stück gedruckt,
Keßler Verlag Mannheim-Sandhoven 1962.

Arbeitenverzeichnis 1963

Zeitraubend, aber befriedigend ist die Zusammenstellung der *„wissenschaftlichen Arbeiten"* mit einer Detaillierung der Forschungsgebiete. Dieses Verzeichnis erscheint 1963 im Verlag Schwabe & Co, Bad Homburg v. d. H.

Dr. med. Herbert WARNING hat dazu ein Vorwort geschrieben, aus dem einiges zitiert sei:

„Das Forscherschicksal KOLLATHS macht es notwendig, der gegenwärtigen Generation von Ärzten, Naturwissenschaftlern und Politikern das Werk dieses Mannes so vollständig wie möglich zu unterbreiten. Im Streit der Meinungen, der sich gerade um die Lebensarbeit KOLLATHS zu hohen Wellen getürmt hat, ist die ehrliche Dokumentation die wichtigste Waffe, um der Wahrheit eine Gasse zu schlagen. Vor allem auf dem Gebiet der Ernährungswissenschaft ist der Kampf der Forscher und Gelehrten, der Ärzte und der Praktiker entbrannt und bis heute nicht zur Ruhe gekommen. Das

liegt daran, daß nach Auffassung des Herausgebers das Experimentalwerk
KOLLATHS *epochalen und umstürzenden Charakter hat.* Die kommende
Generation wird das erkennen. *Sie ist unbelastet von den Voreingenommen-*
heiten und emotionalen Überlagerungen, welche unter den Zeitgenossen
KOLLATHS *häufig feststellbar sind und ihnen den Zugang zu seiner For-*
schung erschwerten.

Wer aber erkannt hat, daß nach der Niederringung der großen Seuchen
das medizinisch-hygienische Kernstück der ärztlichen Aufgabenwelt die
Beherrschung der Zivilisationsschäden und Zivilisationskrankheiten ist, an
deren zentraler Verursachung die Ernährung steht, der wird auf seinen
Wegen in der Lebensarbeit KOLLATHS *einen bedeutenden Wegweiser finden.*

In Zukunft wird man als Urteil über KOLLATHS *Arbeiten folgendes sa-*
gen: er hat einen Weg gezeigt, wie die Hygiene aus der zu engen Bakterio-
logie zu einer angewandten Biologie werden kann. Er hat gelehrt, wie das
Werden des Gesunden mit einer möglichst naturbelassenen, vollwertigen
Getreidenahrung beim Menschen erreicht werden kann."

Das inzwischen bis zum November 1970 vervollständigte Arbeitenverzeichnis
schließt mit der Zahl 360. Es sind in den elfeinhalb Jahren in Porza 87 Arbeiten
geschrieben worden, darunter 5 wesentliche wissenschaftliche Bücher, *außer der*
II. Auflage für den *Gesundheitsbrockhaus,* der II. Auflage für *Zivilisations-*
krankheiten und Todesursachen, außer dem *Arbeitenverzeichnis* und den *Schul-*
erinnerungen.

Getreide und Mensch – eine Lebensgemeinschaft – 1964

Die Anregung zu diesem Buch geht von dem Verleger E. SCHWABE aus, der
KOLLATH in Porza einen Besuch abstattet. SCHWABE ist der Meinung, daß KOL-
LATH über sein berühmtes Weizenkorn-Frühstück eine Schrift verfassen müsse,
um alles darüber Wissenswerte auszusagen. KOLLATH greift diesen Hinweis auf,
aber es wird keine Schrift, sondern ein Buch von über 150 Seiten, das sich ausführlich mit dem Getreide und seiner Beziehung zum Menschen befaßt.
Der Untertitel lautet:

Das Getreide als unentbehrliche Grundlage
für eine vollwertige Ernährung
mit einer Studie über die Ursachen des Gebißverfalls.

Das Buch erscheint 1964 im Verlag SCHWABE & Co – Bad Homburg v. d. H.

Dem Buch ist ein Ausspruch von Albrecht DÜRER aus dem Jahre 1528 in der ihm eigenen Rechtschreibung und Sprache vorangesetzt:

„Dann es muß ein gar spröder Verstand
sein, der jene nit trawet auch etwas
weyters zu erfinden, sonder ligt
allwegen auf der alten pan, volgt
allein anderen nach / und understeet
sich nichten weiter nachzudenken."

Nachdem die Menschheit sich im vorigen Jahrhundert von der seit Jahrtausenden bewährten Lebensgemeinschaft mit den Getreiden abgekehrt hat und zu einer immer mehr verfeinerten und denaturierten Nahrung übergegangen ist, zeigen sich die gesundheitlichen Schäden bereits in hohem Umfange. Es ist an der Zeit, Wege und Möglichkeiten zu einer Wiederherstellung dieser Lebensgemeinschaft zu finden. KOLLATH sieht diesen Weg in der Rückkehr zu den echten Vollkornerzeugnissen.

«Wenn es die klügste Handlungsweise der Menschen war, mit den Getreiden eine Lebensgemeinschaft einzugehen, so ist es die größte Dummheit, diese Gemeinschaft leichtfertig aufgelöst zu haben.»

Die Zeitschrift *„Die Ernährung"* Nr. 19, Oktober 1964

„Die ernährungsphysiologisch fest fundamentierte, ernährungspolitisch zentral bedeutsame Renaissance der Vollgetreide wird in KOLLATHs hochaktuellem Werk ,Getreide und Mensch – eine Lebensgemeinschaft' in den Mittelpunkt einer groß angelegten kritischen Auseinandersetzung mit der Schulernährungslehre gestellt. Diese Vollgetreide erweisen sich bei strengster wissenschaftlicher Betrachtung über 7000 Jahre menschlicher Kulturgeschichte als durch nichts ersetzbare basale Vollwertnahrung. Der 100jährige Irrweg des vorherrschenden Weißmehlverzehrs wird bereinigt. Seine bösartigen pathogenetischen Folgen, an der Spitze die zu fast 100 % die Erwachsenen befallende Karies – (Gebißverfall nebst Kieferdeformation und Fokal-Toxikose) – die Osteomalazien mit Wirbelsäulenverfall und Gelenkdegenerationen, im neurologischen Bereich die Beri-Beri-artigen Erkrankungen u. a. m., werden aufgeklärt und heilbar, bzw. verhütbar gemacht.

Die Fehlernährung, hervorgerufen durch immer weiter getriebene fabrikatorische Verfeinerung der Grundnahrungsmittel, ergreift bereits die Konstitutionen, das Erbgefüge und schleicht sich in die Generation ein. Der große Zivilisationsschaden des frühzeitigen Gewebezerfalls, sichtbar ge-

macht durch den 70 % erreichenden Verschleiß der Milchgebisse der Klein-
kinder und als Folge davon die sich bereits auf 30 % belaufende Kieferver-
formung, wird an seiner Wurzel angreifbar. Denn schon die werdende Mut-
ter kann mit Beginn der Schwangerschaft die embryonal heranreifende
Zahnleiste für das bleibende Gebiß durch Umstellung auf Vollwertkost
heilsam beeinflussen, wenn sie ins Zentrum der Tagesverpflegung den Voll-
getreidebrei stellt.

Dieser ist eine Art Kolumbusei einer unumgänglich notwendigen Refor-
mierung unserer Lebens-, speziell unserer Eßgewohnheiten. Das ist das
Fazit einer höchst geistvollen und wissenschaftlich exakten Untersuchung,
die der große Experimentator KOLLATH *zur Krönung seiner über vierzig*
Jahre sich erstreckenden ernährungswissenschaftlichen Forschung der fra-
genden Menschen, insonderheit denen der hochindustrialisierten Staaten,
vorlegt."

Ernährung, Redox-Systeme, Schwerkraft und Wachstum

Das sind die wesentlichen Themen von KOLLATHs letzten Arbeiten. Es sind auch
die Hauptthemen seiner Wissenschaft. Er ist bemüht, seinen Lesern zusammen-
fassend sein Wissen noch einmal zu vermitteln, um verstanden zu werden klar
auszusprechen, was vielleicht noch nicht eindeutig genug gesagt war. Im Hintergrunde mag auch der begreifliche Wunsch stehen, seine Gegner – vielleicht noch
in letzter Stunde – von der Richtigkeit und Integrität seiner Arbeit zu über-
zeugen.

So entstehen in den Jahren 1967–1970 die drei Bücher des Karl F. HAUG Verlages, Heidelberg:
1967 „Die Ernährung als Naturwissenschaft"

1968 „Regulatoren des Lebens – vom Wesen der Redox-Systeme"

1970 „Leben, Wachstum und Gesundheit"
und der Aufsatz:

1969 „Das Leben als Arbeit gegen die Schwerkraft"

Die Ernährung als Naturwissenschaft

Auszug aus einer Besprechung von Dr. Dr. Paul Gerhard Seeger, Falkensee-Berlin:

„Das Buch ist in seinem Aufbau so wohlgeordnet und durchdacht, daß sich aus einem Kapitel zwangsläufig das andere ergibt. Auf den Ernährungsvorgang als Ganzes und seine Phasen, folgt der physikalische Prozeß, dann das chemische Geschehen der Nahrungsaufnahme. Der biotische Teil des Ernährungsvorganges beinhaltet die Folgeerscheinungen der Mesotrophiekost und behandelt den Aufbau- und Abbaustoffwechsel.

Geradezu klassisch ist die Abhandlung über die biotische Bedeutung der Redoxpotentiale, welche auf den fundamentalen Vitalfärbungsversuchen des Autors mit alkalischem Methylenblau an Beri-Beri-Tauben (1931) fußt.

Die Kapitel Quantität und Qualität der Nahrung, das Eiweißproblem und schließlich das Kapitel vom Werden des Krankhaften können dem Leser zum Durcharbeiten nicht eindringlich genug empfohlen werden.

Diese faszinierende Schrift, die in aphoristischer Kürze von ca. 100 Seiten das Wissen eines dicken Lexikons vermittelt, dürfte in keiner Bibliothek fehlen, sie geht nicht nur den Arzt an, der wirklich heilen will."

Dr. med. Unger, Allg. homöopath. Z. 11 (1968)

„Wer seit 1920 die Auseinandersetzung über die Grundprobleme der menschlichen Ernährung verfolgen konnte, wird die Ausführungen des uns seit Jahrzehnten durch seine aufrechte Gesinnung bekannten Ernährungswissenschaftlers Kollath mit höchster Spannung lesen, denn sie sind zugleich ein historischer Beitrag zur Weiterentwicklung der naturwissenschaftlichen Theorie und Praxis der Ernährung. Dazu hat er hiermit ebenso wie mit seinen früheren Veröffentlichungen durch die Klarheit seiner Ausführungen und die Folgerichtigkeit der Problemstellung den entscheidenden Beitrag geleistet."

K. Thielemann „Prophylaxe" 3 (1969)
Der Beginn des sehr umfangreichen Referates lautet:

„Selten hat die Besprechung eines Buches mir ein solches Vergnügen bereitet, wie diejenige des neuen Ernährungsbuches von Kollath. Schon die

*einleitenden Kapitel enthalten viele grundsätzliche philosophische Gedan-
kengänge über das Leben und die Gesundheit. Reihenweise kann man Sinn-
sprüche und Zitate entnehmen, die weit über die Ernährungslehre hinausgehen. Sie zu formulieren, ist anscheinend nur die Weisheit des Alters imstande. So wird das Lesen dieses Buches zu einem geistigen Genuß, der über
die sachliche Bereicherung des Wissens weit hinausgeht.*

*Die historischen Vorbemerkungen zeigen die Entwicklung und manche
Irrungen der bisherigen Ernährungslehre auf. Wichtig ist bei der Darstellung der Grundbegriffe, daß die von* KOLLATH *geschaffenen oder angewandten Ausdrücke nochmals erläutert werden. So wird der von* KOLLATH
in Anlehnung an HUFELANDS ,Makrobiotik' *gebrauchte Begriff der ,Biotik'
dahin erläutert, daß er alles umgreift, was im Unbelebten nicht vorkommt,
dafür aber allem Belebten eigentümlich ist. Von ihm anders ausgedrückt
betrifft er die ,allgemeinen unspezifischen Prozesse der Lebenserscheinun-
gen'."*

Regulatoren des Lebens – vom Wesen der Redox-Systeme

Karl F. HAUG Verlag, Heidelberg (1968)

„In seinem neuen Buch berichtet KOLLATH *ausführlich und leicht verständlich über Vorgänge die in der Fachwelt als Reduktions-Oxydationspoten-
tiale bekannt sind. Oxydationen wie Reduktionen lassen sich auf den Austausch von Elektronen in der Atomhülle zurückführen. Die jeweilige Poten-
tiallage ist abhängig von der Wasserstoff-Ionen-Konzentration, so daß
Säure die Oxydationstendenz, Alkali die Reduktionstendenz fördert.*

*Nach einer allgemeinen Theorie der Redox-Potentiale werden die einzel-
nen Redox-Systeme und ihre Anwendung beschrieben. Diese Phänomene
sind von fundamentaler Bedeutung für den Stoffwechsel (Fermente, Ami-
nosäuren), für die Pathologie (beispielsweise in der Kariesforschung), für
die Ernährungslehre (Vitamine und andere) und für die Pharmakologie."
„Acta" 2 (1969) Sch.*

Aus einem umfassenden „kritischen Beitrag" sei einiges zitiert: „Erfahrungsheilkunde" 1 (1971) Dr. Dr. Paul Gerhard SEEGER
*„Keiner wäre wohl berufener gewesen, als der Autor, Ordnung in verwir-
rende und falsche Auslegungen der Begriffe zu bringen, die dem Wesen
der Redox-Systeme zugrunde liegen.*

In der allgemeinen Theorie der Redox-Potentiale definiert der Autor mit unübertrefflicher Exaktheit und Klarheit, die allen seinen Schriften zu eigen ist, die Begriffe Oxydation = Abbau, Reduktion = Energiebindung, wovon die Bedeutung der einen irreversiblen Gruppe in der Quantität, die der zweiten reversibel reduzierbar und oxydierbaren in der Qualität liegt, wobei sich die Reaktionen in der Atomhülle abspielen. Der Elektronenaustausch ist das beherrschende Prinzip des chemischen Geschehens.

Alles lebendige Geschehen ist polar orientiert, zeigt eine Verschiedenheit von Quantität und Qualität. Symptom des Lebens ist die Eigenbewegung. Das Leben produziert, was vorher nicht war, wandelt Nahrungsstoffe und Energie und wird dabei schöpferisch.

Die natürlichen Red-Ox-Systeme der Nahrung bilden einen Lebensstrom = Elektronenstrom. Daraus folgt: Eine Nahrung, die ihre Reduktionsfähigkeit eingebüßt hat, ist denaturiert. Die Reduktone sind Katalysatoren, beziehungsweise Regulatoren. Durch Kochen wird die Reduktionsfähigkeit vernichtet. Gesundheit ist an die Wirksamkeit lückenlos funktionierender Redoxsysteme gebunden."

F. Schmied, Aschaffenburg, schreibt in „Fortschritte der Medizin" 2 (1970):

„Man könnte das Buch von W. Kollath als eine etwas eigenwillige Interpretation biochemischer Vorgänge für die Medizin ansehen, wenn man sich nicht die Mühe macht, den Gedankengängen des Autors nachzugehen. Dies ist wegen der Originalität seiner Gedankengänge nicht leicht, verrät aber zuletzt eine recht souveräne Betrachtungsweise auf dem Boden einer gediegenen naturwissenschaftlich-medizinischen Allgemeinbildung.

Wesen und Bedeutung der physikalisch-chemischen Eigenschaft zahlreicher bekannter Redox-Systeme werden hinsichtlich ihrer biologischen Aspekte beleuchtet. Besondere Aufmerksamkeit wird dabei den wasserlöslichen ‚sogenannten' Vitaminen gewidmet, den Vitalfarbstoffen, Atmungsfermenten und Sulfhydrilverbindungen.

Wie weit die Grundlagenbetrachtungen über die Biochemie hinaus in die Medizin und Biologie hineinreichen, mögen nur einige Stichworte aus dem Inhalt schlagwortartig beleuchten: Von der Verschiedenheit des Unbelebten und Belebten; Der Gott der Amöben; Von der Unspezifität des Wassers; Die Bedeutung der Polaritäten; Grenzen der chemischen Analyse und Synthese; Die Entstehung von Potentialen; Redox-Potentiale und Viren; Verwendung des alkalischen Methylenblau als Therapeutikum; Altern; Leben und Tod; Die Ursache der Karies; Biologische Abbauprozesse.

Instruktive Abbildungen und Schemen, ein knapper, inhaltsreicher Text machen die Lektüre interessant und wertvoll."

Leben, Wachstum und Gesundheit

Karl F. HAUG Verlag, Heidelberg (1971) post mortem

Werner KOLLATH sagt in seinem an seinem Todestage am 19. 11. 1970 geschriebenen Vorwort „Sinn des Buches"

«Die wichtigste Aufgabe der Forschung ist es, das Wesen des Lebendigen kennenzulernen, um dadurch die Verhaltensformen der Menschen zu ergründen. Dieses Ziel ist noch nicht erreicht ... Mit allen naturkundlichen Prozessen war das Leben nicht ‹erklärbar›, sondern nur in seinen unbelebten Bestandteilen erforschbar. Das Leben als Naturerscheinung blieb ungeklärt. In diesem Buch wird der notwendige Versuch unternommen, eine Erklärung dadurch zu geben, daß das Phänomen des Lebendigen auf einem Zusammenwirken – und Gegeneinanderwirken von zwei unbelebten Naturkräften dargestellt wird, der irdischen Schwerkraft einerseits und dem Wachstum andererseits, wie es der Wiener Kinderarzt LIHARŽIK 1858 durch zahlreiche Messungen des Wachstums der Menschen bewiesen hat. Aus diesen Messungen geht hervor, daß Wachstum eine Folge der Entstehung des Knorpels und der Knochen ist.

Infolge der vorliegenden Ergebnisse der Vitaminforschung konnte der Verfasser vor etwa 40 Jahren diese zahlreichen Teilvorgänge histologisch analysieren und diese Vorgänge als Gegenstück zur irdischen Schwerkraft auf die Photochemie, vermittels der Nahrungssynthese zurückführen.

Durch dieses Gegeneinanderwirken einerseits und die damit einhergehende Ausbildung der Gene andererseits wurde aus zwei Naturkräften eine dritte, die ‹Kraft des Lebens›, die um jedes Individuum ein ‹physikalisches Feld immaterieller Natur› entstehen läßt, also eine 4. Kraft, die selbst entwicklungsfähig ist und in deren weiterer Entwicklung vielleicht einmal ein Verständnis für die Bildung von ‹Geist und Seele› als möglich erscheint.»

Prof. Dr. med. Helmut MOMMSEN:

„... Der erste Teil des Buches führt zentral in die Problematik ein. Es wird das Buch von VIRCHOW ‚Zellular-Pathologie' dem Buch des Kinderarztes Franz LIHARŽIK ‚Gesetz des menschlichen Wachstums' gegenübergestellt, die beide 1858 erschienen waren. Das VIRCHOW'sche Buch wurde das Fundament unserer Medizin, die sich mit der Krankheitsfor-

schung beschäftigt. Das Buch von LIHARŽIK, *das die Grundlage zur Erforschung des Lebens und damit der Gesundheit hätte werden können, war bald vergessen.*

Es ist das große Verdienst von KOLLATH, *die zukunftsweisende Bedeutung dieses Buches wieder erkannt und gewürdigt zu haben.*"

Hier sei die Hoffnung ausgesprochen, daß der Lebensarbeit Werner KOLLATHS einst die gleiche Rehabilitierung zuteil werden möge, wie er sie seinem Kollegen LIHARŽIK hat zuteil werden lassen. Es wäre gut, wenn es dazu nicht eines Zeitraumes von hundert Jahren bedürfte, wie im Fall LIHARŽIK.

Fügen wir noch einige Sätze von MOMMSEN hinzu:

„Hier spricht ein großer und strahlender Geist und spendet Erquickung in der uniformen und langweiligen Landschaft unserer offiziellen Medizin. Dort weiß man immer mehr und wird doch immer kränker. Das Buch ist das Testament eines zu umfassendem Denken befähigten künstlerisch inspirierten Forschers."

Das Leben, als Arbeit gegen die Schwerkraft

Eine kritische Betrachtung über die Entwicklung der Medizin

„Diaita" 2 (1969) 3–9 und „Der Deutsche Apotheker" 10 (1969)

Dieser interessante Aufsatz, den zu studieren sich sehr lohnt, war als Vorabdruck eines umfangreichen kulturgeschichtlichen Buches gedacht, das aber nicht mehr vollendet werden konnte. Aus einem Teil des Materials wurde später das oben genannte Buch „Leben, Wachstum und Gesundheit" entwickelt, von dem der Aufsatz als Vorläufer betrachtet werden könnte, obwohl sein Inhalt eine völlig selbständige Darstellung ist.

Das Thema „Schwerkraft" taucht in fast allen Büchern Werner KOLLATHS auf, so in den „Grundlagen, Methoden und Ziele der Hygiene", in der „Einheit der Heilkunde", wo er den Spannungszustand des Lebens mit der Schwerkraft in Verbindung bringt, im Buch über die Zivilisationskrankheiten und am ausführlichsten in „Leben, Wachstum und Gesundheit".

Darüber hinaus beschäftigt sich der Aufsatz mit der historischen Entwicklung der Medizin, beginnend mit den zwei griechischen Ärzteschulen, der Schule

des HIPPOKRATES, die ihrem Wesen nach „unspezifisch" war und der Schule von
KNIDOS, die zur „spezifischen" Medizin strebte, bis zu PRIESNITZ und KNEIPP
um mit BIRCHER-BENNER zu enden.

Über die Fall- und Trägheitsgesetze – KOPERNIKUS, KEPLER und GALILEI
kommt er zu den Gesetzen der Schwerkraft und zu der Arbeit von LIHARŽIK,
wie oben (S. 308) beschrieben.

Ein vierter Abschnitt behandelt das Werden des Belebten und die Felder-
theorie der modernen Physik.

Der fünfte Abschnitt ist dem „sanften Gesetz" von Adalbert STIFTER gewidmet. Es ist „das Gesetz der Gerechtigkeit, das Gesetz der Sitte, das Gesetz, das
will, daß jeder geachtet, geehrt, ungefährdet neben dem andern bestehe, daß er
seine höhere menschliche Laufbahn gehen könne. ... Es liegt in der Tätigkeit,
wodurch man für seinen Kreis für die Ferne für die Menschheit wirkt und es
liegt endlich in der Ordnung und Gestalt, womit ganze Gesellschaften und Staaten ihr Dasein umgeben und zum Abschluß bringen. ... So ist dieses Gesetz, so
wie das der Natur das welterhaltende ist, das menschenerhaltende."

Das „sanfte Gesetz" STIFTERS steht in vollem Gegensatz zur Gegenwart, in der
der Mensch zu seiner Aufgabe das Wirtschaftsleben und die Politik gemacht hat.

«Alles dient dem ‹Geld›, einer fiktiven Größe, die in den ‹Geldkirchen›,
den Börsen verehrt wird.»

Der Aufsatz schließt mit einer Betrachtung über „das Unspezifische und das
Spezifische".

KOLLATH zitiert seinen Hexameter aus den „Zivilisationskrankheiten"
«Primum medici est, sanare, secundum cavere, tertium officium est, nil
nocere vitae!
(Erste Pflicht des Arztes ist es zu heilen, die zweite, vorzubeugen, die dritte,
dem Leben nicht zu schaden!).

Die Medizin wird aus diesen Tatsachen ihre Folgerungen zu ziehen haben,
wenn sie ihrer natürlichen Aufgabe, der Gesundheit zu dienen, gerecht
werden will. Um dies zu verstehen, wird man der Mahnung, die in dieser
Arbeit ausgesprochen ist, folgen müssen, daß das *Leben eine Arbeit* ist, daß
es ein *Kampf gegen die Schwerkraft ist,* und daß *Gesundheit* und *vollwertige Nahrung sowie eigene körperliche Tätigkeit notwendig sind, um diesen
unentrinnbaren Kampf gegen die Schwerkraft möglichst lange zu bestehen.*
Wenn die Schwerkraft siegt, tritt der Tod ein.»

Das Jahr 1969

Der Schreibtisch wird immer mehr ein Hort der Erbauung, eine Zuflucht vor den Unbilden der Welt. Das Herzleiden kann die Lust an der Arbeit nicht hindern. Im Gegenteil, der Gedanke, nie vor seiner letzten Stunde sicher zu sein, spornt an. Dieser Tätigkeit, die für Werner KOLLATH notwendiger ist als Nahrung, ist es wohl zu danken, daß dieses Leben nicht schon eher zuende gegangen ist.

Um das kranke Herz zu kurieren, begibt sich Werner KOLLATH im März 1969 für zwei Monate nach Bayern. Die Autofahrt dorthin mit Schnee auf den Bergen, einem ultrablauen Himmel, strahlender Sonne diesseits und jenseits der Alpen ist ein guter Auftakt. Gestärkt und erholt kehrt Werner KOLLATH zurück, nachdem er sich die letzten Wochen bei dem Freund und Kollegen Dr. Johannes v. MENGERSHAUSEN im schönen „Tannerhof" in Bayrischzell aufgehalten hat.

Es ist Ostern und das Alpenland in Vorfrühlingsstimmung. Auf der Rückfahrt wird Station bei Rut und Klaus BAHLSEN in ihrem Haus in Uffing am Staffelsee gemacht. Eine Woge von Frühlingsblumen empfängt den staunenden Besucher. Aus Wiese und Beeten des Gartens leuchten Sträuße von Tulpen, Hyazinthen, Narzissen in nie gesehener Pracht. BAHLSENs sind erfreut ihren Freund in der alten gewohnten Lebhaftigkeit wiederzusehen. Die Unterhaltung ist spannend und interessant wie immer.

Das Leben zu Hause ist abwechslungsreich und voller Leistungsfähigkeit. Jedoch Ende Oktober setzen wieder stärkere Beschwerden ein und nun hilft entscheidend Dr. med Erich KRUPA, der im Kurhaus Cademario tätig ist. Er verordnet eine drastische Kur bestehend aus frisch gepreßten Gemüsesäften von Roten Beeten morgens, Möhrensaft abends, mittags 2 Pellkartoffeln mit Sauermilch. Nach drei Wochen dieser Kur, die natürlich im Hause gemacht wurde, war das Elektrokardiogramm normal, die Extrasystolen waren verschwunden, Puls und Blutdruck einwandfrei. Die 50 Stufen von der Garage durch den Garten bis zum Haus, die vorher nur mit einigen Pausen zu bewältigen waren, wurden nun ohne weiteres überwunden.

Als Dr. Achille PIOTTI, von einer langen Auslandsreise zurückgekehrt seinen Freund und Patienten am Silvesterabend 1969 besuchte, war der Untersuchungsbefund prima.

Das Jahr 1970

Stellt man eine Bilanz auf über die Vorgänge des Jahres 1970, wie sie sich aus Kalendereintragungen ergeben, dann überrascht die Fülle der Ereignisse, die der Achtundsiebzigjährige noch zu bewältigen imstande war. Für alles, was ihn interessierte, fand er noch die Kraft, es tun tun. Körperliche Beschwerden konnten im Nu überwunden werden, wenn das Objekt – sei es ein Gesprächspartner, ein Kunstwerk, ein Gedanke oder sonst etwas – der Mühe lohnte.

Werner KOLLATH blieb unternehmend, wenn es galt mit seinen Gästen und Freunden durch das schöne Tessiner Land zu fahren, Kirchen und Kunstwerke zu besichtigen, gemeinsam in den typischen Gaststätten zu speisen oder seine Gäste zu Hause zu empfangen, zu bewirten und zu unterhalten. Den vielen Besuchern, die in diesem Jahr ihr letztes Zusammensein mit Werner KOLLATH hatten, wird er als der lebhafte Geist in Erinnerung bleiben, stets gebend, stets anregend.

Maria BRONNER vermittelt in ihrem Haus in Castagnola die Bekanntschaft und Freundschaft mit Leopold ZAHN, dem Herausgeber der von Woldemar KLEIN begründeten Zeitschrift für moderne bildende Kunst „Das Kunstwerk". Leopold ZAHN, bekannt durch viele bedeutende Werke über moderne Kunst, hat entscheidend für den Durchbruch des Expressionismus gewirkt, besonders durch sein bei KIEPENHEUER 1920 erschienenes Buch „Paul KLEE Leben, Werk, Geist".

Es ist für KOLLATH ein Fest, diesem noblen Ritter der Kunst und seiner Dame Ellen die Herrlichkeiten des Landes zu Füßen zu legen. Herrlichkeiten, wie es z. B. die in Gravedona unmittelbar am Gestade des Comer Sees gelegene Kirche *Santa Maria del Tiglio* ist. Oder er fährt ins Varese nach Castiglione Olona zu den Fresken *„Zum Leben Johannes des Täufers"* von Masolino DA PANICALE, der aus der Schule des MASACCIO kommt.

Höhepunkt einer solchen Fahrt ist Castel Seprio. Die kleine guelfische Republik Castel Seprio wurde im 13. Jh. von den ghibellinischen Visconti, Herren von Mailand, bis in den Grund zerstört. Die Ruinen sind freigelegt worden. Die kleine, etwas außerhalb gelegene Kirche *Santa Maria* aus dem 6. Jh. blieb erhalten. Heute liegt sie romantisch im Walde, erschütternd in ihrer Kleinheit und birgt in ihrem Inneren die ältesten Fresken Italiens, Darstellungen des Marienlebens.

Den Abschluß dieser Kunstreise bildet der Besuch des *„Santuario"*, der Wallfahrtskirche *Santa Maria dei Miracoli* in Saronno, deren Kuppel Gaudenzio FERRARI mit einem Engelskonzert von unvergeßlicher Schönheit geschmückt hat. 140 Engel singen und spielen auf allen nur erdenklichen Instrumenten. Die

Engelmädchen sind so schön, wie Engel nur überhaupt sein können. In einem inneren Kreis beteiligen sich reizende Putten singend und tanzend an dieser Lobpreisung Gottes. Wenn die Nachmittagssonne den dunklen Kuppelraum mit Glanz erfüllt, wird das himmlische Orchester lebendig und man vernimmt andächtig staunend seine Sphärenklänge.

Durch Maria BRONNER kommt auch die Begegnung mit Erna HANFSTAENGL zustande. Sie ist eine große Persönlichkeit von unverwechselbarer Prägung. Ihr Vetter ist Eberhard HANFSTAENGL, Direktor der Bayrischen Staatsgemäldesammlung, München. Sie malt schöne ausdrucksvolle Blumenbilder. Die Fünfundachtzigjährige, die hünenhafte Gestalt in ein apfelblütenrosa Strickkleid gehüllt – das nebenbei gesagt ihrem zarten Teint außerordentlich schmeichelt – durchforscht mit klarblauen Augen und unbestechlichem Verstand ihr Gegenüber – und akzeptiert es! Hier finden sich zwei außergewöhnliche Menschen. Es ist Liebe auf den ersten Blick.

Als Feriengast im Haus BRONNER repräsentiert diese imponierende Frau, die abwesende Hausfrau vertretend, bei Tisch, teilt der Tafelrunde als „segenspendende Mutter", eine der von ihrer Josepha ausgezeichnet zubereiteten Suppen aus, mischt mit priesterlicher Würde die Ingredienzen des grünen Salates, ein Amt, das sie sich nie nehmen lassen würde, da nur sie es zu meistern versteht. Nutznießer solch vorsorglichen Tuns sind ihre Gäste, die sich um ihren Tisch gern versammeln und deren Unterhaltung Erna HANFSTAENGL souverän zu leiten versteht. Da ist, außer dem Ehepaar ZAHN, der Kunsthistoriker Dr. Anton HENZE aus Rom, dessen Hauptarbeitsgebiet die moderne, kirchliche Architektur – LE CORBUSSIER – ist. Mit seinem Sohn, Dr. Wolfang HENZE und dessen Frau Ingeborg, Tochter des Kunsthändlers. R. N. KETTERER, befreundet sich KOLLATH. Die jungen Leute gefallen ihm und er trinkt oftmals einen Nachmittagstee in ihrer Galerie für moderne Graphik in Campione d'Italia.

Man sieht Werner KOLLATH in den großen Kunstausstellungen des Museo civico di belle arti in der Villa Ciani. Dort betrachtet er nicht nur das Ausstellungsgut, sondern auch die kostbar verzierten Decken der Repräsentanzsäle dieses Bürgerpalastes. Er freut sich an den Ausblicken durch die Fenster auf den silbernen Luganer See, auf den Monte San Salvatore, auf die alten Baumbestände und die südliche Pflanzenwelt des Parco Civico, in dem die Villa Ciani liegt.

Das Interesse an der Umwelt ist noch hellwach. Mit Genuß besucht Werner KOLLATH in Lugano-Besso die Konzerte des Orchestra della Radio della Svizzera Italiana unter dem genialen jugendlichen Dirigenten Marc ANDREAE, den er so gerne noch persönlich kennen gelernt hätte. Er versäumt kaum eine der

ausgezeichneten Darbietungen der Kulturfilmgemeinde Lugano. Er hat seine
besondere Freude daran, daß er, bequem im Sessel sitzend, mühelos an großen
Reisen und schwierigsten Expeditionen durch alle Teile dieser geliebten Erde
teilnehmen kann. Daß es mit dem eigenen Reisen wohl vorbei sei, wußte er.
Aber Ende April, anschließend an eine Konsultation bei Dr. Heinz RUCH in
Karlsruhe, glückt der Abstecher über Wiesbaden nach Amsterdam und die er-
sehnte Begegnung mit REMBRANDTS „Nachtwache" kommt zustande, wie es
auf Seite 327 beschrieben ist.

Zurückgekehrt feiert er in seinem Hause am 4. Mai mit lieben Freunden die
35. Wiederkehr des Hochzeitstages.

Der achtundsiebzigste Geburtstag, am 11. Juni, ist ein Tag voll sommerlicher
Schönheit. Die im Januar gewonnenen Freunde Karl und Annemarie SEYFERTH
gesellen sich mit anderen Freunden um den Jubilar. Auch Paolo und Čemile
SOMAZZI aus Porza sind darunter. Čemile, in der Türkei aufgewachsen, verfügt
meisterhaft über die Künste der berühmten türkischen Küche. Sie ist fast so alt
wie Werner KOLLATH, lebensstark und voller Energie und plötzlich verläßt sie
uns in der Nacht zum 27. August für immer. Paolo, der immer gütig Lächelnde,
folgt ihr zwei Jahre später nach. Nun ruhen sie vereint, unmittelbar neben
ihrem Freunde Werner KOLLATH auf dem Friedhof in Porza.

Überraschend faßt Werner KOLLATH den Enschluß, Anfang September noch einmal in Gesellschaft der Freunde Bernd und Sigrid Voss, deren fröhlicher Opti-
mismus ihm wohltut, auf 10 Tage nach Milano-Marittima an die Adria zu
fahren. Aber resignierend bleibt er im letzten Augenblick zurück. Die Einsicht,
daß es damit endgültig vorbei ist, ist deprimierend. Die Symptome, die bedenklich stimmen, mehren sich. Es wird nicht mehr gezeichnet, Gedichte werden
schon lange nicht mehr gemacht. Die Fotoapparate warten vergebens. Aber, als
Ende September Dr. Erich KRUPA aus Cademario vorbeikommt, um nach seinem Patienten zu sehen, findet er einen Mann, der frisch und behaglich auf der
sonnenwarmen Terrasse zwischen Blumen und Katzen seinen Nachmittagstee
trinkt. Im Redegefecht, das sich zwischen dem drastischen jungen und dem
immer noch kämpferischen alten Arzt entsteht, zeigt sich, daß in KOLLATH
immer noch die Kräfte eines Vulkans wirksam sind. Zufrieden lächelnd trennen
sich die beiden.

Die letzte Reise führt Anfang Oktober nach Karlsruhe. Eine Behandlung der
Speiseröhre ist zwingend. In Heidelberg ist eine Besprechung mit dem Verleger
Dr. Ewald FISCHER – HAUG Verlag – notwendig. Es treibt Werner KOLLATH
nach Wiesbaden, um seinen schwer erkrankten Bruder Erich ein letztes Mal zu

sehen. Die Unterbringung der ausgelagerten Sonderdrucksammlung und wissenschaftlichen Bücherei macht Sorgen und Beschwerden. Das Leben ist anstrengend und wird mühsam.

Heimgekehrt wird er nach wenigen Tagen von einer schweren Erkrankung
befallen, von der zu fürchten war, daß sie zum Ende führen würde. Dr. Achille
Piotti setzte seine ganze große Arztkunst ein und in aufopferungsvollem Dienst
gelang es ihm, diese lebensbedrohende Krankheit zu überwinden. Oft kommt
er zweimal am Tage. Bald geht es wieder hoffnungsvoll aufwärts und nach zwei
Wochen ist er wieder auf den Beinen.

Jetzt beweist sich noch stärker als je zuvor die wichtige Rolle, die Frau Theresa in diesem Hause spielt. Zu ihr kommt klagend der Professor mit seinen sich
häufenden seelischen und körperlichen Nöten. Wie stets findet er in ihrer ver-
stehenden, gütigen, heiteren und humorvollen Art den erwarteten und notwendigen Trost und Erleichterung. Ein Psychotherapeut könnte stolz auf ihre Erfolge sein.

Eine freudige Überraschung brachte der unerwartete Besuch von Rut und Klaus
Bahlsen am 28. 10. 1970. Rut Bahlsen schildert in einem Brief dieses letzte
Zusammentreffen mit Werner Kollath:

„Besonders ergreifend war es für uns, daß Sie, lieber Prof. Kollath uns
trotz der Schwäche nach der Krankheit empfingen und uns etwas mitteil-
ten von dem, was sich ständig als höchster Sinn Ihres Lebens erwiesen hat:
Die Bedeutung einer lebendigen Nahrung für uns Menschen. Wenn wir
auch als Laien nur am Rande teilnehmen können an dieser Leidenschaft
Ihres Forschergeistes, so empfanden wir doch alle dieses allem anderen
übergeordnete Interesse und Anliegen Ihres Lebens und das, was Sie als
Erkenntnisse der Menschheit übergeben haben.

Die ungeheure Vielseitigkeit Ihrer Begabung ist immer wieder erstaun-
lich und zeugt von einer ungewöhnlichen Durchlässigkeit für das Schöpfe-
rische. Und wie alle diese dem Schöpferischen nahe lebenden Menschen,
können auch Sie nur die Geduld und Gelassenheit aufbringen, erst langsam
eingeholt und anerkannt zu werden. Wie schön ist es, daß Sie zur Seite eine
Lebensgefährtin haben, die sich dienend Ihrer Genialität bewußt ist. Von
Herzen wünschen wir Ihnen beiden alles Gute und ein Aufsteigen Ihrer
Kräfte.   *Ihre Rut Bahlsen"*

Noch klingt am nächsten Tage die Freude über das unverhoffte Wiedersehen
mit den Freunden Bahlsen nach, kommt ebenso unerwartet Maria Bronner,
die trotz ihrer kurzen Aufenthalte in Lugano nie versäumt ihren Freund Werner
Kollath zu sehen.

Mit der Freude, die das Zusammensein mit diesen warmherzigen Menschen brachte, kehrte auch die alte Schaffenskraft zurück und schon am nächsten Tage saß der Patient wieder an seinem Schreibtisch, um die in Heidelberg besprochenen Einarbeitungen in das Manuskript „Leben, Wachstum und Gesundheit" vorzunehmen. Die Tage verliefen gut und die Arbeit ging gut voran.

Die letzte Woche, die Werner KOLLATH noch zu leben vergönnt war, war wie ein Modell dieses ganzen tätigen reichen Lebens.

Am 11. November 1970 war das Manuskript für den HAUG-Verlag beendet und konnte endgültig an den Verlag nach Heidelberg geschickt werden.

Es wurde nicht etwa gerastet, nein, sofort ging es an die Weiterarbeit an dem großen kulturgeschichtlichen Werk, das mit dem Titel „*Nach uns die Eiszeit*", „*Weltbild eines Arztes*", mit fast 350 Seiten in einem ersten Band abgeschlossen werden konnte.

Jetzt kamen, ohne daß es veranlaßt worden wäre, fast täglich Gäste ins Haus.

Prof. Max HORKHEIMER, der bekannte Sozial-Philosoph von der Universität Frankfurt, jetzt in Montagnola lebend, meldete sich, trotz großer Zeitnot, zu einer Tasse Tee an, um Werner KOLLATH kennen zu lernen. Die beiden alten Gelehrten waren sofort miteinander vertraut und freuten sich der zukünftigen Gespräche. Dr. K. H. Heinrich NEUMANN, dessen Bekanntschaft die Pommersche Landsmannschaft Kiel vermittelt hatte und mit dem schon viele stets interessante Zusammenkünfte stattgefunden hatten, kam, einem plötzlichen Bedürfnis folgend, von seinem Ferienhaus in Ascona zu Besuch. Dr. NEUMANN, beratender Volkswirt, erzählte auf Bitten KOLLATHS hin so spannend von seiner Arbeit bei großen Unternehmen, daß die Stunden wie im Fluge vergingen.

Werner KOLLATH zeigte bei den angeregten Unterhaltungen keinerlei Zeichen von Anstrengung. So war es auch bei dem Tee-Empfang am 17. 11. 1970, über den zu Beginn des Buches berichtet wurde. Hier entfaltete Werner KOLLATH zum letzten Mal alle seine Begabungen.

Zwei Tage später, am 19. November 1970 hatte er das Ziel erreicht, von dem er als junger Mensch, am 11./12. November 1921, vor 49 Jahren, in Marburg geträumt hatte.

Der Tod spricht

Das Ziel des Lebens ist der Tod,
der Zweck der Weg, der Lohn die Not!
Schönheit gibt nur die Liebe!

Allen ist's so gegangen:
Jung haben sie angefangen,
sind dann älter geworden,
klug in Handel und Listen.
Sie glaubten, Ruhm zu erwerben,
und lebten nur, um zu sterben.

Wer nicht in seinem Leben
anderen etwas gegeben,
den kann niemand erlösen,
er ist niemals gewesen.

aus einem Traum vom 11. zum 12. 11. 1921
W. K. Marburg

71 · Palast des Diokletian – Spalato/Jugoslawien
Kohlezeichnung – Herbst 1937

Kunst und Reisen

Werner Kollath als Zeichner

Die Fähigkeit, mit dem Zeichenstift das Wesen eines Stadtbildes, einer Landschaft, eines Menschenantlitzes festzuhalten, ist Werner KOLLATH in großer Vollendung zu eigen. Oft in Minutenschnelle wird ein eben noch leeres Stück Papier zu einem Leben voller Faszination erweckt. Die Mühelosigkeit des Entstehens verblüfft, aber es steckt mehr dahinter. „Es" zeichnet in ihm und es ist wie bei der Kunst des Bogenschießens beim Zen, jene seltene Mischung von Intuition und Konzentration, von Übung und Gnade.

«Ist ‹Kunst› etwa das, was jemand besser machte, als er es wollte, weil etwas anderes in ihm mitarbeitete?»
fragt Werner KOLLATH.

Nie haftet den raschesten Darstellungen etwas Flüchtiges an, sie sind stets stark im Ausdruck. Der Nerv sitzt in der Kontur. Das graphische Können ist bei Werner KOLLATH stärker entwickelt als das malerische. Dort wo Pinsel und Farbe graphisch eingesetzt werden, ist die Meisterschaft gewährleistet. Er hat eine besondere Technik, die seinen Zeichnungen großen Reiz verleiht. Federzeichnungen werden mit Bleistift getönt, indem mit angefeuchtetem Daumen die Tönung in die Zeichnung modelliert wird.

Man kann das nicht lernen, wenn man es nicht schon besitzt. Das was man lernen kann, ist das Handwerkliche. Da schenkt KOLLATH sich nichts. Er beherrscht schließlich alle die verschiedenen graphischen Techniken: die Kunst des Radierens, Kalte Nadel, Schabkunst, Roulette, die Kunst des Holzschnitts, der Lithographie, der Silberstiftzeichnung, Bleistift, Kohle und Federzeichnung. Dazu kommen die farbigen Techniken: Aquarell, Gouache, Pastell und Öl.

Das Erstaunliche ist, daß er sich das alles selbst aneignet, daß er kaum Unterricht gehabt hat und trotzdem sich keinen Dilettantismus, keine Nachlässigkeit erlaubt, sondern das Handwerkliche mit der gleichen Sauberkeit und Gründlichkeit übt, wie er es als Experimentator tut.

Schon als Schüler empfindet Werner KOLLATH eine große Verehrung für Leonardo DA VINCI. Vom ersten durch Nachhilfestunden selbst verdienten Geld kauft er sich Leonardos Lehrbuch: *Traktat von der Malerei*.

72 · Taormina – Sizilien
Federzeichnung – 24. 3. 1937

Das Buch wird gewissenhaft studiert und so darf er sich als Schüler von
Leonardo betrachten. Seinen Satz:
            „Lerne eher den Fleiß als die Geschwindigkeit"
übernimmt er für die graphischen Techniken. Um Zeichnen zu lernen bedarf es
keinen Fleißes, das kann er schon von Kindheit an.

Das erste seiner cirka 80 hinterlassenen Skizzenbücher stammt aus den Jahren
1900–1903. Die Kinderschrift ist ungelenk, nicht aber die Zeichnungen. Das
„Gollnower Wappen", hat der elfjährige Junge gemalt.

Skizzenbuch Nr. 12 von der Dresdner Autoreise 1911 zeigt das Zehn-Minu-
ten-Portrait des Herrn PRÜFER aus Grünberg.

KOLLATH beschreibt bei dieser Reise (S. 28), wie ihn plötzlich ein Motiv erfaßt, wie es sich ihm als Idealvorstellung einprägt. Er hat dann das Bild in sich
und braucht es nur aus seinem Inneren wieder erstehen zu lassen. Dieser Vorgang, der sich immer wiederholt, erklärt die Fähigkeit, in kürzester Frist das
Erlebte darzustellen.

73 · *Serbischer Priester*
Bleistift – 16. 9. 1937
Auf der Eisenbahnfahrt nach Mostar/Jugoslawien hält der Zug kurze Zeit auf einer
Station. Der serbische Priester unterhält sich vom Bahnsteig aus mit einem zweiten
Priester, der zum Zugfenster hinausblickt. Als dieser bei der Weiterfahrt das lebensvolle
Portrait seines Gesprächspartners erblickt, erbleicht er.
„Wie war das in diesen wenigen Minuten möglich?" ist seine Frage.

74 · St. Maurice – Le Maconnais – Burgund
Tuschzeichnung – 14. 9. 1965

Noch zwei Tage vor seinem Tode schildert KOLLATH seinen Gästen diesen Vorgang der Einverleibung eines Bildes. Es ist in ihm fertig, ehe es geschaffen wird. Dort liegt auch das Geheimnis seiner großen Produktivität. Nur bereits Empfangenes wird gestaltet, die Darstellung ist dann nur noch der Abschluß dieses Prozesses.

So leicht Werner KOLLATH das Schreiben im allgemeinen fällt, bei der Abfassung seiner Bücher ringt er schwer mit der Gestaltung. Sie verlangen ihm viel mehr ab; da wird erst während des Schreibens die Gestalt geprägt, die das Buch schließlich haben wird. Und das ist gut so. Die Kraft der Aussage wird dadurch erhöht, ebenso die Originalität. Da ist das Wort Ton in Töpfers Hand.

Bei seinen Zeichnungen und Bildern hat er es leichter. Dort verhilft ihm seine eidetische Fähigkeit dazu, mit lockerer Hand und großer Einprägsamkeit die Besonderheit des Darzustellenden lebendig zu machen.

So wird die ernsthaft betriebene Kunstausübung ein idealer Ausgleich für die anstrengende wissenschaftliche Tätigkeit.

Der Wirt — Caracoles
Sñ. Ufaroll

75 · Der Wirt von Caracoles – Senior Ufaroll – Barcelona
Federzeichnung – 3. 10. 1956

Diese läßt ihm wenig Zeit, aber wozu unternimmt man so viele und so große Reisen? Nicht zuletzt der uneingeschränkten Möglichkeit wegen, zeichnen zu können. Ein Katalog des gesamten Œuvre würde ein anschauliches Bild von allen Ländern und Städten geben, die der Unermüdliche durchwandert hat.

Es gibt keinen Leerlauf, keine Wartenszeit beim Essen. Bis die Mahlzeit aufgetragen wird, sind meist schon Lokal, Gäste, Wirt im Skizzenbuch, das der Reisende stets mit sich führt, festgehalten. Bei Kongressen usw. sind unversehens Zuhörer und Vortragende skizziert oder karikiert, wie er es schon als Schüler und als Student sich zur Gewohnheit gemacht hatte.

Die Vorstellung von den Reisen und ihren Erlebnissen würden sehr vervollständigt, wenn man die Ausbeute an Schwarzweiß- und Farbfotos dazu nähme, die von jeder Reise heimgebracht wurden. Sehr begehrt waren Vorträge seiner Reisen mit Vorführung der Farbfotos. In Breslau war er in den dreißiger Jahren noch wenig als Wissenschaftler bekannt, wohl aber als der Fotograf, der die schönsten Aufnahmen machte und – da er alles selbst entwickelte und vergrößerte – wahre Meisterwerke schuf.

KUNSTVEREIN ZU ROSTOCK

(119)

AUSSTELLUNG

Prof. Dr. Werner Kollath

Seestadt Rostock

13. OKTOBER — 10. NOVEMBER 1940
ERÖFFNUNG 13. OKTOBER 1940, 11,30 UHR

Im Städtischen Kunst- und Altertumsmuseum

76 · Katalog der Ausstellung Werner Kollath, Rostock 1940

Während der Marburger Zeit 1921, wird Werner KOLLATH Mitglied des Bauhauses in Weimar. Später tritt er – ungern – wieder aus; er fürchtet, daß unter dem Einfluß, der vom Bauhaus ausgeht, die Wissenschaft benachteiligt werden müßte.

Zahlreiche Ausstellungen seiner Zeichnungen, Graphiken und Bilder wurden veranstaltet. In Marburg war es die ELWERT'sche Kunsthandlung, die Ausstellung und Vertrieb der KOLLATH'schen Arbeiten übernahm.

Eine *Ausstellung* von Radierungen und Holzschnitten findet 1924 in Eisenach, wohin der Vater seine Arztpraxis verlegt hatte, statt. Die Ergebnisse der großen Reisen nach Frankreich, Jugoslawien und Italien werden in Bildern, Zeichnungen, Graphiken und Fotos 1930 in Breslau im *Lichthof des Kunstgewerbemuseums* gezeigt als eine recht repräsentative Schau.

1939 beteiligt sich Werner KOLLATH an einer *Ausstellung*

„Der Arzt als Maler und Bildhauer",

die im Stadthaus Berlin-Wilmersdorf vom Kaiserin-Friedrich-Haus für das ärztliche Fortbildungswesen unter ihrem Leiter Prof. Dr. ADAM veranlaßt worden war.

Die *bedeutendste Veranstaltung war eine Kollektiv-Ausstellung* des *Kunstvereins Rostock* im *Städtischen Kunst- und Altertumsmuseum* vom 13. Oktober bis 10. November 1940. Der Museumsdirektor Dr. Hans Arnold GRÄBKE besorgte die Auswahl und fand kein Ende dessen, was er ausstellen wollte. Immer wieder traf er auf Arbeiten, die man nicht auslassen durfte. Schließlich reichten die großen Oberlichträume des Museums, die normalerweise die Wechselausstellungen beherbergten, nicht aus, und es wurden noch die Räume des darunter liegenden Stockwerkes und das Treppenhaus freigemacht, um die 229 ausgewählten Arbeiten präsentieren zu können.

Museumsdirektor Dr. Hans Arnold GRÄBKE schreibt im Katalog:

„Wohl zum ersten Male während seines bald hundertjährigen Bestehens unternimmt es der Kunstverein, in geschlossenem Überblick das Werk eines künstlerisch tätigen Menschen, dessen Hauptberuf jedoch einem anderen Gebiet angehört, zu zeigen. Nicht aus Zufall, so scheint es uns, ist die Wahl auf ein solches außerhalb des üblichen Rahmens liegendes Ausstellungsthema gefallen; dahinter steht vielmehr eine allgemeine Erscheinung, nämlich die veränderte Einstellung zum Künstlerberuf. Die innere Berufung erscheint uns vor allem anderen wichtig, nicht so sehr das berufsmäßige Ausüben der Kunst, nicht so sehr schulmäßiges Erlernen wie persönliches Erleben.

Werner KOLLATH, Mediziner von Beruf, ist ohne fremde Lehre schon in jungen Jahren zur Kunst gekommen. Aus drei Jahrzehnten liegt sein Schaffen vor uns und zeigt uns den Weg von den ersten beglückenden Versuchen bis zu freier Meisterschaft. Der junge Zeichner erobert sich die Mittel zu strenger und sachlicher Darstellung der umgebenden Welt, und in späteren

Jahren geht der Künstler von dieser sicheren Grundlage aus weiter zur malerischen Verklärung im Leuchten der Farben und zu freierem Pinsel- strich.

Die Ausstellung gibt aus einer reicheren Fülle von Arbeiten eine ge- drängte Auswahl, zeigt jedoch in ihrer Kürze klar den Weg, den der uner- müdlich Schaffende abseits vom Schulmäßigen aus innerer künstlerischer Notwendigkeit, als ein wahrhaft Berufener, gegangen ist."

Die *zweite große Ausstellung* wurde 17 Jahre später in Freiburg/Br. im *großen Konferenzraum der Freiburger Stadthalle* vom 5.–19. Juni 1957 veranstaltet. Anlaß war der 65. Geburtstag Werner Kollaths. Es war eine ansehnliche Kol- lektion, die da vorgeführt wurde, Graphik – Aquarelle – Ölbilder. Hauptwert war auf die neueren Arbeiten gelegt, wie sie in Chile, Spanien, Italien, Süd- frankreich und im Orient entstanden waren. Die Presse berichtete sehr aner- kennend. Schön und treffend die Überschrift der Besprechung in der Süd-West- Rundschau vom 14. 6. 57

„Bilder spiegeln den Zauber der Landschaft."

In der „Heilkunst", München, schrieb Spemann über diese Ausstellung:

„Ein Forscher, der neben dem zergliedernden Verstande nicht wenigstens eine Ader vom Künstler besitzt, ist meiner Überzeugung nach unfähig, dem inneren Wesen des Organismus näher zu kommen."

Leonardo da Vinci

Die Gestalt Leonardos, dieses universellen Menschen, der Maler, Bildhauer, Baumeister, Naturforscher, Philosoph und Erfinder ist, begleitet Werner Kol- lath durchs ganze Leben.

Der Ausspruch Leonardos aus dem Traktat von der Malerei:

„Die erste Malerei bestand nur aus einer Linie, die den Schatten eines Menschen umzog, den die Sonne auf der Wand hervorrief"

beeindruckt den jungen Zeichner und verhilft ihm zu der nervösen Kontur sei- ner Zeichnungen.

1925 steht er vor Leonardos „Abendmahl" in Mailand. 1929 in Paris sieht er die „Verkündigung" des Neunundzwanzigjährigen, er sieht das magische Leuch- ten der „Madonna in der Felsengrotte", die „Heilige Anna selbdritt" und die „Mona Lisa".

Von Porza fährt er nach Mailand, um in der Biblioteca Ambrosiana Leonardos Codex Atlanticus zu studieren, jenen gewaltigen Sammelband mit Handzeichnungen und Aufzeichnungen des Meisters und seines Schülerkreises.

Wiederholt zieht es ihn nach Parma zu dem zauberhaften Mädchenkopf in der Galleria Nazionale.

1962 fährt er nach der Toscana, um in Anchiano bei Vinci dem schlichten Geburtshaus Leonardos einen andachtsvollen Besuch abzustatten.

«ein für mich unvergeßlicher Eindruck.

Eine heilige Stätte, wie wenige.»

In dem Museum des kleinen Städtchens Vinci sind zahllose Modelle der technischen Erfindungen des großen Zauberers und genialen Ingenieurs ausgestellt, die nach seinen Entwürfen angefertigt wurden.

Im Frühling 1966 ermöglichte es ihm eine sehr verständige Bibliothekarin, die in der Königlichen Bibliothek im Palazzo Reale in Turin befindlichen Handzeichnungen Leonardos in Händen halten und eingehend betrachten zu können. Es sind zahlreiche, kostbare Blätter, darunter ein Engelskopf und das berühmte Selbstbildnis.

In dem letzten großen kulturgeschichtlichen Manuskript, das Werner KOLLATH hinterläßt, hat er Leonardo ein Kapitel gewidmet.

Die letzte Zeichnung

Von einer Besichtigung der großen REMBRANDT-Ausstellung 1969 im Rijksmuseum in Amsterdam mußte Werner KOLLATH aus gesundheitlichen Gründen absehen. Zudem hätte die Übervölkerung der Museumsräume jedes Erlebnis unmöglich gemacht. Aber zu einem Freunde sagte er damals:

«Die Nachtwache von REMBRANDT möchte ich vor meinem Tode noch sehen.»

Von Wiesbaden aus, wo er seinen kranken Bruder besucht hatte, gab es einen direkten Zug nach Amsterdam. Am 30. 4. 1970 unternahm er – 78 jährig – die Reise. Es war der Geburtstag der Königin Juliana, dazu Tulpenblüte. Der nächste Tag, der 1. Mai war ein Freitag und ermöglichte ein verlängertes Wochenende. Infolgedessen ergoß sich eine Flut von ausländischen Besuchern über Land und Stadt. Mit Mühe war ein Quartier in einem kleinen Hotel für eine Nacht zu bekommen. Das Hotel, an der Amstel gelegen, bot eine schöne Aus-

77 · Vor der „Nachtwache" des H. Rembrandt van Rijn, Amsterdam
Federzeichnung, getönt – 1. 5. 1970
Die letzte Zeichnung Werner Kollaths

sicht auf eine Reihe alter Giebelhäuser, alle in rotem Klinker gebaut mit leuch-
tend weißen, oft kunstvoll gestalteten Umrahmungen um Fenster und Türen.
Kaum ins Zimmer eingetreten, hatte Werner KOLLATH diese überraschende
Häuserfront skizziert.

Am nächsten Vormittag, dem 1. Mai 1970, begab er sich ins Rijksmuseum.
Nur wenig von der Pracht der vorhandenen Bilder wünschte er zu sehen. Dann
saß er eine Stunde lang vor diesem riesengroßen, rätselvollen Bild, *der „Schüt-
zenkompanie des Hauptmanns Frans Banning Cocq" genannt „die Nachtwache"*, das die ganze Wand einnimmt.
Er ließ es auf sich wirken, um dann eine Skizze zu machen, eine Vision der
Wirklichkeit, die auch bereits schon Traumbild ist. Es war seine letzte Zeichnung.

Thema: Reisen - Figiakasta

Reisen ist eine Übersteigerung des Daseins, ist Verzauberung, Abenteuer, ist der Sprung aus dem Alltag in eine unbekannte, lockende Welt. Reisen ist Reichtum, ist eine Summe von Empfindungen, ist Eroberung von bisher Unbekanntem. Eine Reise, wenn sie gut ist, ist schöpferisches Leben.

Also heißt leben – reisen. Gibt es einen Zwillingsgeborenen, dem Reisen nicht Leben bedeutet? Reisen heißt einer heftigen Sehnsucht folgen.

«Ein Reisender gleicht einem Wahnsinnigen, wie ein Liebender, und ein Liebender gleicht einem Ball, den ein anderer wirft. Hoch fliegt er hinauf und wird von der Erde angezogen. Er wünscht einzudringen.

Aber sobald er die Oberfläche der geliebten Erde berührt, fliegt er elastisch getrieben wieder nach oben. Schade! Aber wäre er sonst ein Ball – oder ein Liebender? – Reisender?

Liebe ist Reisen, Ehe ist Nachhausekommen.
Frage: Gibt es eine Ehe zwischen zwei Reisenden?
Deren Heimat wäre die ganze Welt.
Oder aber ihr Alleinsein zu zweit.»

«Man lebt nur, um zu arbeiten; man arbeitet, um zu reisen, und man reist, um – ja, wenn ich das wüßte.

Schrittweise hast du dir in langen Jahren dein Reisereich erobert. Dies Reich ist friedlich. Es lebt seiner Geschichte und seinen Erinnerungen; es genießt die Gegenwart – ‹weil ganz fluchwürdig jene Toren sind, die zu genießen nicht imstand, an dieses Lebens Lust vorübergehen.› Omar KAH-JAM, alter kluger Perser, darf ich auf dein Wohl trinken?

In meinem Zimmer steht ein alter Ladentisch, der meine Mappen von meinen Reisen enthält. Wollen Sie sich einige Bilder ansehen? Bitte, blättern Sie nur um. Vielleicht regt sich in Ihnen dann auch die Figiakasta, das ungestillte Sehnen der Normannen nach einem Land voll Sonne und Früchten, voll von gebratenen Fischen und alten Kirchen, von unheilbarem Überfluß an Geschichte und Trockenheit, von Wein und blauem, tiefblauem Meer.»

Diese Worte stammen aus einer Schrift Werner KOLLATHs betitelt

FIGIAKASTA

Ein Buch vom Reisen, Zeichnen, Träumen.

78 · *Atrani bei Amalfi – Golf von Salerno*
Federzeichnung – 1934

Was heißt: Figiakasta?

Ferdinand GREGOROVIUS erzählt in seinen Wanderjahren in Italien:

> *In jenem schönen Salerno, das sich nun so friedlich am Meere erhebt, herrschte der Langobardenfürst Waimar, eben lag eine Flotte der Sarazenen vor der Stadt und die Moslems stürmten die Mauern. Die Salernitaner waren verweichlicht und die schlecht befestigte Stadt drohte zu fallen. Nun fügte es sich, daß zu dieser Zeit 40 Pilger, Normannen, auf amalfitanischen Schiffen vom heiligen Grabe zurück nach Salerno gekommen waren. Sie forderten Waffen, stürmten aus dem Tor und stürzten unter die Moslems; ihnen folgten die beschämten Salernitaner. Nach einem großen Blutbade hoben die Sarazenen die Belagerung auf. Waimar belohnte die Pilger fürstlich, und nachdem diese in die Normandie zurückgekehrt waren, entzündeten sie die Phantasie ihrer Landsleute durch Erzählungen von jenen Küsten Salernos, von dem ewigen Frühling des Landes, den süßen Früchten und den Schätzen, welche tapfere Männer dort erbeuten könnten.*
>
> *SISMONDI erzählt, daß sich seit jenen Tagen in der isländischen Sprache, der altskandinavischen Mundart noch das Wort ‚Figiakasta‘ erhalten habe, das heißt nach Feigen Lust haben, eine bildliche Redeweise für den Begriff einer heftigen Sehnsucht überhaupt.*"

Dies war geschehen im Jahre 1016. Nicht nur allein von Sehnsucht, sondern auch von Eroberungslust erfüllt, kehrten die Normannen in dieses Land zurück und schon 50 Jahre später ist Robert GUISCARD der mächtigste Fürst Italiens, und sein Bruder Roger erobert ganz Sizilien und Neapel. 1130 wird sein Sohn Roger II. König von Sizilien. In hundert Jahren haben sie sich das glänzendste Weltreich erobert.

Das gleiche Reich erobert sich Werner KOLLATH auf friedlichere Weise 800 Jahre später. Die Costa Amalfitana, Apulien, Sizilien werden immer wieder das Ziel seiner Sehnsucht sein. Die letzte große Reise seines Lebens ist 1967 eine Autoreise zu zweit nach Apulien. Ein Alter von 75 Jahren hindert ihn nicht, das Glück und die Freude des Reisens zu erleben. Zum sechsten Mal bereist er das Land südlich Neapel, aber nie ist die Sehnsucht es wiederzusehen erloschen.

Wenn man alle Reisen, die Werner KOLLATH in seinem Leben unternommen hat, beschreiben wollte, würde man einen stattlichen Band füllen. Es ist schade, daß man das nicht kann, es gäbe eine unterhaltsame Lektüre. Und es ist auch schade, daß die Manuskripte über seine Reisen ungedruckt geblieben sind.

79 · *Aus: Italia eterna oder Symbolum vitae*
Kapitel: Knoblauch und Parmesan, Seite 99 vom 8. 11. 1942
Handgeschriebenes Manuskript, 156 Seiten und
70 Handzeichnungen und Aquarelle

Italia eterna

Besonders zu bedauern ist es, daß das Manuskript Italia Eterna oder Symbolum vitae durch die Ungunst der Kriegsverhältnisse nicht verlegt werden konnte. Paul CAPELLMANN, der Inhaber des Münchner PRESTEL-Verlages, dem Werner KOLLATH in Berchtesgaden im Sanatorium von Prof. ZABEL, im April 1944, die 22 Kapitel des Buches vorlas, war so beeindruckt, daß er das Buch mit seinen vielen schönen KOLLATH-Illustrationen herausbringen wollte. Kurz darauf wurde München durch Bombenangriffe schwer getroffen. Das Verlagshaus ging unter. Damit wurde auch das Lebenswerk von Paul CAPELLMANN zerstört.

Die Illustrationen hatte Werner KOLLATH während einer Thermal-Badereise nach Ischia im Jahre 1941 in das Buch gezeichnet. Der Text konnte nicht an Ort und Stelle eingeschrieben werden, da die Italiener bei Handschriften meist an Spionage dachten. Schließlich war Krieg und eine Beschlagnahme bei der Rückkehr an der Grenze zu befürchten.

Später in Rostock, wurden die ersten 80 Seiten in einem Guß in 10 Tagen geschrieben, vom 17. 10. 1942–26. 10. 1942, die weiteren 70 Seiten bis zum 8. 11. 1942. Die handschriftliche Niederschrift ist fließend und ohne stocken, ohne Verbesserungen und ohne Konzept. Das Faksimile zeigt eine Seite aus dem Kapitel: „Knoblauch und Parmesan." Das Manuskript hat 70 Zeichnungen und Aquarelle. (s. a. S. 128)

Als der PRESTEL-Verlag unter der Leitung von Frau Georgette CAPELLMANN wieder aufgebaut worden war, wurden Mitte der fünfziger Jahre in das Buch „Vom Geist der Kochkunst", das Hans MELCHERS herausgegeben hat, zwei Abschnitte aus dem Manuskript übernommen. Dort finden wir „Frutti di màre" und „Das Lob der Zitrone", beides aus dem Kapitel: „Früchte des Meeres und des Landes".

Hier ein Teil des vorletzten Kapitels aus Italia Eterna:

Entdeckungen und Wiedersehen

«Es ist mir nicht mehr möglich, zu entscheiden, welche Freude größer ist, die des ersten, unerwarteten Findens, der Entdeckung oder die des Wiedersehens. Da unser ganzes Wissen vom Süden uns belastet mit einer ungeahnten Fülle von Vorstellungen, die unbewußt dabei sind, wenn wir die erste

Fahrkarte nach Italien lösen, glauben wir immer, daß alles was wir zu
Hause in Fotografien, in Kupferstichen sehen, wirklich so aussieht, daß
wir nur eine Erinnerung auffrischen müssen; aber das ist völlig falsch. Wer
so reist, fährt von Enttäuschung zu Enttäuschung, und überdrüssig, gesät-
tigt mit dem Bewußtsein eines erledigten Pensums, kehrt er – selbst erledigt – zurück nach Hause.

Treffen sich nun zwei, die in Italien waren, so kommt es häufig zu folgenden Unterhaltungen: ‹Waren Sie auch in Venedig (Bologna, Padua,
Genua u.s.w.)?› – ‹Ja, ich war auch da!› – Schweigen – ‹Ist Venedig nicht
herrlich?› Die Antwort ist sehr verschieden, je nachdem, ob man im Hotel
und mit dem Essen zufrieden war oder nicht. Über die Schönheit des offenen Saales des Markusplatzes ist man sich einig, dank der ausgezeichneten
Cafés und der Tauben. Frage niemanden: Was gefiel Ihnen dort? Frage
vor allem nicht: warum? Das Wiederfinden der Originale statt der bisher
zweidimensionalen Fotos erweckte genügend Reaktion, um den Eindruck
‹Es gefällt mir› hervorzurufen. Das Warum wird nicht gefragt.

Reicht das aus, um dem Phänomen einer italienischen (deutschen, französischen) Kunststadt gerecht zu werden? Nein! Ich versuche deshalb in
diesem Buche eine Anleitung zu geben, ein Eigenleben zu entfalten in der
Fremde. Nimm deinen Zeichenstift und ziehe die Umrißlinien nach von
Dingen, die dir gefallen. Laß den Fotoapparat einmal zu Hause. Überzeuge
dich, daß das Grabmal des Theoderich in Ravenna nicht nur einen großen
flach gewölbten Deckstein mit dem später darauf gesetzten Kreuz hat, sondern daß die Steinfugen höchst kunstvoll gefügt, verzahnt sind, wie in
nordischem Holzbauwerk. Und plötzlich wirst du merken, daß dir dies
Bauwerk nur seiner äußeren Form nach bekannt schien. In Wirklichkeit
hast du nicht einmal seine Oberfläche richtig gesehen. Erst der Zeichenstift
zwingt dich, die Decke, die deine Vorstellung darüber gelegt hat, abzuneh-
men, das Bauwerk zu ‹entdecken›.

Und hast du dann in Bologna gelernt, wie auch in der Renaissance der
Ziegelbau Grundlage der Bauwerke war und nur eine dünne Marmorhaut
über den unteren Teil der Fassade von S. Petronio gelegt ist, dann bist du
wieder einen Schritt weiter.

Versuche auch, die Linien der Berge nachzuzeichnen, wie sie sich im
Apennin erheben. Zeichne den lebenden Umriß einer griechischen Säule,
um die seelenvolle Schwingung zu empfinden, die das Schwergewicht in
das untere Drittel verlagert und sich doch am Boden wieder verjüngt. Daher also das Leben in diesen Säulenreihen.

So, wenn du beginnst, einen eigenen Standpunkt einzunehmen, wirst
du das Bekannteste neu entdecken, ganz neue Vorstellungen bekommen und

selbst bereichert werden. Vielleicht stehst du eines Tages in S. Maria in Trastevere in Rom und versuchst, jene merkwürdigen Marmorplatten zu zeichnen, auf denen die angeblich so rohen Linienornamente der Langobarden erhalten sind. Hier wirst du in der anderen Linienführung die von der Antike abweichende andere Menschenart entdecken.

Zeichne dir die Verzierungen ab, wie sie in den mosaikbesetzten Säulen der frühromanischen Zeit vorkommen. Lerne sehen und lerne auch verstehen ohne zu zeichnen. Lerne zusammenschauen, das Leben in diesen Dingen zu erkennen, und dann wird jede Reise eine neue Entdeckungsreise werden. Schließlich lernst du: Nichts weiß man vollkommen. Überall bleiben Reste unerkannt, weil unbeachtet.

Jedes Ding um dich ist wert, studiert, beobachtet und bedacht zu werden. Laß das Wasser der römischen Brunnen über deine Hände und Arme rieseln, und stelle dir ihren langen Lauf aus den Bergen auf den Aquädukten vor. Beachte, wie sich im Schreiten die näheren Gegenstände schneller, die ferneren langsamer gegen den Horizont verschieben, als ob sie an dir vorbeiziehen. Denke, daß jedes Bauwerk von der Bewegung her verstanden werden muß, nicht von dem Photogramm, dem starren Moment.

Verfolge das Spiel des Lichtes, möge es das der Sonne oder das des Mondes sein. Siehe, wie auch die Milchstraße sich im unbewegten Spiegel des Meeres spiegeln kann. So wirst du langsam zum Entdecker werden. Und du wirst lernen: nur der ist nicht vergeblich gereist, der es verstanden hat, Teile seines Selbst mit den äußeren Eindrücken zu einem neuen Wissen, möglichst zu einer neuen Harmonie zu vereinen.

Nun wende dich vom Bekannten zum Unbekannten, vom Großen zum Kleineren, vom Objekt zum Schöpfer. Sieh, wie auch in den kleinsten Bauwerken ein besonderer Ausdruck leben kann. Wie die Fenster von innen heraus angelegt wurden, nicht mit dem schematischen Spiel des Lineals und der rechnerischen Einteilung einer gegebenen Größenordnung in kleinere Einheiten.

Hast du das Glück gehabt, auf diese Weise die größten Kunstwerke der Welt zu sehen, so kannst du vielleicht beginnen, sie zu verstehen. Das ist viel gesagt und führt dazu, daß wahre Kunst nicht aus der zufälligen Anordnung des Lebens im zeitlichen Entstehen als ‹Kunstgeschichte› begriffen werden kann, sondern als mächtigster Ausdruck des Lebens und seiner wohl unerschöpflichen Kraft: zu sein und zu schaffen.

Dann bist du so weit zu wissen, daß die Kunst zwar das Erhabenste ist, was die Menschen schufen, daß sie aber nur dann ihre Aufgabe erfüllen kann, wenn das Leben noch in ihr arbeitet und wirkt. Deshalb ist jede *Nachahmung* leblos, aber eine *Nachbildung* kann Leben haben, wenn der

Versuch gelang, dem Wesen des Urbildes näher zu kommen; möge dies Urbild von der Natur geschaffen sein oder von Menschen.

Jetzt wirst du ahnen, welche unvergleichlich größere Freude dich erfüllen kann, wenn das Schicksal dir erlaubte, das Schöne und Liebgewonnene einmal wiederzusehen. Nun kannst du mit stillen Schritten durch die Gassen Venedigs wandern – immer wieder komme ich zurück nach Venedig –. Und jetzt ist nicht nur das Reiterbild des Colleoni deine Freude, wenn die Sonne seinen Schatten auf das Pflaster zeichnet, sondern du freust dich auch jener Katze, die einsam die Scala dei Giganti hinaufsteigt.

Lasse die Bilder an dir vorüberziehen, wenn der Zug durchs Etschtal nach Süden braust, wenn Bergruinen auf den Felsen stehen, wenn oben Schnee noch Skifreuden verheißt und Mandelbäume unten den unaufhaltsamen Frühling verkünden. Der romanische Turm von Trient wird erscheinen, und dann geht es durch den Engpaß, durch den nur Etsch und Bahn gelangen können. Dahinter liegt die weite Ebene, in ihr sofort die italienische Stadt Verona.

Stelle dir das ruhige Gleiten der Fluten des Po vor, die Bergschatten über Bologna, das lichte weite Arnotal bei Florenz. Erlaube dir den Umweg zu den Etruskerstädten Perugia, Assisi, Spello, Foligno und vor allem nach Orvieto.

Vielleicht stehst du bald vor diesen merkwürdigen etruskischen Totenstädten mit ihrer unlesbaren Schrift, vor einem Geheimnis, das noch niemand hat lösen können. Woher kam denn diese Idee, in der Fortpflanzung einen Kult und im Tode eine Fortsetzung des Lebens zu sehen? Was konnten die Etrusker für wundervolle Hände meißeln!

Bald wird – beim Zeus! – am Horizont Otricoli erscheinen. Die erste Römerbrücke über den Tiber kannst du begrüßen. Und rechts liegt jetzt das Wahrzeichen Roms: der Monte Soracte. Des Abends, wenn die Müdigkeit beginnt, magst du auf dem Palatin weilen, um gegen den immer farbiger werdenden Abendhimmel die Linien der Peterskuppel zu sehen. Hier kann das Wunder geschehen, daß nach dem Sonnenuntergang der Himmel sich mit rosa bis tiefroten Farben bedeckt. Zahllose Wölkchen überziehen ihn. Bis hoch zum Zenit reicht das strahlende Feuer des Sonnenuntergangs, und betäubend duften die Blumen. Tief schwarz-grau zeichnen sich die dichten Bäume des Palatins in das Rosenfest am Himmel, und du glaubst, am Beginn einer schöneren, besseren Zeit zu stehen.

Aber leider ist das wieder einmal ein Zeichen deiner Unerfahrenheit. Denn solch ein Sonnenuntergang kündigt schlechtes Wetter an. Und am nächsten Morgen hülle dich in den Mantel, nimm den Schirm, und gehe in den Vatikan.

G · *Lago Trasimeno*

Aquarell – 19. 3. 1939 – im fahrenden Eisenbahnzug gemalt.

„Ich reiste zu allen Jahreszeiten durch Italien.

Ich verfiel dem Zauber der Sonne, der Farben,

die wie Opale von größter Zartheit das Land erfüllen."

Aus: Italia eterna Kapitel 22: Zauber und Wirklichkeit.

H · Rotes Haus bei Taormina
Aquarell — 19. 3. 1939

Hast du Glück, dann ließen die anderen sich vom Wetter zurückschrekken; du aber wandle durch die unabsehbaren Gänge und Galerien bewußt und zielstrebig zum Ort der tiefsten Andacht, die du vor dem aufopferungsvollen Willen eines Menschen zu vollbringen hast, zur Sixtinischen Kapelle. Richte deine Augen zur Decke, versuche MICHELANGELO zu folgen. Mehr kann man wohl nicht erreichen. . . .»

Dr. Felix BUTTERSACK, der bekannte Forscher und Arzt, der sich mit den Wechselwirkungen zwischen Erde und Äther und den Geheimnissen allen immateriellen Geschehens viel beschäftigt hat, ein weiser gütiger Freund, schreibt nach der Lektüre des Manuskriptes Italia Eterna:

Göttingen, 12. 7. 44

„Verehrter Herr Professor!

Sie sind zwar Professor, aber im Grunde sind Sie es doch nicht. In Wahrheit sind Sie Künstler, und zwar in gleicher Weise Künstler der Palette, der Radiernadel u. des Wortes.

Die ganze Atmosphäre Italiens mit ihrem Duft und ihrer Farbenpracht wehen einem aus Ihrem Manuskript entgegen, und man begleitet mit gleicher Begeisterung die schnellfüßigen Eidechsen, wie die Staubatome, welche aus den ältesten Zeiten zu uns herüberwehen.

Man sollte es nicht für möglich halten, daß es menschliche Wesen gibt, welche solche physische und metaphysische Herrlichkeiten zu zerstören wagen.

Ihr Buch wird fernen Geschlechtern, die dieses Paradies nicht mehr mit eigenen Augen bewundern können, wie ein Märchen aus Tausendundeine Nacht vorkommen. Dann leben die Sonne von Taormina und Ischia und die Pracht der Bucht von Neapel wieder auf, als Abglanz der Vergangenheit.

Wir danken Ihnen herzlich für den Genuß, den Sie uns mit Ihrem farbenprächtigen Buch bereitet haben und grüßen Ihre Frau und Sie selbst herzlichst

Ihre

BUTTERSACKS.*"*

Aus dem Buch „Figiakasta", das zu Beginn dieses Kapitels erwähnt ist:

„Ein Tag in Venedig"

Nach einem langen Tag, angefüllt mit Erlebnissen bis zum Rand, kehrt Werner
Kollath am Abend zum Markusplatz zurück.

«Die Gassen werden dunkler. Durch den Uhrturm geht es auf die große
Piazza, die wieder ganz anders aussieht als am Morgen. Matt leuchtet der
Markusdom mit tiefen Finsternissen; immer dunkler strebt der Campanile
nach wie vor nach oben. Die großen Fronten der Procuratien schweigen
und schützen vor jedem Winde. Müde ist deine Seele des heutigen Tages.
Noch ein Espresso im Café Florian und dann langsam über die Piazetta
zur Riva. Die Gondeln schaukeln. Die Wellen klatschen an die Stufen, es
ist Flut geworden. Dunkel und geheimnisvoll liegt das Wasser. Irgendwo
singt eine Männerstimme. Die Insel San Giorgio liegt wie eine Fata Mor-
gana. Vaporettos kommen noch an und fahren ab. Die Brücken lassen den
Schritt langsam werden. Und eine Träne kommt dir ins Auge. Du weißt,
das war ein Tag vollen Lebens, und er ist vorbei und kann nie mehr wiederkommen.»

80 · *Piazza San Marco – Venedig*
Lithographie 1–20 – 1925

Bücher, Dichter und Manuskripte

Bücher sind für Werner KOLLATH neben Wissenschaft, Kunst und Musik die vierte Welt. Ihnen verdankt er seine universelle Bildung. Sein Interessengebiet ist unbegrenzt, seine Wißbegierde schwer zu stillen. Lesen ist ihm notwendiger als Speise und Trank.

Schon als Schuljunge „liest er sich fest", vergißt über der spannenden Lektüre, „Die wunderbaren Reisen und Abenteuer des Freiherrn v. Münchhausen", „Don Quichote", der Indianergeschichten des Karl MAY, rechtzeitig in die Schule zu gehen, und ist betroffen und fühlt sich schuldlos, wenn man ihn dabei erwischt.

Abends, morgens, im Bett, bei der Mittagruhe ist Lesen die „Freizeitbeschäftigung", füllt die Stunden aus, an denen nicht gearbeitet wird, und arbeiten heißt in den letzten Jahrzehnten: Schreiben! Bücher, Aufsätze, Vortragsentwürfe, Humoresken, Gedichte. Einst ein großer Briefschreiber, überläßt er, als er im Alter immer ökonomischer mit seiner Zeit umgeht, diese Arbeit seiner Mitarbeiterin.

Fast jede Woche wird ein Buch gekauft – und gelesen!

Tausend Bücher sind 1944 in Rostock mit dem Haus verbrannt.

Tausend ausgelagerte Bücher, darunter wesentlich die wissenschaftliche Bibliothek, gingen in den Nachkriegsunruhen in Mecklenburg verloren. Weit über tausend Bücher sagen heute über die Interessen ihres Besitzers aus.

Die ganze Kunst – und Kulturgeschichte von der ältesten Menschheitswelt bis zur Moderne ist versammelt. Neben den Ägyptern, die einen breiten Raum einnehmen, stehen die Wunder von Mesopotamien – Sumer von André PARROT –, Kreta, Griechenland, China und Europa in einer Eintracht, die man auch ihren Völkern wünschte. Bei der großen Liebe zu Italien ist es begreiflich, daß bei den kunstgeschichtlichen Bänden die italienische Kunst dominiert, ebenso wie bei der Reisebibliothek.

Diese Reisebibliothek läßt die Wege erkennen, die man gegangen ist: Frankreich, Spanien, Jugoslawien, Südamerika, Orient, Dänemark, Schweden, Island.

Den noch zu Beginn des Jahrhunderts verkannten großartigen Kunstformen

81 · Die Bücherwürmer
Kalte Nadel – 1920

der Langobarden und Normannen und auch der germanischen frühen Kunst ist
breiter Raum gegeben, ebenso der romanischen Kunst.

Die ausgezeichneten Biographien der Antonina VALLENTIN über LEONARDO
da Vinci und Francisco GOYA, die Literatur über EL GRECO, „Das herrliche
Leben des P. P. RUBENS", sind ebenso willkommene Lektüre, wie die Bücher
über Vincent VAN GOGH, Paul GAUGUIN, August MACKE, Pablo PICASSO und den
besonders geschätzten Paul KLEE.

Fasziniert liest KOLLATH – als eines seiner letzten Bücher – die Arbeit des
amerikanischen Assyriologen Edward CHIERA (1941) über die frühen Völker
Mesopotamiens: „Sie schrieben auf Ton".

Die Zahl der neueren Bücher kulturphilosophischen Inhalts ist groß. Man
könnte Beispiele geben, aber wo beginnen? Es wäre ungerecht nur einige zu
zitieren und andere wesentliche auszulassen. Das gleiche gilt für die sozial-
philosophischen Bücher.

Sollte das kulturgeschichtliche Werk „Nach uns die Eiszeit" je gedruckt werden, dann könnte man aus dem Literaturverzeichnis, das Werner KOLLATH
bereits aufgestellt hat und das ungefähr 175 Autoren zählt, sein besonderes
Interessengebiet ablesen.

Der Vernichtung entgangen sind viele schöne alte Bände aus dem vorigen Jahrhundert, meist aus der Familie stammend, mit feinen, sparsam mit Goldarabesken verzierten Lederrücken. Mutter und Großmutter waren Lehrerinnen mit vielseitigen Interessen.

Das früheste Datum trägt: „Karl Wilhelm RAMLERs kurzgefaßte Mythologie oder Lehre von den fabelhaften Göttern und Halbgöttern und Helden des Altertums" (1808). In der Versart der Urschrift HOMER „Odyssee" und „Die Ilias" (1865); die Tragödien des Euripides (1859); „Die Dichter und Prosaisten von Hellas und Rom" herausgegeben von Prof. Dr. K. Fr. VORBERG, Bern (1842).

„Die germanischen Heldenlieder" Herausgeber Karl SIMROCK, J. G. COTTASCHER Verlag (1843/44), „Die Frithiof-Sage" (1866); J. W. VON GOETHE „Hermann und Dorothea" (1829); „Die persischen Heldensagen des Firdusi", (1851); Georg Chr. LICHTENBERG, „Vermischte Schriften und Briefe, von den Söhnen veranstaltete Ausgabe, (1844) und der „Homunculus" von Robert HAMERLING, (1888).

Eine besondere Erwähnung verdient eine Ausgabe des Sophokles, herausgegeben von J. J. C. DONNER (1850). Es war ein Geschenk des Großvaters Wilhelm Fr. RIEDEL an seine Frau Clara, die bedeutende Großmutter KOLLATHs. Das Buch trägt in der feinsten Schrift folgende Widmung:

„Meiner trauten Clara zum Weihnachtsgeschenk Frankfurt a. O. 25. Dez. 58"

Darunter die Eintragung von Werner KOLLATH:

> *„Weihnachten 1958 fand ich, der Enkel,*
> *dieses Buch und diese Notiz meiner Großeltern,*
> *genau nach 100 Jahren!*

> *Freiburg/Br.*   25. Dez. 58
>   Werner KOLLATH"

In der gleichen feinen Handschrift des Großvaters sind drei Gedichte des August von PLATEN eingetragen.

Auf dem alten Schreibschrank, an dem Werner KOLLATH arbeitet, steht eine dreißigbändige Gesamtausgabe der Werke von J. W. VON GOETHE, von 1850/51. GOETHE ist für KOLLATH der Dichter unter den Dichtern. Das meiste von dem, was GOETHE geschrieben hat, hat der eifrige Leser wohl durchstudiert.

Weitere Favoriten unter den Dichtern sind:

Johann Gottfried SEUME, der edle Zyniker, der in der Überzeugung, „daß alles besser ginge, wenn man mehr ginge" im Jahre 1803 den „Spaziergang nach Syrakus" unternimmt und über diese beachtliche Fußwanderung eines der reizvollsten Italienbücher schreibt.

Adalbert STIFTER und sein „Nachsommer". Über sein „Sanftes Gesetz" wurde bereits geschrieben. (S. 310).

Theodor FONTANE, der große Dichter der Mark Brandenburg, „der zu verhüllen wünschte, indem er darstellte und der darstellte, indem er verhüllte". Wie Werner KOLLATH hatte er *„was immer gilt und gelten wird: ein Herz".* Wie Werner KOLLATH war er *„das Beste, was wir sein können, ein Mann und ein Kind".* Das sind Worte, die FONTANE den Pastor Lorenzen bei der Grabrede auf Dubslav VON STECHLIN sagen läßt.

Nicht ohne Ergriffenheit liest Werner KOLLATH im letzten Jahre seines Lebens nach 35 Jahren noch einmal „Die Forsyte-Saga" von John GALSWORTHY. Er taucht in seine eigene Vergangenheit zurück, in die glücklichen Tage von Marburg, wo auch ihn die Schönheit einer Irene verzauberte. Ach, nun ist er selbst der alte Jolyon!

Der Gedichtband von Conrad Ferdinand MEYER hat die Eintragung: „W. K. 30. Jan. 1921", Marburg. Der Band ist abgegriffen und zeigt die Spuren häufigen Gebrauchs.

Die „Französischen Moralisten" sind KOLLATHs große Freunde, ebenso zieht es ihn zu dem Autor der „Briefe eines Unbekannten", Alexander v. VILLIERS, dem Zeitgenossen FONTANES. KOLLATH liest in diesen humorvollen Köstlichkeiten wie in einem Brevier. Es gibt nur diesen Band Briefe, in denen der Briefschreiber zum Schriftsteller wird, der er nicht sein will. Aus einem Brief vom 4. Januar 1878:

„Manche meinen, auch ich könnte schreiben. Das ist nicht wahr; die Feder, aus der Briefe fließen, kann deshalb nicht auch Bücher schreiben. Im Briefe red ich zu einem, dem ich, wie wir beide nun sind, etwas zu sagen habe. Schrieb ich ein Buch, wer stünde vor mir? Niemand, oder so viele, die mich stumm machen würden."

„Wäre nicht der Tod, kein Mensch könnte nach dem Gesetz sterben; er würde nach dem Gesetz, erst seine Krankheit beweisen müssen, welche ihm mit § 99 bestritten würde, die Sterbekommission würde sich nicht einigen,

auf einer Beilage würde ein Stempel bemängelt werden, der Sterbende hätte
die Krankheit verschuldet, den Staat um einen Untertanen geschädigt,
würde verurteilt, müßte erst Strafe absitzen und die Prozeßkosten tragen –
Erlöser Tod!"
Brief vom 23. Mai 1879

Es ist begreiflich, daß die Formulierungen dieses geistvollen Spötters willkommene Lektüre für geeignete Stunden sind.

Der große Sinn für Humor, der Werner KOLLATH auszeichnet, bringt ihm
sowohl Wilhelm BUSCH nahe – „Ist mir mein Leben geträumet?" – als auch
Joachim RINGELNATZ.

Die Liebe zu Christian MORGENSTERN und seinen Phantasiegeschöpfen Korf und
Palmström und Palma Kunkel entsteht schon in Marburg. Die meisten Gedichte
kann er auswendig und kann sie im hohen Alter noch vortragen. Mit einem
Gedicht, das er in den vierziger Jahren verfaßt hat, huldigt er dem Dichter:

An Christian MORGENSTERN

Mit ihrem Wortschatz traf sich Palma Kunkel
des Abends heimlich wie des Hauses Mädchen
im Hausflur; kosend in der Ecke Dunkel
spielt Palma mit dem Wortschatz Faust und Gretchen.

Sie halten still geheim die Liebesstunden
in denen sie sich eng vereinigt fühlen
und werden trotzdem eines Nachts gefunden
von Korf und Palmström ihren Wortgespielen.

Mit Wortgefunkel und mit Geistesblitzen
bemühen sich die Vier, sich zu versichern,
daß sie zufrieden keusch, im Stillen sitzen
als Geister, eingebunden in den Büchern.

Zwar liest Werner KOLLATH viele Bücher, aber beim Arbeiten stehen sie an
ihrem Platz im Regal, er arbeitet ohne sie, ganz aus sich heraus. Sein phänome-
nales Gedächtnis hilft ihm dabei.

Auswendig deklamiert Werner KOLLATH auch aus dem „Zarathustra" von Friedrich NIETZSCHE, ein Buch, das er sehr schätzt.

Es konnte geschehen, wenn' er – was öfter der Fall war – allen Grund hatte über die Tücken seiner Widersacher gekränkt zu sein, daß er sich auf sein bequemes Ruhelager im Studio legte und mit der Phalanx der Rücken seiner geliebten Bücher hinter sich, den Ausspruch Zarathustras „Von den Gelehrten" zu deklamieren begann:

> *„Als ich im Schlafe lag, da fraß ein Schaf am Efeukranze*
> *meines Hauptes – fraß und sprach dazu:*
> *‚Zarathustra ist kein Gelehrter mehr'.*
>
> *Sprach's und ging stotzig davon und stolz.*
> *Ein Kind erzählte mir's.*
>
> *Gerne liege ich hier, wo die Kinder spielen an der*
> *zerbrochnen Mauer, unter Disteln und roten Mohnblumen.*
>
> *Ein Gelehrter bin ich den Kindern noch und auch den*
> *Disteln und roten Mohnblumen. Unschuldig sind sie,*
> *selbst noch in ihrer Bosheit.*
>
> *Aber den Schafen bin ich's nicht mehr: so will es*
> *mein Los – gesegnet sei es!*
>
> *Geschickt sind sie, sie haben kluge Finger, was will*
> *meine Einfalt bei ihrer Vielfalt: Alles Fädeln und*
> *Knüpfen und Weben verstehen ihre Finger:*
> *also wirken sie die Strümpfe des Geistes!*
>
> *Denn die Menschen sind nicht gleich: So spricht*
> *die Gerechtigkeit. Und was ich will, dürften sie*
> *nicht wollen!*
>
> *Also sprach Zarathustra."*

Diese Therapie versagte selten. Die Worte des Philosophen wirkten wie ein Zauberspruch und befreit und zufrieden lächelnd erhob sich der Deklamator, um wieder an seine Arbeit zu gehen und zu tun, was SIE nicht konnten.

Die toten Bücher

Nach dem Verlust seiner Bibliothek am 11. 4. 1944 durch Brandbomben im Zweiten Weltkrieg, schreibt Werner KOLLATH in 15 Abschnitten über die Büchererinnerungen seines Lebens. Er schreibt in seiner fließenden Handschrift in ein in Rindleder gebundenes kleines Buch von 15 cm Größe und 136 Seiten. Handzeichnungen illustrieren das Ganze. Die Niederschrift endet am 24. 4. 1945.

Es ist das Hohe Lied der Bücher.

Nachfolgend ein Extrakt daraus.

DIE TOTEN BÜCHER

«Ein deutsches Requiem
geschrieben, weil erlebt,
Rostock, 27. 6. 1944, im
Jahre des Unheils.

Nun seid ihr tot, ihr lieben Freunde eines Lebens. Das Feuer zehrte euch, zerstörte euren Leib. Die flüchtige Seele stieg mit den Gewalten des Qualms, des Rauchs empor zum ewigen Himmel.

Das erste Buch: Es waren zwei Bände einer Zeichenschule von VAN DYCK, an denen das Kind zeichnen lernte.

Schulbücher: sind keine Bücher, sie sind notwendiges Übel.

Berufsbücher: Das, was man für seinen Beruf braucht, bildet nicht die eigene Bibliothek. Das ist nur ein geistiger Instrumentenkasten.

Die Klassiker: Klassiker sind Ziele, die für den Nichtklassiker unerreichbar sind.

Bilderbücher: Wie wenig entspricht die Wirklichkeit der Wirklichkeit! ... Doch vergiß nicht, daß deiner Großmutter Buch, die Erstausgabe der SCHLIEMANNschen Ausgrabungen von Troja, durch deine ganze Kindheit ebenso geisterte, wie der Zoologische Atlas von ONKEN, dessen schöne Kupferstiche ihr barbarisch entstelltet.

Philosophie: . . . Verlasse die Philosophie, wende dich der Wirklichkeit
zu, dem Leben selbst. Aber wisse: Immer wieder kehrst du zurück zur
Philosophie, denn verführerisch schmeckt die Speise der wahren Erkenntnis.

Literatur der asiatischen Völker: . . . Indische Schriften, Kâlidâsas ‹Sa-
kuntala› oder ‹Der Erkennungsring› (5. Jh. n. Chr.). Wie gerne las ich dies
Buch. Es war ein besonderes Buch. Mein Großvater Wilhelm Friedr. RIEDEL
hatte es meiner Großmutter als Verlobungsgeschenk gegeben. ‹An Clara –
von RIEDEL› steht darin in der feinen Schrift jener Zeit. . . .

‹Der Meister sprach› – wahrlich der Meister war es, KUNG-FU-TSE. Man
schreibt keine Bücher, man spricht, man lebt seine Lehre vor. . . .
   Doch warum nicht seinen Gegenspieler LAO-TSE lesen? ‹Die Bahn und
der rechte Weg›.

> *‹Die Bahn des Menschen:*
>   *Tat ohne Zwang.*
> *Die Bahn des All:*
>   *Ausgleich ohne Kampf.›*

Aber DARWIN erfand den Kampf ums Dasein. Nein, hier gibt es keine
Weisheit, sondern nur Gelehrsamkeit.»

In einem seiner vielen handschriftlichen Bücher hat Werner KOLLATH sich eingehend mit LAO-TSE und seinen 81 Sprüchen befaßt.

«Aber vielleicht sind die schönsten Werke der asiatischen Literatur doch
die Romane der Sung-Zeit (960–1279). Mit ihnen kann man leben: ‹Die
Räuber vom Liang-tschan-Moor›; ‹Kin-Ping-Meh›; ‹Mondfrau und Sil-
bervase›.

Der Witz und der Humor: . . . Alle Weisen waren auch humorvoll und wer
keinen Humor hat, der mag alles andere sein, aber weise ist er nicht. . . .

Die Bücherrücken: Der Inhalt eines Buches ist sicher das Wichtigste an ihm,
vor allem für den, der das Buch schrieb. Es geht nichts über zerfledderte
Bücher; Bücher, die so oft gelesen wurden, daß sie aus dem Leim gingen.
Bücher, die an zahlreichen Stellen ihre Lesezeichen, ihre zustimmenden
Randstriche haben. Bücher, die dir Freund wurden durch dein ganzes Le-
ben hindurch. . . .

Doch wenden wir uns den Bücherrücken selbst zu. Es ist sicher kein Zufall, daß das meiste Gold im Haushalt sich auf dem Rücken der Bücher befindet. Sie tragen deinen Reichtum und du dankst ihnen, indem du sie liest und liebst.

Die Prachtbände: Dann aber gibt es jene Prachtbände, die teuer und kalt sind. Sie füllen die meisten Bibliotheken. . . . Der Prachtband verhüllt den toten Inhalt.

Die Kleinformate: Wie die Flüsterpropaganda von größter Wirkung ist, eingreifender als die großen Reden der Staatsmänner, so sind auch die Kleinformate viel wichtiger für die Beeinflussung der allgemeinen Bildung als die großen Bände. Denn nicht, was man in der Bücherei, sondern was man in der Tasche haben kann, ist wesentlich. Der Weg in den Kopf geht am besten über das Taschenformat. . . .

Von Zeit zu Zeit schreitet über die Erde ein Geist, ein echter Mensch, der liebend, verstehend und nachsichtig die Schwächen aufspürt, das Starke ausgräbt, das Echte erkennt, das Falsche absondert und der eine Ordnung der Werte und Dinge gibt. Und langsam lagert sich ein Bodensatz der echten Wirklichkeit ab, auf dem die Zukunft bauen könnte, wenn es eine gäbe. . . . Gibt es etwas Dauerndes? Ja! Die Güte, aber nicht das Gute!

Die Kostbarkeiten: . . . Das sind die Kostbarkeiten, die sich stets ändern, stets den Strahl des Geistes vielfältig brechen und das Unmögliche möglich erscheinen lassen. Das Unmögliche aber ist, daß die Vernunft jemals siegen könnte. Und nur, weil die Menschen das nicht glauben können, leben und arbeiten sie, – ein sonderbares Geschlecht.

Romane: . . . Die Unzufriedenheit mit der Welt schuf den ersten Roman.

Die ungelesenen Bücher: . . . und wenn sie niemand liest, dann ist es auch gut. Denn sie wurden geschrieben und das reichte aus. Es muß ja nicht jedes Buch auch noch gelesen werden.

Das Ende: Fast ein Jahr bist du durch deine Bücher-Erinnerungen gewandert. Im Schutt des Kellers lagen noch einige Reste. Du stocherst mit dem Stock in der Asche und suchst, ob nicht irgendwelche kleinste Erinnerungen übrig geblieben sind: Verkohlte Blätter, Rücken, und beim Anfassen zerfielen sie in Asche – es war aus.»

Manuskripte

Zu diesem Kapitel gäbe es viel zu sagen. Eine nur oberflächliche Schilderung der hinterlassenen Manuskripte wäre ein ganzes Buch für sich. Es gibt handgeschriebene Bücher mit Aufsätzen zu den unterschiedlichsten Themen, mit Gedichten, mit Aphorismen. Tagebücher, die über Gedanken und Ereignisse des Lebens aussagen. Ein Kriegstagebuch vom ersten Weltkrieg, ein Traumbuch, schließlich das große geheimnisvolle Pergamentbuch. Es gibt gebundene Bände in Schreibmaschinenschrift, die Vorträge, Entwürfe und Studien für wissenschaftliche Arbeiten enthalten. Ein reichliches Dutzend Leitzordner birgt Fragmente, die zur Drucklegung für Bücher und Aufsätze ausgewertet werden sollten. Eine Zeittafel des Mittelalters über die Zeit von 1000 bis 1300 n. Chr. wurde ausgearbeitet.

Das große Manuskript, über das schon verschiedentlich berichtet wurde, harrt noch der Vollendung.

Zuletzt erhielt es den Titel:

„Nach uns die Eiszeit –
Weltbild eines Arztes"

Das Buch sollte als Motto den Ausspruch Martin LUTHERs haben:
„Wenn morgen die Welt untergeht, will ich heute noch
meine Schulden bezahlen und ein Apfelbäumchen pflanzen."

Das sollte ausdrücken, daß jeder an seinem Platz verantwortungsvoll für eine positive Zukunft Sorge zu tragen hätte, desungeachtet, wie diese Zukunft sich später gestalten würde.

Der Inhalt des Buches reicht von Pharao Echnaton, vom Buddhismus und dem Einfluß Asiens auf die Gesamtkultur, über die Griechen (Sophokles, Solon, Sokrates), über das römische Weltreich (Dichter Lukrez, Philosoph Seneca) bis zum Beginn der Machtpolitik des englischen Weltreiches. LEONARDO da Vinci und seine zentrale Bedeutung wird geschildert. Das wissenschaftliche Weltreich beginnt. DESCARTES bereitet den Materialismus vor.

Ein zweiter Teil schildert, wie Mitteleuropa zur Forschungszentrale wird. Über den Begründer der Lehre vom Positivismus und der Soziologie Auguste COMTE und über eine Abhandlung, die Rolle des Geldes betreffend, endet das Manuskript mit Karl MARX, dem Kommunismus, der eine Folge des Materialismus ist.

Aus der wissenschaftlichen Medizin wird eine materialistische Medizin.

«Comte sowohl wie Marx haben dem Geld, wie der Verwaltung des Geldes eine ausschlaggebende Wichtigkeit zugemessen. Der wesentliche Gedankenfehler dabei ist, daß die individuelle Verschiedenheit, die unterschiedliche Begabung, die schöpferische Tätigkeit und alles wirklich produktive, das in den Menschen als Anlage steckt, durch die Uniformierung nicht zur Geltung kommen kann und *daß eine organisierte Menschheit sich ihrer großen Talente und Genies selbst beraubt.*

Das Geistige aber ist der wirkliche Reichtum der Menschheit, nicht das Geld.»

Vorschläge zur Verbesserung des Menschengeschlechts.

Mit Bildern einer zukünftigen Wissenschaft,
1946, während der Russenbesetzung in Rostock
zur eigenen Erheiterung geschrieben.

Diese unterhaltsame Humoreske – handschriftlich 79 Seiten und zahlreiche Abbildungen – beginnt mit den Worten des „Erfinders" vor einer Tafelrunde, der er seine Erfindung vorträgt:

«Es kann keinem, auch nicht dem geringsten Zweifel unterliegen, daß das Menschengeschlecht wesentlich verbesserungsbedürftig ist. Nicht nur die klugen, nein, noch viel mehr die dümmeren Menschen sind sich darin einig, und man möchte fast denken, daß die Fehlschläge zur Verbesserung zum großen Teil darin ihren Grund haben könnten, daß die klugen Menschen sich im Allgemeinen auffallend zurückzuhalten pflegen. Diese Klugen sind auch wirklich schuld, daß es nicht vorwärts geht. Sie sollten ihr Wissen um die Gesetze des Werdens und des Lebens dazu benutzen, beizutragen, daß ein wirklicher Fortschritt entsteht.»

„Der Erfinder" hat schon manche praktische Neuerung geschaffen, z. B. den ärgerlosen Kragenknopf mit Lautsprecher „Hier bin ich", Teller, die sich selbst reinigen, Bettwäsche, die im Wind ihren Schmutz abschüttelt usw. Bei seinen neuen Erfindungen ging er stets von Beobachtungen der Natur aus, die den einzelnen Geschöpfen Eigenschaften verliehen hatte, die den Menschen leider verloren gegangen waren.

Die Winterschlafdrüse. Diese Vorstellungen mögen manchen als undurchführbare Phantasie erscheinen. Ein Blick aber in manche Behördenstellen läßt erkennen, daß dies Ideal als Dauerzustand bereits vielfach erreicht ist.

Der Känguruh-Beutel. Aus einem ‹Uterus-Komplex› heraus sehnt sich so mancher Erwachsene, auch manch großer Mann, zeitweilig zurück in den Mutterschoß.

Das Selbstleuchten, dem Glühwürmchen abgelauscht.

Die Häutung der Schlange. Der erzieherische Anblick der im Treppenhaus aufgehängten verschiedenen Häutungsprodukte. Der größte Mann wird bescheiden, wenn er sieht, wie klein er einmal war.

Die Teilung. Entsprechend der Zellteilung sollten Genies und wirklich anerkannten ‹Größen› durch Verabfolgung einer bestimmten Substanz das Recht verliehen werden, sich ohne Mitwirkung einer Frau zu teilen.

Die nachwachsenden Zähne. Durch Kreuzung mit Biber-, Hamster- und Rattenorganen gewann ‹der Erfinder› eine Substanz, die das Nachwachsen der Zähne ermöglichte. Leider nahmen die behandelten Menschen auch den Charakter der Tiere an.

Die gespaltene Zunge, die den Lügner entlarvt.

Der Zeitmißbraucher, dem die Zeit, die er anderen stiehlt, von der eigenen Lebenszeit abgezogen wird.

Das versteifte Rückgrat, angewendet bei denen, die kritiklos jedem Befehl, jeder Aufforderung nachkommen.

Die Selbstbeobachtung. Ausgehend von den einziehbaren Stielaugen des Krebses erzog er dem Menschen einen verlängerten Sehnerv: Sieh dich selbst richtig! Es soll Leute gegeben haben, die dabei vor Freude geweint haben, andere aber sind auf der Stelle gestorben. Und das war gut so.

Der Entkalkungstrieb. Die Erfindung glückte. Der überflüssig gewordene Kalk wurde von den dankbaren Menschen gesammelt und aus ihm stellte ein namhafter Bildhauer das Denkmal des Erfinders dar.

Eigenfleiß und Fremdfleiß. Durch den bei Ameisen und Bienen beobachteten Gemeinschaftssinn entwickelte ‹der Erfinder› eine Gemeinschafts-Erziehungs-Substanz. Und aus der scharfen Trennung von Fremdfleiß und Eigenfleiß entstand nun eine soziale Ordnung im Menschenstaat, die widerspruchslos angenommen wurde. Das darauf aufgebaute Recht hieß: Das Recht des Andern.

Buchweisheit und Verständnisbeulen. An dieser Erfindung scheiterte ‹der Erfinder›. Ähnlich den Kehlsäcken der Laubfrösche erweiterte sich der Knochen an den Schläfen derer, die Bücher gelesen und verstanden hatten. So konnte man die gelehrten Leute sofort von den Ungelehrten unterscheiden.

Das aber wurde der Korona zu viel.

Die Tischgenossen taten sich zusammen, nahmen dem Erfinder seine sämtlichen Pläne fort und vernichteten sie.

Und so ist es gekommen, daß trotz dieser segensreichen Erfindungen und trotz aller Bemühungen in der Welt alles beim alten geblieben ist.

Der Sammler

August HEISSLER, der große Naturarzt in Königsfeld im Schwarzwald, mit dem Werner KOLLATH befreundet war, und bei dem er sich öfter zur Kur aufhielt, hat KOLLATH als den größten Sammler aller Zeiten bezeichnet. Ob HEISSLER gewußt hat, wie recht er hatte? Als Junge zieht der kleine Werner mit seinem geliebten Onkel Willy RIEDEL, einem Bruder seiner Mutter, durch die ausgedehnten Kiefernwaldungen Gollnows, Käfer und Schmetterlinge sammelnd, später sind es Steine und Muscheln, die von den Reisen mitgebracht werden, und schließlich sind es alte schöne Kunstgegenstände, an denen sein Herz Freude hat; aber besonders ist Papier das Sammelobjekt. Bei KOLLATH bekommt alles Papierene in der richtigen Zuordnung Bedeutung. Er sammelt es in Haufen, aber unter seinen Händen werden die formlosen Massen brauchbar. So entstehen zum Beispiel eine Reihe wunderbarer „Klebebücher", in denen sich Abbildungen von Kunstwerken aller Stile und Epochen, Zeitungsausschnitte, Zeitungsaufsätze, Gedichte aus aller Welt zu einer köstlichen Symbiose vereinen. Die Einbände dieser Klebehefte zeigen in einer Art Fotomontage Bilder und originelle Titel.

Zwei fortgelaufene Punkte
und ihre Lebenswege

82 · *Zwei fortgelaufene Punkte*
und ihre Lebenswege
Federzeichnung

Im Buchladen würde man sofort nach ihnen greifen. Viele sind ausgesprochene
„Schmunzelbücher", voll von Witzen und Anekdoten.

Es sind schöpferische Pausen, in denen diese Bücher hergestellt werden. Lehr-
reich, humorvoll und anregend spiegeln sie den wider, der sie geschaffen hat.

Das Sammeln ist mehr seine Sache, als das Ordnen. Das gibt er gern an die ab,
die das ordnende Prinzip in seinem Leben ist und die, wie Anita REHSE sagt,
„ihm abnimmt, wozu er zu kostbar ist".

Ein Archivar hätte für sein Leben ausgesorgt, wenn er die Durcharbeitung all
dieser Ansammlungen von Papier übernehmen würde. Seien es Manuskripte,
Entwürfe, Schriften, Briefe; seien es die Mappen, Kästen und Bücher mit Zeichnungen, Graphiken und Fotos; seien es die Klebebücher oder die vielen Ablege-
ordner mit Zeitungsausschnitten, säuberlich nach Interessengebieten geordnet,
kurz all das, was ein tätiger Geist voller Hingabe und Liebe zu den Erscheinungen dieser, unserer Welt zusammengetragen hat.

III. Klasse   II. Klasse   I. Klasse
mit Brillanten

Ordens-Entwurf für Verdienste
in der Verwaltung
aus
Gummi.

83 · Ordensentwurf
Federzeichnung

geeignet für alle Regierungsarten.

Mensch und Autor

Studiert man die Bücher, die Werner KOLLATH geschrieben hat, dann stellt man
fest, daß sie alle eines gemeinsam haben: Alltäglichen Vorstellungen, wie sie das
Thema erwarten lassen könnte, entspricht ihr Inhalt nicht. Sie bieten Überraschungen, weichen völlig vom Gewohnten ab. Dem Leser, der sich in diesem
Gedankenstrom tummelt, bleibt Langeweile – die auch der Autor nie kennen
gelernt hat – erspart.

Werner KOLLATHS Fähigkeit, Neues zu denken, erlischt nicht, ebenso die Fähigkeit zu schreiben. Das kann er in allen Lebenslagen und in jeder gesundheitlichen Verfassung. Stets ist er in der Lage, Eigenes zu produzieren. Aber er macht
es sich nicht leicht. Stets sucht er nach der optimalen Formulierung. Die Geduld
dazu erwächst ihm aus seiner Arbeitsfreude. Seine getreuesten Gefährten sind
Humor und Phantasie.

Phantasie ist die Bedingung jeder schöpferischen Arbeit. Das unterscheidet
den wirklichen Wissenschaftler, Künstler, Techniker vom Auch-Begabten, daß
er über ein Mehr der göttlichen Gabe Phantasie verfügt als der andere. „Ohne
diese Gabe" sagt GOETHE zu ECKERMANN, „ist ein wirklich großer Naturfor-

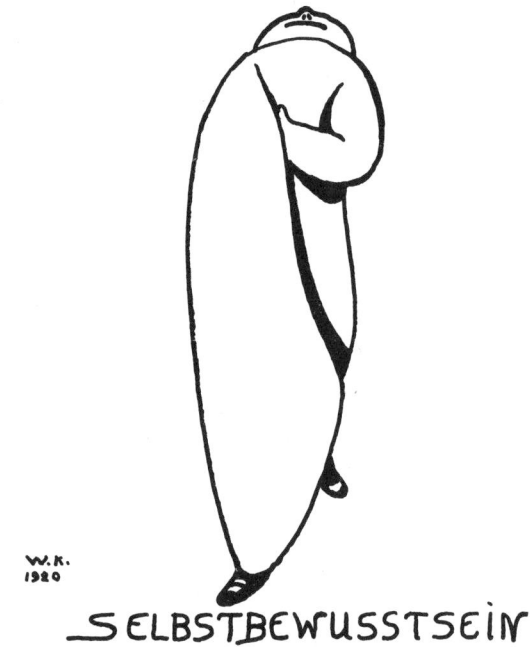

84 · Selbstbewußtsein
Tuschzeichnung – Marburg
1920

scher gar nicht zu denken. Und zwar meine ich nicht eine Einbildungskraft, die
ins Vage geht und sich Dinge imaginiert, die nicht existieren; sondern ich meine
eine solche, die den wirklichen Boden der Erde nicht verläßt und mit dem Maß-
stab des Wirklichen und Erkannten zu geahnten, vermuteten Dingen schreitet."

In dem Kapitel „Idee und Verwirklichung" ist beschrieben, wie sehr Werner
KOLLATH solchen Vorstellungen entspricht. Die hohe schöpferische Potenz äußert
sich auf den verschiedensten Gebieten.

Werner KOLLATH besitzt eine geniale Schöpferkraft, für ihn bestimmt und in
dieser Form nur ihm gegeben. Dr. med. Heinz GRAUPNER sagt in einem Aufsatz
in „Christ und Welt" vom 27. Februar 1958:

„Vielleicht ist die geheime Ursache seiner Bedeutung in dieser Vereinigung
vielfältiger Anlagen zu suchen."

Und im gleichen Aufsatz:

> „KOLLATH *hat viele und mächtige Feinde. Aber er hat sich mit den nüchternen Tatsachen exakter Forschung und mit der Klarheit seines Geistes bisher gegen diese erdrückende Übermacht erfolgreich wehren können. Vielleicht werden wir erst in einigen Jahrzehnten in vollem Umfange sehen können, welche Wirkungen für die Gesundheit des Menschengeschlechtes daraus erwachsen. . . .*
>
> *So sehr wir – je nach unserem Standpunkt – zu unserem Vergnügen oder Mißvergnügen* KOLLATHs *Wirkung bereits in der Gegenwart spüren, so scheint uns doch seine eigentliche Bedeutung erst in der Zukunft zu liegen."*

Es gibt heute schon Anzeichen dafür, daß die jetzt heranwachsende Generation die Arbeit von Werner KOLLATH aufzunehmen beginnt, eine Generation, die erfahren mußte, daß der Materialismus ein Ausweg in die Sackgasse war. Aus den revolutionären Evolutionen der Gegenwart muß sich der neue Geist entwickeln.

Daß wir heute mit unseren medikamentösen Überladungen die Menschen nicht heilen können, daß wir sie mit der Verfälschung unserer Nahrungsmittel krank machen, ahnen diese Jungen bereits, und welcher Weg zu gehen sein wird, hat Werner KOLLATH vorgezeichnet.

ER HAT NICHT VON ETWAS GELEBT, SONDERN FÜR ETWAS!

Das Leben als Aufgabe

«Leben besitzt eine Eigengesetzlichkeit. Leben bedient sich zwar der unbelebten Substanz, steht aber über ihr.

Leben führt nicht zu Ruhe und Tod, sondern zu steter Bewegung und zu unentwegter Vermehrung.

LEBEN IST ARBEIT UND DIESE ARBEIT IST DIE DEM LEBENDIGEN VON DER NATUR ZUGESCHRIEBENE ROLLE IM GANZEN.

Das Lebendige hat die Aufgabe erhalten, zu wirken und sich des Unbelebten zu diesem Zwecke zu bedienen.

Und der Mensch hat in diesem großen Geschehen die Aufgabe, die Naturkräfte zu ordnen, sie einzuspannen in dieses Geschehen zu immer größerer Vermehrung des Lebendigen und zu dessen Gesundheit.

Als Individuum unterliegt der Mensch den gleichen Gesetzmäßigkeiten wie alle anderen belebten Organismen:

Er ist eine Phase im Strom und ein jeder hat seine Aufgabe auf Grund seiner Anlagen, seiner Begabungen, seiner Stellung und auf Grund unbekannter Ursachen, die wir als Zufall bezeichnen.

Er ragt aber aus allen Lebewesen dadurch hervor, daß das Vermögen der Freiheit bei ihm den höchsten Grad erreichen kann, ferner dadurch, daß er in der Entwicklung seines Großhirns eine Stufe geistiger Leistungsfähigkeit bekommen hat, die alles andere übertrifft.

In der Hand schließlich, dem vollkommensten Organ der Natur, ist die Voraussetzung geschaffen zu den vollkomensten Leistungen der Kunst und Technik – wie auch der Zerstörung. Verständlich ist es, wenn meist das Prinzip des aufbauenden Schaffens in den Vordergrund gestellt wird und wenn das Zerstörende als unerwünscht gekennzeichnet zu werden pflegt. Der Naturwissenschaftler kommt nicht um die Einsicht herum, beides als existierend anzuerkennen, *das Genie des Schöpferischen und die Dämonie der Zerstörung.* Wollen wir uns über die Aufgaben des Lebens, die Aufgaben der Lebenden klarwerden, so müssen wir diese Doppelnatur berücksichtigen. *Es wäre gut, wenn man die Menschen nicht durch einseitige Beto-nung des Schöpferischen über die Nachtseite des Daseins im unklaren las-sen würde,* sondern ihnen das Zusammengehörige stets vor Augen hielte. Man bekommt dadurch eine vernünftigere vorurteilslose Einstellung zum Leben an sich und zu dem eigenen Dasein.

Eine zweite Doppelnatur des Lebendigen ist es, teils verhaftet zu sein der Materie und dem Unbelebten, das Stoff seines Organismus ist, teils aber dem Reich des Geistigen anzugehören. Dadurch, daß im Wesen des Menschen das *geistige Prinzip Leben* am reinsten in Erscheinung treten kann in Form der geistigen Arbeit, ist er mit seinem Wirken aus den mate-riellen Gesetzen der Erhaltung der Energie herausgehoben, *denn das Gei-stige ist im Gegensatz zur Materie und Energie unbegrenzt vermehrbar und wandelbar.*

Die Arbeit, die wesentliche Aufgabe des Belebten, ist von den primitiv-sten Bewegungsformen entwickelt *bis zu der höchsten geistigen Vollkom-menheit und findet schließlich in dem immateriellen Gedanken den höchsten Ausdruck.*

Alles Lebende ist eine einzige große Einheit, zu der auch der Mensch ge-hört. *Der einzelne Mensch ist nicht das Ziel der Schöpfung, sondern Mittel zum Wirken des geistigen Prinzips, das über ihm waltet.*»

Aus: *„Das Leben als Aufgabe"* in *„Gesundes Land – Gesundes Leben"*
Richard Pflaum Verlag, München 1953, Arb. Verz. 221

Der Arzt und der Tod

»Es ist unzweifelhaft so, daß der beste Arzt den Tod nicht aus der Welt schaffen kann. Das Individuum muß sterben, muß eines Tages ausscheiden, und andere Individuen treten an seine Stelle. Ist es da nicht vermessen, unter solchen Bedingungen den Kampf zu predigen gegen den Tod, den zu frühen Tod, gegen vermeidbare Krankheiten? Ist es nicht gefährlich, einzu-greifen in das anscheinend eherne Geschick des Todes, unberufen einzugrei-fen in diesen Lauf der Dinge?

Darauf kann es wohl nur eine der Vernunft entsprechende Antwort ge-ben: Neben den Krankheiten schuf die Natur Stoffe, die sie heilen. Sie schuf das menschliche Gehirn, das die Zusammenhänge erkennen, die Fol-gerungen ziehen kann; sie schuf die Hand, die das Erkannte in die Tat umzusetzen vermag. Sind diese Schöpfungen nicht ein Beweis dafür, daß der Mensch damit auch die Verpflichtung erhalten hat, seine Machtmittel einzusetzen, um sich selbst und allen Lebewesen zu einer höheren Stufe des Daseins zu verhelfen, auch in geistigem Sinne, die kurze Lebenszeit so gesund, so schön, so befriedigend zu gestalten, wie es nur möglich ist?

Hier liegt die Pflicht des modernen, wissenschaftlich mit nie zuvor begabter Macht versehenen Arztes, seinen Anspruch anzumelden in der Geschichte, die mit der modernen Naturwissenschaft begonnen hat. Diese Wissenschaft hat bisher auf zahlreichen Gebieten zu einer ‹antibiotischen Technik›, zu Raubbau und Not, zu den furchtbarsten Kriegen und Zerstörungen der Weltgeschichte geführt. Sie besitzt in sich aber auch die Möglichkeiten, *dem Leben in seiner Gesamtheit zu dienen* und ihm zu verhelfen zu friedvollem Zusammenleben und *zu gegenseitiger Hilfe.* Der Arzt der Zukunft muß sein Ziel höher setzen, als es die Ärzte vergangener Zeiten tun konnten. *Über die Heilung muß er die Vorsorge für die Gesundheit stellen!* Unter dieser Devise ‹Gesundheit› kann er vielleicht die auseinanderstrebenden und sich bekämpfenden Tendenzen der bisherigen Kräfte zusammenfassen, die in der Geschichte wirksam gewesen sind. Erst wenn dieses Ziel erkannt und erreicht sein wird, hat der Arzt seine Aufgabe in der Geschichte der Menschheit erfüllt.»

Aus: „*Die Epidemien in der Geschichte der Menschheit*"
Verlag Der Greif, Wiesbaden 1951 (s. a. S. 176 f).

Musik und Träume

Nacht und Träume

Lied der Nacht

Die Taggeräusche sind verschwunden
und tiefe Stille füllt das Land,
von weiser Träume Kraft gebunden,
ruht aus der fleißigen Menschen Hand.

Doch hörst du zage Lebenstöne
weit wandernd über Feld und Stadt:
ein zartes Zirpen, leis Gestöhne;
es zittert fein und schön ein Blatt.

Sie suchen sich im tiefen Schweigen
und fügen sich wie mit Bedacht
zu einem Melodienreigen –
dem zauberhaften Lied der Nacht.

W. K.

Träume

«Träume sind Geschenke der Nächte, die dir die Natur in verschwenderischer Fülle bietet. Du aber vergißt sie alle, fast alle.

Die Wissenschaft weiß heute, wozu Träume da sind: Sie schützen deinen Schlaf, lenken die ewig nach Wachsein dürstende Phantasie ab und beschäftigen die in der Angst des Daseins schwebende Seele so, daß sie abgelenkt wird von der Gefahr des Erwachens. Wird der Schlaf gestört, der dich wie ein Netz umgibt und der dich in seinen milden Händen hält, dann schaltet sich der stets bereite Traumgott ein. Er erzählt der Seele sofort, was sie interessiert und ablenkt.

Jede Störung wird umgedeutet, vergrößert oder gemildert. Staunend vernimmt es die Seele, daß es sich um ganz andere Sachen handelt, daß keinerlei Gefahr vorliege und der Halbwache versinkt wieder in die Tiefe des vollen Schlafes.

Nur wenig Träume führen so ins Wachen hinüber, daß du sie noch einfangen, ihren Verlauf behalten und beschreiben kannst. Dann hast du die Möglichkeit sie niederzuschreiben.

Versuche es einmal, deine schönsten Träume zu sammeln. Nicht die Träume, sondern das Sammeln sind dein Verdienst.

Komme mir aber nicht ins Erzählen und höre auf, wenn das Ende des Traumes sich verwischt. Achte darauf, nichts hinzuzudenken, vor allem, denke dir keine Träume aus. Dafür rächt sich der Traumgott. Denn dann geht er selbst schlafen und läßt dich allein. Dann wirst du schlaflos, unbehütet allen Störungen ausgesetzt sein.

Bringe nur, was der Traumgott sich ausgedacht hat, ehrlich und offen. Das ist viel interessanter, als alles was du dir ausdenken kannst.»

In seinem Buch „*Zu den Pforten des Magischen*" „Eine Studie über die Grenzen der exakten Erkenntnis" schreibt der Göttinger Arzt Dr. Felix BUTTERSACK
«Bezeichnenderweise sagt ein, im Deutschen wie im Französischen gleichlautendes Sprichwort: *Die Nacht ist die Mutter der Gedanken.*

Denkverwandt hielt Clemens von Alexandrien (um 200 n. Chr. – vielleicht in Anlehnung an eine Bemerkung von ARISTOTELES *in seiner Schrift über das Träumen – es für berechtigt, die Nacht verständig zu nennen, weil in dieser Zeit die Seele, von Wahrnehmungen befreit, sich auf sich selbst bezieht und um so mehr Anteil am Denken hat. Die Gedanken werden jedoch keineswegs gebrauchsfertig von einer gütigen Fee geliefert. Die ankommenden Reize treffen zwar einen jeden: aber nur in einzelnen lösen*

*sie die psychischen Assoziationen, Verarbeitungen, Kombinationen aus,
welche wir: Gedanken, Eingebungen usw. nennen.»*

Zu diesen einzelnen gehört Werner KOLLATH. Aus der Nacht kommen viele
seiner Ideen, die der Tag dann verarbeitet. Auf seinem Nachttisch liegt stets
Schreibzeug, um im Augenblick des Erwachens, sei es in der Nacht oder am
Morgen, die Eingebung oder das Traumerlebnis festzuhalten. Das Geschriebene
ist kaum leserlich, aber es bewahrt die Träume und Gedanken sowie die in der
Nacht entstandenen Gedichte. Man findet sie im „Großen Traumbuch", das
durch eine Alptraum-Sepiazeichnung eingeleitet wird.

In Marburg in der Nacht vom 11. zum 12. November 1921 – wieder ist es der
11. November – hat Werner KOLLATH einen bedeutsamen Traum, dessen Inhalt
teils in Prosa, teils in gebundener Form aufgezeichnet ist.
  Der Traum hat den *„Kreislauf des Lebens"* zum Inhalt. Der Anfang zeigt
wechselnde Bilder aus Urwäldern, Sümpfen, Steppen, über die primitive Menschen wandern, von denen man nur die stampfenden Beine sieht oder die Arme
und Hände, mit denen sie sich vorwärts kämpfen. Dann kommt Nebel. Aus dem
Nebel entwickelt sich ein Zug von Menschen, meist sind es junge Menschen, die
sich aus den verschiedensten Landschaften und Himmelsgegenden zusammenfin-
den zu einem endlosen Strom. Diese Menschen verlassen die karge bäuerliche
Scholle, das Land ihrer Väter, „um dorthin zu gehn, wo im Golde man lebt".
Ihre Sehnsucht nach Ehre, Reichtum und Glück treibt sie in die große Stadt.

Es begegnet den Suchenden viel auf ihrem mühsamen Weg, den schließlich eine
Zollschranke verschließt. Nur, wenn sie ihren Jugendglauben als Zoll entrichten
und aufgeben, was sie bisher gebunden hat, können sie weiterziehen. Der Zöllner
sagt ihnen:

> «Fern, hinter jenem goldnen Horizonte
> liegt euer Ziel, nach dem ihr alle strebt.
> Weit ist der Weg, das Glück erreichen konnte
> nur der, der alles hinter sich begräbt.»

Die Wandernden erreichen die großen Städte und nun löst ein Großstadtbild
das andere ab. Alle Arten der Arbeit, Erfolg und Mißerfolg, Arbeit und Vergnügen wechseln. Die Jahre vergehen. Ein Greis, einst wohl der Führer der Wandernden zieht klagend auf einem einsamen Weg dahin, einem Weg vor der Stadt,
der zum Friedhof führt. Er hat eingesehen, daß alles Streben vom Ursprung
fort eitler Trug war.

Am Eingang des Friedhofs sitzt der Tod mit einer Waagschale und wartet auf
alle, die ihm verfallen sind. Schon naht ein unendlicher Zug von der Stadt her.
Jeder glaubt sich allein und jedem erscheint der Tod anders. Staunend sieht der
Greis zu, wie der Tod still und gerecht seine Arbeit verrichtet. Ehe er selbst an
die Reihe kommt sagt ihm der Tod, wie zu seiner Rechtfertigung:

> «Das Ziel des Lebens ist der Tod,
> der Zweck der Weg, der Lohn die Not!
> Schönheit gibt nur die Liebe!»

Dieses Traumgedicht, das vollständig auf Seite 317 wiedergegeben ist, ver-
wendete der Pfarrer bei seiner Grabrede, als die Asche Werner KOLLATHS am
27. November 1970 auf dem Friedhof in Porza beigesetzt wurde.

Nicht alle Träume, die Werner KOLLATH träumt, sind so ernsten Inhalts. Ein
beneidenswerter Traum in unfreundlichen Zeiten geträumt ist folgender:

Rostock, 8. 1. 1943

«Als Gesandter im Reich der Träume

Mein Gott, war ich gestern müde!
Tagelang hatte ich an der Literatursammlung für die zweite Auflage meines Lehrbuches gearbeitet. Ich war inzwischen zu einer, wie immer, unerfreulichen Besprechung mit meinem Ministerialrat nach Schwerin befoh-
len, hatte viel Ärger gehabt. Und in tiefer Ermüdung hatte ich abends noch
in der Zeitung gelesen, daß der Gesandte von MOLTKE nach Spanien geschickt worden sei.
     Was machte der Traumgott daraus?
     ... die Post bringt einen Brief: ich solle zur Vorstellung mich beim Mini-
ster melden. In bester Kleidung trete ich pünktlich an, werde vom Ministerialrat empfangen, von diesem zum Ministerialdirektor, von diesem zu
dem Herrn Minister des Deutschen Reiches persönlich geführt.
     Angetan mit Pelz und zur Ausfahrt gerüstet empfängt mich dieser und
teilt mir mit, ich solle den neu gegründeten Posten als Gesandter im Reich

der Träume sofort übernehmen. Da dort noch keine Gesandtschaft bestehe, würde er zur Wahl eines eigenen Palais sofort mit mir fahren – durch den tiefen Schnee, der warm war, wie ein Bett. Durch dichten Wald ging die Fahrt.

Endlich taucht in der Ferne, in nächtlichem Schein gelegen, das für mich ausersehene Schloß auf, eine Mischung zwischen dem Dogenpalast in Venedig und dem Schloß Kamenz in Schlesien, das in englischem Bahnhofs-Tudorstil erbaut ist.

Wir werden erwartet. Schweigende Diener mit geschlossenen Augen führen uns durch geräuschlose Korridore, Treppen und Hallen. Viele Schatten bevölkerten das Palais, alle lächelten glücklich, auch der Minister wurde immer glücklicher. Es war herrlich geheizt. Im Hauptgeschoß saßen meine engeren Mitarbeiter. Es sah aus, als ob sie arbeiteten, sie schliefen aber alle und lächelten. Lächelnd arbeiteten sie glücklich im Traum.

In den Büros saßen viele Mädchen an den Schreibmaschinen, die Hände auf den Tasten lächelten sie träumend. In einem Zimmer war eine Malleinwand aufgestellt; der Maler, der den dort Waltenden portraitieren sollte, saß vor der leeren Leinwand, schaute nach dem Stuhl, auf dem er sein Modell wähnte, machte Handbewegungen, hielt den Kopf schief, nickte befriedigt und schlief weiter.

So träumten alle Angestellten, in ihrem Beruf vollkommen zu sein. Schließlich führte mich mein Minister in das für mich bestimmte Arbeits-Schlafzimmer. Ich versank in weichen Betten und trat meinen Dienst an – – – bis meine Frau mich weckte und keine Ahnung von meiner Beförderung hatte . . .»

Am 12. 1. 1947, schon mit Fluchtgedanken beschäftigt, träumt Werner Kol-lath den *„Traum durch die politische Dämmerung“*. Der Inhalt dieses Traumes gäbe Material für einen politischen Kurzfilm. Er soll an anderer Stelle veröffentlicht werden.

Über den Schlaf

Aus Egmont von J. W. v. GOETHE

„Süßer Schlaf! Du kommst wie ein reines Glück,
ungebeten, unerfleht, am willigsten.
Du lösest die Knoten der strengen Gedanken,
vermischest alle Bilder der Freude und des Schmerzes,
ungehindert fließt der Kreis innerer Harmonien,
und, eingehüllt in gefälligen Wahnsinn,
versinken wir und hören auf zu sein."

Der Schlaf, der für Werner KOLLATH für den größten Teil seines Lebens ein verläßlicher, getreuer Begleiter der Nächte war, beginnt bei zunehmendem Alter ihn zu fliehen. Die beglückende Erquickung wird immer seltener gewährt. Das kranke Herz vertreibt diesen Freund und Tröster und so sind die Nächte – einst die Quellen schöner Träume – oft von Traurigkeit, von quälenden Gedanken und Not durchsetzt. Aber immer noch kommen die schöpferischen Ideen aus der Dunkelheit der Nacht zu ihm und auch die Träume haben ihn nicht verlassen.

Noch im Traum leistet er Arbeit, schafft seine Geisteswelt, baut sein Reich der Phantasie auf. Werner KOLLATH war kein Träumer, aber er konnte träumen.

Frau Rut BAHLSEN schreibt in ihrem Kondolenzbrief am 22. 11. 1970:
„So möchten wir beide Ihnen unsere guten Gedanken senden und unsere
große Verehrung und Dankbarkeit aussprechen für all das, was Prof.
KOLLATH in leidenschaftlicher Anteilnahme für den Menschen und seine
Entwicklung unermüdlich getan und gedacht hat, erforscht und erarbeitet.
Es bleibt der Zukunft überlassen ihm seinen Platz einzuräumen in der Reihe
derer, die als Diener der Menschheit gelehrt, gewirkt und geträumt haben.
Sie haben alle den Tod überwunden in ihrer Durchlässigkeit für das Leben."

85 · Schlafendes Mädchen
Bleistift – 1924

BEGEGNUNG MIT WERNER KOLLATH

Nach über einem Jahrzehnt hatte die Freiburger Ärztin Frau Dr. med. Ruth
JENSEN-KAMINSKI die Verbindung mit Werner KOLLATH wieder aufgenommen.
Sie war eine kluge Zuhörerin, wenn er den Inhalt eines Manuskriptes demon-
strierte und brachte ihm das erwünschte Verständnis für seine Arbeit entgegen.
Sie ist es, die durch ihre Anerkennung Werner KOLLATH in seinem letzten Lebensjahr noch einmal zu dem Glücksgefühl verhalf, das schöpferische Tätigkeit
auszulösen vermag.

Der Nachruf von Frau Dr. JENSEN – Erfahrungsheilkunde XX, 9, 1971 –
schließt:

„... Für Werner KOLLATH stellte sich bereits sehr früh die Grenzfrage
zwischen Tag- und Nachtwelt, zwischen physisch Sichtbarem und geistig

Erahnbarem. Die Frage, was spielt sich in der scheinbar bewußtlosen Nacht ab, halb ist's Traum, halb Wahrnehmung, wurde schon in frühen Jugendjahren eine ihn tief bewegende Frage. ‚Was darf, kann oder muß ich, da ich doch entscheidende Impulse aus der sogenannten Nacht erhalte, für wahr halten?‘ äußerte er wenige Monate vor seinem Tode. Diese wahrhaftig moderne Synthese des Nüchternen, Forschenden, dem Übersinnlichen langsam, vorsichtig kritisch sich Nähernden, scheint mir eine entscheidende Seite seines Wesens. Nur wenn man diese hinzunimmt zu den bisher veröffentlichten wissenschaftlichen Büchern, ist man in der Lage KOLLATH *richtig einzuordnen.*

Bei unserer letzten Begegnung sagte er mir: ‚Mit dem Denken bin ich an die Grenze – er meinte des Übersinnlichen – gelangt. Mit dieser Art des Denkens kann ich die Schwelle erreichen, aber nicht überschreiten. Ich ahne, spüre die dahinterliegende rätselhafte Welt – das ist das Ende eines Weges.‘ – Wenige Wochen darauf legte er die Hülle ab, die das Erkennen jener Welt so sehr erschwert.“

Musik — Ausdruck des Unaussprechlichen

„Musik ist die Nahrung der Seele
und die Quelle der Vollendung"
7. Leitsatz des Sufismus, des arabisch-persischen Mystizismus.

86 · Bässe
Bleistift

Aus dem Leben Werner KOLLATHs ist die Musik nicht fortzudenken. Musik ist ein Element seines Daseins.

EINE LIEBESGESCHICHTE

Man schreibt das Jahr 1883. Bei einer Musikveranstaltung spielt eine junge Dame Sonaten von BEETHOVEN. Ein junger Mediziner von 21 Jahren verliebt sich in das Mädchen und wünscht nichts sehnlicher, als diese Frau sein eigen nennen zu dürfen. Aber ihm fehlen zum Heiraten die wirtschaftlichen Grundlagen. Und es vergehen sieben Jahre.

Marie RIEDEL schreibt an ihre Mutter Clara RIEDEL in Frankfurt a. O.

Gollnow, Ostersamstag, 5. April 1890
„*Liebe Mutter!*

Mit Gott sei heute mein Anfang. Hast Du in der Ferne gespürt, was sich gestern hier zugetragen hat? Ich dächte, es muß in Deinem Herzen eine Vorahnung gewesen sein. Ich kann nicht in meiner Aufregung einen zusammenhängenden Brief schreiben, doch flüchte ich zu Dir in meiner Erregung. Gestern hat mich Georg KOLLATH um meine Hand gebeten. – Du hast mit mir oft von der Angelegenheit gesprochen, ich habe Dir viel, viel erzählt und – mich riesig getäuscht – Nun höre, wie es kam. Daß ich ahnungslos hierher fuhr weißt Du und weißt, daß ich stets von Berechnung fern war. Die Berichte über Georgs Selbständigkeit lauteten sehr günstig, und es wurde viel von seiner bevorstehenden Heirat gesprochen. Es war mir zeitweilig recht eigen zumute.

Gestern nun am Charfreitag, 4. April, sitzen wir beim Kaffee, plötzlich reißt es an der Klingel – – es ist Georg. Zwei Jahre hatte ich ihn nicht gesehen und bekam doch ein wenig Herzklopfen, als er aber so herzlich, freundlich mich begrüßte schwand meine Scheu. So saßen wir gemütlich am Nachmittag, dann ging er mit seinem Vater fort und sie kamen sehr erregt wieder, der alte Herr gab mir einen Kuß – ich wußte nicht, was kommen sollte.

Nach dem Abendbrot bat uns Georg zu musizieren, wir gingen in das Vorderzimmer und bald kam er nach. Nach einiger Zeit bat er mich allein zu spielen, da ging erst eine Schwester, dann die andere hinaus und schließlich blieben wir allein. Eben wollte ich auch aufstehen, weil ich es stets vermieden allein mit ihm zu sein, da trat Georg ernst, sehr ernst zu mir und gestand mir seine Liebe. Wenn ein Blitz vor mir niedergefahren wäre, ich hätte nicht mehr erstarren können. Er erzählte mir, daß er sich 7 Jahre nun bezwungen, um uns nicht unnütze Hoffnungen zu machen, daß er nun ein Auskommen habe, das für eine Familie reiche, da die Verhältnisse überaus günstig liegen, daß er nun nach Liebe wählen könne. Mutterchen, ich konnte es nicht glauben und bat mir Bedenkzeit aus, da meinte er, wer 7 Jahre treu geblieben und seine Neigung still bewahrt hat, der lügt nicht in einer solchen Stunde. Ich konnte nicht anders, – ich reichte ihm die Hand.

Du glaubst mir, daß ich wie im Traum wandle; ich kann es nicht fassen, daß jemand 7 Jahre um mich gerungen. Eben erzählt mir sein Vater, eine reiche Hamburgerin hätte ihn sehr umgarnt, aber er habe ihm gestanden, mein Bild hätte er nicht vergessen können und sei deshalb nach Gollnow gegangen, um endlich sprechen zu dürfen. Zitternd und zagend stehe ich hier. Eine erste heilige Verantwortung nehme ich auf mich...“ (S. Abb. 3)

Das ist die Liebesgeschichte der Eltern Werner KOLLATHS, und die Musik ist die geheime Macht, der er sein Leben verdankt. Als Kind, im Einschlafen, hört er wohl die abendliche Kammermusik der Eltern.

Später im Bratschespielen ausgebildet, kann er mit den Eltern und dem Bruder gemeinsam musizieren. In der Schul- und Studienzeit werden alle Möglichkeiten, Musik zu genießen und auszuüben, wahrgenommen. Die Briefe aus diesen Zeiten an die Eltern berichten darüber.

In seinen Lebenserinnerungen schreibt er:
«Wie gerne spielte ich die BRAHMSsextette, in denen ich die zweite Bratsche spielte oder SCHUBERT usw. von BEETHOVEN ganz zu schweigen.»

Musik begleitet ihn das ganze Leben. Die meisten seiner Freunde sind neben ihrem Beruf überdurchschnittlich begabte Musiker.

Bei der Niederschrift seiner Bücher mischt ständig leise klassische Musik aus dem Radio sich mit dem Klappern der Schreibmaschine. Einesteils ist es eine abschirmende Geräuschkulisse, in derem Schutz sich die Gedanken besser formen, andererseits aber wird Musik hier zur geistigen Nahrung. Die Geister der toten Meister füllen den Raum, beflügeln das Denken, befruchten die Inspiration.

Aus dem Tagebuch.

29. 3. 1958

«In diesem Augenblick ertönt aus dem Radio der Variationssatz aus dem Forellen-Quintett von Franz SCHUBERT, dessen ganzes Leben nur einen einzigen Sinn hatte: Anderen Freude zu machen. Ich kenne keinen anderen Komponisten, in dessen gesamtem Werk sich nicht eine einzige böse Note befindet. Franz SCHUBERT ist für mich der ‹gute Mensch› schlechthin. Zu denken, daß er täglich mit neuen Manuskripten zu einem Wiener Verleger kam, um abgewiesen zu werden, ist trostlos – und tröstlich. Wie sollte man etwas Besseres verlangen, als SCHUBERT es erleiden mußte!

Oder gibt es einen reineren Komponisten, dessen Leben nur Melodie war, der aus den ungeordneten Geräuschen des kosmischen Daseins den Wohlklang hörte? Ich kenne keinen, nicht MOZART, nicht CIMAROSA, auch nicht Johann Sebastian BACH, der das Dämonische unter seinen kunstvollen Kompositionen so sorgfältig verhüllte, wie ein irischer Mönch das Geheimnis der Religion in den Initialen der Bücher.»

In Marburg hatte Werner KOLLATH in seinem Chef Prof. WOLLENBERG einen regen Förderer der Musik

«WOLLENBERG widmete sich dem geselligen Verkehr mit den Musikern, unter denen sich auch Hans PFITZNER befand, der Komponist der musikalischen Legende PALESTRINA, die ich später in Breslau in einer großartigen Aufführung erleben durfte.»

PALESTRINA, Kapellmeister an der Kirche Santa Maria Maggiore in Rom, war in Ungnade gefallen und gefangengenommen worden, weil er sich geweigert hatte, eine Messe zu schreiben. (Siehe S. 289 f „Zwiegespräche mit meinem KA")

Später, aus der Kerkerhaft befreit, erfährt er, daß seine Messe, die er doch noch vor seiner Gefangennahme, von Engeln geleitet, in einer Nacht niedergeschrieben hatte, nun vor Papst Pius IV. aufgeführt worden war und größte Anerkennung gefunden hat.

Der Kardinal Carlo BORROMEO, der an der Verhaftung PALESTRINAS mitschuldig war, stürzt zu Füßen PALESTRINAS:

> „Die Messe – ach, der Messe süßes Licht
> o Palestrina, du Gefäß der Gnade –
> aus dir spricht Gott – und ich erkannt es nicht!"

BORROMEO senkt weinend den Kopf. PALESTRINA wird jubelnd zum Retter der Musik ausgerufen.

Die musikalische Legende schließt mit den Worten PALESTRINAS:

> *„Nun schmiede mich, den letzten Stein*
> *an einen Deiner tausend Ringe,*
> *Du Gott – und ich will guter Dinge*
> *und friedvoll sein.“*

«Mir ist dieses Schlußwort PALESTRINAS im Gedächtnis geblieben und scheint mir ein wundervolles Abschiedswort nach einem arbeitsreichen Leben zu sein.»

Requiem

«In der Lutherkirche in Marburg konnten wir unter der Leitung des Universitätsmusiklehrers und Musikhistorikers Prof. STEPHANI, von dem ich ein Portrait gemalt hatte, das Deutsche Requiem von Johannes BRAHMS aufführen, denn natürlich hatte ich mich als Bratschist gemeldet. Zum ersten Mal begegnete mir seine Musik und sie ist mir seitdem unvergeßlich geblieben. Oft haben mich die Töne begleitet, die BRAHMS für die Textworte gefunden hat:

> ‹Herr, lehre doch mich,
> daß ein Ende mit mir haben muß,
> und mein Leben ein Ziel hat,
> und ich davon muß
> und ich davon muß.›

Zur Stunde, als der Bruder Erich am 2. 11. 1970 in Wiesbaden beerdigt wird, nimmt Werner KOLLATH noch einmal die Klänge des Deutschen Requiems in sich auf, still auf einem Ruhebett in seinem Arbeitszimmer liegend. Schweigend. Trägt er bereits die Gewißheit des nahen eigenen Todes in sich?

Diese Musik wird lange Wochen nach seinem Tode die einzige sein, die durch die Räume, in denen er gelebt und gearbeitet hat, klingen wird.

„Denn alles Fleisch es ist wie Gras
und alle Herrlichkeit des Menschen
wie des Grases Blumen.
Das Gras ist verdorret
und die Blume abgefallen

Aber des Herrn Wort bleibet in Ewigkeit.
Herr, lehre doch mich,
daß ein Ende mit mir haben muß,
und mein Leben ein Ziel hat,
und ich davon muß.
Siehe meine Tage sind einer Hand breit vor Dir
und mein Leben ist wie nichts vor Dir.

Selig sind die Toten,
die in dem Herrn sterben,
von nun an.
Ja, der Geist spricht,
daß sie ruhen von ihrer Arbeit;
denn ihre Werke folgen ihnen nach.“

Anhang

Curriculum vitae

1892   11. Juni Geburt des Werner Georg KOLLATH
         Krs. Naugard, Prov. Pommern
         Vater: Georg Hermann Wilhelm KOLLATH, Sanitätsrat Dr. med.
         8. 7. 1862 Zempelburg/Westpreußen – 10. 3. 1933 Eisenach/Thüringen
         Mutter: Marie Laura Elisabeth Clara, geb. RIEDEL, Lehrerin
         6. 6. 1862 Frankfurt a. O. – 28. 8. 1945 Bad Homburg v. d. H.
         ∞ 18. 9. 1890 Frankfurt a. O.
         Großeltern väterlicherseits:
         Hermann Ludwig Gotthart KOLLATH, Apotheker I. Klasse
         5. 5. 1821 Greifenberg/Pommern – 8. 8. 1898 Stettin
         Mathilde Emilie Auguste, geb. BENITZ
         31. 1. 1827 Gollnow – 10. 12. 1894 Stettin
         ∞ 15. 1. 1852 Gollnow
         Großeltern mütterlicherseits:
         Wilhelm Friedrich RIEDEL, Oberlehrer f. Chemie u. Naturkunde
         30. 1. 1824 Kalbe/Saale – 3. 10. 1896 Frankfurt a. O.
         Clara Friedericke Elisabeth, geb. HENSEL, Lehrerin
         18. 11. 1822 Neufahrwasser/Danziger Bucht – 7. 8. 1895 Frankfurt a. O.
         ∞ 23. 9. 1851 Bromberg/Westpreußen

Schulbildung
1898–1905 Höhere Knabenschule Gollnow bis Obertertia
1905–1911 Marienstiftsgymnasium Stettin – 5 ½ Jahre – Abitur 21. 8. 1911

Universitätsstudium: Medizin
1911–1914 WS 1911/12 Leipzig, SS 1912 Freiburg/Br.
         WS 1912/13 Berlin, SS 1913, WS 1913/14, SS 1914 Kiel
1914   3. 3. Kiel, ärztliche Vorprüfung, Prädikat „Gut"
1914–1918 2. 8. 1914 Erster Weltkrieg – 11. 11. 1918 Kriegsende
1919   7. 2. Entlassung aus dem Heeresdienst Bezirkskommando Marburg/Lahn

Marburg/Lahn   1. 1. 1919–15. 11. 1922
1919   6. 2. Immatrikulierung. Beendigung des Studiums in 3 Zwischensemestern
1920   16. 2. Medizinisches Staatsexamen, Prädikat „Sehr gut"
1920   12. 3. Approbation als Arzt, Juli 1920 Doktorprüfung
1920   16. 7. Promotion: Inauguraldissertation:
         „Beiträge zur Pathogenese der Dystrophie adiposo-genitalis"
1920–1922 1. 5. 1920–15. 11. 1922 Assistent Psychiatrische u. Neurologische Klinik
         Geh. Rat WOLLENBERG, Prof STERTZ
1922   Mitglied des Bauhauses Weimar

Berlin
1922–1923 6. 11. 1922–10. 2. 1923 WS Sozialhygienische Akademie,
         Berlin-Charlottenburg, Vorbereitung zum Kreisarztexamen
1923   13.–15. 12. Kreisärztliche Prüfung, Prädikat „Gut"

Breslau 1. 6. 1923–27. 3. 1933

1923–1926	1. 6. 1923–31. 3. 1926 Assistent am Hygienischen Institut der Universität Breslau, Direktor: Geh. Rat Prof. Dr. Richard PFEIFFER
1925	Erste Italienreise 21. 3.–12. 4.
1926	31. 7. Habilitation als Privatdozent f. Hygiene u. Bakteriologie Antrittsvorlesung „Lichtbedarf und Lichtanpassung der Organismen" unter Direktor Prof. Dr. Kurt PRAUSNITZ
1930	Ausstellung Kunstgewerbemuseum Breslau – Reisebilder – Italien, Jugoslawien, Paris, Südfrankreich
1931	Romfahrt – 5. 9.–1. 10.
1932	4. 7. Ernennung zum a. o. Professor für Hygiene
1933–1934	3. 11. 1933–30. 11. 1934 Stellvertretender Direktor des Hygienischen Instituts, Breslau
1934–1935	1. 12. 1934–15. 3. 1935 Oberassistent des Hygienischen Institutes
1935	18. 3. Berufung an die Universität Rostock

Rostock 1. 4. 1935–3. 3. 1947

1935	1. 4. Ordinarius f. Hygiene u. Bakteriologie a. d. Universität Rostock Ernennung z. Direktor des Mecklb. Landesgesundheitsamtes
1935	4. 5. ∞ in Berlin mit Elisabeth Marie Emma geb. Rossdeutscher geboren 27. 10. 1899 in Breslau/Schlesien
1936	Islandreise – 11. 7.–5. 8.
1937–1939	Reisen: Apulien – Sizilien – Jugoslawien – Golf von Salerno
1939	12. 2.–12. 3. „Der Arzt als Maler und Bildhauer" Kunstausstellung Stadthaus Berlin
1939	1. 9. Zweiter Weltkrieg – KOLLATH wird anfangs gemäß seiner Kriegsrangliste von 1918 als Feldhilfsarzt eingesetzt, wird aber durch Intervention höheren Orts in seinem Amt belassen
1940	13. 10.–10. 11. Große Ausstellung Kunstverein Rostock im städt. Kunst- u. Altertumsmuseum – 229 Arbeiten
1941	Reise nach Ischia – Thermal-Badekur gegen die Bleivergiftung
1941 u. 1942	Ausstellungen in Marburg/Lahn, Schwerin, Frankfurt/Main
1945	Anfang Mai Zweiter Weltkrieg beendet. Rostock wird von der russischen Militärmacht besetzt. KOLLATH erkrankt an Typhus
1945	August, Ernennung zum Seuchenkommissar
1945	27. 10. KOLLATH wird als Ordinarius und als Institutsdirektor der Universität Rostock gestrichen. Er bleibt aber auf Ersuchen der Landesverwaltung Direktor des Medizinal-Untersuchungsamtes und Seuchenkommissar.
1946	9. 2. Ernennung zum Oberseuchenkommissar der Kreise Rostock, Wismar, Güstrow (Typhus und Fleckfieber)
1947	3. 3. Flucht von Rostock nach Berlin. Am 15. 3. von dort nach Hannover

Westdeutschland
Hannover I 16. 3. 1947–27. 9. 1950

	Tätigkeit als freier Wissenschaftler. Vorträge, Gutachten, Beratung, schriftstellerische Arbeit
1947	11.–14. 8. Göttingen: I. Westdeutsche Nachkriegstagung d. Deutschen Gesellschaft für Hygiene und Mikrobiologie

Stockholm I und II
1948–1949 6. 9.–11. 12. 1948 und 26. 1.–26. 2. Forschungsarbeiten und Vorträge in
Stockholm, Karolinska Sjukhuset, patologiska Institutionen

Locarno
1949   29. 3.–16. 5. Forschungsarbeiten, Dysbakterie und Silikose Casa di Cura,
Dr. med. Federico WEHRLI, Locarno-Muralto

Chile-Reise
1950–1951 27. 9. 1950–12. 9. 1951 Südamerika-Reise – Chile–Argentinien.
Vorträge in Santiago de Chile und Buenos-Aires. Ernennung zum
Ehrenmitglied der Med. Fakultät d. Universität Santiago/Chile

Hannover II   30. 11. 1951–8. 5. 1952
Dienstunfähigkeit wegen Herzmuskelschwäche (Amtsärztl. Gutachten
des Staatlichen Gesundheitsamtes Hannover)

Freiburg/Br.   9. 5. 1952–16. 5. 1959
Vortragstätigkeit und schriftstellerische Arbeit
1954   Italienfahrt – Golf von Salerno 18. 9.–1. 11. 1954
1955   Provence 24. 5.–8. 6. 1955
1956   Spanien 1. 9.–8. 10. 1956
1957   Orientreise 3. 4.–10. 5. 1957
1957   Große Kunstausstellung anläßlich des 65. Geburtstages
Freiburg/Br. Stadthalle 5. 6.–19. 6.
1957   22. 9. Verleihung d. Goldenen BIRCHER-BENNER-Medaille, 3. Konvent der
Internat. Ges. f. Nahrungs- u. Vitalstoff-Forschung, Stuttgart
1958   „Mesotrophie im Experiment" Vortrag KOLLATH 8. 10. 1958
4. Vitalstoffkonvent, Essen

Tessin   17. 5. 1959–19. 11. 1970
Wohnsitz: Porza über Lugano
1959   15.–27. 9. Internationale Konferenz zur Planung einer Weltuniversität,
Brissago, Lago Maggiore. Teilnahme und Vortrag
1961   20. 3. Verleihung der HUFELAND-Plakette durch den
Zentralverband der Ärzte für Naturheilkunde, Bad Nauheim
1962   Besuch des Geburtshauses von LEONARDO DA VINCI in Anchiano/Toscana
Siena – 5.–10. 6.
1965   Burgund – Riviera-Fahrt 1. 9.–25. 9.
1966   Florenz – Insel Elba 5. 9.–26. 9.
1967   Apulienfahrt 1. 9.–27. 9.
1968   Letzte Italienfahrt – Adria–Venedig 6. 9.–20. 9.
1970   Amsterdam 27. 4.–2. 5.
1970   29. 9.–7. 10. Letzte Reise nach Karlsruhe, Heidelberg, Wiesbaden
1970   19. 11. um 19.30 Uhr plötzlicher Tod Werner KOLLATHS

Bücherverzeichnis

Grundlagen, Methoden und Ziele der Hygiene
   508 S., 39 Abb., Verlag S. HIRZEL, Leipzig 1937 – Arb. Verz. 74
Island und seine Probleme
   Veröffentlichungen aus dem Gebiet des Volksgesundheitsdienstes
   122 S., 60 Abb., Photos und Zeichnungen des Verfassers
   Richard SCHOETZ, Berlin 1937 – Arb. Verz. 75
Zur Einheit der Heilkunde – Autobiographie
   196 S., 23 Abb., 1 Tab., HIPPOKRATES-Verlag, Stuttgart 1942 – Arb. Verz. 131
Die Ordnung unserer Nahrung – HIPPOKRATES-Verlag Stuttgart
   1. Aufl., 88 S., 11 Abb., 4 Tab., 1 Bildtafel – 1942 – Arb. Verz. 130
   2. Aufl., 160 S., 11 Abb., 5 Tab. – 1951 – Arb. Verz. 198
   3. Aufl., 160 S., 11 Abb., 5 Tab. – 1952 – Arb. Verz. 209
   4. Aufl., in neuer erweiterter Fassung, 276 S. – 1955 – Arb. Verz. 236
   5. Aufl., dto, 312 S. 25 Abb., 17 Tab., 1 Tafel – 1960 – Arb. Verz. 294
Verdien av våre næringsmidler – Übersetzung d. 3. Auflage ins Norwegische
   147 S., FABRITIUS & SØNNERS Forlag, Oslo 1953 – Arb. Verz. 209
Lehrbuch der Hygiene, 2., umgearbeitete u. erweiterte Auflage, 2 Bände
   I. Band, 258 S., 27 Abb. – II. Band, 502 S., 58 Abb., 61 Tab.,
   Verlag S. HIRZEL, Stuttgart 1949 – Arb. Verz. 175
Medica mente – Kleine Heilkunde in Aphorismen
   54 S., Kurverlag Wiesbaden, Walther GERICKE, 1949 – Arb. Verz. 178
   2. Aufl. 54 S., Verlag DER GREIF – Walther GERICKE – 1960
Der Vollwert der Nahrung und seine Bedeutung für Wachstum u. Zellersatz
   300 S., 168 Abb., 40 Tab., Wissenschaftl. Verlagsges. Stuttgart 1950 – Arb. Verz. 183
Ernährungswirkungen
   64 S., 7 Abb., HIPPOKATES-Verlag, Stuttgart 1950 – Arb. Verz. 177
Die Epidemien in der Geschichte der Menschheit
   96 S., 32 Bildtafeln, Verlag DER GREIF, Walther GERICKE, Wiesbaden 1951 –
   Arb. Verz. 189
Gesundheitsbrockhaus – Mitarbeit – Gebiete der Hygiene, Bakteriologie, Ernährung,
   naturgegebene Heilweisen. Verlag Eberhard Brockhaus, Wiesbaden 1951 –
   2. Auflage, F. A. Brockhaus, Wiesbaden 1964 – Arb. Verz. 197
Christoph Wilhelm HUFELAND – *Vom Arztsein*. Aus dem Enchiridion medicum
   40 S., HIPPOKRATES-Verlag MARQUARDT & Cie, Stuttgart 1951 – Arb. Verz. 195
2 x 2 = 3 oder vom fruchtbaren Zweifel – ein LICHTENBERG-Brevier
   87 S., Verlag DER GREIF Walther GERICKE, Wiesbaden 1952 – Arb. Verz. 211
Die Fahrt ins Leben – Gedichte
   56 S., Selbstverlag des Verfassers, Freiburg/Br. 1954 – Arb. Verz. 230
Aus- und Einfälle – Aphorismen und Sprüche
   127 S., HYPERION-Verlag, Freiburg/Br. 1957 – Arb. Verz. 251
Zivilisationsbedingte Krankheiten u. Todesursachen
   321 S., 39 Abb., 11 Tab., Karl F. HAUG Verlag, Ulm 1958 – Arb. Verz. 267
   2., verb. Auflage 1962 – Arb. Verz. 311 b
Der Mensch oder das Atom?
   130 S., HYPERION-Verlag, Freiburg/Br. 1959 – Arb. Verz. 276

Der Vollwert der Nahrung – II. Band
    134 S., 60 Abb., 2 Tab., Wissenschaftl. Verlagsges. Stuttgart 1960 – Arb. Verz. 293
Schulerinnerungen an das Marienstiftsgymnasium in Stettin 1905–1911
    63 S., 5 Zeichnungen d. Verf., KESSLER-Verlag Mannheim 1962 – Arb. Verz. 320
Werner KOLLATH *– Arbeitenverzeichnis –* Herausgeber Dr. med. Herbert WARNING
    75 S., 1 Abb., Verlag SCHWABE & Co, Bad Homburg 1963
Getreide und Mensch – eine Lebensgemeinschaft
    157 S., 15 Abb., 1 Farbtafel, Verlag SCHWABE & Co, Bad Homburg 1964 –
    Arb. Verz. 323
Die Ernährung als Naturwissenschaft
    112 S., 9 Abb., 8 Tab., Karl F. HAUG Verlag, Heidelberg 1967 – Arb. Verz. 351
Regulatoren des Lebens – vom Wesen der Redox-Systeme
    97 S., 14 Abb., 7 Tafeln, Karl F. HAUG Verlag, Heidelberg 1968 – Arb. Verz. 355
Leben, Wachstum und Gesundheit
    104 Seiten, 19 Abb., Karl F. HAUG Verlag, Heidelberg 1971 p. m. – Arb. Verz. 359

Manuskripte, unveröffentlicht

Erinnerungen an den Ersten Weltkrieg 1914–1918
    handschriftlich, 192 Seiten, Text 1926–1930
    99 Federzeichnungen, 30 Aquarelle, 1 Steinzeichnung, 1918–1923
Christoph Wilhelm HUFELAND
    Sein Leben und eine Auswahl aus seinen Schriften, insbesondere der Makrobiotik
    und dem Enchiridion medicum, ca. 200 Seiten, 1940/41
Italia eterna oder Symbolum vitae
    handschriftlich, 153 Seiten, 70 Zeichnungen und Aquarelle, 1941/42
Ein Besuch in der Heimatstadt
    21 Seiten, 33 Fotos des Verfassers, Oktober–Dezember 1942
Die toten Bücher – Ein deutsches Requiem
    handschriftlich, 136 Seiten, 11 Zeichnungen, 27. 6. 1944–24. 4. 1945
Über Kunst, Kunstgeschichte und Reisen
    14 Aufsätze von 1925–1943
Figiakasta
    Ein Buch vom Reisen, Zeichnen und Träumen
    handschriftlich, 60 Seiten, 1932–1935
Vorschläge zur Verbesserung des Menschengeschlechts
    handschriftlich, 79 Seiten, 19 Federzeichnungen, 1946
Krankwerden – leicht gemacht!
    Eine Blasphemie? Nein traurige Wahrheit.
    handschriftlich, 56 Seiten, 1954
Nach uns die Eiszeit!
    Weltbild eines Arztes.
    Nicht abgeschlossen, 337 Seiten
    Arbeit der letzten Jahrzehnte bis zum Tode 1970

Abbildungsverzeichnis

Der Schutzumschlag zeigt die
Aussicht von der Casa Rusticanella in Porza, Zeichnung,
Studie zu zwei Holzschnitten, 1960

Namenverzeichnis